भारत में ईसाई धर्म-प्रचारतंत्र

निरंतरताएँ, परिवर्तन, दुविधाएँ

अरुण शौरी की गणना सामयिक एवं राजनीतिक घटनाओं पर भारत के सर्वाधिक ख्यात टीकाकारों में होती है। वह अपने आलोच्य-विषय को कठोर विश्लेषण एवं चौकस अन्वेषण के द्वारा संपुष्ट करने की कला में माहिर हैं। 1941 में जनमे शौरी ने सिरेक्यूस विश्वविद्यालय, संयुक्त राज्य अमेरिका, से अर्थशास्त्र में डॉक्टर की उपाधि ग्रहण की। वह विश्व बैंक में एक अर्थशास्त्री, योजना आयोग के सलाहकार तथा 'इंडियन एक्सप्रेस' के संपादक रह चुके हैं। उनकी रचनाओं ने न सिर्फ एक विशाल पाठक-वर्ग को आकृष्ट किया है, अपितु उन्हें अनेक राष्ट्रीय एवं अन्तर्राष्ट्रीय सम्मानों, यथा—पद्मभूषण, मैगसेसे एवार्ड, इण्टरनेशनल एडीटर ऑफ़ द ईयर एवार्ड तथा एस्टर एवार्ड से भी नवाज़ा है। उन्होंने एक दर्जन पुस्तकें लिखी हैं और सम्प्रति दो रचनाओं को पूरा करने में संलग्न हैं : एंटी-रिजर्वेशंस (प्रति-आरक्षण) तथा ह्वाट शुड आइ डू, ह्वेअर शुड आइ बिगिन (क्या करूँ, कहाँ से आरंभ करूँ)?

भारत में ईसाई धर्म-प्रचारतंत्र

निरंतरताएँ, परिवर्तन, दुविधाएँ

अरुण शौरी

अनुवादक

डॉ. नागेश्वर सिंह

सह-अनुवादक

शैलेश चन्द्र

वाणी प्रकाशन

प्रकाशन के उत्कृष्टतम 61 वर्ष

सजिल्द पहला संस्करण : 2004
सजिल्द दूसरा संस्करण : 2014
सजिल्द तीसरा संस्करण : 2024

vaniprakashan.com

वाणी प्रकाशन

4695, 21-ए, दरियागंज, नयी दिल्ली-110 002

फ़ोन : +91 11 23273167, 23275710

शाखाएँ

अशोक राजपथ, पटना-800 004, बिहार
कॉफ़ी हाउस कैम्पस, महात्मा गांधी मार्ग, प्रयागराज-211 001, उत्तर प्रदेश
महात्मा गांधी अन्तरराष्ट्रीय हिन्दी विश्वविद्यालय, वर्धा-442 001, महाराष्ट्र

sales@vaniprakashan.in
vaniprakashan@gmail.com

BHARAT MEIN ISAI DHARMA -PRACHARTANTRA
Nirantartayen, Parivartan, Duvidhayen
by Arun Shourie
Translated by Dr. Nageshwar Singh, Shailesh Chandra

ISBN : 978-81-8143-035-9
Social Science

मूल्य : ₹ 695

जी.एस. ऑफ़सेट द्वारा दिल्ली-110 095 में मुद्रित

वाणी प्रकाशन का लोगो मक़बूल फ़िदा हुसेन की कूची से

उदारता, धीरता एवं अनुकरणीयता
की प्रतिमूर्त्ति
मालती शुक्ला को,
जिन्होंने हमारा मनोबल हमेशा ऊँचा बनाये रखा।

विषय-सूची

अवसर

कैथोलिक बिशप्स कान्फ्रेंस ऑफ इंडिया (सी.बी.सी.आई.) भारत में ईसाइयत की वह सर्वोच्च संस्था है जो देश के विभिन्न कैथोलिक चर्चों के क्रियाकलाप में समन्वय स्थापित करने तथा दूसरे धर्मों के साथ संवाद स्थापित करने का काम करती है। कैथोलिक डायरेक्टरी ऑफ़ इंडिया के अनुसार, "इसका उद्देश्य भारत के कैथोलिक चर्च के सामान्य हितों को प्रभावित करने वाले मामलों में पादरी-वर्ग के सामान्य कार्यों को सुविधाजनक बनाना है। अपने समुदाय की एकता एवं बंधुत्व के प्रति सजग भारत के बिशप इसके माध्यम से अपने अधिकार-क्षेत्र में संयुक्त रूप से उस उच्चतर शुभ को बढ़ावा देते हैं जो चर्च मानव जाति को उपलब्ध कराता है। यह कार्य खासकर समय के तकाजे को ध्यान में रखकर पोप द्वारा निर्धारित तरीकों एवं कार्यक्रमों के तहत संचालित होता है।" सी.बी.सी.आई. ने अपनी स्थापना की पचासवीं वर्षगाँठ मनाने हेतु जनवरी 1994 में एक बैठक बुलाई। यह एक महत्त्वपूर्ण बैठक थी जो पुणे के एक शिक्षणालय (सेमिनरी) ईशवाणी केंद्र में संपन्न हुई। पिछले पचास वर्षों में दूसरी बार और पच्चीस वर्षों में पहली बार ऐसी विशद समीक्षा हो रही थी और भारत के कोने-कोने से बिशप, वरीय पादरीगण तथा ईसाइयत के विद्वान इसमें भाग लेने आए थे। इसका वास्तविक सत्र चार दिनों तक चलता रहा।

किसी कारणवश इसके व्यवस्थापकों ने इस बैठक में भारत में ईसाइयत के प्रचारकों द्वारा किए जा रहे कार्यों के संबंध में हिंदूवादी दृष्टिकोण प्रस्तुत करने हेतु मुझे आमंत्रित करने की कृपा की। प्रस्तुत पुस्तक का ढाँचा उपर्युक्त अवसर पर दिए गए मेरे भाषणों तथा उन पर चले वाद-विवादों पर ही आधारित है। इसमें मैंने अपने व्याख्यान में उठाए गए बिंदुओं के समर्थन में मूल पाठ के उद्धरणों को भी जोड़ दिया है। लेकिन ऐसा करने में मैंने संयम बरता है और जहाँ बीस उदाहरण दिए जा सकते थे, मैंने सिर्फ दो ही से काम लिया है। फिर भी, तीन स्थलों पर मूलपाठ को मैंने किंचित विस्तार से उद्धृत किया है। ये हैं : सर चार्ल्स ट्रेवेलियन की पुस्तक ऑन दि एजूकेशन ऑफ दि पीपल ऑफ इंडिया (भारतवासियों की शिक्षा के संबंध

में) से तथा पुनः उसके एवं रिचर्ड टेंपल के एक-एक भाषण का उद्धरण। विषय को उजागर करने में ये मूल पाठ इतने सक्षम हैं कि उन पर कोई टिप्पणी देना अनावश्यक है। अपने आपमें ये काफ़ी शिक्षाप्रद हैं और एक स्थल पर तो इतने चौंकाने वाले हैं कि उन्हें पूरा-का-पूरा पढ़ा जाना चाहिए। स्वामी विवेकानंद तथा गांधी जी ने इस विषय पर जो कुछ कहा-लिखा है उससे उनके प्रति प्रशंसा, बल्कि श्रद्धा, से मन भर उठता है। देश के प्रति उनका अनुराग, भारत की धरती पर चल रहे इन क्रिया-कलापों की उनकी गहरी समझ तथा उनके दुष्परिणामों का पूर्व बोध—ये सारी बातें उनकी पंक्ति-पंक्ति में झलकती हैं और पाठक को मंत्र-मुग्ध कर देती हैं। अतः प्रस्तुत पुस्तक में पाठक उनकी रचनाओं, व्याख्यानों एवं वार्त्तालापों का बार-बार साक्षात्कार करेंगे।

मुझे आशा है कि पाठक न सिर्फ इन उदाहरणों को ध्यान से पढ़ेंगे, अपितु यह भी पूछेंगे कि क्यों नहीं ऐसी सामग्रियाँ हमारे छात्रों के सामने प्रस्तुत की जाती हैं। ऐसा नहीं कि इन्हें प्रस्तुत करना कठिन है और जैसा कि पाठक इन्हें पढ़कर स्वयं मानेंगे, भारत के विराष्ट्रीकरण (राष्ट्र को उसकी स्थिति या गुणों से वंचित करने का कार्य) से यह कितने सीधे तौर पर जुड़ा हुआ है। तथापि, भले ही सामयिक समस्याओं में पाठक गहरी अभिरुचि रखता हो और इन पर सार्वजनिक वार्त्तालापों को गंभीरतापूर्वक देखता-सुनता हो, इस बात की पूरी संभावना है कि उसे एतद्विषयक आवश्यक सामग्री उपलब्ध नहीं कराई जाती। आखिर ऐसा क्यों है?

निश्चय ही इसका एक प्रमुख कारण है औपनिवेशिक परिकल्पना का पूर्ण कार्यान्वयन। इस संबंध में भारत में अंगरेजी शिक्षा को लागू करने की मैकाले की चर्चित योजना—"एक ऐसे वर्ग का निर्माण करना जो रक्त एवं वर्ण में तो भारतीय हो, किंतु रुचियों, आचार-विचारों तथा सोच-समझ में बिलकुल अंगरेज़"—उल्लेख्य है। सर चार्ल्स ने 1838 में स्थिति का आकलन करते हुए लिखा था—"भारतीय युवक हमारे साहित्य का अध्ययन कर हमसे भली-भाँति परिचित हो जाते हैं और हमें विदेशी समझना बंद कर देते हैं। वे हमारे महान लोगों के बारे में हमारी जैसी धारणा रखते हैं। हमारे जैसा शिक्षित होकर हमारी अभिरुचियों को अपनाकर तथा हमारे पेशे ग्रहण कर वे हिंदू के बनिस्बत अंगरेज़ ज्यादा हो जाते हैं। हमारे सेमिनरियों में पढ़कर वे अपने पूर्वजों की बर्बर निरंकुशता से घृणा करने लगते हैं और अंगरेज़ियत की तर्ज़ पर अपनी राष्ट्रीय संस्थाओं को ढालना चाहते हैं। हमसे नफ़रत करने के बजाय वे हमारे समाज की ओर उन्मुख होते हैं और हमें अपना स्वाभाविक संरक्षक एवं हितैषी मानते हैं। उनकी सर्वोच्च कामना है हमारे जैसा दिखना।" किंतु हमारी सार्वजनिक चर्चाओं तथा शिक्षण संस्थाओं से ऐसी सामग्रियों के लगभग संपूर्ण विलोपन का एक अधिक प्रबल कारण है वह 'धर्म-निरपेक्षवाद' जिसकी गुहार हम पिछले 40-50 वर्षों

से करते रहे हैं, एक ऐसा 'धर्म-निरपेक्षवाद' जिसके लिए हमने दोहरे मानदंड अपना रखे हैं। आज स्थिति यह है कि हमारी राष्ट्रीय पहचान को कायम करने वाली सारी चीजें हमारे लिए अभिशाप-सी बन गई हैं।

अगर मैं अपने इस व्याख्यान को 'धर्म-निरपेक्षवादियों' के प्रति संबोधित किए होता तो वे इसे 'सांप्रदायिक', 'उग्रराष्ट्रवादी-फासीवादी' कहकर इसका तिरस्कार कर देते और ऐसा कर वे कही जा रही बातों पर विचार करने से अपने को बरी कर लेते, किंतु पुणे में उपस्थित बिशपों, पादरियों तथा ईसाइयत के विद्वानों ने सर्वथा भिन्न प्रतिक्रिया व्यक्त की। उन्होंने मेरी बातें मनोयोगपूर्वक सुनीं और बड़े साफ शब्दों में कहा कि वे मेरी अधिकांश बातों से सहमत नहीं हैं। इसके बावजूद प्रत्युत्तर में मैंने जो कुछ कहा, उसे उन्होंने बड़े ही गौर से सुना।

सम्मेलन के अध्यक्ष प्रोफेसर रामचंद्रन ने अपने भाषण के समापन में यहाँ तक कहा कि "हमें आपका भाषण बहुत प्रीतिकर लगा।"

व्याख्यान को लिपिबद्ध करने में प्रश्नकर्त्ताओं के नाम एवं पद की जानकारी चाहिए थी। सी.बी.सी.आई. के सचिव फ़ादर आगस्टीन कंजमाला ने उसे अविलंब उपलब्ध करा दिया और भाव-भीने शब्दों में धन्यवाद ज्ञापित करते हुए लिखा, "आपकी वार्त्ता न सिर्फ विद्वत्तापूर्ण अपितु चुनौती भरी भी थी। आपके द्वारा प्रस्तुत विषय एवं कैथोलिक मिशन की समीक्षा में श्रोताओं ने कितनी गहरी दिलचस्पी ली, यह इसी से ज़ाहिर होता है कि आपके साथ लगभग दो घंटे बिताने के बाद भी वे परिचर्चा को जारी रखना चाहते थे। आपसे अनुरोध है कि अपनी प्रस्तुति को लिपिबद्ध करने का कष्ट करें। मेरी इच्छा है कि इस सम्मेलन के विभिन्न वक्ताओं की वार्त्ताएँ प्रकाशित करूँ... ।"

तीन सप्ताह बाद मूल पाठ को भेजने के उपरांत मैंने एक और अनुरोध उनसे किया : कितना अच्छा होता यदि पुस्तक के मुखपृष्ठ के लिए ईसामसीह तथा पवित्र परिवार[1] के भारतीयकृत चित्र को उपलब्ध कराने में सचिव मेरी सहायता करते! और एक बार फिर उन्होंने इस कार्य में मेरी सहायता की।

शीघ्र ही मुझे सूचना मिली कि वे मेरे द्वारा भेजी गई सामग्री को प्रकाशित कराएँगे तथा सम्मेलन में उपस्थित लोगों में से कुछ के प्रत्युत्तर भी उसमें शामिल करेंगे।

क्या उनकी यह अभिरुचि, उदारता एवं तत्परता हमारे लिए एक मिसाल नहीं...?

—मार्च, 1994

---

1. पवित्र परिवार (होली फ़ेमिली)—कुँआरी मरियम, ईसामसीह, संत जोसेफ, संत जान बेपतिस्त और संत एलिज़ाबेथ का एक साथ चित्र।

मूलसूत्र एवं उसकी निष्पत्तियाँ

1
आम नतीज़े

यह सही है कि पुणे सम्मेलन के व्यवस्थापकों ने भारत में मिशनरी कार्यों के मूल्यांकन हेतु मुझे आमंत्रित किया था, किंतु हिंदुओं की ओर से इस विषय पर बोलने के लिए मैं अधिकृत नहीं हूँ। मैं तो उन लोगों में भी शामिल नहीं हूँ जो ईसाई मिशनरियों के कार्य-कलाप के संबंध में हिंदूवादी समझ का प्रतिवेदन मात्र प्रस्तुत कर सकें। मेरे दृष्टिकोण को समझने के लिए निम्नलिखित पृष्ठभूमि को ध्यान में रखना आवश्यक है।

आज से 18 वर्ष पहले की बात है। अपने बच्चे के मस्तिष्क की चोट ने मुझे भारी सदमा पहुँचाया था। तब से मैं लगातार विभिन्न धर्मों के ग्रंथ के अध्ययन एवं चिंतन के द्वारा दुःख के कारण जानने-समझने की चेष्टा करता रहा हूँ। इस चिंतन-मनन का लब्बोलुआब यह है : ईश्वर की अवधारणा के साथ दुःख की संगति बैठाना मेरे लिए संभव नहीं है। ईश्वर यदि सर्वज्ञ, सर्वशक्तिमान एवं करुणामय है—जैसा कि उसे माना गया है—तो फिर जीवन में इतना दुःख एवं अशुभ क्यों है? या तो ईश्वर यहाँ जो कुछ घटित हो रहा है उसे नहीं जानता। (तब वह सर्वज्ञ नहीं है।), अथवा जानता तो है, किंतु उसमें बदलाव नहीं ला सकता (तब वह सर्वशक्तिमान नहीं है।) अथवा फिर वह उसमें बदलाव चाहता ही नहीं है (तब वह करुणामय नहीं है।)। इस संबंध में दी गई परंपरागत कैफ़ियतें—कि सारी घटनाएँ ईश्वर की लीला हैं, कि दुःख ईश्वर के द्वारा प्रदत्त स्वतंत्र संकल्पशक्ति के दुरुपयोग का परिणाम है, इत्यादि—तर्क संगत नहीं जँचतीं। आख़िर एक शिशु को दुःख देना कैसी लीला, कैसा मनोरंजन है? यह तो करुणामयता की अवधारणा के सर्वथा विपरीत है। कोई पर-पीड़क ही एक अबोध शिशु को दुःखी बनाकर अपना मन बहलाव कर सकता है। तो क्या दुःख हमारे कर्मों के परिणाम हैं? इस संबंध में धर्मग्रंथों के फतवे तर्क संगत नहीं

प्रतीत होते। उदाहरणार्थ, कुरान की मान्यता है कि मनुष्य जो भी सत्कर्म करता है, अल्लाह के कारण करता है, जबकि अपने दुष्कर्मों का कारण वह स्वयं है। फिर यह भी माना जाता है कि उसकी मर्ज़ी के बगैर एक पत्ता तक नहीं हिलता। अब यदि ऐसी बात है तो प्रश्न है कि वह पहले से ही ऐसी व्यवस्था क्यों कर देता है कि बेचारा मानव-प्राणी कोई एक ऐसा ग़लत कार्य करे जो उसके जीवन को दुःखी बना दे! इसका एक टकसाली जवाब है, "उसे बेहतर ढंग से प्रशिक्षित करने के लिए। किंतु, किसी सर्वशक्तिमान सत्ता के लिए यह कदापि असंभव नहीं था कि वह इस बेहतर प्रशिक्षण का कोई सीधा तरीका निकालता, एक ऐसा तरीका जो बेहतर प्रशिक्षण के नाम पर मनुष्य को दुःखी बना देने की जुगत होने के बदले ईश्वर की सर्वकरुणामयता से मेल खाता।

"किंतु ईश्वर तुम्हारे जीवन में कष्ट एवं बाधाएँ पैदा कर अपने प्रति तुम्हारी निष्ठा की जाँच करता है," यह कुरान एवं चर्च दोनों के आवर्त्ती टेक हैं। प्रश्न है, अखिल ब्रह्मांड की रचना करने वाला ईश्वर आखिर क्यों इतना पूर्वाग्रही है कि असंख्य आकाशगंगाओं के बीच इस बिंदुमात्र पृथ्वी के एक अतिक्षुद्र मानव-प्राणी से अपने प्रति भक्ति की अपेक्षा रखता है।

हम और भी गंभीर शंकाएँ उठा सकते हैं, किंतु ये आरंभिक प्रश्न ही अनुत्तरित रह जाते हैं। यही कारण है कि मैं आज तक ईश्वर की परंपरागत अवधारणा के साथ दुःख एवं अशुभ की संगति बैठाने में विफल रहा हूँ। किंतु, मैं एक उत्कट मूर्त्तिपूजक हूँ। मैं प्रतिमाओं एवं तस्वीरों के सामने सिजदे करता हूँ; मंदिरों, बौद्धमठों एवं सूफ़ी दरगाहों में जाता हूँ, हिंदू मंदिरों में तो अक्सरहाँ।

जहाँ तक दैनिक अभ्यास का प्रश्न है, मैं ध्यान-मनन करता हूँ और इसके लिए बौद्ध-ग्रंथों में वर्णित तकनीक का उपयोग करता हूँ।

पुनश्च, मैं मानता हूँ कि भारत के लोग मूलतः आंतरिक अन्वेषण में विश्वास करते हैं, कि यह अन्वेषण और इसके तरीके हिंदू धर्म को मुख्य आधार प्रदान करते हैं। स्वामी विवेकानंद, श्री अरविंद तथा गांधी जी ने हमें यही सिखलाया है और उन्होंने तथा रामकृष्ण परमहंस, महर्षि रमण एवं परमाचार्य ने इसके जीवंत उदाहरण प्रस्तुत किए हैं।

अंततः भारत के उत्तर-पूर्वी क्षेत्र में तथा 'दलितों' जैसे समुदाय के बीच में मिशनरी कार्यों की चर्चा के सिलसिले में जो एक महत्त्वपूर्ण बिंदु मेरे ख़याल में उभरता है वह यह है कि भारत की समग्रता में उसका हित सर्वोपरि है, न कि किसी विशेष क्षेत्र, समुदाय, भाषा, मज़हब या धर्म-निरपेक्ष का हित। मुझे यक़ीनी तौर पर लगता है कि आज के प्रशासनिक ढाँचे की दुर्बल स्थिति को देखते हुए जो आंदोलन इन

समूहों को 'मुक्त करने' तथा 'अधिकार संपन्न बनाने' के नाम पर चल रहे हैं वे अंततः भारत को खंडित कर देंगे और इन समूहों को भी आख़िर में वही सब कुछ भुगतना पड़ेगा जो भिंडरावाले के आतंकवाद—जो 'दलित' नेतृत्व के द्वारा बहु प्रशंसित रहा और जो 'दलित' नेतृत्व खुद भी चर्च के द्वारा बहुत प्रशंसित रहा—के कारण सिख समुदाय को भुगतना पड़ा था। इसलिए आवश्यक है कि जब भी ये आंदोलन और उनको हवा देने वाले लोग सीमा का अतिक्रमण करने लगें तो राज्य को उनके साथ सख़्ती से पेश आना चाहिए।

मेरे जैसे व्यक्ति के लिए ईसाई धर्म प्रचारकों के क्रियाकलाप की जानकारी के स्रोत के तौर पर तीन बातें उल्लेख्य हैं। प्रथमतः मेरी पत्नी अपनी माँ एवं बहन की भाँति लखनऊ के लोरेटो कॉन्वेंट में पढ़ी हैं; मेरी बहन की शिक्षा-दीक्षा दिल्ली के कॉन्वेंट ऑफ़ जिसस एंड मेरी में हुई है; मैं और मेरे भाई ने दिल्ली के सेंट स्टीफ़न कॉलेज में अध्ययन किया है। द्वितीयतः, चूंकि मैं न तो पालि जानता हूँ, न संस्कृत, अतः हिंदू एवं बौद्ध धर्मग्रंथों के अध्ययन के लिए भी मुझे उनके अंगरेज़ी अनुवादों का सहारा लेना पड़ा है और ये अनुवाद अधिकांशतः ईसाई मिशनरियों के द्वारा ही किए गए हैं।

मेरी जानकारी का तीसरा स्रोत सर्वाधिक महत्त्वपूर्ण है। भारत को आज़ाद कराने हेतु छेड़े गए संघर्ष का लगातार बीस वर्षों तक अध्ययन करते रहने के कारण मैंने स्वाभाविक रूप से स्वामी विवेकानंद तथा गांधीजी जैसे महान पुरुषों की रचनाएँ पढ़ी हैं। स्वामी विवेकानंद ने ईसाई मिशनरियों के द्वारा हिंदू धर्म, भारत तथा स्वयं उनके विरुद्ध चलाए गए मिथ्यापवाद के अभियान का अत्यंत हृदय-विदारक चित्रण किया है। गांधीजी की संगृहीत रचनावली में ईसाई मिशनरियों के साथ उनके संवादों तथा पत्राचारों का और भी विशद वर्णन मिलता है। इनमें मिशनरियों के उनके विरुद्ध 'कुचक्रों'—जैसा कि गांधीजी उन्हें छेड़ने के लिए कहा करते थे—के बारे में चर्च के दावों और मतों के बारे में उनके अपने विचार तथा उसके द्वारा किए जा रहे कार्यों का भारत पर प्रभाव के उनके मूल्यांकन के संबंध में विस्तृत चर्चा हुई है। स्वामी विवेकानंद तथा गांधीजी सरीखे महात्मा उच्चतम निष्ठा के व्यक्ति थे। ये वृत्तांत घटना-चक्र के समय में ही—दिनों और सप्ताहों के भीतर—लिखे और प्रकाशित किए गए। इनमें वर्णित घटनाएँ एवं वार्तालाप उनके निजी अनुभव के विषय थे। चूंकि ईसाई मिशनरियों के कार्य बड़े महत्त्वपूर्ण थे, अतः स्वामी विवेकानंद तथा गांधीजी सरीखी विभूतियों ने इनका गहन अध्ययन किया था।

निश्चय ही, इस संबंध में अन्य वृत्तांत भी उपलब्ध हैं। मुझे अभी भी याद है कि सरदार पणिक्कर की पुस्तक 'एशिया और पाश्चात्य प्रभुत्व' (एशिया एंड वेस्टर्न

डोमिनेंस) ने मुझ पर कितना गहरा असर डाला था। किंतु, इन विश्लेषणों तथा अपेक्षाकृत हाल के वृत्तांतों—उदाहरणस्वरूप, उत्तर-पूर्वी भारत के संबंध में—की चर्चा मैं नहीं करूँगा।

परिणाम

प्रश्न है, इस पृष्ठभूमि के साथ तथा इन स्रोतों के द्वारा अनुकूलित या परिचित व्यक्ति भारत में मिशनरी कार्यों के संबंध में क्या धारणा बना सकता है?

पहली बात तो यह है कि, जैसाकि गांधीजी कहा करते थे, मिशनरियों के क्रियाकलाप से हिंदू सुधारकों को पहले अपना घर ठीक करने के प्रयत्नों को गति मिली। हिंदुओं को धर्मांतरित करने का मिशनरी उत्साह और यह अहसास कि वे समाज के दबे-कुचले लोगों को धर्मांतरण का निशाना बना रहे थे, से यह लाभ तो हुआ ही कि सुधारकों के मन में इन उपेक्षित समुदायों को शेष हिंदू समाज के साथ अधिक प्रभावी ढंग से जोड़ने का संकल्प और दृढ़ हो गया। यहाँ तक कि मिशनरियों के द्वारा हिंदू धर्म तथा भारत की निंदा से भी एक उद्देश्य की पूर्ति हुई। स्वामी विवेकानंद तथा गांधीजी लगातार इस बात पर बल देते रहे कि भारत तथा हिंदू धर्म की निंदा घोर अतिरंजना, तथ्यों की मनमानी तोड़-मरोड़ तथा मनगढ़ंत व्याख्या पर आधारित थी। इन दोनों महापुरुषों ने इसके पीछे निहित एक अन्य गर्हित उद्देश्य की पूर्ति का भी रहस्योद्घाटन किया। भारत तथा हिंदू धर्म के विरुद्ध कुत्सित प्रचार का इस्तेमाल मिशनरियों के क्रिया-कलापों को जारी रखने के लिए इंगलैंड तथा अमेरिका में धन-संग्रह करने हेतु किया जाता था। "यही वह नरक है जिसमें हिंदू धर्म के कारण भारतवासी जीवन बिताने को अभिशप्त हैं; आप स्वयं देखें कि इन लोगों को मुक्ति दिलाना कितना ज़रूरी है," यही इस प्रचार का आलाप था। फिर भी, इससे एक यह लाभ अवश्य हुआ कि सुधार की प्रक्रिया में तेजी आई और इस चेतना को बल मिला कि हिंदू समाज की बुराइयों को दूर करना उसके अपने हित के लिए नितांत आवश्यक है। संभव है इस निंदा और दुष्प्रचार के अभाव में हिंदू समाज की जड़ता मिटने में बहुत समय लगता।

मिशनरियों के खाते में कुछ अच्छे कार्य भी दर्ज किए जाने लायक हैं। उदाहरणस्वरूप विनोबा भावे ने कहा था कि भारत में कुष्ठ रोग के क्षेत्र में जो कार्य किए जा रहे हैं उनकी शुरुआत मिशनरियों ने ही की थी। इसी तरह, एक भिन्न क्षेत्र में भी उन्होंने एक अति महत्त्वपूर्ण कार्य किया और वह था दूसरे धर्म के ग्रंथों का गहन अध्ययन। यह आज भी हमारे लिए एक उदाहरण है।

इतना ही नहीं, मिशनरियों ने बड़ी संख्या में शिक्षण संस्थाओं और अस्पतालों की स्थापना की। पीढ़ी-दर-पीढ़ी युवा-युवतियों ने इन शिक्षण संस्थानों में शिक्षा पायी है और उनमें से अनेक ने उनसे शुचिता, ईमानदारी एवं सेवा के आदर्श ग्रहण किए हैं। इसी तरह चर्च से संबद्ध संगठनों के द्वारा स्थापित अस्पतालों में लाखों-करोड़ों ने जीवनदान पाया है। क्रिश्चियन मेडिकल कॉलेज, वेलूर एक लंबे अरसे से देश का एक मानक चिकित्सा संस्थान रहा है। सीधे तौर पर सेवा उपलब्ध कराने से भी एक ज़्यादा बड़ी विशेषता इन संस्थानों की यह रही है कि इतना समय गुज़र जाने के बावजूद, टूटते प्रतिमानों के इस दौर में भी इन्होंने अपना स्तर बनाए रखा है। इस दृष्टि से ये हमारे देश के लिए अनुकरणीय उदाहरण प्रस्तुत करते हैं।

किंतु, मिशनरियों द्वारा किए जा रहे कार्यों का भारत में कुछ अच्छे परिणाम पैदा करना तस्वीर का एक पहलू था। इसका दूसरा पहलू वह था जिसे गांधीजी 'अप्रत्यक्ष' प्रभाव कहा करते थे।[1] एक ओर तो उन्होंने हमारी कमज़ोरियों के बारे में हमें शिक्षित-सचेत किया वहीं दूसरी ओर हमारे आत्म-विश्वास के साथ-साथ हमारे आत्म-सम्मान को पूरी तरह नष्ट कर दिया। स्वामी विवेकानंद की भविष्यवाणी कितनी सही थी : "बच्चा जब विद्यालय जाता है तो वहाँ पहला पाठ वह यह सीखता है कि उसका बाप मूर्ख है, दूसरा यह कि उसके पितामह पागल थे, तीसरा यह कि उसके सारे शिक्षक पाखंडी हैं, चौथा यह कि उसके सारे धर्मग्रंथ झूठ के पुलिंदे हैं... 16 वर्ष की आयु होते-होते वह निषेधों का एक निष्प्राण, अस्थिविहीन पिंड हो जाता है... ।" एक ओर तो वे हमें पाश्चात्य ज्ञान की तुतलाहट सिखलाते हैं तो दूसरी ओर हमें ऐसी स्थिति में पहुँचा देते हैं जहाँ हम अपनी परंपराओं से पूरी तरह कट जाते हैं और इसीलिए उनके बारे में सोचने में भी हमें लज्जा होती है। एक ओर तो उन्होंने आधुनिक विद्यालयों की स्थापना की तो दूसरी ओर ब्रिटिश शासन के साथ मिलकर इस देश के संपूर्ण शिक्षण-तंत्र को ध्वस्त कर दिया। गांधीजी इस बिंदु की ओर प्रायः पाठकों का ध्यान आकृष्ट करते थे और धरमपाल ने तो आगे चलकर निर्णायक दस्तावेज़ी प्रमाण भी पेश किया है। एक ओर तो उन्होंने आधुनिक अस्पताल खड़े किए तो दूसरी ओर शताब्दियों से संचित हमारे चिकित्सीय ज्ञान के प्रति हमें पूर्णतः विस्मरणशील बना दिया। कैसी विडंबना है कि आज उसी आयुर्वेद के इलाजों एवं जड़ी-बूटियों को पाश्चात्य जगत पेटेंट बनाने में भिड़ा हुआ है और हम भी उनकी गहन उपादेयता की ओर मुखातिब हो रहे हैं!

लेकिन उपर्युक्त सेवाओं के साथ एक ज़्यादा गंभीर समस्या जुड़ी हुई थी जिसकी ओर गांधीजी बार-बार ध्यान आकृष्ट करते थे। ये सेवाएँ आनुषंगिक थीं, साधन मात्र थीं; साध्य था भारतवासियों को ईसाई धर्म में दीक्षित करना। संगृहीत रचनाएँ

तथा महादेव देसाई की डायरियों में ऐसे अनेक प्रसंग आए हैं जिसमें ईसाई मिशनरियों ने गांधीजी के सामने स्वीकार किया है कि संस्थाएँ एवं सेवाएँ तो आनुषंगिक हैं, वास्तविक उद्देश्य है चर्च के लिए लहलहाते फसल काटना।

गैर-ईसाई परिवारों में प्रवेश के लिए कैथोलिक धर्म के प्रचारक की राय में धर्मोपदेशक को औषधियों का किंचित ज्ञान अपेक्षित है। इससे घर में किसी के बीमार पड़ जाने पर उसकी ज़रूरत महसूस की जाएगी और एक बार प्रवेश मिलने पर उपदेशक को चाहिए कि वह बच्चे के बपतिस्मा के लिए माता-पिता की अनुमति ले और उन्हें बताए कि इससे बच्चा शीघ्र ही चंगा हो जाएगा। यदि माता-पिता इसके लिए राज़ी नहीं हों तो मार्ग-दर्शक उनसे कहेगा :

> यदि तुम्हें ऐसा लगे कि बच्चा मरणासन्न है और माता-पिता उसके बपतिस्मा के लिए तैयार नहीं हैं तो किसी औषधि देने के बहाने उसके माथे पर चुपके से जल छिड़क दो और बपतिस्मा के शब्दों का उच्चारण करो, हे उपदेशक, अगर बच्चा मर जाता है तो तुम स्वर्ग का फाटक इसके लिए खोल देना। क्या यह एक शुभ कर्म नहीं है? अब यदि प्रत्येक उपदेशक अपने को इस कार्य में संलग्न कर दें तो वे प्रतिवर्ष न जाने कितने बच्चों को स्वर्ग में भेजेंगे!

और यही सलाह एक मरणासन्न युवक के मामले में भी है :

> अगर किसी दम तोड़ते व्यक्ति के कुटुंबीजन तुम्हें घर में बैठने नहीं देते तो उन्हें समझाओ कि तुमसे परिचित होना कोई बुरी बात नहीं है। सर्वशक्तिमान ईश्वर इस व्यक्ति को चंगा कर सकता है। अगर यह युक्ति काम नहीं करती तो दवा खिलाने के बहाने उस व्यक्ति के निकट जाने की अनुमति माँगो। संक्षेप में उसकी आत्मा के उद्धार के लिए सारी युक्तियाँ काम में लाओ।[2]

यह समझना मुश्किल नहीं कि किसी उदात्त उदाहरण के मामले में भी इस बेतुकेपन का क्या अर्थ हो सकता है। मदर टेरेसा आज संपूर्ण भारतवासियों के लिए सेवा और करुणा की प्रतीक हैं। उनकी करुणा तथा देख-भाल के दायरे में सभी तरह के लोग शामिल हैं। वह एक क्षण के लिए किसी मुसीबतज़दा व्यक्ति के धर्म, जाति, या नस्ल जानने के लिए नहीं रुकतीं। उनकी विनयशीलता, भद्रता एवं सेवा-भावना उन्हें एक संत का दर्जा देती हैं। इसमें तनिक संदेह नहीं कि ईसामसीह में उनकी अटूट श्रद्धा ने ही उनमें ऐसी उत्कृष्ट सेवा-भावना भरी है। किंतु इन संत-सुलभ प्रयासों के बारे में भी चर्च का कट्टरपंथ क्या कहेगा? सिर्फ आत्माओं के उद्धार की एक चिंता जो इस मान्यता पर आधारित है कि निस्सहाय, हताश, पीड़ाग्रस्त, अंतिम साँसें लेता हुआ व्यक्ति बेहतर स्थिति को प्राप्त होगा और यदि वह ईसामसीह में

आस्था के संकेतक कुछ शब्दों को बुदबुदाता हुआ प्राण त्यागेगा तो उसे 'मुक्ति' मिल जाएगी!

इन दोनों ही स्थितियों की चिंता हमारी समझ से परे है। यह मानना कि अंतिम लक्ष्य व्यक्ति को धर्मांतरित करना भर है, सेवा-भावना की उदात्तता का अपहरण कर लेना है (यहाँ मैं मदर टेरेसा के बारे में नहीं, उन मिशनरियों के बारे में कह रहा हूँ जिन्होंने गांधीजी के समक्ष अपना यह लक्ष्य क़बूल किया था)। फिर यह मान्यता भी बुद्धिग्राह्य नहीं है कि कोई इतना निराश-हताश, पीड़ाग्रस्त, मरणासन्न व्यक्ति, जो सोचने, समझने, प्रश्न पूछने में सर्वथा असमर्थ है, कुछ शब्दों के बुदबुदाने से 'मुक्त' हो जाएगा, भले ही वे शब्द अल्लाह या राम और कृष्ण या ईसामसीह में 'आस्था' की उद्घोषणा करते हों। यदि संपूर्ण अस्तित्व को आलोड़ित कर देने वाले रहस्यवादियों के दावे को दरकिनार कर दें तो यह निश्चयपूर्वक कहा जा सकता है कि मन एक लंबे अभ्यास के द्वारा शनैः-शनैः परिपक्वता प्राप्त करता है और एक हताश मरणासन्न व्यक्ति से बिजली की तरह कौंध जाने वाली ऐसी अनुभूति की न तो प्रत्याशा की जाती है, न आकांक्षा। यहाँ तो स्पष्ट रूप से कुछ अस्फुट स्वरों की आवृत्ति मात्र होती है, किंतु उस दम तोड़ते व्यक्ति के मुख से महज़ यही आवृत्ति अतिमहत्त्वपूर्ण है।

चर्च की इस मान्यता को अंधविश्वास से भिन्न कैसे माना जाए?

किंतु यह मान्यता न तो आनुषंगिक है, न आकस्मिक, यह तो ईसाइयत का केंद्रीय तत्त्व है, चर्च की आधारशिला है।

अतः अब हम इसी मूलसूत्र की चर्चा करेंगे।

संदर्भ

1. यहाँ एक प्रतीकात्मक उदाहरण की चर्चा समीचीन होगी। एक सेवानिवृत्त आरक्षी पदाधिकारी ने गांधीजी द्वारा चलाए गए असहयोग आंदोलन की आलोचना करते हुए उसे विध्वंसात्मक और न जाने क्या-क्या कहा, जबकि दूसरी ओर उसने हरिजनों के बीच ईसाई मिशनरियों द्वारा किए जा रहे कार्यों की काफी सराहना की। गांधीजी ने 'यंग इंडिया' में लिखा था : 'जो कुछ भारतीय है उसके संबंध में आरक्षी अधिकारी ने अपने सामान्य अज्ञान का बढ़िया परिचय दिया है।' उन्होंने पहले तो अपने आंदोलन के अनेक रचनात्मक कार्यों की चर्चा की और तब मिशनरियों द्वारा किए जा रहे कार्यों पर टिप्पणी दी : ''लेखक ने मिशनरियों द्वारा हरिजनों के बीच किए जा रहे कार्यों की प्रशंसा की है। मैं यहाँ उनके गुण-दोष की चर्चा नहीं करूँगा। ईसाइयत का अप्रत्यक्ष प्रभाव हिंदू धर्म को तेज गति से अनुप्राणित करना रहा है। सुसंस्कृत हिंदू समाज ने हरिजनों के प्रति अपने दारुण पाप को कबूल किया है। किंतु, भारत में ईसाइयत के सामान्य

प्रभाव का मूल्यांकन हमारे बीच में रह रहे औसत ईसाई और हमारे ऊपर उसके प्रभाव की दृष्टि से किया जाना चाहिए। मुझे एतद् विषयक अपनी राय दर्ज कराने में कष्ट होता है। यह कहने में मुझे पीड़ा होती है कि एक निकाय के रूप में कतिपय सम्मानजनक अपवादों को छोड़कर ईसाई मिशनरी ने एक ऐसी व्यवस्था को सक्रिय समर्थन दिया है जिसने संसार का सबसे भद्र और सर्वाधिक सभ्य समझे जाने वाले राष्ट्र को दुर्बल, भ्रष्ट एवं कंगाल बना डाला है।—कलेक्टेड वर्क्स, खंड 24, पृ. 475-6

पाठक मिशनरी के कार्यों के विरुद्ध हिंदू प्रतिक्रियाओं एवं मूल्यांकन के अधिक विशद विवरण हेतु देखें, सीताराम गोयल कृत हिस्ट्री ऑफ हिंदू-क्रिश्चियन एनकाउंटर्स, वॉयस ऑफ़ इंडिया, न्यू दिल्ली, 1989

2. रिपोर्ट ऑफ़ दि क्रिश्चियन मिशनरी एक्टिविटिज़ इन्क्वायरी कमिटी, मध्य प्रदेश से उद्धृत; गवर्नमेंट प्रिंटिंग प्रेस, नागपुर, 1956, खंड II, भाग B, पृ. 34

2

मूलसूत्र एवं उसकी निष्पत्तियाँ

2 जनवरी, 1937। पोलैंड के दर्शनशास्त्र के प्रोफेसर क्रज़ेन्स्की गांधीजी से मिलने आए। बातचीत के सिलसिले में उन्होंने गांधीजी को कहा कि रोमन कैथोलिक धर्म ही एकमात्र सच्चा धर्म है।

"तो क्या आपकी नज़र में अन्य सारे धर्म मिथ्या हैं?" गांधीजी ने पूछा।

क्रज़ेन्स्की : अगर अन्य धर्मावलंबी आस्थापूर्वक मानते हों कि उनके धर्म सच्चे हैं तो इससे उनका उद्धार हो सकता है।

गांधीजी : गरज़ कि हम असत्य के द्वारा भी अपना उद्धार कर सकते हैं, क्योंकि आपके कथनानुसार अगर कोई व्यक्ति हक़ीकत में एवं ईमानदारीपूर्वक एक ऐसी चीज़ में विश्वास करता है जो वास्तव में असत्य है तो भी उसका उद्धार हो जाएगा। किंतु तब तो आपको यह भी मानना पड़ेगा कि आपका धर्म असत्य हो सकता है, फिर भी आप उसके द्वारा इसलिए मुक्ति पा जाएँगे क्योंकि आप उसकी सत्यता के प्रति आश्वस्त हैं।

क्रज़ेन्स्की : लेकिन मैंने सभी धर्मों का अध्ययन किया है और उसके आधार पर मेरा निष्कर्ष है कि मेरा धर्म ही एकमात्र सच्चा धर्म है।

गांधीजी : लेकिन उन लोगों के बारे में आप क्या कहेंगे जिन्होंने अपने धर्म के साथ-साथ अन्य धर्मों का भी अध्ययन किया है? मेरा तो ख़याल है कि धर्म वस्तुतः एक ही है जिसकी अनेक शाखाएँ हैं और सभी एक-सी हैं।

क्रज़ेन्स्की : ऐसा मान लेने में मुझे कोई आपत्ति नहीं है कि सारे धर्म दैवी उत्प्रेरणा वाले हैं, किंतु वे सभी एक ही सत्य पर आधारित नहीं हैं, क्योंकि वे एक ही ज्योति से उद्भासित नहीं हैं।

गांधीजी : किंतु किसी भी सत्यान्वेषी का यह मानना कि वह अकेले ही संपूर्ण

सत्य का हक़दार है, मूलतः एक सत्य-विरोधी अवधारणा है। आज के खगोलशास्त्रियों की क्या स्थिति है? उन्हें लगातार अपनी मान्यताएँ बदलनी पड़ रही हैं और ऐसे वैज्ञानिकों की भी कमी नहीं जो आइंस्टीन के नवीनतम सिद्धांत को चुनौती दे रहे हैं।

क्रज़ेन्स्की : हो सकता है, किंतु मैंने अन्य धर्मों के पक्ष में प्रस्तुत किए गए तर्कों की समीक्षा की है।

गांधीजी : लेकिन यह एक बौद्धिक समीक्षा है। आध्यात्मिक सत्य को मापने के लिए अलग-अलग पैमाने की ज़रूरत होती है। या तो हम यह मानकर चलें कि हम सभी असत्य हैं—ऐसा मानना भी पूर्णतः तार्किक होगा—किंतु, चूँकि सत्य का उद्भव असत्य से नहीं होता, यह मानना बेहतर होगा कि हम सभी लोग सत्य को जानते हैं, किंतु पूर्ण सत्य को हममें से कोई भी नहीं जानता क्योंकि ईश्वर अपना सत्य जिन उपकरणों के माध्यम से उद्घाटित करता है, वे अपूर्ण होते हैं। वर्षा की बूँदें तो पूर्णतः शुद्ध जल से निर्मित होती हैं। किंतु वे धरती माँ के संपर्क में आते ही मिश्रित या प्रदूषित हो जाती हैं। मेरी विनम्र राय में आपकी अवधारणा दंभपूर्ण है और बेहतर हो यदि आप सभी धर्मों को समान रूप से देखें क्योंकि वे सभी एक ही मूल से निस्सृत हुए हैं और सभी के विकास के नियम भी एक जैसे हैं।

क्रज़ेन्स्की : किंतु यह आवश्यक है कि प्रत्येक धर्म की दार्शनिक समीक्षा की जाए और जाना जाए कि कौन ज़्यादा सुसंगत, ज़्यादा पूर्ण है।

गांधीजी : आपका यह ख़याल इस ग़लत मान्यता पर आधारित है कि सारे धर्म एक-दूसरे से पूर्णतः पृथक्, परस्पर विभाजित हैं। धर्म सतत विकासमान हैं। हम ईश्वर के विधान को सीमित नहीं करें। ईश्वर अपने को हज़ार रूपों में हज़ार बार उद्भासित कर सकता है।

प्रोफेसर क्रज़ेन्स्की विषय बदलकर भौतिकवाद का मुक़ाबला करने का प्रश्न छेड़ देते हैं।

गांधीजी : धर्मांतरण का ख़याल छोड़े बगैर भौतिकवाद से लड़ने का प्रयास निरर्थक है, क्योंकि धर्मांतरण निश्चय ही वह सर्वाधिक घातक ज़हर है जिसने सत्य के स्रोत को ही सोख लिया है।

क्रज़ेन्स्की : लेकिन आपके धर्म की मैं बहुत इज़्ज़त करता हूँ।

गांधीजी : वह पर्याप्त नहीं है। कभी मेरे मन में भी अन्य धर्मों के प्रति यही सम्मान का भाव था। किंतु, बाद में मुझे अहसास हुआ कि यह सम्मान-भाव ही पर्याप्त नहीं है। जब तक मैं सर्वधर्म-समभाव में विश्वास न करूँ और किसी भी अन्य धर्म

के प्रति वही सम्मान का भाव न रखूँ जो मैं अपने धर्म के प्रति रखता हूँ, तब तक मैं अपने इर्द-गिर्द भड़की आग के बीच रह नहीं पाऊँगा। इस मूल अवधारणा को स्वीकारना ज़रूरी है, क्योंकि आध्यात्मिक शक्तियों का कोई भी कृत्रिम एवं कपटपूर्ण संगठन सफल नहीं हो पाएगा। मैं गीता पढ़कर सारी अंतःप्रेरणा प्राप्त करता हूँ। लेकिन, अपने धर्म को समृद्ध करने के लिए मैं बाइबिल और कुरान भी पढ़ता हूँ। अन्य धर्मों की सारी अच्छी बातों को मैं आत्मसात करता हूँ।

क्रज़ेन्स्की : यह आपकी सदिच्छा है।

गांधीजी : किंतु सदिच्छा ही पर्याप्त नहीं है।

क्रज़ेन्स्की : लेकिन आपके प्रति मेरे मन में बहुत सम्मान का भाव है।

गांधीजी : वह भी पर्याप्त नहीं है। अगर मैं आपके कैथोलिक चर्च में सेवा करने लगूँ तो आप मुझे और भी ज़्यादा सम्मान देंगे।

क्रज़ेन्स्की : निश्चय ही कैथोलिक हो जाने पर आप संत फ्रांसिस की तरह महान बन जाएँगे।

गांधीजी : लेकिन ऐसे नहीं। बेचारा हिंदू एक संत फ्रांसिस नहीं हो सकता! है न?

क्रज़ेन्स्की : लेकिन क्या मैं आपकी तस्वीर ले सकता हूँ?

गांधीजी : हरगिज़ नहीं, क्योंकि यह तो एक भौतिकवादी कार्य होगा और आप भौतिकवाद पसंद नहीं करते! है न?[1]

एक ओर गांधीजी की कुशाग्रता एवं वाग्विदग्धता, दूसरी ओर जड़सूत्रवादियों का महाजाल!

निश्चय ही क्रज़ेन्स्की द्वारा उपस्थापित यह अवधारणा सभी प्रकाशित, स्वर्णयुगवादी धर्म की स्थापित अवधारणा है। ईसाइयत, इस्लाम, मार्क्सवाद-लेनिनवाद-माओवाद, सबका मूलसूत्र एक ही है और वह यह है कि सत्य सिर्फ एक है और इसका प्रकाशन एक व्यक्ति में हुआ है—ईसाइयों के लिए ईश्वर-पुत्र ईसामसीह में इस्लाम के लिए पैगंबर मोहम्मद में और मार्क्सवादियों के लिए दार्शनिकों के शीर्ष मार्क्स में। यह सत्य स्वयं उस व्यक्ति अथवा उसकी ओर से किसी और के द्वारा एक पुस्तक—बाइबिल, कुरान, दास कैपिटल (क्रमशः ईसाइयत, इस्लाम और साम्यवाद)—में प्रतिष्ठापित किया गया है। इन तीनों के अनुयायी अपने ग्रंथ को दुर्बोध मानते हैं और उसमें उल्लिखित बातों को अंतिम सत्य मानकर आँख मूँदकर उसमें विश्वास रखने की सीख देते हैं। इस पवित्र ग्रंथ के उपदेशों को जन-जन तक पहुँचाने के लिए एक बाह्य अभिकरण—चर्च, इस्लामी शासक तथा मौलवी, दल—आवश्यक है। यह अभिकरण सर्वोपरि है और

इसके आदेश अलंघ्य हैं। स्वर्णयुग तभी आएगा, और तब तो फौरन आ जाएगा, जब पूरी मानव जाति उस एक, अंतिम सत्य को एकनिष्ठ होकर स्वीकार कर लेगी। इसलिए उस अभिकरण की यह ज़िम्मेदारी है, उसका पुनीत कर्तव्य है कि वह पूरी मानव जाति को 'सही रास्ते' पर लाए। अगर कोई व्यक्ति उस प्रकाश को देखने से इनकार करता है तो उसे रास्ते से हटाया जाना चाहिए, क्योंकि ऐसा व्यक्ति सिर्फ अपना ही नुकसान नहीं कर रहा है, बल्कि ईश्वरीय आदेश, अल्लाह की इच्छा, इतिहास के रास्ते में भी रोड़े डाल रहा है।

उपर्युक्त वार्त्तालाप में गांधीजी जिस दंभपूर्ण अवधारणा में कील ठोंक रहे थे वह इस मूल-सूत्र पर ही आधारित है कि चर्च या मौलवी या दल से हटकर मुक्ति का कोई मार्ग नहीं है—बेचारे बुद्ध संत फ्रांसिस नहीं हो सकते! अब आगे किए जाने वाले सारे कार्य इसी मूलसूत्र की निष्पत्तियाँ हैं; चर्च को चाहिए कि वह धर्मांतरण करे, लेनिन और माओ को चाहिए कि वे क्रांति का निर्यात करें, खुमैनी को चाहिए कि वह सत्य के प्रकाशन का निर्यात करे।

परिणाम

इसलिए धर्मांतरण का कार्य 2000 वर्षों से जारी है। यह ईसाइयत की उद्घोषणा है, प्रत्येक ईसाई का कर्तव्य है। यह चर्च के प्रधान कार्यों में से एक है। सुसमाचारकों के लिए तो यह सर्वप्रमुख कार्य है।

इसके लिए अविश्वसनीय रूप से एक अति विशाल संगठन खड़ा किया गया है और आत्माओं के उद्धार के लिए अविश्वसनीय रूप से विशाल संसाधन लगाए जा रहे हैं। सुसमाचार-प्रचार पर एक पुस्तक के अनुसार, "वैश्विक ईसाइयत के संचालन के लिए 145 अरब डालर की ज़रूरत है।" चर्च के अधीन चालीस लाख पूर्णकालिक कार्यकर्त्ता हैं, यह 13000 बड़े पुस्तकालयों का संचालन करता है, 22000 पत्रिकाएँ निकालता है, प्रतिवर्ष चार अरब पुस्तिकाएँ प्रकाशित करता है, 1800 ईसाई रेडियो एवं टी.वी. स्टेशनों का परिचालन करता है, 1500 विश्वविद्यालय तथा 930 शोध-केंद्र चलाता है। इसके पास ढाई लाख विदेशी मिशनरियाँ हैं और उन्हें प्रशिक्षण देने हेतु 400 से अधिक संस्थाएँ। ये सारे आँकड़े 1989 में प्रकाशित एक पुस्तक से लिए गए हैं। उसके बाद तो पूर्वी यूरोप तथा एशिया में आँधी ही चल पड़ी है।

और ये आँकड़े स्वयं बोलते हैं। यूरोप तथा उत्तरी अमेरिका लगभग शत-प्रतिशत ईसाई हैं। लैटिन अमेरिका की सत्तानवें प्रतिशत, फिलिपींस की बानवे प्रतिशत, अफ्रीका की छत्तीस तथा दक्षिणी कोरिया की बत्तीस प्रतिशत आबादी ईसाई है।

क्या ये सारे-के-सारे—महादेश या धर्मांतरित लोग—आध्यात्मिकता के अधिक निकट हैं? क्या उनके आचरण दूसरों से भिन्न हैं? ऐसे ही प्रश्न गांधीजी मिशनरियों से उन लोगों के बारे में पूछा करते थे जिन्हें उन्होंने भारत में धर्मांतरित कर लिया है। ये प्रश्न विश्वस्तर पर धर्मांतरित लोगों के संबंध में भी उतनी ही प्रखरता से पूछे जा सकते हैं।

यह मताग्रह स्वयं चर्च पर भी प्रतिक्षेपित हुआ है। ईसामसीह के जीवन का स्थान स्वयं चर्च ने ले लिया है और वह खुद, जैसाकि पुणे सम्मेलन के अवसर पर एक प्रतिभागी ने कहा था, 'संख्या के खेल' में डूब गया है। 1986 में प्रकाशित 'मिशन हैंडबुक, नॉर्थ अमेरिकन मिनिस्ट्रीज ओवरसीज' की भाषा पर गौर करें : "इस समय सर्वाधिक लाभकर (धार्मिक) मंत्रालय एक लाख से अधिक चर्चाध्यक्षों, सुसमाचारकों एवं उपदेशकों द्वारा परिचालित होते हैं। संगठित समाजों से आए भारतीय मिशनरियों की संख्या 1943 में जहाँ 420 थी वह 1983 में बढ़कर 2,941 हो गई। उत्तरी भारत में, विशेषकर बिहार, उड़ीसा, पश्चिम बंगाल, असम, हिमाचल प्रदेश, उत्तर प्रदेश और सिक्किम में इन मिशनरियों की उल्लेखनीय बढ़ोतरी हुई है। पश्चिमी भारत में देशी मिशनरी प्रयासों से प्रति सप्ताह दो नए पूजा-समूह तैयार हो रहे हैं। भारतीय सुसमाचारकों की टोली ने वर्ष 2000 तक 2,000 नए गिरजाघरों की स्थापना का लक्ष्य रखा है। तमिलनाडु में दि इंडिया चर्च ग्रोथ मिशन सुदूर देहातों में 1,000 गिरजाघरों की स्थापना का लक्ष्य बनाए हुए है।" क्या इसे पढ़कर ऐसा नहीं लगता कि ये लक्ष्य पेंटागन (अमेरिकी प्रतिरक्षा विभाग का कार्यालय) का नहीं भी तो योजना आयोग का लक्ष्य तो अवश्य है? ईसामसीह के ये लक्ष्य तो कदापि नहीं हो सकते थे।

इसी प्रकार, सी.बी.सी.आई. के सचिव ने अपने प्रतिवेदन में जिस पहली बात पर बल दिया है वह आध्यात्मिक अन्वेषण की गहराई पर नहीं है, न इस बात पर है कि विज्ञान की नई खोजों से ईसाई मत किस प्रकार प्रभावित हुआ है, न बाइबिल के अध्ययन पर है, बल्कि 'धर्मांतरणों के संख्यात्मक रुझान' पर है। परिशिष्ट I देखें।

प्रतिवेदन के अनुसार 1961-71 की अवधि के पूर्व लगभग 100 वर्षों तक संपूर्ण भारत में संख्यात्मक धर्मांतरण नियमित रूप से वृद्धि पर था। 1971-97 के दरम्यान धर्मांतरण तथा बपतिस्मा ह्रासोन्मुख रहे...एकमात्र अपवाद उत्तर-पूर्वी भारत है जहाँ परंपरागत रुझान अभी भी कायम है, विशेषकर अरुणाचल प्रदेश में। सामूहिक धर्मांतरण के उपरांत दलितों का धर्मांतरण भी ह्रासोन्मुखी रहा है। दलित कैथोलिकों ने बड़ी संख्या में सरकारी स्तर पर सामाजिक-आर्थिक कार्यक्रमों के चलाए जाने तथा अन्य कारणों से चर्च का परित्याग कर दिया है।

संख्या-वृद्धि पर आग्रह के कारण ये मिशनरी गांधीजी के शब्दों में 'माल विक्रेता'

बन गए और माल विक्रेताओं की सारी तकनीकें अपना लीं; मसलन, बिक्री के सामानों के विज्ञापन में अतिशयोक्तियाँ, अतिसंवेदनशील समुदायों को लक्ष्य बनाना, विशेषकर ऐसे समय में जब वे सहजता से उनकी ओर झुक सकें। इसके लिए वे न सिर्फ संवाद स्थापित करते थे, अपितु प्रलोभन तथा हिंसा का भी सहारा लेते थे।

उत्तरी और दक्षिणी अमेरिका तथा एशिया में जिस रूप में हिंसा के द्वारा चर्च का फैलाव हुआ है, उस पर बहुत-कुछ लिखा जा चुका है। दुर्भिक्षों तथा अन्य आपदाओं में धर्मांतरितों की संख्या में आने वाले उछाल से इस बात की पुष्टि होती है कि मिशनरी किस रूप में इनका उपयोग करते थे। जनता की निराशाओं के दोहन के लिए वे जिन साधनों का इस्तेमाल करते थे, उस पर स्वामी विवेकानंद ने उन्हें कड़ी फटकार लगाई। उनकी संपूर्ण रचनावली उनके इस आक्रोश को जाहिर करती है। 1923 के एक आधिकारिक कैथोलिक प्रकाशन 'इंडिया एंड इट्स मिशन्स' का हवाला देते हुए रामस्वरूप ने उसमें प्रकाशित एक लेख 'अकाल और हैजा के आध्यात्मिक फ़ायदे' (शीर्षक पर गौर करें!) का विशेष रूप से उल्लेख किया है। इस लेख में पांडिचेरी के धर्म प्रदेश के आर्चबिशप के द्वारा यूरोप के अपने वरीय अधिकारियों को भेजे प्रतिवेदन में कहा गया है : "अकाल ने तो कमाल ही कर दिया है। ईसाइयत के लिए दीक्षार्थियों का सैलाब उमड़ पड़ा है, बपतिस्माई जल की धारा बह रही है, झुंड-के-झुंड भूख से दम तोड़ते बच्चे स्वर्ग गमन कर रहे हैं; अस्पताल एक बनी-बनाई धर्म-सभा है। जनपथ या बाड़े में जाकर उन्हें 'अंदर लाने' की जरूरत नहीं है, वे स्वयं एक-दूसरे को हमारे पास भेज रहे हैं।" गांधीजी ने मिशनरियों के इन रुझानों पर नज़र रखते हुए इनके परिणामों पर उन्हें बार-बार चेतावनी दी और उन्हें बतलाया कि वे किस प्रकार धर्मांतरितों की संख्या बढ़ाने पर बल देकर ईसामसीह के महान उदाहरण को दूषित कर रहे हैं, किस प्रकार विद्यालयों एवं अस्पतालों को औज़ार बनाकर सेवा-भाव की उदात्तता का अपहरण कर रहे हैं, किस प्रकार संख्या बढ़ाने के लिए 'भौतिक प्रलोभन' दे रहे हैं, धरती को स्वर्ग के रूप में पेश कर रहे हैं (ख़ासकर हरिजनों के सामने) और उनसे ऐसे वादे कर रहे हैं जिन्हें वे कभी पूरा नहीं कर सकते, किस प्रकार 'आधुनिक तरीके' अपनाकर 'धर्मांतरण को व्यापार का रूप' दे दिया है। उन्होंने इस संबंध में एक मिशनरी प्रतिवेदन का हवाला देते हुए बतलाया कि एक धर्मांतरण में क्या लागत आई है और इसकी 'अगली फसल' के लिए क्या बजट बनना चाहिए।

गांधीजी इन बातों से बहुत आहत एवं व्यथित थे। पोलैंड के एक छात्र ने गांधीजी के समक्ष एक तस्वीर प्रस्तुत की और उस पर अपना हस्ताक्षर देने का अनुरोध किया। उसने गांधीजी को बतलाया कि कैथोलिक फादर्स के द्वारा संचालित एक

विद्यालय है और "मैं आपके हस्ताक्षर युक्त तस्वीर को बेचकर उससे प्राप्त राशि को उस विद्यालय की सहायता में लगा दूँगा।" जैसाकि महादेव देसाई ने अपनी डायरी में दर्ज किया है, गांधीजी ने बिना हस्ताक्षर किए उस तस्वीर को लौटाते हुए कहा : "इसके बारे में क्या कहूँ? तुम्हें आशा नहीं करनी चाहिये कि मैं फादर्स को उनके धर्मांतरण के मिशन को अपना समर्थन दूँगा? तुम्हें मालूम है कि वे क्या करते हैं?" उन्होंने तिरुचेनगौडु के हिंदू मंदिर को अपवित्र कर ध्वस्त कर दिया। यही तो तथाकथित धर्मांतरण का नमूना है। इंटरनेशनल फेलोशिप ऑफ़ फेथ्स ने गांधीजी से अनुरोध किया था कि चूंकि वह इसमें हस्तक्षेप कर रहा है, अतः वे इस घटना के बारे में कुछ न लिखें। लेकिन हुआ क्या? ईसाइयों के उस निकाय को अपने प्रयास में जब सफलता नहीं मिली तब उसने गांधीजी को उसके बारे में लिखने की अनुमति प्रदान की। लेकिन गांधीजी ने जानबूझकर लिखने से परहेज़ किया क्योंकि इससे उत्तेजना फैलने का ख़तरा था।[2] उन्होंने उस छात्र को कहा : "अगर हरिजनों में आध्यात्मिक जागरण पैदा होता और वे इन बातों को जाँचने-परखने की क्षमता विकसित किए होते, तो मैं स्वेच्छापूर्वक ईसाइयत अपनाने के लिए उन्हें अपनी शुभकामनाएँ देता।" किंतु ऐसा तो कुछ हो नहीं रहा था। उन्हें इस संबंध में अपने पुत्र की याद आई जिसकी कमज़ोरी का फ़ायदा उठाकर उसे इस्लाम धर्म में दीक्षित कर दिया गया था। उस छात्र ने गांधीजी के शब्दों में छुपी पीड़ा को समझा और तस्वीर पर उनके हस्ताक्षर का आग्रह किए बगैर वहाँ से चल दिया।[3]

संदर्भ

1. कलेक्टेड वर्क्स, खंड 64, पृ. 202-4
2. यह घटना वास्तव में क्या थी, इसका अंदाज़ा गांधीजी का कुछ समय पहले एक मिशनरी नर्स के साथ हुए वार्त्तालाप से लगाया जा सकता है। उन्होंने उस नर्स से कहा : "हिंदू परिवारों में एक मिशनरी के आगमन का अर्थ रहा है, पोशाक, तौर-तरीकों, भाषा, खान-पान में बदलाव के कारण उनका संतुलन बिगड़ना।" नर्स का जवाब था : "आज तो धर्म-परिवर्तन के साथ ऐसा कुछ नहीं है जो आप कह रहे हैं। ये सब बातें तो बीते ज़माने की हैं।" गांधीजी ने उत्तर दिया : "बाह्य स्थितियाँ शायद बदल गई हों, किंतु आंतरिक दशा तो मुख्यतः वही है। हिंदू धर्म की निंदा मंद भले ही पड़ गई हो, थमी तो नहीं है। अगर मिशनरियों के दृष्टिकोण में कोई मौलिक बदलाव आ गया होता तो क्या उनके पुस्तक-गोदामों में मर्डोक की पुस्तकें बेचे जाने की अनुमति मिलती? क्या मिशनरी समाज ने उन पुस्तकों को प्रतिबंधित किया है? इन पुस्तकों में हिंदू धर्म के मिथ्यापवाद के सिवा और है भी क्या? तुम कहती हो कि अब मिशनरियों की धारणा बदल चुकी है। कुछ ही दिन पहले एक मिशनरी जेब में पैसे ठूँसकर एक अकालग्रस्त क्षेत्र में आ धमका, उसने अकाल-पीड़ितों में पैसे बाँटे, उनका धर्म-परिवर्तन किया, उनके मंदिर

को दखल कर उसे ध्वस्त कर दिया। कितना घृणित है यह! वह मंदिर न तो धर्मांतरितों का हो सकता था, न ईसाई मिशनरियों का। लेकिन, वह सज्जन वहाँ गए और उन्हीं लोगों के द्वारा उसे ध्वस्त करवा दिया जो अभी थोड़ी देर मान कर चल रहे थे कि उस मंदिर में भगवान रहते हैं।" कलेक्टेड वर्क्स, खंड 61, पृ. 46-47

3. कलेक्टेड वर्क्स, खंड 63, पृ. 47-8

3
साधनों का प्रभुत्व

कभी-कभी कुछ हिंदू इस बात पर अफ़सोस ज़ाहिर करते हैं—अनेक तो दूसरों की आलोचना के कारण ऐसा करते हैं—कि उनका कोई एक पैगंबर, एक धर्मग्रंथ, एक चर्च क्यों नहीं हुआ। यह सही है कि ऐसा न होने के कारण कुछ (प्रतिकूल) परिणाम हुए हैं, लेकिन ऐसे परिणाम उनके एक अदद में रहने के कारण भी तो हुए हैं। पैग़ंबर प्रत्येक बात में अंतिम शब्द हो जाते हैं, एक धर्मग्रंथ जड़सूत्र का रूप ले लेता है और एक चर्च जैसा संगठन सब कुछ को अपने कब्ज़े में ले लेता है। यह अपना एक अलग गतिशास्त्र ही विकसित कर लेता है। इसकी अपनी आंतरिक समस्याएँ, एक संगठन के रूप में इसके लक्ष्य—उदाहरणस्वरूप, बाज़ार में इसका शेयर—ही सर्वोपरि हो जाते हैं। इसकी अंदरूनी राजनीति, इसकी दरकनें, इसके समझौते ही इसके धर्म-सिद्धांत को निर्धारित करने लगते हैं और चूंकि अन्य सारी बातों का उद्गम इसी धर्म-सिद्धांत में ढूँढ़ा जाता है, इसलिए इन चयनों एवं परिवर्तनों से आम जनता प्रभावित होती है, क्योंकि इन्हीं चयनों एवं परिवर्तनों पर यह निर्भर करता है कि आम लोग अपनी मुक्ति के लिए किन परिस्थितियों के अधीन लाए जाएँगे।

इस सिलसिले में सबसे हाल का, और इसीलिए सर्वाधिक जीवंत, उदाहरण हमारे सामने साम्यवादी आंदोलन का है। चर्च ने जिस मार्ग का अनुसरण किया है, वह इससे भिन्न नहीं है। यह साम्यवादी आंदोलन की अपेक्षा यदि कम नाटकीय लगता है तो सिर्फ इसलिए कि इसका सिलसिला पिछले सौ साल से नहीं, 2,000 सालों से चल रहा है। फिर एक बात यह भी है कि भारत में तथा भारतीय चिंतन में चर्च उतना महत्त्वपूर्ण नहीं रहा है जितना कि साम्यवाद। लेकिन तात्विक दृष्टि से दोनों एक-से हैं। बहुत कम समय में ही चर्च ने ईसामसीह को पर्दे के पीछे ढकेल कर अपने को मंच पर खड़ा कर लिया और तब से वह अपने में ही मशगूल रहा

है। इसको प्रभावित करने वाले सारे महत्त्वपूर्ण कारकों, इसके सदस्यों द्वारा अपनाए गए लक्ष्यों में ईसामसीह के जीवन का अनुकरण करना शामिल नहीं है। इसका मुख्य लक्ष्य तो है, अधिक-से-अधिक संख्या में लोगों को ईसाइयत में दीक्षित करना, अपने मत को तोड़-मरोड़ कर उसे बाज़ार में बिकने के लायक बनाना, कर्मकांडों की नाप-जोख करना—कुल मिलाकर एक मंडी-संस्कृति को अपनाने के सिवा इसका कोई सच्चा आध्यात्मिक उद्देश्य नहीं रह गया। जब ईसाइयत का बाज़ारीकरण हो जाए तो फिर ईसामसीह के जीवन का अनुकरण करने का प्रश्न ही कहाँ उठता है? संत फ्रांसिस जैसी पवित्र आत्मा की दुहाई देने वाला चर्च शेयर मार्किट की संस्कृति अपनाकर धार्मिकता से कोसों दूर चला गया।

निशाने पर के समुदाय

पूर्व में इस बात की चर्चा हो चुकी है किस प्रकार सी.बी.सी.आई. के सचिव ने अपने प्रतिवेदन का आरंभ 'धर्मांतरण की संख्यापरक प्रवृत्तियाँ' से किया था। प्रतिवेदन में उनकी यह चिंता बार-बार प्रकट होती है, चाहे वे इस कार्य में अपनी सफलताओं का उल्लेख कर रहे हों अथवा अपनी निराशाओं का। जहाँ तक इनके ख़ास निशाने का संबंध था, सचिव के द्वारा चर्चित एक तथ्य-विशेष गौरतलब है : भारत में कैथोलिकों की कुल संख्या का ग्यारहवाँ हिस्सा छोटानागपुर में है! चर्च की सफलताओं एवं विफलताओं पर सचिव की टिप्पणी देखें : "अरुणाचल प्रदेश में प्रतिवर्ष 10,000 लोग चर्च में शामिल होते हैं जिनमें आधे कैथोलिक चर्च की शरण लेते हैं। उत्तर-पूर्व में आदिवासियों में धर्मांतरण जारी है। पिछले 30 वर्षों में कैथोलिक आबादी नौ गुनी बढ़कर नौ लाख हो गई।" प्रतिवेदन में सचिव की यह स्वीकृति कि "धर्मांतरितों की जीवन-दशा में गुणात्मक परिवर्तन आना बाकी है" यह खुलासा कर देती है कि वे आखिर किस चीज़ पर बल दे रहे थे।

उनका अगला मुख्य निशाना था हरिजन समुदाय। यह उनके 17वीं, 18वीं तथा 19वीं शताब्दियों के वृत्तांत से स्पष्ट होता है। इस संबंध में बिहार, बंगाल, उड़ीसा और सिक्किम पर प्रस्तुत 1911 के जनगणना प्रतिवेदन की टिप्पणियों से पता चलता है कि इन प्रांतों में ओराँव, मुंडा, खड़िया तथा संथाल मिलकर भारतीय ईसाइयों की 9 प्रतिशत आबादी बनते हैं। इसी तरह 1921 की भारत में जनगणना में जनगणना आयुक्त की उक्तियाँ गौरतलब हैं : ईसाइयत हिंदुओं या मुसलमानों पर शायद ही कोई प्रभाव डालती है; धर्मांतरण में तो सिर्फ हिंदुओं में निम्नवर्ग और आदिम जातियों के लोग ही शामिल होते हैं। फिर बिहार और उड़ीसा पर 1931 के जनगणना प्रतिवेदन

को देखें : "यह सुविदित है कि इस प्रांत की आदिम जनजातियाँ ईसाई मिशनरियों के लिए सर्वाधिक उपयुक्त चरागाह हैं...1931 में ये चार समुदाय—ओराँव, मुंडा, खड़िया और संथाल—मिलकर बिहार और उड़ीसा में भारतीय ईसाइयों की 88 प्रतिशत आबादी बनते हैं और 1921 में प्रतिशत लगभग यही था—87 प्रतिशत।" यह विवरण पुणे सम्मेलन में समीक्षा हेतु तैयार किए गए सचिव के प्रतिवेदन तथा पृष्ठभूमिक लेख में मिलता है (परिशिष्ट II देखें)।

किंतु तब भी धर्मांतरण कितना गहरा और वास्तविक रहा है? जो बात जनजातियों के साथ लागू होती है (मध्य प्रदेश में बिशपों ने 2000 धर्मांतरित कबीलों के पुनः अपने धर्म में लौट आने की पुष्टि की है।) वही बात दलितों के बारे में भी कही जा सकती है। प्रतिवेदन कहता है : "कुछ दलित धर्मांतरित इसलिए लौट रहे हैं क्योंकि ईसाइयत ग्रहण किए रहने से अनुसूचित जातियों को प्राप्त आरक्षण के लाभ से वे वंचित रह जाते। क्या पुराने धर्म में इस वापसी से यह ज़ाहिर होता है कि धर्मांतरण वास्तविक एवं आंतरिक रूपांतरण था? इसके विपरीत, क्या स्वामी विवेकानंद तथा गांधीजी द्वारा मिशनरियों को लगाई गई फटकार इससे उचित साबित नहीं होती? क्या इससे यह सिद्ध नहीं होता कि संख्या वृद्धि के लोभ में उन्होंने धर्मांतरितों के सामने कुछ 'पार्थिव स्वर्गों' की सुनहली तस्वीर पेश की थी, कि उन्होंने उनसे बढ़-चढ़कर वादे किए थे और जब वे वादे पूरे नहीं हो सके और आरक्षण की कृपा से वे 'पार्थिव स्वर्ग' भी अन्यत्र दृष्टिगोचर होने लगे तो धर्मांतरितों ने नए धर्म का परित्याग कर दिया?"

ज़रा गौर करें उस यत्किंचित लाभ पर जिसके लिए इन 'मुक्त' हरिजनों ने नए पंथ को छोड़कर पुराने को फिर से ग्रहण कर लिया। विवेकानंद की भविष्यवाणी कितनी सही निकली। डेट्रायट में 11 मार्च, 1894 को 'भारत में ईसाइयत' विषय पर बोलते हुए उन्होंने अमेरिकियों को कहा था : "जो अपना धर्म-परिवर्तन करते हैं वे ऐसे थोड़े-से लोग हैं जो मिशनरियों के इर्द-गिर्द चक्कर काटकर जीविका के नाम पर कुछ पा लेते हैं। जो धर्मांतरित भारत में सेवा में नहीं रखे जाते, वे धर्मांतरित नहीं रह जाते। धर्मांतरण के संबंध में सारी बातों का सार यही है। धर्मांतरण का तरीका बड़ा बेतुका है। मिशनरियों द्वारा लाया गया पैसा स्वीकार कर लिया जाता है। जहाँ तक तालीम का सवाल है, मिशनरियों द्वारा स्थापित कॉलेज स्वागत योग्य हैं, किंतु, धर्म के संबंध में बात बिल्कुल बदल जाती है। हिंदू बहुत चतुर होता है; वह चारा ले लेता है, कंटिया छोड़ देता है! लोगों की सहिष्णुता आश्चर्यजनक है। एक बार एक मिशनरी ने कहा था : 'इस सारे व्यापार में यही सबसे बुरी बात है। जो लोग आत्म-संतुष्ट हैं वे कभी भी धर्मांतरित नहीं किए जा सकते।' जहाँ तक

महिला मिशनरियों का प्रश्न है, वे कुछ घरों में जाती हैं, माह में चार शिलिंग पाती हैं, बाइबिल की दो-चार बातें बताती हैं और घर की महिलाओं को बुनना सिखाती हैं। भारत की लड़कियाँ कभी भी धर्मांतरित नहीं की जा सकतीं। अपने घर में फैलता अनीश्वरवाद एवं संशयवाद मिशनरियों को दूसरे देशों में ठेल रहा है।''[1]

पुणे सम्मेलन के लिए तैयार किया गया पृष्ठभूमिक लेख ठीक यही निष्कर्ष निकालता है। वह स्मरण दिलाता है कि किस प्रकार 'उत्पीड़ित अनुसूचित जाति' का धर्मांतरण 16वीं सदी से ही चल रहा है, लेकिन धर्मांतरित लोगों की तकलीफें कम नहीं हुई हैं, क्योंकि संविधान तथा बाद के बने कानूनों द्वारा अन्य पद-दलितों को प्रदत्त लाभ तक इनकी पहुँच नहीं है। वह लेख यहाँ उस बिंदु की याद नहीं दिलाता जिससे गांधीजी मर्माहत हुए थे, लेकिन जैसा कि हम देखेंगे, आगे चलकर उसकी चर्चा करता है। वह बिंदु यह है कि हरिजन, जिन्हें धर्मांतरित किया गया था, धर्मांतरण के पश्चात् दुहरे अलगाव के शिकार बन गए। अन्य हिंदुओं से तो उनका अलगाव बढ़ा ही, ईसाइयों से भी वे अलग-थलग ही बने रहे। बहरहाल, उपर्युक्त लेख में उन तथ्यों को भी दर्शाया गया है जो धर्मांतरितों को प्रदत्त सुविधाओं के परिणाम की पुष्टि तो करते ही हैं, यह भी बतलाते हैं कि धर्मांतरण कितना छिछला था।

धर्मांतरण हेतु अपनाए गए साधनों के परिणाम पर उक्त आलेख में कहा गया है : ''अतीत में गिरजाघरों के द्वारा हरिजनों की स्थिति में सुधार हेतु किए गए प्रयासों—मसलन, उन्हें आवास, जमीन, शिक्षा, रोजगार इत्यादि उपलब्ध कराना—ने अनजाने में ही अधिकांश लोगों को इस कदर परमुखापेक्षी बना दिया कि उनके अपने पैरों पर खड़ा होने की क्षमता तथा अपनी मानवीय प्रतिष्ठा एवं मौलिक अधिकारों की चेतना में भारी ह्रास हुआ।'' धर्म-परिवर्तन का यह छिछलापन अगले अनुच्छेद में और भी स्पष्टता के साथ चित्रित है : ''हमारे देश के कैथोलिकों में आधे दलित हैं जिनके साथ समाज भी भेद-भाव बरतता है और चर्च भी (चर्चवाली बात गांधीजी ने भी महसूस की थी।)। उनकी पहचान के संबंध में कुछ भ्रांति इस बात से परिलक्षित होती है कि कुछ तो दलित होने का दावा प्रखरता से करते हैं, किंतु उनका एक बड़ा हिस्सा सरकारी लाभों के दावे को छोड़कर अन्य सारी स्थितियों में अपने दलितपन को छिपाना चाहता है।'' सचिव का प्रतिवदेन तथा पृष्ठभूमिक आलेख दोनों इस रुझान को रेखांकित करते हैं। ''दलित कैथालिकों की संख्या घट रही है,'' यह पृष्ठभूमिक आलेख कहता है और ''सामूहिक धर्मांतरण के पश्चात् दलित धर्मांतरण में कमी आई है,'' यह सचिव का प्रतिवेदन बतलाता है। साथ ही, वह यह भी जोड़ देता है, ''दलित कैथोलिकों ने कई कारणों से, जिनमें सामाजिक-आर्थिक लाभ भी शामिल हैं, बड़ी संख्या में चर्च को तिलांजलि दे दी है।''

साधनों का प्रभुत्व

क्या यह हमारे लिए वास्तव में कोई आश्चर्य की बात है? मध्य प्रदेश के बिशप आज इस बात की पुष्टि करते हुए अफ़सोस ज़ाहिर करते हैं कि एक बड़ी संख्या ने धर्मांतरितों ने फिर से अपना धर्म ग्रहण कर लिया है। धर्मांतरण के लिए जिन साधनों का इस्तेमाल किया गया था, वे जितना सतही थे और भौतिक लाभों की प्रत्याशा में किए गए थे क्या उसके बाद भी किसी के मन में धर्मांतरितों के 'घर लौटने' के बारे में कोई शक की गुंजाइश थी? यहाँ बतौर उदाहरण बंगाल, बिहार और उड़ीसा के 1911 के जनगणना प्रतिवेदन का उल्लेख किया जा रहा है जिनमें उन कारकों की चर्चा है जिसके कारण आदिवासी ईसाइयत ग्रहण कर रहे थे और बाद के परिणामों पर भी गौर करें :

> "अन्य समुदायों की तुलना में आदिम जनजातियों का ईसाइयत के प्रति अधिक ग्रहणशीलता का एक कारण तो यह है कि उनके बीच का धर्मांतरित व्यक्ति अपने रिश्तेदारों एवं दोस्तों से पूरी तरह कट नहीं जाता। उदाहरणार्थ, राँची के कई भागों में, जहाँ ईसाई समुदाय का प्रबल प्रतिनिधित्व है, गैर-ईसाइयों को उनके साथ खाने-पीने में कोई आपत्ति तो नहीं ही है, एक स्वधर्म त्यागी ईसाई आदिम जाति में पुनः प्रवेश भी पा सकता है। एक अन्य आकर्षक कारक है, जमींदारों द्वारा उत्पीड़न के विरुद्ध मिशनरियों से उनकी सुरक्षा तथा विपत्ति में सहायता की आशा। अपनी ज़मीन से गहरे रूप से जुड़े हुए तथा अन्य स्वार्थों से दूर ये जनजातियाँ विश्वास कर चलती हैं कि ये मिशनरी भूमि संबंधी विवादों में उनका साथ देंगे और कानूनी सलाहकार के रूप में उनकी मदद करेंगे। ऐसा मानना ग़लत होगा कि ईसाई मिशनरी उनके सामने ये प्रस्ताव उनको ईसाई बनाने हेतु प्रलोभन के रूप में प्रस्तुत करते हैं। इसके विपरीत वे इस तथ्य से भली-भांति अवगत होते हैं कि मिशनरी सिर्फ उनकी आत्मा के उद्धार कार्य तक ही अपने को सीमित नहीं रखते, बल्कि उनके समुदाय की सुख-सुविधा के कार्य भी करते हैं। मिशनरियों के खाते में यह बात जाती है कि उन्होंने जनजातियों के साथ विश्वासघात नहीं किया है और भूमि-संबंधी कानून जो उनके लिए महाधिकार घोषणा पत्र (मेग्नाकार्टा) स्वरूप हैं, मुख्य रूप से मिशनरियों के प्रभाव के कारण ही हैं। दुर्भाग्यवश इस विश्वास से धर्म-परित्याग को भी किसी अंश में बल मिला है। निजी स्वार्थ से प्रेरित धर्मांतरित इस उम्मीद में अपना नामकरण (संप्रदाय) बदलते रहते हैं कि चर्च-अध्यक्षों में परिवर्तन उनके स्वार्थों की पूर्ति बेहतर ढंग से कर सकेंगे। यह जान लेने पर कि धर्म-परिवर्तन से उन्हें वांछित भौतिक लाभ नहीं मिल सके क्योंकि

उनकी माँगें बेतुकी थीं और मिशनरी उन्हें पूरा नहीं कर सकते थे, बड़ी संख्या में धर्मांतरितों ने ईसाई धर्म का परित्याग कर दिया। ईसाइयत से हटे हुए लोगों ने भूमि आंदोलनों में सक्रिय भागीदारी दी है और अपने हाल के चर्च-अध्यक्षों के विरुद्ध गहरे विद्वेष का परिचय दिया है।''[2]

आख़िर इसका कारण क्या है? क्या यह कि धर्मांतरित का रूपांतरण किसी आध्यात्मिक सत्य का प्रतिफलन है? अथवा फिर यह कि उनके सामने भौतिक लाभ की संभावनाएँ थीं और उनका उस धर्म में बने रहना अथवा पुराने धर्म में लौट आना इस बात पर निर्भर था कि उन्हें वे लाभ नसीब हुए अथवा नहीं हुए।

उपर्युक्त उद्धरण 1911 के जनगणना प्रतिवेदन से है। उस प्रतिवेदन को भी याद करें जिसे न्यायमूर्ति एम.बी. रेगी की अध्यक्षता में गठित ईसाई मिशंस जाँच समिति (सी.एम.ई.सी.) ने 1956 में मध्य प्रदेश की सरकार को सौंपा था। उसमें ईसाइयत के सद्‌गुणों को समझने में सर्वथा असमर्थ छोटे बच्चों के धर्म-परिवर्तन की चर्चा के अतिरिक्त कई अन्य बातों का उल्लेख था, यथा, आदिवासियों को उनके बच्चों को ज़मानत के तौर पर रोके रखकर 'कर्ज' देना, ज़मीन की ज़मानत पर 'ऋण' देना, अकाल के दिनों में भोजन तथा अस्पतालों में चिकित्सा की सुविधा प्रदान करना इस शर्त पर कि संबद्ध व्यक्ति पहले ही ईसाई धर्म ग्रहण कर चुका है या ग्रहण करने वाला है। समिति की टिप्पणी थी :

> हम शुद्ध भौतिक लाभों के नाम पर किए गए धर्मांतरण को एकदम से धोखाधड़ी का कार्य नहीं मान सकते, लेकिन हमारी नज़र में किसी धर्म की शिक्षा सबल आध्यात्मिक एवं नैतिक बुनियाद पर आधारित होनी चाहिए। प्रबल आस्था से रहित धर्मांतरण गैर-आध्यात्मिक एवं अनैतिक माना जाएगा।

हमें रावटी में अकाल के वर्षों में धर्मांतरण के आश्चर्यजनक उदाहरण मिले। आरंभिक धर्मांतरितों में एक ऐजनबाई, जो ईसाइयत की एक उद्‌भट प्रचारिका थी, ने अपने धर्म-परिवर्तन के जो कारण हमें बतलाए, उन्हें उसी के शब्दों में जानना अधिक समीचीन होगा :

> ''भिल क्षेत्र की भूमि बंजर थी और हिन्दुओं को इसकी तनिक चिंता नहीं थी। उस समय हमारे क्षेत्र में दुर्भिक्ष पड़ जाने के कारण भोजन एवं वस्त्र का घोर अभाव हो गया। जब हमने सहायता के लिए हिंदुओं के पास गुहार लगाई तो उन्होंने उसे ठुकरा दिया। खोज-पड़ताल के बाद भी काम पाना आसान नहीं था। यदि हम लकड़ी काटते तो सरकारी अधिकारी हमें पकड़ लेते और मार-पीट करते। हमारी हालत बहुत ख़राब थी और फरियाद सुनने वाला कोई

नहीं था। लाचार होकर हमने पादरी को बुलवाया।

उन्होंने मिशनरियों की सहायता करने के लिए कहा और यह सहायता हमें धर्मांतरण के वादे पर मिली। इस कथन की सत्यता बपतिस्मा पंजी से ज़ाहिर होती है। उससे साफ पता चलता है कि यदि लोगों की आस्था के आधार पर प्रयास किए जाते तो उनमें से अधिकांश धर्मांतरण के लिए राज़ी नहीं होते।

रावटी में हमने आस-पास के गाँवों में रहने वाले अनेक लोगों से पूछताछ की। उनके कथन से ऐसा लगा कि अधिकांश धर्मांतरित लोगों को पुनर्धर्मांतरित किया गया है।

शाजापुर जिले के चौमा में बड़ी संख्या में लोगों ने हैज़ा के विस्फोट होने पर धर्म बदले। ऐसे धर्मांतरण सही मायने में धर्मांतरण नहीं थे। यह इसी से ज़ाहिर होता है कि वे प्रायः सारे लोग आर्य समाज के आत्मानंद भारती द्वारा अपने पुराने धर्म में वापस लाए गए हैं। हमने जिन धर्मांतरितों से पूछताछ की उन्होंने बतलाया कि वे चिकित्सार्थ ईसाई बने हैं। यह भी ध्यातव्य है कि धर्मांतरण के बावजूद बलाई और चमार स्थानीय चर्च-अध्यक्ष की पुत्री की शादी के अवसर पर प्रीतिभोज में एक साथ नहीं बैठ सकते थे।"

पुनश्च;

धानी में हमने जिन ग्रामीणों से पूछताछ की उन्होंने यही बतलाया कि धर्मांतरण के बदले उन्हें वस्त्र, दवा, द्रव्य और सेवा के आश्वासन दिए गए थे। नागरिया भील ने जब अपने को ज़मानत के रूप में पेश किया तो उसके विवाह के लिए उसके पिता को 200 रु. मिले जिसकी अदायगी उसके द्वारा मिशन के कार्य करने के बदले होने वाली कमाई से की गई। जिन चार-पाँच लोगों का धर्मांतरण किया गया वे पंचायत के द्वारा हिंदू धर्म में वापस ले लिए गए। उसके बाद धानी में उन्हें कोई चिकित्सा-सुविधा नहीं मिली।[3] समिति ने ऐसे अनेक उदाहरण पाए जिसमें धर्मांतरण केवल नाम का था। चर्च को उपलब्ध कराए गए धर्मांतरण के 'संख्यात्मक लाभों' का विवरण प्रस्तुत करने के बाद समिति ने टिप्पणी की :

यदि ईसाइयों की वर्णित प्रभावशाली संख्या वस्तुतः सही होती तो इसे मिशनों के द्वारा किए गए कार्यों का सबल प्रमाण माना जाता। लेकिन हमने पाया कि मिशनरियों तथा वेतनभोगी अभिकर्त्ताओं को छोड़कर शायद ही किसी

धर्मांतरित को ईसामसीह तथा ईसाइयत का प्रारंभिक ज्ञान भी था। धर्मांतरण ने न तो उनकी पुरानी धर्म-निष्ठा को प्रभावित किया था, न उनके दैनिक जीवन को। यू.सी.सी. मिशन के प्रधान सचिव मान्यवर आर.एम. क्लार्क तथा अन्य उच्च पदस्थ मिशनरियों ने खुलकर स्वीकार किया कि धर्मांतरितों का एक छोटा हिस्सा ही सही माने में ईसाई था और उस तरह के धर्म-परिवर्तन उचित नहीं थे। इन स्थितियों के मद्देनज़र यह संकेत मानने लायक है कि 'ईसाइयों' की संख्या मात्र बढ़ाने के लिए धर्मांतरण किया जाता है और इसमें वही ख़तरा निहित है जिसका सामना सरकार असम और झारखंड में कर रही है।

यदि हम इस बात को दरकिनार भी कर दें तो हमारे ख़याल में स्वयं मिशनों के हित में भी ऐसे धर्मांतरण को प्रोत्साहित नहीं किया जाना चाहिए।[4]

पुनश्च;

हमारी राय में इन स्थितियों में धर्मांतरण सही माने में शायद ही सुसमाचार-सम्मत एवं वास्तविक हो। धर्मांतरण के मूल कारण हैं, चिरकालिक ग़रीबी, अस्पृश्यता का अभिशाप तथा हालातों एवं सामाजिक हैसियत में बेहतरी की सम्भावनाएँ। फ़ादर स्टीफेन फुक्स ने अपनी पुस्तक 'हरि की संतान' (द चिल्ड्रेन ऑफ़ हरि) में जो कुछ कहा है उससे भी हमारे नज़रिए की पुष्टि होती है। उनके शब्दों में :

बलाहियों का ख़याल था कि बपतिस्मा की बदौलत, अपने परंपरागत धार्मिक कृत्यों को तिलांजलि दिए बगैर, उन्हें 'धनी एवं दानशील' मिशनरियों से सहायता एवं सहयोग का अधिकार प्राप्त होगा। दूसरी ओर, मिशनरी पहले तो आस्था की स्वीकारोक्ति से धोखा खा गए और धर्मांतरण की लहलहाती फसल काटने में इतने मशगूल हो गए कि उन्होंने इन नए रंगरूटों की ईसाई धर्म के ठोस प्रशिक्षण की उपेक्षा की और उनके हृदय-परिवर्तन तथा जीवन-शैली में बदलाव, जो ईसाइयत ग्रहण कर लेने पर आवश्यक थे, की अपेक्षा रखना भूल गए। माँगी गई आर्थिक सहायता तथा सामाजिक सुरक्षा की आंशिक उपलब्धता से संतुष्ट ये बलाही मिशनरियों से और कुछ नहीं चाहते थे, किंतु बाद में जब मिशनरियों ने उन्हें पूर्ण ईसाइयत के स्तर पर लाने की चेष्टा की तो उन्होंने अड़ियल रुख अपना लिया और आगा-पीछा करने लगे।

मिशनरियों ने बलाहियों के धर्म-परिवर्तन में एक अन्य कठिनाई का अनुभव किया जिसका कारण था उच्च-वर्ग के भूमिपतियों एवं अपने नियोजकों

> पर उनकी अति निर्भरता। यह स्वाभाविक ही है कि जो लोग बलाहियों को जीविका के साधन प्रदान करते हैं उन्हें वे सामाजिक दृष्टि से श्रेष्ठतर मानते हैं एवं अन्य मामलों में भी उनसे मार्ग-दर्शन की अपेक्षा रखते हैं, ख़ासकर धार्मिक मामलों में तो उनका अनुसरण करना वे अपना परम कर्तव्य मानते हैं।
>
> इसलिए, आश्चर्य नहीं कि अपनी आरंभिक सफलताओं के बावजूद ईसाई मिशनों ने बलाहियों में कोई ख़ास पैठ नहीं बनाई है। पिछले दस वर्षों में दोनों मिशन बहुत कम लोगों का धर्मांतरण कर पाए हैं, क्योंकि मिशनरी अब महसूस करने लगे हैं कि सत्यता में दृढ़ आंतरिक विश्वास पर ज़ोर डाले बिना धर्मांतरितों की संख्या बढ़ाते जाना एक भूल थी। आज तक सिर्फ वे ही बलाही ईसाइयत का पालन करते रहे हैं जिन्होंने या तो ईसाई स्कूलों में लंबा प्रशिक्षण प्राप्त किया है या फिर जो आर्थिक रूप से ईसाई मिशनरी संस्थाओं पर निर्भर करते हैं।[5]

समिति ने मान्यवर फ़ादर द्वारा प्रस्तुत साक्ष्य का हवाला देते हुए कहा कि वह भिलालों में से किसी को धर्मांतरित के रूप में स्वीकार नहीं करते थे, क्योंकि भील समुदाय–जो उनका मुख्य निशाना था–भिलालों के साथ घुल-मिल नहीं सकते थे। "प्रार्थना में भील लोग बलाइयों को अपने साथ शामिल करना कभी नहीं चाहेंगे।" इस तथ्य को ध्यान में रखते हुए समिति ने टिप्पणी की : यह सच्चाई कि धर्मांतरण के बाद भी एक भील एक बलाई के साथ प्रार्थना में संगत नहीं करेगा, अपनी कहानी आप कहती है और यह छाप छोड़ती है कि ऐसे धर्मांतरण ईसाई मत की स्वीकृति के कारण नहीं, भौतिक लाभों के लिए स्वीकार किए गए हैं।[6]

उदाहरणों की एकरूपता पर गौर करें। यह टिप्पणी पचास के दशक के मध्य की है जिसमें बलाई धर्मांतरितों को दूसरे 'ईसाइयों' से दूरी बनाकर रखने की बात कही गई है। यहाँ 1911 के जनगणना प्रतिवेदन में वर्णित धर्मांतरितों के एक-दूसरे समूह की बात लें :

> धर्मांतरितों का निम्न कुल का होना भी एक सामाजिक कठिनाई पैदा करता है, क्योंकि यद्यपि जात-पाँत ईसाइयत के लिए पराई चीज़ है, प्राचीनकाल से चली आ रही परंपराओं का प्रभाव अभी भी बरकरार है। उदाहरणार्थ, नाडिया में मोची जातियों में धर्मांतरित लोगों के साथ किए जा रहे व्यवहार की समस्या को लेकर मिशनरी एक लंबे अरसे से जूझ रहे हैं। मोचियों में मरे हुए पशु, जो गाँव के बाहर फेंक दिए जाते हैं, का मांस खाने का रिवाज अन्य ईसाइयों

तथा हिंदुओं के लिए भी बड़ा घिनौना है और इसीलिए एक दीर्घ अवधि से उन्हें इन समाजों से अलग रखा गया है। तीस साल गुज़र जाने के बावजूद उनकी स्थिति में शायद ही कोई फ़र्क पड़ा है। सन् 1878 में एक मिशनरी ने इन मोची ईसाइयों के बारे में लिखा था : "उनके ईसाई बंधुओं ने उन्हें हमेशा घृणा एवं विद्वेष की नज़र से देखा है। लेकिन व्यक्तिगत नफ़रत के अतिरिक्त भी एक कारण है जो उन्हें मोचियों के प्रति ऐसे व्यवहार के लिए उत्प्रेरित करता है। उन्होंने ऐसा अनुभव किया कि मोचियों की भर्त्सना करने से वे अपने पड़ोसियों की सहिष्णुता ही प्राप्त नहीं करते, जातीय स्वीकृति भी हासिल कर लेते हैं। इसके विपरीत, मोचियों को अपना लेने और उनके साथ भ्रातृवत व्यवहार करने से उनका उन संबंधों के टूट जाने का ख़तरा पैदा हो जाता है जिन्हें वे अपने दायरे के बाहर रखना चाहते हैं। तदनुसार, पिछले वर्षों में उनका प्रयास, इन बेबस बंधुओं को अपने से अलग रखना ही नहीं, ईसाइयत के घेरे से भी बाहर रखना रहा है। अगर कोई देशी चर्च-अध्यक्ष किसी मोची शिशु के बपतिस्मा करने का दुस्साहस करता था तो उसे अपनी जमात से बहिष्कृत किए जाने की आशंका बनी रहती थी; जब कोई अभागा मोची बंधु गिरजाघर में चला जाता था तो प्रार्थना-सभा के लोग उसे बुरी तरह डाँट-डपट करते थे। यदि वह पवित्र मेज़ तक जाने की धृष्टता करता था तो अन्य कोमुन्यो (परमप्रसाद) ग्रहण करने वाले वहाँ से हट जाने की बात करने लगते थे।" (नाडिया डिस्ट्रिक्ट गज़ेटियर, पृष्ठ संख्या 140-1)। हाल के एक वृत्तांत के मुताबिक़ : "चर्च आज भी उनका स्वागत करने में भारी कठिनाई महसूस करता है; कभी-कभी तो उनके साथ बैठकर खाने या धूम्रपान करने से भी परहेज़ करता है। अन्य ईसाइयों के साथ अंतर्विवाह तो एक असामान्य बात है, इक्का-दुक्का उदाहरण भले ही मिल जाएँ। बंगाली चर्च किस प्रकार 'भ्रातृगण' (अब ईसाई मोचियों को यही नाम दिया गया है) का उसी रूप में स्वागत करें जिस रूप में वे सामान्य हिंदू जातियों अथवा मुस्लिम संप्रदाय के ईसाई धर्मांतरितों का करते हैं, यह समस्या सभी सही समझ रखने वाले ईसाइयों को लगातार परेशान करती रही है। पूर्व के वर्षों में दावतें दी जाती थीं जिसमें सभी को आमंत्रित किया जाता था और सभी एक-साथ बैठकर खाने के लिए कमोबेश बाध्य किए जाते थे, किंतु ऐसे कठोर तरीकों को पूरी सफलता नहीं मिलती थी। भ्रातृगण को ऊपर उठाने के लिए उन्हें शिक्षित करने का तरीक़ा अधिक कारगर रहा है" (नॉर्थ इंडिया चर्च मिशनरी ग्लीनर,

> नवंबर, 1909)। इस प्रशंसनीय उद्देश्य को ध्यान में रखकर उन्हें मृत पशुओं का मांस खाने से रोका गया है; उन्हें मोटे कपड़े बुनना सिखलाया गया है; अपने घरों को साफ-सुथरा रखना और बच्चों को स्कूल भेजने की सीख दी गई है।[7]

आपने अब तक 1911 तथा 1956 के प्रतिवेदनों को देखा। अब यहाँ जनवरी, 1994 में सी.बी.सी.आई. के कार्य दल द्वारा पुणे में समीक्षा हेतु प्रस्तुत पृष्ठभूमिक आलेख देखें :

> ईश्वर के समक्ष, और इसी हेतु ईसामसीह के शिष्य-समुदाय में, सभी लोगों की समान प्रतिष्ठा ईश्वर के शासन का मूल संदेश है। चर्च ने ईसाई तरीकों से जीवनयापन हेतु सही अर्थों में भाईचारा/बहिनापा क़ायम करने के लिए शताब्दियों से प्रयास किया है और प्रायः विफल रहा है। भारतीय चर्च पर एक तकलीफ़देह दाग़ यह है कि इसमें जाति-विभेद तथा प्रतिद्वंद्विताएँ आज भी जारी हैं और कभी-कभी तो उनमें बढ़ोतरी भी होने लगती है। ईसाई समुदायों में पड़ी दरारों को मिटाना ज़रूरी है, अन्यथा हमारे संदेश की विश्वसनीयता नष्ट हो जाएगी।

पचास के दशक के मध्य में रेगी समिति ने इस विषय में जो प्रतिवेदन प्रस्तुत किया था उसमें यह भी कहा गया है कि : ''उमरिया में पास्तर पी. जोशी का कहना था कि धर्मांतरित लोग धर्म-परिवर्तन के बावजूद अपने पुराने रीति-रिवाजों एवं पूजा-पद्धतियों से चिपके हुए हैं...।'' ''पास्तर कोरिया ने खुलकर स्वीकार किया कि ये धर्मांतरित लोग सिर्फ नाम के ईसाई हैं।'' इस कटु सत्य की पुष्टि, इन प्रकथनों के अतिरिक्त धर्मांतरितों द्वारा 'तुलसी' की माला पहनने और हिंदू धर्म के अन्य विशिष्ट चिह्नों को धारण किए रहने से भी होती है।[8] और भी देखें : ''ऊपर में वर्णित गाँवों का साक्ष्य प्रतीकात्मक है...। यह हमारे सामने बिल्कुल स्पष्ट था कि अधिकांश लोग धर्मांतरण से, दिखावे के लिए ही सही, भौतिक लाभ की चाहत रखते थे—अनेक स्थानों पर चर्च-अध्यक्षों ने हमें बतलाया कि उनकी उपस्थिति में तो धर्मांतरितों ने अपने को ईसाई कहा, लेकिन, जैसे ही उन्होंने उनकी ओर पीठ फेरी, उन्होंने साफ तौर पर कहा कि वे अभी भी अपनी पुरानी जाति से चिपके हुए हैं...।''[9]

समिति का निष्कर्ष था : ''हमारे सामने जो भी साक्ष्य हैं उनसे यह सहज निष्कर्ष निकलता है कि हालाँकि ईसाई मत तथा मिशनों की नीतियों का तक़ाज़ा

है कि धर्मांतरण के पूर्व धार्मिक सिद्धांतों का प्रशिक्षण दिया जाए, वास्तविक व्यवहार में विदेशी तथा भारतीय मिशनरी दोनों इस बुनियादी नियम से भटक गए हैं जिसके फलस्वरूप धर्मांतरितों का एक लघु प्रतिशत ही ईसाई रह गया है।"[10]

इससे दो सीखें मिलती हैं। पहली सीख तो वह है जिसे समिति ने बड़े साफ तौर पर कहा था : "हमारी राय में गैर-ईसाई समुदायों, विशेषकर हिंदुओं, में अज्ञानी जनसमूह के मन में अपने पंथ को त्यागने के झुकाव का कारण जानने के लिए सम्यक आत्मान्वेषण की ज़रूरत है। इन जनसमूहों के प्रति असहिष्णुता एवं उदासीनता का अंत होना चाहिए और समाधान निकालने हेतु एक वास्तविक मानवीय दृष्टि अपनाई जानी चाहिए। यह भी बहुत आवश्यक है कि सरकार तथा जनता पिछड़ी जातियों के बौद्धिक, नैतिक एवं सामाजिक उन्नयन हेतु सघन अभियान चलाएँ।" दूसरी सीख भी उतनी ही ज़ोरदार है : धर्मांतरण के इस छिछलेपन एवं प्रयोजन को देखते हुए धर्मांतरितों के 'अपने धर्म में वापसी' को आश्चर्य कैसे माना जाए? गरीबों एवं पद-दलितों को, निरीहों एवं निरक्षरों को यह कहकर यहाँ लाया जाता है कि तुम्हारे लिए दुकानें यहाँ सजी हुई हैं, किंतु इन्हें अन्यत्र पाकर वे यहाँ आकर भी लौट जाते हैं। इस तरह के 'धर्मांतरण' तथा 'पुनर्वापसी' का ईसामसीह के साथ भला क्या लेना-देना हो सकता है? इसी प्रकार, डॉ. अम्बेडकर के द्वारा निर्देशित सामूहिक धर्मांतरण का अथवा जो कुछ हमने पटने में देखा उसका बुद्ध अथवा बौद्ध धर्म से ही क्या वास्ता था? यहाँ एक अन्य महत्त्वपूर्ण बिंदु भी गौरतलब है : यदि स्वामी विवेकानंद और गांधीजी की बात छोड़ भी दें, तो सरदार पणिक्कर से लेकर जाँच की आधिकारिक समितियों के ढेर-सारे टिप्पणीकारों ने चर्च को इस प्रयास के छिछलेपन के प्रति सतर्क किया है, उसे इसके परिणामों की पूर्व-चेतावनी दी है। चर्च की प्रतिक्रिया दो, और सिर्फ दो, प्रकार की थी :

- इसने टिप्पणीकारों की भर्त्सना की और, जैसाकि सरदार पणिक्कर तथा मुख्य न्यायाधीश नियोगी की अध्यक्षता में गठित समिति के विश्लेषणों से पता चलता है, इसे अपने प्रति उनके जन्मजात दुराग्रह की संज्ञा दी।
- जैसा कि हम आगे चलकर देखेंगे, इसने 'मुक्तिपरक ईश मीमांसा' तथा अन्य उपायों का सहारा लेकर इन समुदायों को अधिक बुद्धिसम्मत तरीके से धर्मांतरित करने का बीड़ा उठाया।

लेकिन ठीक यही तो साम्यवादी भी विश्वस्तर पर कर रहे थे। जो नतीजे अंततः साम्यवादियों तथा उनके अनुयायियों के लिए निकले क्या उससे भिन्न मिशनरियों तथा उनके अनुयायियों के लिए निकल सकते थे?

चर्च अपने ही आईने में

चर्च के द्वारा अपनाए गए तरीके स्वयं उसी को प्रभावित करने लगे हैं। इस संबंध में सचिव का प्रतिवेदन, जिसमें सेवाओं और सेवा-केंद्रों में भारी बढ़ोतरी की चर्चा की गई है, ध्यातव्य है :

पुराने चर्च अतिव्यस्त हैं। वे प्रशासन तथा पुरोहितीय कार्य-भार से दबे हैं। उनके पास उद्घोषणा की भी फ़ुर्सत नहीं है।

- ❒ पिछले चालीस वर्षों में धर्म प्रदेशों की संख्या 12,556 से बढ़कर 19,501 हो गई है।
- ❒ औषधालयों और अस्पतालों की संख्या दस गुनी बढ़ी है।
- ❒ उच्च विद्यालयों की संख्या में छह गुना इज़ाफ़ा हुआ है।
- ❒ महाविद्यालयों तथा उच्चतर शिक्षा-संस्थाओं में दस गुना बढ़ोतरी हुई है।
- ❒ प्रशासन में तल्लीनता से ईसाई साक्ष्य की गुणवत्ता घटी है।
- ❒ परिणामतः अनेक चर्च संस्थाएँ आम लोगों की नज़र में सत्ता, द्रव्य तथा प्रतिष्ठा के केंद्र बन गई हैं।

सी.बी.सी.आई. के कार्यदल द्वारा तैयार लेख इन्हीं परिणामों की पुष्टि करता है : "चर्च के संस्थागत—पुरोहितीय, शैक्षणिक, चिकित्सीय, सामाजिक—विकास में बेतहाशा वृद्धि हुई है। यह चर्च की जीवंतता का द्योतक तो है, किंतु इसके कुछ ख़तरे भी हैं। इससे आम लोगों के शिरकत में कमी आती है, उनका निजी विकास प्रभावित होता है और चर्च महज़ एक संगठन बनकर रह जाता है।" एक अन्य स्थल पर इसी विषय की चर्चा के सिलसिले में इसकी टिप्पणी है : "हमारा चर्च अतिशय सांस्थानिक सक्रियतावादी एवं परिणाम-सापेक्ष हो गया है। इसके ख़तरे ज़्यादा गंभीर हैं। लोग एक जीता-जागता ईश्वर की खोज करते हैं... ।" जिस क्षेत्र में चर्च सर्वाधिक सफल रहा है—जैसे, छोटानागपुर में—वहाँ भी यही आशंका पैदा हो गई है। इस क्षेत्र में सफलता का विवरण देते हुए लेख आगे कहता है : "फिर भी, आस्थावान ईसाइयों तक सीमित पास्तरीय चिंता पर ज़ोर देने से मिशनरी आंदोलन दुष्प्रभावित हो गया है जो कि आज़ादी के पूर्व के समय में ज़्यादा स्पष्ट था। अधिकांश लोग ऐसा महसूस करते हैं कि उद्घोषणा स्थानीय चर्च के मिशन में एक प्राथमिकता नहीं रह गई है। इसके विपरीत, पास्तरीय क्रियाकलापों के द्वारा चर्च का निर्माण इसका सर्वप्रमुख लक्षण बन गया है।"

संख्या की तलाश ने एक ऐसी प्रवृत्ति को जन्म दिया है जो अंततः धर्मांतरण

को और भी सतही बना देगा। जैसाकि अमेरिकी सुसमाचारकों के मामले में देखा गया है, यहाँ भी चर्च 'करिश्माई उद्घोषणा' पर अधिकाधिक निर्भर होता जा रहा है। हज़ारों की संख्या में लोग स्टेडियम अथवा अहाते में सामान्य तरीके से एकत्र किए जाते हैं। उपदेशक भावोत्तेजक एवं जोश भरा प्रवचन देता है। पाप, नरक दंड, आसन्न प्रलय, समय रहते पश्चात्ताप, ईसामसीह के द्वारा मुक्ति—आज और अभी—मंच के समीप आने का आह्वान, यही प्रवचन के विषय होते हैं। कुछ मूर्च्छाग्रस्त हो जाते हैं...आपाधापी मच जाती है। सचिव की टिप्पणी है :

करिश्माई उद्घोषणा। केरल में पोट्टा से ऐकांतिक धार्मिक अभ्यासों की शुरुआत। पिछले दशक में कई लाख लोग शरीक हुए हैं।

- ❒ पोट्टा की टीम केरल के बाहर (भारत तथा विदेशों में) भ्रमण करती हुई ईसाइयत की शिक्षा दे रही है।
- ❒ साक्ष्य देने, प्रार्थना करने एवं रोगमुक्त करने के कार्य जोर-शोर से चल रहे हैं।
- ❒ अनेक गैर-ईसाई शिरकत कर रहे हैं और साक्ष्य दे रहे हैं। कुछ तो बपतिस्मा के भी इच्छुक हैं।

ईसामसीह के बारे में कहा जाता है कि वह जल पर चले थे। चर्च ने धर्मांतरितों की संख्या बढ़ाने के लिए जल पर लिखना शुरू कर दिया है। सचिव के प्रतिवेदन में ही प्रश्न उठाया गया है : "क्या यह अति-भावुकता अधिक दिनों तक टिक सकेगी?"

इतने बड़े पैमाने पर धर्मांतरण के लिए एक विशाल संगठन की ज़रूरत पड़ती है—चालीस लाख पूर्णकालिक ईसाई कार्यकर्त्ता, ढाई लाख मिशनरी, 4500 बड़े शिक्षणालय और क्या-क्या नहीं? इन ढेर-सारे संगठनों एवं इतने विशाल समुदाय के न सिर्फ प्रबंधन में काफी समय लग जाता है अपितु बड़े संगठनों से जुड़ी अन्य समस्याएँ भी उठ खड़ी होती हैं।

और जरा इस महाकाय संगठन के अधीन विपुल संपदा पर भी गौर करें। वैटिकन के माथे पर लगने वाला कलंक का टीका सिर्फ वैटिकन तक महदूद नहीं था। भले ही कभी कोई अकथनीय घटना घटित नहीं हो, इतनी भारी मात्रा ही कम झटके नहीं देती। आरंभ में इस संपदा ने निश्चय ही अकिंचन हरिजनों तथा आदिवासियों के मन में विश्वास पैदा किया। उन्हें लगा कि मिशनरी इतने संपत्तिशाली हैं तो उनके साथ रहने से हमें भी लाभ होगा। किंतु, भारत में चर्च के उपयोग हेतु उपलब्ध संपत्ति कभी भी इतनी पर्याप्त नहीं थी कि वह लाखों दीन-हीन, ज़रूरमंद हरिजनों और आदिवासियों को सीमांत सहायता से कुछ अधिक प्रदान करती। नतीज़तन, चर्च की

यह संपन्नता स्वयं उसके प्रति आक्रोश का कारण बन गई : अधिकार में इतना सारा कुछ और देने के लिए इतना अल्प! यदि हम अमेरिकन सुसमाचारकों की तड़क-भड़क की बात छोड़ भी दें तो एक ओर वैटिकन की समृद्धि और दूसरी ओर भारत में ईसाइयों की दरिद्रता का यह विरोधाभास एक गैर-ईसाई को भी हैरत में डाल देता है। फिर इस विरोधाभास की बात तो अलग, चर्च की परिसंपत्तियाँ वैसे भी बहुतों को अपने आप में अपने से विमुख कर देती हैं—विशेषकर भारत जैसे देश में जहाँ हज़ारों वर्षों से सादगी एवं संयम जीवन के आदर्श रहे हैं।

क्या इसे चर्च के विभिन्न अंगों के बीच क्षेत्रीय स्वामित्व का सूचक माना जाए? इसके महत्त्व पर सचिव के प्रतिवेदन का निम्नलिखित अंश ध्यातव्य है :

भारत में चर्च की विभिन्न शाखाओं में धार्मिक कृत्यों के संबंध में आपसी मतभेद बड़े कलंक की बात है। एकता के बदले यह विभाजन का लक्षण बन गया है। ईसामसीह की उद्घोषणा एक ख़रतनाक मोड़ पर है। अधिकांश पुजारियों एवं सामान्य जनों का बिशपों में विश्वास डगमगा रहा है। इन आपसी मतभेदों ने विश्वसनीयता ही समाप्त कर दी है [देखें, 1993 में होली फ़ादर की ओर से भर्त्सना पत्र]।

भारी-भरकम श्रेणीबद्ध संगठन स्वभावतः ऐसी रिक्तियों के शिकार हो जाते हैं। इस संबंध में सचिव के कथन पर गौर करें जो एक बार फिर एक महत्त्वपूर्ण बिंदु पर बल देता है :

> उत्तर-वैटिकन काल में स्थानीय चर्च ने जिस नई ईश्वर-मीमांसा को अपनाया उससे बिशप के हाथ में निर्णायक अधिकार आ गया। उद्घोषणा का दायित्व उसी पर था। अगर वह अपने कार्य के प्रति गंभीर नहीं है तो फिर भारत में सर्वमान्य दृष्टि रखने वाला एवं समन्वयकारी अधिकार से संपन्न दूसरा कोई व्यक्ति नहीं है जो उद्घोषणा को निर्देशित कर सके। प्रोपगैंडा फ़िडे (धर्म-प्रचार परिषद्)* की पारंपरिक भूमिका को निभाने के लिए भारत में किसी को अधिकृत नहीं किया गया है। हम विखंडित होने की स्थिति में हैं। उद्घोषणा हेतु सी.बी.सी.आई. आयोग को कोई वैधानिक अधिकार नहीं है। अखिल भारतीय स्तर पर उद्घोषणा कार्य में समन्वय कौन स्थापित करेगा?

धर्मांतरण में मात्र संख्या पर बल देने वाले संगठन की दशा इससे भिन्न हो भी नहीं सकती। संपूर्ण भारत में कार्यरत ईसाई पुरोहित-वर्ग के सर्वेक्षण पर आधारित

---

* रोमन कैथोलिक चर्च के प्रधानों (कार्डिनल्स) की एक समिति जो विदेशी मिशनों की देख-भाल तथा निगरानी करती है।

सचिव का प्रतिवेदन आगे कहता है :

> ईश्वर-निष्ठ लोगों की ईश-मीमांसा के बावजूद पुराने चर्चों में अपने अधिकार का उपयोग करने की शैली पूर्व-वैटिकन कालीन जान पड़ती है। अनेक बिशप नौकरशाह की तरह काम करते हैं। प्रायः संबंधों की गुणवत्ता न तो नेतृत्व-वर्ग में आस्था पैदा करती है, न समुदायों के अनुकूल जान पड़ती है।

ऐसे उदाहरण यहाँ-वहाँ भरे पड़े हैं। लेकिन उन्हें पाठकों के मानसिक व्यायाम हेतु छोड़ देना बेहतर है। पुणे समीक्षा हेतु सी.बी.सी.आई. के कार्यदल द्वारा तैयार आलेख, जिसे इस पुस्तक के परिशिष्ट II में दिया गया है, का एक सरसरी अध्ययन भी यह दर्शाता है कि चर्च का किस हद तक नौकरशाहीकरण हो गया है।

नया कारक

ज़ाहिर है कि धर्म-परिवर्तन के प्रयास से धर्मांतरितों को कोई लाभ नहीं हुआ है। उलटे, इसने स्वयं चर्च का ही नौकरशाहीकरण कर दिया है।

इसके साथ एक और बात जुड़ी है : धर्मांतरण विभिन्न समुदायों के बीच तनाव का स्थायी स्रोत बन गया है। इसने ईसाइयों, ख़ासकर मिशनरियों के विरुद्ध कटुता को उकसावा दिया है।

और अब चूँकि मध्य-पूर्व का पैसा इस्लाम में धर्मांतरण को बढ़ावा देने के लिए लगाया जा रहा है, निश्चय ही इसके विरुद्ध प्रतिक्रिया और तीव्र होगी जैसाकि मीनाक्षीपुरम की घटना ने संकेतित किया है।

क्या किया जाना चाहिए?

प्रश्न है, ऐसी स्थिति में मिशनरियों को उद्विग्न करने वाली इस समस्या के हल के लिए क्या किया जाना चाहिए? इस संबंध में गांधीजी द्वारा मिशनरियों के लिए दिए गए पंच-सूत्री परामर्श आज भी उतने ही समीचीन हैं। उनके अनुसार :

निश्चय ही सर्वोत्तम तो यह है कि आप धर्मांतरण की बात को ही मन से निकाल दें। अगर उनके हाथ में सत्ता होती तो वे देश और काल को ध्यान में रखकर अनेक उपाय करते, "भारत में स्वराज होने पर निश्चय ही विदेशी मिशनरियाँ धर्म-परिवर्तन के मामले में ग़लत रास्ते अपनाने को स्वतंत्र होंगी, लेकिन उनसे यह प्रत्याशा तो की ही जा सकती है कि वे उनके साथ सहिष्णुता से पेश आवें जो मेरी

तरह यह बतला सकें कि धर्म-परिवर्तन का उनका तरीका ग़लत है। अगर मेरे हाथ में अधिकार होता और मैं कानून बना सकता, तो मैं निश्चय ही सभी प्रकार के धर्मांतरणों पर रोक लगा देता।"[11] उनके हाथ में सत्ता होती तो वे अलग-अलग स्थितियों में अलग-अलग तरीके अपनाते। स्वयं मिशनरियों को क्या करना चाहिए, इस संबंध में हमेशा उनका एक ही परामर्श था : धर्म-परिवर्तन को पूरी तरह बंद कर दो, क्योंकि "यह एक ऐसा सर्वाधिक घातक ज़हर है जिसने सत्य के उद्‌गम को ही सोख लिया है।"

गांधीजी के परामर्श का दूसरा सूत्र था : यदि तुम धर्मांतरण करना चाहते ही हो तो तुम्हें इसका प्रयास वैसे लोगों के लिए करना चाहिए जो इन बातों को समझने के काबिल हैं। गरीबों, निरक्षरों और हताश लोगों को अपने अभियान का निशाना मत बनाओ। उन्हीं के शब्दों में, "मैं जानता हूँ कि विभिन्न धर्मों के प्रतिनिधि एक ही मंच पर खड़े हैं और हरिजनों का ध्यान खींचने के लिए परस्पर होड़ कर रहे हैं, किंतु इस आंदोलन को उत्कट आध्यात्मिक आकांक्षा के नाम से विभूषित करना सत्य का उपहास करना है। एक उच्चस्तरीय तर्क-वितर्क के दौरान मैंने डा. मौट्ट (डॉ. मौट्ट 1930 के दशक में मिशनरी क्रिया-कलापों की अग्रिम पंक्ति में थे।) से कहा कि यदि वे हरिजनों का धर्मांतरण करना चाहते हैं तो क्या यह बेहतर नहीं कि वे पहले मुझसे ही आरंभ करें। मैं उनकी अपेक्षा किंचित अधिक सूझ-बूझ रखता हूँ और इसीलिए उनके द्वारा दिए गए तर्क के प्रति ज़्यादा ग्रहणशील भी। लेकिन पुलया तथा पैरिया जैसे शारीरिक एवं बौद्धिक रूप से दुर्बल समुदायों को धर्मांतरित करना ईसाइयत नहीं है। जब हम सुधार के कार्य कर रहे हों तो सभी धार्मिक विचार वाले लोगों को कहना चाहिए, "उनका कार्य बाधित करने के बदले हमें उनका सहयोग करना चाहिए।" मिशनरी डॉ. जॉन आर. मौट्ट ने पूछा : "लेकिन क्या हम उनकी सेवा न करें?" गांधीजी का उत्तर था, "अवश्य करें, किंतु सेवा के एवज में धर्मांतरण की कीमत न माँगें।" मौट्ट ने ईसामसीह की उक्तियों का हवाला देते हुए कहा : "उपदेश दो और शिक्षित करो। संपूर्ण ईसाई धर्म हमारे जीवन में साझेदारी का धर्म है, लेकिन अपने जीवन को शब्दों से संपूरित किए बगैर साझेदारी कैसे निभा सकते हैं?" गांधीजी ने कहा : "तो क्या वे त्रावणकोर में जो भी कर रहे हैं वह सही है? आप जो भी कह रहे हैं और वे जो भी कर रहे हैं उसमें मात्रा का भेद हो सकता है, लेकिन गुणात्मक भेद तो नहीं है। अगर आप हरिजनों के साथ साझेदारी कर सकते हैं तो फिर ठक्कर बापा तथा महादेव के साथ क्यों नहीं कर सकते? अस्पृश्यों के पास जाकर इस उथल-पुथल से क्यों लाभ उठाना चाहते हैं? हमारे पास क्यों नहीं आते?" धर्मांतरण की चर्चा करने वाले विभिन्न मिशनरियों को गांधीजी कहा

करते थे : "घोर अज्ञानियों के समक्ष ऐसे प्रस्ताव रखे जाने पर मेरे मन में भारी खीज होती है। अगर ये प्रस्ताव मेरे सामने लाए जाते हैं तो यह समझ में आने लायक बात है, क्योंकि हम एक-दूसरे से तर्क-वितर्क कर सकते हैं, किंतु हरिजनों के सामने ऐसे प्रस्ताव लाने का मैं विरोध करता हूँ। जब एक ईसाई धर्मोपदेशक एक हरिजन के पास जाकर कहता है कि ईसामसीह पिता ईश्वर के एकमात्र पुत्र हैं तो वह उस पर शून्य दृष्टि डालेगा (क्योंकि वह इसका अर्थ ही नहीं समझ पाता।)। और तब वह उपदेशक उसके सामने ऐसे-ऐसे प्रलोभन पेश करता है जो निश्चय ही ईसाइयत को दूषित करते हैं।"[12]

गांधीजी के परामर्श का तीसरा सूत्र : गैर-भारतीय मिशनरियों के लिए बेहतर है कि यहाँ धर्म-परिवर्तन में लगे रहने के बजाय वे अपने देश को लौट जाएँ और वहाँ की समस्याओं से निबटने का प्रयास करें। वे समस्याएँ भी इतनी विकट एवं विशाल हैं कि वहाँ उपलब्ध सारे मिशनरियों को उनमें लगाने की ज़रूरत है। एक अमेरिकन मिशनरी ने गांधीजी से पूछा : "क्या आप वास्तव में प्रसन्न होंगे यदि हम अपने घर में ही रहें?" गांधीजी ने उत्तर दिया : "यह मैं नहीं कह सकता, किंतु इतना निश्चयपूर्वक कह सकता हूँ कि आपका अमेरिका से अन्यत्र गमन करना आज तक मेरी समझ में नहीं आया है। क्या वहाँ आपके करने के लिए कुछ नहीं है?" मिशनरी ने कहा : "अमेरिका में भी शिक्षा के क्षेत्र में करने को बहुत-कुछ है।" गांधीजी ने उसे यह कहकर निरुत्तर कर दिया : "यह एक घातक स्वीकारोक्ति है। आप वहाँ के लिए फालतू नहीं हैं, किंतु आपके चर्च ने जो एक अजीबोगरीब हालत कायम कर रखी है उसमें आप यहाँ नहीं रह सकते...।"[13]

चौथा सूत्र : गांधीजी मिशनरियों को कहा करते थे कि लोगों के बीच किसी भी तरह का कार्य करने में इसका ख़याल रखें कि आप उन लोगों की आस्था को सम्मान दे रहे हैं, उसकी जड़ नहीं खोद रहे। उनकी राष्ट्रीयता से उन्हें वंचित नहीं करें।

अंतिम सूत्र : चर्च का जीवन जीने के बदले ईसामसीह का जीवन जिएँ, धर्मपरायणता का जीवन जिएँ, शैलोपदेश का जीवन जिएँ। लोगों को, यदि वे चाहें तो, उस जीवन को, उस उदाहरण को ईसाइयत अपनाने के लिए प्रोत्साहित करने दें, इन सामान बेचने वाले बाज़ारू तरीक़ों को नहीं।

वर्तमान स्थितियों में, जबकि सरकारी तंत्र दुर्बल हैं, धर्मांतरण के लिए आनुषंगिक युक्तियाँ काम में लाई जा रही हैं, जैसाकि मीनाक्षीपुरम में हुआ, और इन प्रयासों के विरुद्ध तीव्र प्रतिक्रिया हो रही हो, मैं गांधीजी की सूची में दो और सूत्रों को जोड़ने की धृष्टता करूँगा।

वैसे समूहों तथा क्षेत्रों को अपना निशाना बनाने से परहेज़ करो जो अशांत हैं, क्योंकि ऐसा करने से वहाँ अस्थिरता बढ़ेगी और लोगों में यह भय पैदा होगा कि मिशनरी भारत की जड़ खोदने पर तुले हैं। इसके, बावजूद यदि उन क्षेत्रों एवं समुदायों में काम करने की आकांक्षा अदम्य हो—जैसे उत्तर-पूर्व में—तो यह सुनिश्चित करो कि लोगों को ईसामसीह और गांधीजी के तरीके अपनाने के लिए राज़ी करते हो।

द्वितीयतः, चूँकि तुम आश्वस्त हो कि तुम सिर्फ तर्क और साक्ष्य के सहारे लोगों का ईसाइयत में धर्मांतरण कर रहे हो, किंतु यह आश्वस्त नहीं हो कि दूसरे लोग भिन्न युक्तियों का इस्तेमाल नहीं कर रहे हैं, अतः तुम यह माँग करो कि धर्मांतरण छान-बीन के आधार पर होना चाहिए। जिस तरह किसी भी दूसरे बाह्य प्रभाव वाले कार्य के मामले में है, वैसे ही धर्मांतरण के मामले में राज्य को यह सुनिश्चित करने का अधिकार होना चाहिए कि किसी असावधान व्यक्ति या समुदाय को बहकाने या बाध्य करने के लिए छल, बल या प्रलोभन का इस्तेमाल तो नहीं किया गया है।

इस संबंध में एक बात और भी है जिसकी चर्चा हम अब करेंगे।

संदर्भ

1. कम्पलीट वर्क्स, खण्ड, पृ. 216
2. एल.एस.एस. ओ' मैली कृत सेंसस ऑफ़ इंडिया, 1911, खंड V, बंगाल, बिहार और उड़ीसा, भाग-1, पृ. 220-1
3. द क्रिश्चियन मिशंस इन्क्वायरी कमिटी रिपोर्ट, मध्य भारत सरकार, इंदौर, 1956, पृ. 18-19, 29-30
4. वही, पृ. 21
5. वही, पृ. 22
6. वही, पृ. 29
7. एल.एस.एस. ओ' मैली, सेंसस ऑफ़ इंडिया, 1911, खंड 5, बंगाल, बिहार, उड़ीसा, भाग I, पृ. 221-22
8. द क्रिश्चियन मिशंस इन्क्वायरी रिपोर्ट, मध्य भारत सरकार, इंदौर, 1956, पृ. 34-5
9. वही, पृ. 36
10. वही, पृ. 37-38
11. कलेक्टेड वर्क्स, क्रमशः खंड 46, पृ. 110 तथा खंड 61, पृ. 46-47
12. इस विषय पर कलेक्टेड वर्क्स देखें, खंड 64, पृ. 37, 400
13. कलेक्टेड वर्क्स, खंड 63, पृ. 90-4

4

मिथ्यापवाद का पारिश्रमिक

भारत काफी समृद्ध परंपराओं का देश रहा है। एक-से-एक अंतर्दृष्टि-संपन्न विभूतियाँ यहाँ पैदा हुई हैं। एक उदाहरण हम बुद्ध का ही लें। मानसिक व्यापारों पर बुद्ध ने जो कुछ कहा है यदि हम उस पर गौर करें, और यदि हमें बौद्ध मनोविज्ञान की थोड़ी भी समझ हो तो आज के महान समझे जाने वाले मनोवैज्ञानिक फ्रायड की खोजें उसकी तुलना में किसी हाईस्कूल के पाठ्य-ग्रंथ की चीज़ लगेंगी। भारतीय चिंतन-परंपर. ों जीवन के सारे पक्ष समाविष्ट थे। साहित्य, कला, संगीत और धर्म में यहाँ अद्भुत समन्वय परिलक्षित होता है।

जीवन के प्रति इस व्यापक एवं समग्र दृष्टिकोण की झलक हमें क़दम-क़दम पर मिलती है। यहाँ किसी वृक्ष-पूजक को 'जड़ात्मवादी' कहकर तिरस्कृत नहीं किया जाता था, साँड या हाथी या सिंह या साँप, यहाँ तक कि क्षुद्र मूषिक के प्रति भक्ति रखने वाला व्यक्ति उपहास का पात्र नहीं बनता था। इसके विपरीत ये पदार्थ और प्राणी हमारी श्रद्धा के पात्र थे। वे हमारे समृद्ध देव कुल (पैनथिअन) के अंग बन गए थे; बैल शिव की सवारी था और नंदी की पूजा-अर्चना करने के बाद ही उनके पास पहुँचा जा सकता था। हाथी गणेश का मस्तक और चूहा उनकी सवारी था। सिंह नृसिंह का मस्तक और दुर्गा का वाहन बन गया। हंस सरस्वती का वाहन था और मोर कार्तिकेय का। साँप शिव के कंठी-ताबीज़ और गणेश की मेखला थे, और जैसा कि श्री अरविंद कहा करते थे, देवताओं पर आरोपित वर्ण भी रहस्यवादी अभिव्यंजना रखते हैं। इससे यह भी ज़ाहिर होता है कि लोग अपने दैनिक जीवन में कितने उदारचेता थे। ये आरोपित वर्ण लोगों के विभिन्न वर्णों का संगम प्रस्तुत करते हैं। राम और कृष्ण को नीलवर्णी चित्रित किया गया तथा तिरुपति के सुब्रमण्यम, नाथवाड़ा के शिशु कृष्ण, पूर्व में काली तथा तिरुवनंतपुरम में पद्मनाभस्वामी को

गहरे काले रंग में।

यह मात्र कौशल का प्रदर्शन नहीं था। यह सर्वसमावेशी दृष्टि का परिणाम था, गहरी आंतरिक अनुभूतियों का बाह्य रूप था। इन अनुभूतियों से प्राप्त मूलसूत्र अन्य स्थानों में उद्भूत धर्मों के मूलसूत्र के बिलकुल विपरीत थे। सत्ता के अनेक स्तर होते हैं, यही हमारी परंपरा की सीख थी। इसके साक्षात्कार के अनेक मार्ग हैं। हमारे पूर्वज इस विषय पर हमारे लिए अनमोल ग्रंथ छोड़ गए हैं और ऐसी साधना बतला गए हैं जिनसे हम अपना कल्याण कर सकते हैं। लेकिन ये महज़ साधन हैं और अनेक प्रकार के हैं ताकि विभिन्न चित्रवृत्ति के लोग साधना के विभिन्न मुक़ामों पर एक युक्ति को अन्य की अपेक्षा अधिक अनुकूल पा सकें। तुम्हें स्वयं अपने को जानना-समझना है और यह थाह पानी है कि तुम साधना के किस मुक़ाम पर हो। अपनी प्रकृति एवं प्रगति का लेखा-जोखा रखते हुए तुम्हें उपयुक्त युक्ति एवं ग्रंथ का चयन करना है—यही पूर्वजों की शिक्षा थी। उद्देश्य लाइसेंस प्रदान करना नहीं, उत्तरदायित्व निर्धारित करना था। यह 'जाग्रत' होने का, अंदर झाँकने का आह्वान था। इस शिक्षा ने व्यक्ति को स्वायत्तता का एक अनुलंघ्य क्षेत्र प्रदान किया।

मानवीय व्यापार की सारी चीजें कालांतर में जड़ हो जाती हैं। हमारी परंपरा की अनेक बातें भी जड़ हो गईं। लेकिन 'मूलसूत्रों' की दुहाई देकर सुधार को रोका नहीं जा सकता था, क्योंकि ये मूलसूत्र व्यक्ति की निजी आंतरिक अनुभूतियों को ही अंतिम दिशा-निर्देशक मानते थे। सुधार तथा परिवर्तन हमारी परंपरा में स्वाभाविक स्थितियाँ माने गए। यदि मतभेद उभरते भी तो उन्हें संवाद के द्वारा दूर किया जाता था। शंकराचार्य की यात्राएँ तथा मार्ग में अनेक स्थानों पर अनेक शास्त्रार्थ इसके उदाहरण हैं।

यद्यपि इस्लाम ऐकांतिकता का दावा करता था तथा जिहाद का अभियान चलाता था, किंतु उसके संबंध में भी हमारी यही भावना रही। सूफी संतों पर एक के बाद दूसरे मुस्लिम देश में इतने आक्रमण हुए कि गोपनीयता अंततः उनकी एक पहचान ही बन गई, लेकिन यहाँ उन्हें रहने को न सिर्फ घर मिला, बल्कि आदर-सम्मान भी दिया गया।

लेकिन, मिशनरी इन सारी बातों की निंदा करते थे। यहाँ की सर्वग्राहिता को वे अन्य धर्मों को निगल जाने की दुष्टता-भरी चाल मानकर उसकी भर्त्सना करते थे, विभिन्न विचारों के प्रस्फुटन को कर्कश ध्वनि मानते थे, खुलापन और प्रयोगधर्मिता को बौद्धिक दुर्बलता बतलाते थे, आत्मान्वेषण उनकी दृष्टि में रुग्ण आत्म-निषेध था, सत्य के साक्षात्कार के अनेक मार्ग की बातें उन्हें चंचल भावुकता जान पड़ती थीं, देवी-देवताओं की इतनी बड़ी संख्या को वे अराजकता का संकेतक समझते थे। जो

कुछ इस्लाम के मानदंड थे, वे अब ईसाइयत के मानदंड बन गए : वाणी की स्वतंत्रता का अर्थ ईसाइयत का गुणानुवाद करना हो गया; अन्वेषण का अर्थ उसकी महिमा का अन्वेषण बन गया। इस्लाम की अपेक्षा यह दबाव यहाँ थोड़ा कम प्रकट था, लेकिन उसकी प्रभावशीलता कम नहीं थी; असममिति सिद्धांत का रूप ले चुकी थी। इस्लाम की तरह यहाँ भी धर्मांतरण को ईसाइयत का मुख्य सिद्धांत मानकर उसके लिए प्रयास किए जाते थे। लेकिन जब कोई स्वामी विवेकानंद या स्वामी श्रद्धानंद इन धर्मांतरितों को उनकी इच्छा से हिंदू धर्म में वापस लाने की बात करते थे, तो उनकी यह कहकर भर्त्सना की जाती थी कि वे एक ऐसा कार्य कर रहे हैं जिसकी अनुमति हिंदू धर्म नहीं देता।

एक प्रतीकात्मक धुंध

धर्मांतरण के लिए अपनाए गए तरीकों के बोध की, चर्च द्वारा अपनाए गए एकतावर्द्धक सूत्र की क्या परिणति होती है, यह एक प्रश्नकर्त्ता को दिए गए उत्तर से स्पष्ट होता है। उसका प्रश्न था :

जिन हिंदुओं ने अपना धर्म किसी कारणवश छोड़कर इस्लाम या ईसाइयत को ग्रहण कर लिया है, यदि वे सच्चे मन से पश्चात्ताप करते हुए अपने धर्म में लौटना चाहते हैं तो क्या उन्हें वापस लिया जाना चाहिए? क्या जिन लाखों दलितों ने दक्षिण भारत में थोक भाव से ईसाइयत ग्रहण कर ली है, लेकिन अब अपने पूर्वजों के धर्म को पुनर्ग्रहण करना चाहते हैं उन्हें वापस लिया जाना चाहिए? यदि कुछ भौतिक शर्तों पर अन्य धर्म में लिया गया हिंदू मोहभंग के कारण हमारे पास आता है तो क्या अपने घर में उसका स्वागत किया जाना चाहिए? जो हिंदू बालक और बालिकाएँ ईसाई अथवा मुस्लिम अनाथालयों में पोषित एवं धर्मांतरित किए जाते हैं वे यदि "शुद्धि के लिए हमारे पास आते हैं" तो उनका क्या किया जाना चाहिए?

गांधीजी ने उत्तर दिया : "ऐसे लोग वास्तविक धर्मांतरण के उदाहरण नहीं हैं। यदि कोई व्यक्ति भय, दबाव, भुखमरी या भौतिक लाभ के कारण दूसरे धर्म में जाता है तो इसे धर्म-परिवर्तन कहना भूल है। सामूहिक धर्मांतरण के अधिकांश मामले, जिनकी पिछले दो वर्षों में हमने काफी चर्चाएँ सुनी हैं, खोटे सिक्के सिद्ध हुए हैं...। इसलिए इन पश्चात्तापियों को बेहिचक, बिना किसी ताम-झाम के, निश्चय ही बिना किसी शुद्धिकरण के मैं अपने धर्म में शामिल कर लूँगा और चूँकि मैं विश्व के सारे धर्मों की समानता का कायल हूँ, मैं किसी व्यक्ति को मात्र इसलिए प्रदूषित नहीं मानता कि जिस डाल पर वह बैठा हुआ था उसे छोड़कर उसी पेड़ की किसी

दूसरी डाल पर जा बैठा है। अगर वह पुरानी डाल पर लौट आता है तो उसका स्वागत किया जाना चाहिए। यह तो कदापि नहीं उसे कहा जाना चाहिए कि उसने अपने परिवार को छोड़कर कोई पाप-कर्म किया है। यदि मान भी लिया जाए कि उसने ग़लती की है तो पश्चात्ताप कर और अपने कदम पीछे लौटाकर उसने भूल का सुधार कर लिया है।''[1]

स्वामी विवेकानंद ने इसी बात को और भी ज़्यादा स्पष्ट ढंग से अभिव्यक्त किया है। प्रबुद्ध भारत के संपादक ने उन्हें लिखा था : ''स्वामीजी अपने धर्म से भटके हुए हिंदुओं को उन्हें पुनः अपने धर्म में लाने के प्रश्न पर मैं आपसे मिलना चाहता हूँ। इस संबंध में आपकी क्या राय है?''

''निश्चय ही उन्हें लिया जा सकता है और लिया जाना चाहिए।'' स्वामी जी का उत्तर था।

यह कहकर वह थोड़ी देर चिंतनमग्न बैठे रहे और फिर कहने लगे : ''फिर ऐसा न होने पर हमारी संख्या घटने लगेगी। सबसे पुराने मुस्लिम इतिहासकार फरिश्ता के अनुसार, जब पहली बार मुसलमान यहाँ आए थे तो उस समय हिंदुओं की आबादी 60 करोड़ थी, किंतु अब घटकर 20 करोड़ रह गई है। फिर, हिंदुओं के घेरे से निकलकर जाने वाला प्रत्येक व्यक्ति हमारी संख्या में एक की कमी ही नहीं करता, हमारे दुश्मन की संख्या में एक की वृद्धि भी करता है...। पुनः, अधिकांश धर्मांतरित हिंदू या तो तलवार के बल पर मुसलमान अथवा ईसाई बनाए गए हैं अथवा वे उनके वंशज हैं। ऐसे लोगों को किसी भी रूप में अयोग्य ठहराना उनके साथ अन्याय होगा। आपने जन्मजात विदेशी नागरिकों के बारे में पूछा है। क्यों? अतीत में वे भारी संख्या में धर्मांतरित किए गए हैं और यह प्रक्रिया अभी भी जारी है...।''[2]

लेकिन मिशनरियों के दावे पर गौर करें। उनके अनुसार सड़क सिर्फ एक ही ओर जाती है : धर्म-परिवर्तन कराना ईसाइयत का सार है, इसलिए हम ऐसा करेंगे; लेकिन हिंदू धर्म में धर्मांतरण कराने का प्रावधान है ही नहीं, इसलिए वे न तो धर्म-परिवर्तन करा सकते हैं न धर्मांतरण के बाद पुनः अपने धर्म में लौट सकते हैं! पिछली सहस्राब्दियों में हज़ारों-हज़ार लोग हिंदू धर्म में शामिल किए गए—'धर्मांतरित' हुए—लेकिन इस बात को नज़र-अंदाज़ कर दिया गया। कहा गया कि हिंदू धर्म अन्य धर्मों को आत्मसात कर लेता है, वह भी दुष्टतापूर्वक। इस बात की बिलकुल अनदेखी कर दी गई कि हमारे धर्म-ग्रंथ उस वक़्त लिखे गए जब लोगों को हिंदू धर्म में वापस लेने का प्रश्न ही नहीं पैदा होता था, क्योंकि उस समय उनके धर्मांतरण के लिए कोई अन्य धर्म था ही नहीं। ऐसी स्थिति में रास्ते का एक ही तरह जाना स्वाभाविक था!

मिथ्यापवाद की हद

मिशनरियों के द्वारा तथ्यों का विकृत प्रस्तुतीकरण, उनके दुर्वचनों की कड़वाहट, दुष्प्रचार की दीर्घकालीनता—इन बातों की सहज कल्पना आज हम नहीं कर सकते। स्वामी विवेकानंद को हर मोड़ पर इनका सामना करना पड़ा था। गांधीजी भली-भाँति इनसे परिचित थे।

इस दुष्प्रचार पर अपनी प्रतिक्रिया व्यक्त करते हुए स्वामी विवेकानंद ने अमेरिका में ईसाइयों को फटकारा था : "अगर संपूर्ण भारत उठ खड़ा हो और हिंद महासागर की सतह पर जमा कुल कीचड़ को उठाकर पाश्चात्य मुल्कों पर फेंक दे तो यह उसका अंशमात्र भी नहीं होगा जो आप हमारे विरुद्ध कर रहे हैं...।" अमेरिका से लौटने पर स्वामीजी ने मद्रास में श्रोताओं को संबोधित करते हुए कहा था : "यह सच नहीं है कि मैं किसी धर्म का विरोधी हूँ। यह भी उतना ही असत्य है कि मैं भारत में मिशनरियों का विरोधी हूँ, लेकिन उनके द्वारा अमेरिका में धनराशि जमा करने हेतु अपनाए गए कुछ तरीक़ों का मैं विरोध करता हूँ। बच्चों के लिए स्कूली पुस्तकों में दिए गए उन तसवीरों का क्या अर्थ है जिनमें हिंदू माँ का अपने बच्चों को गंगा में मगर के सामने फेंकते हुए दिखाया गया है? ज़्यादा सहानुभूति पाने और अधिक पैसे कमाने के लिए तसवीर में माँ को तो बिल्कुल काली-कलूटी किंतु बच्चे को गौर वर्णी दिखलाया गया है। उन तसवीरों का क्या अर्थ है जिनमें एक आदमी अपनी पत्नी को अपने हाथों इसलिए ज़िंदा जला रहा है ताकि वह प्रेत बनकर अपने पति के दुश्मनों को सता सके? उन विशालकारों के बारे में क्या कहेंगे जिनका चित्रण लोगों को रौंदते-कुचलते आगे बढ़ जाने के रूप में किया गया है? अभी हाल में अमेरिका में एक पुस्तक प्रकाशित हुई है। इसमें एक सज्जन अपनी कोलकाता-यात्रा की कहानी सुनाते हुए कहते हैं कि उन्होंने कोलकाता की सड़कों पर कट्टरपंथियों को कार द्वारा कुचले जाते देखा है। मैंने इन सज्जनों में से एक को मेम्फ़ीस में उपेदश देते हुए सुना है कि भारत के हर गाँव में शिशुओं की हड्डी से भरा तालाब होता है। आखिर हिंदुओं ने ईसामसीह के चेलों का क्या बिगाड़ा है कि प्रत्येक ईसाई बच्चे को यह सिखलाया जाता है कि वह हिंदुओं को 'नीच', 'कमीना' और धरती का सबसे घृणित दुष्टात्मा कहे। यहाँ संडे स्कूल के बच्चों को दी जानेवाली शिक्षा का एक पाठ यह सिखलाना है कि जो भी ईसाई नहीं हैं उनसे घृणा करो—हिंदुओं से तो विशेष रूप से—ताकि बचपन से ही वे अपनी राशि का अंशदान कर सकें...। फिर, मद्रास में हिंदू धर्म के विरुद्ध प्रकाशित पुस्तकों का अवलोकन करें। अगर कोई हिंदू ईसाई धर्म के खिलाफ उस तरह की एक पंक्ति भी लिखता है, तो मिशनरी उसके विरुद्ध

कुछ उठा नहीं रखेंगे।[3]

यह मिशनरियों के दुष्प्रचार के विरुद्ध स्वामी विवेकानंद का आज से सौ वर्ष पूर्व का कथन है। यहाँ टेक्सास से प्रकाशित 'गॉस्पेल फ़ॉर एशिया' (एशिया के लिए बाइबिल-वाक्य) की उद्घोषणा में रामस्वरूप क्या उल्लेख पाते हैं, उसे देखें : "एक अरब आबादी वाला भारतीय उपमहाद्वीप इस बात का जीता-जागता उदाहरण है कि यदि शैतान संपूर्ण संस्कृति का शासक बन बैठता है तो उसके क्या परिणाम निकलते हैं...। भारत एक अति विशाल पाप-प्रक्षालनगृह है, जिसमें लाखों-करोड़ों लोग...महाझूठ का जीवन जी रहे हैं। क्या शैतान दुर्गति की इससे बेहतर युक्ति रच सकता था?

वे भारत, और विशेषकर हिंदुओं का, जितना ही अधिक कालिमामय चित्रण करते थे—और अभी भी करते हैं—उतना ही वहाँ के सदाशयी लोग अपने घर छोड़कर सुदूर बसे इन यंत्रणाग्रस्त लोगों की आत्मा के उद्धार का बीड़ा उठाते हैं और उसी अनुपात में कोष संग्रह सुगमतर हो जाता है और इसके लिए इस्तेमाल किए जाने वाले साधनों को बुद्धिसम्मत बनाने में कोई कठिनाई नहीं होती।

क्या यह किंचिदपि भिन्न है?

यह निंदा पूरी तरह झूठ पर आधारित थी। लेकिन इसके अतिरिक्त एक अन्य बात भी है : क्या मिशनरियों की ईसाइयत उससे भिन्न है जिसकी वे निंदा कर रहे थे?

दुर्गा की प्रतिमा के समक्ष मस्तक झुकाने वाला हिंदू एक अंधविश्वासी बुतपरस्त है, लेकिन कुमारी मरियम की प्रतिमा के सामने विनय की मुद्रा में खड़ा ईसाई ईश्वर-भक्ति से स्पर्शित है! एक हिंदू, जो हनुमान की मूर्त्ति के आगे नतमस्तक हो उसकी प्रदक्षिणा करता है, एक अज्ञानी मूर्तिपूजक है, लेकिन काबा में काले पत्थर को सिजदा कर उसके चारों ओर घूम रहा एक मुसलमान आध्यात्मिकता का शिखर छू चुका है! गांधीजी ने एक ईसाई संवाददाता से कितना सटीक कहा था : "क्योंकि मैं किसी एक ख़ास चीज़ को पसंद नहीं करता, सिर्फ इसलिए मैं दूसरों के प्रति यह सोचने की तकलीफ़ उठाने से उदासीन नहीं हो सकता कि वह चीज उनके लिए उपयोगी है या नहीं। मैं जानता हूँ कि मूर्त्ति-पूजन का वह विशेष रूप उन लाखों-करोड़ों लोगों के लिए उपयोगी है, तो इसलिए नहीं कि वे मेरी अपेक्षा कम विकसित हैं, बल्कि इसलिए कि उनकी संरचना मुझसे भिन्न ढंग की है। मेरे बारे में यह याद रखा जाना चाहिए कि मूर्त्ति-पूजा को पाप मानना तो दूर, मैं किसी-न-किसी रूप में उसे अस्तित्व की एक शर्त मानता हूँ। पूजा के किसी एक रूप तथा दूसरे रूप में जो फ़र्क़ है, वह मात्रा का फ़र्क़ है, किस्म का नहीं। मस्ज़िद अथवा मंदिर में जाना

मूर्त्ति-पूजन का ही एक रूप है। बाइबिल, कुरान, गीता तथा ऐसी अन्य चीज़ों के प्रति समादर-भाव मूर्त्ति-पूजा ही है और यदि तुम किसी ग्रंथ या भवन का उपयोग करने के बजाय अपनी कल्पना में ईश्वर की तस्वीर खींचते हो और उसमें कुछ गुणों की प्रतिष्ठा करते हो तो यह भी मूर्त्ति-पूजा ही है। मैं एक प्रस्तर-प्रतिमा की पूजा को पूजा का कोई अनगढ़ तरीका नहीं मानता। विद्वान न्यायाधीश अपने घरों में ऐसी मूर्त्तियाँ रखते हैं। पंडित मदनमोहन मालवीय जैसा दार्शनिक अपने कुल-देवता को नमन किए बग़ैर भोजन ग्रहण नहीं करते। इस तरह की पूजा को अंधविश्वास का नाम देना अहंकार तथा अज्ञान दोनों है। पुनः, पुजारी की कल्पना में ईश्वर किसी प्रतिष्ठित पत्थर में है, न कि उसके इर्द-गिर्द बिखरे किसी भी पत्थर में। और तो और, तुम्हारे चर्च के भीतर का गर्भ-गृह उसके अन्य स्थानों की अपेक्षा अधिक पवित्र है। ऐसे उदाहरण अनगिनत हैं। यह सारी दलील चिंतन या पूजा में लापरवाही के पक्ष में नहीं, अपितु इस तथ्य की निश्चायक स्वीकृति में है कि श्रद्धापूर्ण पूजन के सारे तरीके पुजारियों के लिए—चाहे वे किसी भी धर्म के हों—समान रूप से अच्छे एवं कारगर हैं। अब वह समय नहीं रहा कि किसी व्यक्ति या समुदाय को किसी मामले में ऐकांतिक रूप से अधिकारी माना जाए। ईश्वर की नज़र में शब्दों या रूप-विधानों का मोल नहीं है, क्योंकि वह हमारे शब्दों और कर्मों के भीतर प्रवेश पाने में तथा हमारे विचारों को जानने-समझने में समर्थ हैं—भले हम स्वयं उन्हें नहीं समझ पाएँ—और हमारे विचार ही उसके लिए कोई अर्थ रखते हैं।[4]

इसी तरह एक रोमन कैथोलिक फ़ादर को उन्होंने कहा : "जहाँ तक मूर्त्ति-पूजा का संबंध है, आप किसी-न-किसी रूप में इसका आश्रय लिए बग़ैर नहीं रह सकते। आखिर क्यों कोई मुसलमान एक मस्ज़िद, जिसे वह अल्लाह का घर कहता है, की रक्षा करने के लिए अपनी जान दे देता है? इसी तरह, क्यों एक ईसाई गिरजाघर में जाता है और आवश्यकता पड़ने पर बाइबिल की शपथ लेता है? और मैं इसमें कुछ आपत्तिजनक भी नहीं पाता। फिर, मस्जिदों एवं मकबरों के निर्माण हेतु विपुल धनराशि प्रदान करना मूर्त्ति-पूजन नहीं तो और क्या है? आखिर रोमन कैथोलिक उस वक़्त क्या कर रहे होते हैं जब वे कुमारी मरियम और संतों—जो पूरी तरह कल्पना के आधार पर पत्थरों में गढ़े अथवा फलक या शीशे पर चित्रित किए गए होते हैं—के सामने घुटने टेकते हैं?" फ़ादर ने 'समादर' तथा 'पूजा' में भेद करते हुए कहा : "जब मैं ईश्वर की पूजा करता हूँ तो उसे स्रष्टा के रूप में तथा किसी भी मानव-प्राणी से महत्तर मानता हूँ।" गांधीजी ने कहा : "इसके बावजूद, हम पत्थर की पूजा नहीं करते, बल्कि यह ईश्वर है जिसकी पूजा पत्थर या किसी धातु की प्रतिमा, चाहे वह कितना भी अनगढ़ हो, के रूप में करते हैं।" फ़ादर का उत्तर था : "लेकिन ग्रामीण

लोग तो पत्थर को ही भगवान के रूप में पूजते हैं।" गाँधीजी ने उसे समझाते हुए कहा : "नहीं, मैं आपको बतलाऊँ वे किसी भी ऐसी चीज़ की पूजा नहीं करते जो भगवान से कम हो। जब आप कुमारी मरियम के सामने घुटने टेकते हैं और उनसे अनुग्रह की कामना करते हैं, तो आप क्या कर रहे होते हैं? आप एक पत्थर की प्रतिमा के माध्यम से ईश्वर से संपर्क करते हैं। मैं मरियम से अनुग्रह की आपकी माँग समझ सकता हूँ। जब मुसलमान मस्जिद में प्रवेश करते हैं तो क्यों विस्मय एवं उल्लास से भर उठते हैं? क्या संपूर्ण विश्व ही एक मस्जिद नहीं है?...लेकिन मैं मुसलमानों की भावना समझता हूँ और उनकी क़द्र करता हूँ। यह उनका अल्लाह तक पहुँचने का अपना रास्ता है। हिंदुओं का उसी शाश्वत सत्ता तक पहुँचने का अपना रास्ता है वहाँ तक पहुँचने के हमारे माध्यम अलग-अलग होते हैं, किंतु इससे ईश्वर में कोई फ़र्क़ नहीं पड़ता।"[5] इसके बावजूद मिशनरी फ़तवा देंगे कि हिंदू पैशाचिक मूर्त्ति-पूजन में जकड़े हुए हैं, और जिन्हें चर्च ने ईसाई बना लिया है सिर्फ वे ही उससे मुक्त हुए हैं!

एक हिंदू का गंगा में स्नान करना तथा गंगाजल को प्रक्षालन तथा धार्मिक अनुष्ठानों के लिए ले जाना आदिम, अंधविश्वासपूर्ण प्रकृति-पूजन है, लेकिन जब ईसाई लूर्ड्ज में जल के द्वारा और मुसलमान काबा में ज़मज़म के जल से रोग मुक्ति चाहते हैं और उसे प्रक्षालन हेतु अपने साथ ले जाते हैं तो उनका यह कार्य वैज्ञानिक हो जाता है? जो हिंदू अनुष्ठानों, उनके मूलभावों का एक समृद्ध प्रतीकवाद था, उसे महज़ बुतपरस्ती कहकर ख़ारिज कर दिया गया, किंतु यूखारिस्त (ईसाइयत में परम-प्रसाद की अवधारणा) के उस प्रतीकवाद के बारे में क्या कहा जाए जिसमें ईसा के 'तन' को खाया और उनके 'रक्त' को पिया जाता है? स्वामी विवेकानंद के द्वारा दोनों मार्गों के बीच बताया गया विरोध कितना तीव्र है। डेट्रायट में 21 फरवरी, 1894 को एक सभा को संबोधित करते हुए उन्होंने कहा था :

> "हमारे और ईसाइयों के बीच एक चीज़ बिल्कुल बेमेल है और जिसे हमने कभी नहीं सिखलाया। वह है ईसामसीह के रक्त से मुक्ति की अथवा फिर किसी भी व्यक्ति के रक्त से परिमार्जन की अवधारणा। निश्चय ही हमारे यहाँ बलिदान की प्रथा है जैसा कि यहूदियों में थी। लेकिन हमारे यहाँ बलिदान प्रथा का अर्थ इतना ही था : यहाँ कुछ भोजन-सामग्री है जिसे मैं खाने जा रहा हूँ, लेकिन जब तक इसका एक अंश ईश्वर को अर्पित नहीं किया जाता, यह अशुद्ध है, इसलिए मैं भोजन को अर्पित करता हूँ। कितना सरल एवं पवित्र भाव है? लेकिन यहूदी धर्म के अनुसार उसके पाप का भागी बेचारे

मेमने को बनना पड़ता है, वह अपने पाप को उस पर आरोपित कर उसकी बलि चढ़ा देता है और स्वयं सही-सलामत रहकर पाप-मुक्त हो जाता है! हमने भारत में इस तरह की सुंदर धारणा विकसित नहीं की और मुझे खुशी है कि हमने ऐसा नहीं किया। मैं स्वयं को इस तरीक़े से मुक्त कराना नहीं चाहूँगा। अगर कोई व्यक्ति आए और कहे 'मेरे रक्त से मुक्ति प्राप्त कर लो', तो मैं उसे कहूँगा, 'मेरे भाई, चले जाओ; मैं नरक में जाना पसंद करूँगा, लेकिन ऐसा कायर नहीं हूँ कि स्वर्ग में जाने के लिए तुम्हारा रक्त लूँगा; मैं नरक-गमन के लिए तैयार हूँ।' इसलिए हमारे बीच यह धारणा पैदा नहीं हो सकी। हमारे पैग़ंबर की उद्घोषणा है कि जब-जब पाप और अनाचार बढ़ेंगे वह धरती पर आएगा और अपनी संतान की रक्षा करेगा। और ठीक यही वह समय-समय पर और स्थान-स्थान में करता रहा है। धरती पर आप जब भी किसी असाधारण रूप से पवित्र आदमी को मानवता के कल्याण के लिए प्रयत्नशील देखते हो तो जानो कि उसके माध्यम से वही प्रभु अपना कार्य कर रहा है।

हमारे धर्म में प्रतिमा के सामने जो व्यक्ति मस्तक झुका रहा है वह उस अर्थ में नहीं जैसाकि आप बेबिलोनियाई और रोमन मूर्त्ति-पूजकों के बारे में सुन चुके हो। यह हिंदू धर्म का अनूठा लक्षण है। आदमी मूर्त्ति के सामने है; उसकी आँखें बंद हैं और वह ध्यान कर रहा है, 'मैं वही हूँ (सोऽहं), मैं जीवन और मृत्यु से, स्वजन एवं पुरजन से, दिक् और काल से परे हूँ, मैं वही हूँ, मैं वही हूँ; मैं अनंत सत् अनंत ज्ञान एवं अनंत आनंद हूँ; मैं वही हूँ, मैं वही हूँ, मैं वही हूँ; मैं ग्रंथों, पवित्र स्थानों अथवा तीर्थ-स्थलों अथवा किसी भी अन्य चीज़ से सीमित नहीं हूँ; मैं वही हूँ, मैं वही हूँ, मैं वही हूँ।' वह इसे बार-बार दुहराता है और फिर कहता है, 'हे प्रभु, मैं तुम्हें अपनी चिंतन-सीमा में नहीं ला सकता, मैं बिलकुल दीन-हीन हूँ।'

आप अपने बीच के सबसे बड़े विद्वान को लो और उसे आत्मा को आत्मा के रूप में सोचने के लिए कहो; वह ऐसा नहीं कर पाएगा। आप आत्मा की कल्पना कर सकते हो, वह भी आत्मा की कल्पना कर सकता है। बिना अभ्यास के, बिना साधना के आत्मा के बारे में सोचना असंभव है। क्या आप आत्मा को आत्मा के रूप में सोच सकते हो?"[6]

इसके बावजूद, ईसामसीह के सूली पर चढ़ जाने से हमारे पाप धुल गए, यह विश्वास तो ऊँची आध्यात्मिकता है, किंतु प्रतिदिन विनयपूर्वक किसी प्रतिमा के सामने नतमस्तक होना और अपने आचरण को स्वच्छ बनाने का संकल्प लेकर लौटना

बुतपरस्ती, अंधविश्वास और जाने क्या-क्या है?

मिशनरियों के ख़याल में हिंदू धर्म जात-पाँत तथा छुआछूत से बुरी तरह ग्रस्त है जबकि ईसाइयत (और अपने अनुयायियों की दृष्टि में इस्लाम भी) समतामूलक धर्म है—यह जात-पाँत में विश्वास नहीं करता। किंतु, हक़ीकत यह है कि ईसाइयों तथा मुसलमानों के बीच जात-पाँत आज भी ज़िंदा है, जैसाकि सर्वोच्च न्यायालय ने आरक्षण पर अपने हाल के निर्णय में कहा है, और चर्च (तथा इस्लाम के हिमायती भी) जो शताब्दियों तक शोर मचाते रहे कि छुआछूत हिंदू धर्म का अभिशाप है, आगे बढ़कर यह माँग कर रहे हैं कि पिछड़ी जातियों तथा जनजातियों को दिए जाने वाले आरक्षण के लाभ ईसाई एवं इस्लाम धर्म के पिछड़ों को भी उपलब्ध कराए जाएँ। एक भी ईसाई मिशनरी ने इसका प्रतिवाद नहीं किया है कि सर्वोच्च न्यायालय ने जात-पाँत आधारित आरक्षण को ईसाइयों (एवं मुसलमानों) को उपलब्ध कराकर उनके एक बुनियादी मत पर कुल्हाड़ी चला दी है!

स्वामी विवेकानंद, गांधीजी तथा दूसरे सुधारकों ने उनके इस दृष्टि-दोष की ओर प्रायः उनका ध्यान आकृष्ट किया। उन्होंने एक और महत्त्वपूर्ण बिंदु पर दृष्टिपात किया। हिंदुओं के मूर्त्ति-पूजन जैसे रिवाज की निंदा एवं भर्त्सना करने में मिशनरी उसके भीतर गहरे में निहित एक बड़ी संभावना को पहचानने में चूक गए। चूँकि एक-जैसे कष्ट एवं उलझन से संपूर्ण मानव जाति सर्वत्र जूझ रही है और इसीलिए व्यक्तिगत तथा सामुदायिक दोनों स्तरों पर एक ही जैसे उपायों से एक-जैसी राहत खोज रही है, अतः इसे ध्यान में रखकर विवेकानंद ने मिशनरियों को कहा था : शीघ्र ही आप इस घोर आदिमकालीन मूर्त्ति-पूजा के हिमायती बन जाओ; यह मूर्त्ति जो हमारी चेतना के साक्षात्कार में सहायक होती है, जो उन मूल्यों का मूर्त्त रूप है जो मूर्त्तियों की पूजा करते और उन पर चिंतन करते हुए हम आत्मसात करते हैं; यह जानो कि गाय के प्रति आदर का भाव सम्पूर्ण प्राणी-जगत के प्रति आदर का भाव पैदा करता है, पीपल के प्रति आदर का भाव संपूर्ण निर्जीव जगत के प्रति आदर का भाव जगाता है, इनमें से प्रत्येक युक्ति ऐसी है जो मनुष्यों, पशुओं तथा निर्जीव पदार्थों के बीच की रुकावटें दूर करती हैं। जीवन के प्रति एक सुसंगत दृष्टिकोण इन्हीं युक्तियों से विकसित होता है, न कि उस यंत्रवादी दृष्टि से जिसकी शिक्षा मनुष्य-केंद्रित परंपराएँ (ईसाइयत, उससे ज़्यादा इस्लाम और सबसे बढ़कर मार्क्सवाद-लेनिनवाद) हमें प्रदान करती हैं। हिंदू धर्म की इन युक्तियों में से प्रत्येक ऐसी है जो मनस् एवं जड़ पदार्थ के बीच बने अवरोधक को तोड़ती है, तन एवं मन दोनों को स्वस्थ बनाती है, अपार एवं गहन ज्ञान-क्षितिज खुलने की संभावनाएँ पैदा करती हैं, ऐसे ज्ञान की संभावना जिसकी ईसाइयत ने बिना जाने-बूझे निंदा कर

अपने को उससे वंचित कर लिया है और कुमारी मरियम की प्रतिमा को महज़ एक आकांक्षा-पूरक वस्तु बनाकर रख दिया है।

संदर्भ

1. कलेक्टेड वर्क्स, खंड 66, पृ. 163-4
2. कम्प्लीट वर्क्स, खंड 5, पृ. 233-5
3. कम्प्लीट वर्क्स, खंड 4, पृ. 344-5
4. कलेक्टेड वर्क्स, खंड 52, पृ. 95-6
5. कलेक्टेड वर्क्स, खंड 64, पृ. 421-23
6. कम्प्लीट वर्क्स, खंड 8, पृ. 290-11

श्रम विभाजन

5
शासक-वर्ग और चर्च

ऊपरी तौर पर ब्रिटिश शासकों तथा मिशनरियों के बीच एवं उनके तथा भारतविदों के बीच अनेक असहमतियाँ थीं। एक ही समूह के भीतर भी मतभेद कम नहीं थे। उदाहरणार्थ, भारतविदों में मैक्समूलर, एच.एच. विल्सन, मोनियर-विलियम्स जैसे विद्वान संस्कृत भाषा पर अधिक ज़ोर देते थे। विल्सन का मानना था कि संस्कृत के माध्यम से ही बंगला जैसी क्षेत्रीय भाषाओं की सर्वोत्तम शिक्षा दी जा सकती है, जबकि अन्य विद्वानों की राय थी कि 'मृत' शास्त्रीय भाषाओं के बदले क्षेत्रीय भाषाओं एवं साहित्य को प्रश्रय देना ज़्यादा कारगर होगा।

प्रत्येक समूह विद्वत्ता तथा वाक्पटुता के साथ अपना पक्ष प्रस्तुत करता था। एक को दूसरे के क्रियाकलाप से झुंझलाहट होती थी। आरंभिक दौर में ईस्ट इंडिया कंपनी के अधिकारी मिशनरियों को अपने अधिकार-क्षेत्र से अलग रखते थे। बाद में जब उन्हें उसके क्षेत्र में अपना कार्य करने की अनुमति मिली भी तो शासक-वर्ग ने धार्मिक मामलों में तटस्थता का रुख अपनाए रखा। सरकारी स्कूलों तथा कॉलेजों में बाइबिल की शिक्षा वर्जित थी और इन संस्थाओं के शिक्षकों को खाली समय में भी धार्मिक उपदेश देने की अनुमति नहीं थी। भारतविद् स्वयं भी ईसाइयत के सद्गुणों का गैर-ईसाइयों के बीच प्रचार करने के बदले उनके ग्रंथों की समीक्षा तक ही अपने को सीमित रखते थे।

ऊपरी तौर पर ऐसा प्रतीत होता है कि इन तीन समूहों की दिशाएँ भिन्न-भिन्न थीं। लेकिन, अंतिम लक्ष्य के बारे में उनमें कोई मतभेद नहीं था और अंतिम लक्ष्य था, गैर-ईसाइयों, ख़ासकर हिंदुओं, को ईसाई बनाना, ब्रिटिश शासन का विस्तार करना तथा उसे स्थायित्व प्रदान करना। मतभेद सिर्फ इस बात पर थे कि इस लक्ष्य को पूरा करने के अधिक प्रभावी तरीक़े क्या हो सकते हैं। प्रत्येक समूह अपनी विशेषज्ञता

के आधार पर स्वभावतः अपने तरीक़ों पर ज़्यादा बल देता था। लेकिन, साधनों पर भी पूर्ण सहमति बनने में अधिक समय नहीं लगा। प्रत्येक समूह ने श्रम-विभाजन की आवश्यकता महसूस की। उन्हें यह भी एहसास हुआ कि अन्य समूह जिन निरोधों पर बल दे रहा है वे उसकी सफलता के लिए आवश्यक हैं तथा उसके द्वारा किए जा रहे प्रयास स्वयं उसकी भी सफलता में सहायक होंगे। अंततः निम्नलिखित बिंदुओं पर सभी समूह एकमत हुए :

1. भारत अज्ञान, अन्याय तथा झूठ की खोह है;
2. इस स्थिति का मुख्य कारण हिंदू धर्म है;
3. हिंदू धर्म ब्राह्मणों के कारण ज़िंदा है;
4. चूँकि यहाँ के लोग बहुत दुःखी हैं, और जैसाकि ईसामसीह ने अपने अंतिम समय में हमें आदेश दिया था, उन्हें ईसाइयत में लाने के लिए हम पाबंद हैं;
5. इसके लिए हिंदू धर्म को उखाड़ फेंकना आवश्यक है;
6. सलीब के सैनिकों का कर्तव्य है कि वे ब्राह्मणवाद के सुदृढ़ दुर्ग को "घेर लें, उसे कमज़ोर करें और अंत में धावा कर उस पर फ़तह पा लें।"
7. इस उद्देश्य की प्राप्ति का सबसे प्रभावी तरीक़ा है ब्रिटिश शासन को फैलाना, उसे मज़बूत करना और उसे अनिश्चित काल के लिए क़ायम रखना।
8. इसलिए शासन को फैलाने एवं सुदृढ़ करने के लिए जो भी आवश्यक है, उसे प्राथमिकता मिलनी चाहिए।

   यदि हुकूमत सीधे तौर पर ईसाइयत को फैलाने का प्रयास करती है, तो इससे यहाँ के लोगों में आक्रोश पनपेगा। अतः उसे तटस्थता की मुद्रा बनाए रखनी चाहिए।
9. इसके बावजूद, शासन का सहयोग निर्णायक होगा। सरकारी स्कूलों को ही ले लें। इनमें अंगरेज़ी भाषा पर ज़ोर देने से छात्रों के लिए ईसाइयत का द्वार स्वतः खुल जाएगा। इनके द्वारा आधुनिक विज्ञान तथा भूगोल की शिक्षा दी जाने से हिंदू धर्म स्वतः धीरे-धीरे दुर्बल होकर आख़िर नष्ट हो जाएगा, क्योंकि यह धर्म 'एक क्षण की भी छान-बीन' झेल पाने में समर्थ नहीं है। यह आधारभूत धारणाओं, दार्शनिक विचारों, विश्वासों एवं दैनिक आचरणों का घालमेल है; यह ऐसी भ्रांतियों और झूठों से ग्रस्त है कि यदि इसके दिक्, काल, भूगोल तथा इतिहास संबंधी धारणाओं की कलई खोल दी जाए तो पाश्चात्य शिक्षा के झोंके से वे स्वतः उड़ जाएँगी।
10. मिशनरियों का कार्य बदले में ब्रिटिश हुकूमत के सुदृढ़ीकरण एवं स्थायीकरण

में सहायक होगा। न सिर्फ धर्मांतरित लोग अपितु, पाश्चात्य विद्या तथा मूल्यों में दीक्षित लोग भी अपने हित-साधन के लिए इस शासन का स्थायीकरण चाहेंगे।

11. मिशनरी विद्वान तथा विद्वान मिशनरी ब्राह्मणवाद की जड़ों को खोदते हुए उनसे निस्सृत सारी बातों को पूर्णतः नष्ट कर देंगे।
12. मिशनरी स्वभावतः अछूतों एवं आदिवासियों को अपना निशाना बनाएँगे, क्योंकि यही लोग सबसे ज़्यादा उत्पीड़ित होने के कारण ईसामसीह के मुक्तिदायक स्पर्श की ज़रूरत रखते हैं। फिर, ज़्यादा अनुकूल प्रतिक्रिया की संभावना भी इन्हीं से है। इस तरह सबसे ज़्यादा ज़रूरतमंदों को मदद करने से आज का हिंदू समाज विखंडित हो जाएगा!
13. विद्वानों की कृतियाँ ऐसा ही प्रभाव डालेंगी। एक ओर तो वे यह दर्शाएँगी कि किस प्रकार ये समूह हिंदू घेरे में कभी भी राहत और न्याय नहीं पाएँगे, क्योंकि इनकी दुर्गति बनाए रखना हिंदू आस्था के मूल में है, तो दूसरी ओर आनुषंगिक परंपराओं—संस्कृत एवं फ़ारसी को छोड़कर अन्य भाषाएँ, हिंदुत्व को छोड़कर अन्य धर्मों, जैसे सिख धर्म—को समर्पित ये कृतियाँ विभिन्न समुदायों को अपनी विशिष्टताएँ बतलाएँगी। इससे उपर्युक्त दोनों लक्ष्यों की प्राप्ति में मदद मिलेगी। यह हिंदू धर्म की दरारों को चौड़ा करेगा जिससे ईसाइयत का रास्ता खुल जाएगा; यह समुदायों के बीच की दरकनों को दरारों में बदल देगा जिससे ब्रिटिश हुकूमत को क़ायम रखने में मदद मिलेगी।

वैसी पुस्तकें पढ़कर जिनमें भारत पर ब्रिटिश विजय को आकस्मिक माना गया है—अगर कुछ ऐसा नहीं जिसे पूरा करने के लिए अनिच्छुक ब्रिटिश को स्वयं भारतीयों ने घसीटा—मैं खुद ऐसे सूचीकरण को बाद की निर्मिति मानता, ऐसी घटनाओं की योजना मानता जो स्वतः एवं एक-दूसरे से पूर्णतः स्वतंत्र रूप से घटित हुई थीं। लेकिन, बड़े विद्वानों, मुख्य प्रशासकों और सबसे बढ़कर मिशनरियों तथा मिशनरी समाज की रचनाओं तथा स्मारपत्रों पर एक नज़र डालने से यह पूर्व-मान्यता खंडित हो जाती है।

मैकाले का प्रसिद्ध मेमो

हम सभी मैकाले के 1835 के मेमो से परिचित हैं : "फ़िलहाल हमें एक ऐसे वर्ग का निर्माण करने का भरपूर प्रयास करना चाहिए जो हमारे तथा हमारे द्वारा शासितों

के बीच दुभाषिये का काम करे, एक ऐसे लोगों का वर्ग जो रक्त और रंग में तो भारतीय हों, किंतु रुचि, राय, नैतिकता तथा सूझ-बूझ में अंगरेज़।'' इस मेमो में भारत, विशेषकर हिंदू धर्म, हमारी भाषाओं एवं साहित्य के प्रति घृणा की ज़बर्दस्त छौंक थी। निश्चय ही मैकाले किसी भारतीय भाषा से परिचित नहीं था। उसने हिंदू धर्म, सभ्यता एवं संस्कृति पर कोई मूल पुस्तक नहीं पढ़ी थी। हिंदू धर्म-संबंधी उसकी अवधारणा महज़ ईसाई मिशनरियों द्वारा चलाए गए निंदा-अभियान पर आधारित थी। उसने मात्र वही देखा जो उसने देखना चाहा। लेकिन उसका यह खोखला, शब्दाडम्बरपूर्ण एवं अतिरंजित मेमो डेढ़ शताब्दी बीत जाने के बावजूद साम्राज्यवादी अकड़ की एक अनूठी मिसाल पेश करता है। उसी के शब्दों में :

''भारत के इस भू-भाग में आमतौर पर प्रचलित बोलियाँ न तो साहित्यिक हैं, न वैज्ञानिक जानकारी देती हैं। वे इतनी घटिया एवं अनगढ़ हैं कि जब तक उन्हें किसी अन्य स्थान की भाषा से परिष्कृत एवं समृद्ध नहीं किया जाता तब तक किसी महत्त्वपूर्ण रचना का अनुवाद इनमें संभव नहीं है। प्राच्यविद्या पर ज़ोर देने वाले प्राच्यविदों में मैंने एक भी ऐसा नहीं पाया है जो इस बात से इनकार कर सके कि एक अच्छे यूरोपीय पुस्तकालय का एक खाना इंडिया और अरेबिया के संपूर्ण देशी साहित्य के बराबर है। यह कहना अतिशयोक्ति नहीं है कि संस्कृत में लिखे गए सारे ग्रंथों से संकलित ऐतिहासिक जानकारी का उतना भी मोल नहीं है जितना इंगलैंड के प्राथमिक स्कूलों में पढ़ाई जाने वाली पुस्तकों का है। भौतिक या नैतिक दर्शनशास्त्र के प्रत्येक क्षेत्र में दोनों देशों की सापेक्षिक स्थिति लगभग ऐसी ही है। यहाँ की भाषाओं में किसी भी विषय पर ऐसी एक भी पुस्तक नहीं है जिसकी तुलना हमसे की जा सके...; यहाँ की वैज्ञानिक पद्धतियाँ यदि यूरोपीय पद्धतियों से मेल नहीं खातीं तो वे निश्चय ही बदतर हैं। यहाँ की चिकित्सा-पद्धति पर किसी अंगरेज़ी आवासीय स्कूल की छात्राएँ हँसेंगी। यहाँ के इतिहास में ऐसे राजाओं का वर्णन है जो 30 फीट लंबे थे और जिन्होंने 30,000 वर्षों तक शासन किया था। यहाँ के भूगोल में दूध-घी से भरी नदियों का वर्णन है। यहाँ के साहित्य का कोई आंतरिक मूल्य नहीं है...। यह अति महत्त्वपूर्ण बातों में अतिगंभीर भ्रांतियाँ पैदा करता है..., कोई भी चीज़ न बुद्धिसम्मत है, न नैतिकता-सम्मत..., घोर अंधविश्वास का साम्राज्य है..., झूठा इतिहास, झूठा भूगोल, झूठा खगोलशास्त्र, झूठी चिकित्सा-पद्धति..., और सब कुछ एक झूठे धर्म के आवरण में...।''

इसका इलाज यही है कि भारतीयों को अंगरेज़ी सिखाई जाए और उसके माध्यम से उन्हें आधुनिक पाश्चात्य ज्ञान से अवगत कराया जाए : ''हमारा इतिहास हमें मार्ग दिखलाएगा। इतिहास में अनेक समरूप उदाहरण मिलते हैं और सभी एक ही

सबक सिखाते हैं। यदि बहुत पहले की बात छोड़ भी दें तो कल तक जो मुल्क अज्ञानी और असभ्य थे, उनके संपूर्ण समाज के मनस् के दुराग्रहों को मिटाने, उनमें ज्ञान का दीप जलाने, उनकी अभिरुचियों को परिष्कृत करने, उनमें कला और विज्ञान के प्रति रुचि विकसित करने के दो स्मरणीय उदाहरण हमारे सामने प्रखर रूप में मौजूद हैं।''

''पहला उदाहरण, जिसका मैं उल्लेख करना चाहूँगा, पंद्रहवीं सदी के अंत तथा सोलहवीं सदी के प्रारंभ में पश्चिमी राष्ट्रों में साहित्यिक नवजागरण का है। उस समय जो कुछ अध्ययन के लायक था, वह प्राचीन ग्रीक तथा रोमन रचनाओं में निहित था। यदि हमारे पूर्वज कमिटी ऑफ़ पब्लिक इंस्ट्रक्शन (लोक प्रशिक्षण समिति) की राह पर ही चले होते, यदि उन्होंने सिसरो तथा टैसिटस की उपेक्षा की होती, यदि वे अपनी पुरानी बोलियों तक ही महदूद रहते, यदि उन्होंने उस साहित्य का मुद्रण नहीं करवाया होता, यदि उन्होंने विश्वविद्यालयों में सिर्फ एंग्लो-सेक्शन के इतिवृत्तों तथा रोमन-फ्रेंच की प्रेम-कथाओं को ही सिखलाया होता, तो क्या इंग्लैंड आज की स्थिति को प्राप्त करता? मोर तथा एस्कम के लिए जो महत्त्व ग्रीक एवं लैटिन का था, आज वही महत्त्व भारतीयों के लिए हमारी भाषा का है। आज के इंग्लैंड का साहित्य प्राचीन क्लासिकल साहित्य की अपेक्षा कहीं ज़्यादा मूल्यवान है। मुझे इसमें संदेह है कि संस्कृत साहित्य हमारे सैक्शन तथा नौर्मन पूर्वजों के साहित्य जैसा भी महत्त्व रखता है। कुछ क्षेत्रों, जैसे इतिहास, में तो निश्चय ही उससे कम है।''

''दूसरा उदाहरण तो आज भी हमारे सामने है। एक राष्ट्र, जो पहले उसी बर्बर स्थिति में या। जिसमें हमारे पूर्वज क्रूसेड (धर्मयुद्ध) के पहले थे, पिछले एक सौ बीस वर्षों में गहन अज्ञान के अंधकार से धीरे-धीरे बाहर निकलकर सभ्य राष्ट्रों की पंक्ति में शामिल हो गया है। यह है रसिया। उस मुल्क में आज एक विशाल शिक्षित समुदाय है जिसमें ऐसे लोगों की भरमार है जो राज्य के जटिलतम कार्यों के लिए सर्वथा उपयुक्त हैं और जो पेरिस तथा लंदन के श्रेष्ठ सुधीजनों से किसी रूप में कम निपुण नहीं हैं। ऐसी आशा की जाती है कि यह विशाल साम्राज्य, जो हमारे पितामहों के समय संभवतः पंजाब को छूता था, हमारे पोतों की पीढ़ी में फैलता हुआ फ्रांस और ब्रिटेन के पार्श्व में आ खड़ा होगा। आख़िर यह बदलाव कैसे आया? राष्ट्रीय पूर्वाग्रहों को सहलाते रहने से नहीं, न युवा मास्कोवासियों के दिमाग़ में बूढ़ी दादी की उन कहानियों को ठूँसकर जिनमें उनके पूर्वज विश्वास करते थे, न संत निकोलस के संबंध में झूठी किंवदंतियों को उनके जेहन में उतारकर, न इस व्यर्थ के प्रश्न में उनको उलझाकर कि संसार की रचना 13 सितंबर को हुई थी या नहीं, न उसके द्वारा इन सारी बातों की जानकारी प्राप्त कर लेने पर उसे 'शिक्षित मूलवासी'

कहकर, बल्कि उन्हें उन विदेशी भाषाओं की जानकारी देकर जिनमें ज्ञान का ख़ज़ाना भरा पड़ा था। पश्चिमी यूरोप की भाषाओं ने ही रसिया को सभ्य बनाया। इसमें तनिक संदेह नहीं कि ये भाषाएँ हिंदुओं के लिए वही काम करेंगी जो उन्होंने तातारों के लिए किया है।''

मैकाले का उद्देश्य बिलकुल स्पष्ट था : ''एक ऐसे दर्ग को तैयार करना जो रक्त एवं वर्ण में तो भारतीय हो किंतु रुचि, विचार, आचार एवं सोच-समझ में अंगरेज़।'' जो कुछ भारतीय है, उसकी व्यर्थता पर बल और सब कुछ को ठीक करने का एकमात्र इलाज अंगरेज़ी भाषा और उसके माध्यम से पाश्चात्य शिक्षा का प्रसार। यही नुस्ख़ा सरकारी नीति बन गया। 7 मार्च, 1835 को लॉर्ड विलियम बेंटिंक ने फ़तवा जारी किया : ''ब्रिटिश शासन का महान उद्देश्य यूरोपीय साहित्य एवं विज्ञान को भारतवासियों के बीच बढ़ावा देना होना चाहिए।''

किंतु, मैकाले का उद्देश्य सिर्फ भारत में ब्रिटिश शासन को स्थायी बनाना नहीं, भारतीयों को हिंदू धर्म से मुक्ति दिलाना था। ईसाइयत की सर्वोच्चता तथा भारत के हित में उसके संभावित वरदानों के बारे में वह पूर्णतः आश्वस्त था। चार वर्षों के बाद उसने अपने एक निबंध 'चर्च और राज्य के संबंध में ग्लैडस्टोन के विचार' में खुली घोषणा की : ''भारत का गैर-ईसाईवाद अन्य किसी भी देश के गैर-ईसाईवाद से अधिक निष्ठुर, अधिक उच्छृंखल, बेतुके अधिकार एवं घातक नियमों का जनक है।'' 'सोमनाथ के फ़ाटक' (गेट्स ऑफ़ सोमनाथ) में उसने लिखा : ''भारत के लोग बुतपरस्त हैं; वे ऐसे मतों तथा अनुष्ठानों में श्रद्धा रखते हैं जो मानव जाति के ऐहिक स्वार्थों की पूर्त्ति के मार्ग में भी बाधक हैं। यदि हमने हस्तक्षेप नहीं किया होता तो मानव-शवों को अभी भी गंगा में फेंका जाता और विधवाएँ अपने बच्चों द्वारा अपने पतियों की चिताओं पर अभी भी झोंकी जातीं।'' अतः, ''ब्राह्मणों की बुतपरस्ती को माफ़ करना तथा ईसाइयत का विरोध करना मानवता तथा सभ्यता के प्रति भारी विद्रोह है।''

और इसका इलाज? अंगरेज़ी शिक्षा। मैकाले कहता है : ''प्रत्येक युवा ब्राह्मण, जो हमारे कालेजों में भूगोल सीखता है, हिंदू मिथकशास्त्र पर हँसता है।'' इस शिक्षा के परिणामों में वह मज़ा ले रहा था। उसने अपने पिता को लिखा :

> ''हमारे अंगरेज़ी स्कूल आश्चर्यजनक रूप से फल-फूल रहे हैं। सारे इच्छुक लोगों की शिक्षा प्रदान करने में हमें भारी कठिनाई हो रही है। अकेले हुगली में चौदह सौ लड़के अंगरेज़ी सीख रहे हैं। हिंदुओं पर इस शिक्षा का प्रभाव विस्मयकारी है। अंगरेज़ी शिक्षा प्राप्त एक भी हिंदू ऐसा नहीं जो अपने धर्म

से ईमानदारीपूर्वक जुड़ा हो। कुछ इसे एक नीति के रूप में ले रहे हैं, अधिकांश ने अपने को शुद्ध निमित्तेश्वरवादी घोषित कर रखा है और कुछ ने तो ईसाइयत ग्रहण कर ली है। मेरा दृढ़ विश्वास है कि अगर हमारी शिक्षा-योजना अपना ली जाती है तो संभ्रांत बंगाली समुदाय में अगले तीस वर्षों में एक भी बुतपरस्त नहीं रह जाएगा। और ऐसा धर्म-परिवर्तन के प्रयास किए बिना, धार्मिक स्वतंत्रता के प्रति तनिक भी छेड़-छाड़ किए बग़ैर सिर्फ ज्ञान और चिंतन के प्रभाव के कारण होगा।''

और मैकाले का जीवनी-लेखक किसी भी रूप में उसे ''मतान्धता-ग्रस्त, यहाँ तक कि धार्मिक भावनाओं के प्रति अति उत्साही'' भी नहीं मानता![1]

कुछ कम ज्ञात लघु रचनाएँ

मैकाले का मेमो 'प्राच्यविदों' के बीच विवाद को लेकर प्रारूपित किया गया था। जैसाकि ऊपर में कहा गया है, प्राच्यविदों में दो भिन्न मतों के समर्थक थे। एक मत के अनुसार भारतवासियों को उनकी अपनी भाषा में, कम-से-कम शुरू में, उन पुस्तकों का ज्ञान देना चाहिए जिनके प्रति उनमें श्रद्धा के भाव हैं। इसके विपरीत, दूसरे मत के समर्थकों के अनुसार उन्हें अंगरेज़ी भाषा और उसके माध्यम से पाश्चात्य मूल्यों एवं विद्या की जानकारी दी जानी चाहिए। लेकिन, प्रश्न था, क्या उन्हें किसी भी प्रकार की शिक्षा दी जाए? क्या यह अधिक निरापद नहीं होगा कि उन्हें अज्ञान, कर्मकांड तथा अंधविश्वास में गर्क रहने दिया जाए? क्या शिक्षा उनमें आज़ादी के भाव नहीं पैदा करेगी? इन प्रश्नों से रू-ब-रू हुआ एक सरकारी सेवक चार्ल्स एडवर्ड ट्रेविलियन अपने निबंध 'ऑन द एजूकेशन ऑफ़ द पीपल ऑफ़ इंडिया' (भारत के लोगों की शिक्षा के संबंध में) में। इस आलेख को लोग अब उतना याद नहीं करते, किंतु प्रकाशन के समय इसने एक लहर-सी पैदा कर दी थी। किसी भी दृष्टि से वह एक असाधारण व्यक्ति था और उसकी रचना उस समय काफ़ी प्रभावी सिद्ध हुई थी।

ट्रेविलियन का जन्म 1807 में हुआ था। मात्र 20 वर्ष की आयु में वह ईस्ट इंडिया कंपनी में काम करने के लिए जलयान से बंबई (मुंबई) आया। वहाँ से वह घोड़े पर सवार होकर मद्रास (चेन्नई) और फिर वहाँ से नाव से कोलकाता पहुँचा। 1827 तक वह रेज़िडेंट सर एडवर्ड कॉलब्रुक, जो उस समय लगभग आधी सदी तक ईस्ट इंडिया कंपनी की सेवा में रत एक लब्धप्रतिष्ठ भारतविद् था, के सहायक के रूप में दिल्ली आया। ट्रेविलियन को शीघ्र ही पता चल गया कि कॉल ब्रुक, उसकी

पत्नी और उसका पुत्र अवैध ढंग से धन बटोरने में लगे थे। उसने कोलकाता में हुकूमत के समक्ष उनके कारनामों का भंडाफोड़ किया। कॉलब्रुक तथा उसके सहकर्मियों ने उसे नियंत्रित करने तथा उससे छुटकारा पाने के भरसक प्रयास किए। संपूर्ण ब्रिटिश समुदाय ने उसका बहिष्कार कर दिया। लेकिन वह अपनी जगह पर अड़ा रहा। सरकारी जाँच में कॉलब्रुक के ख़िलाफ़ सारे आरोप सच साबित हुए और उसे सेवामुक्त कर दिया गया।

शीघ्र ही ट्रेविलियन को कोटा और बुंदी में ब्रिटिश राजनीतिक अभिकर्त्ता के रूप में नियुक्ति मिल गई। दो वर्षों के भीतर वह कोलकाता आ गया और 1833 तक, सिर्फ 26 वर्ष की आयु में, जेनरल कमिटी ऑफ़ पब्लिक इंस्ट्रक्शन (लोक शिक्षण की सामान्य समिति) का सचिव नियुक्त कर दिया गया। इसी पद पर रहकर उसने अपना वह मज़बूत आधार बनाया जिसे उसके साले (ट्रेविलियन की शादी मैकाले की बहन हन्ना से हुई थी) ने अपने मेमो में बड़ी प्रखरता से उजागर किया है। ट्रेविलियन की जीवन-वृत्ति आज भी हैरत में डाल देती है। इंगलैंड लौटकर वह अति प्रभावशाली सरकारी सेवक बन गया; उसने ट्रेज़री का पुनर्गठन किया, लोक सेवा को संगठित करने में महत्त्वपूर्ण भूमिका अदा की, मद्रास प्रेज़िडेंसी का गवर्नर बनकर भारत लौटा, लेकिन कोलकाता में गवर्नर जनरल की परिषद के वित्त सदस्य से झगड़ा हो जाने के कारण उसे इंगलैंड लौटना पड़ा। किंतु दो ही साल बाद वह स्वयं गवर्नर जनरल की परिषद का वित्त सदस्य बनकर पुनः कोलकाता आ गया! अपने संपूर्ण जीवन-वृत्त में वह गैर-समझौतावादी तथा सिद्धांतनिष्ठ बना रहा। अपने इस स्वभाव के कारण उसे मुसीबतें भी उठानी पड़ीं। उसकी एक और विशेषता भी थी जिसके कारण उसे प्रायः कठिनाइयों का सामना करना पड़ता था। यह विशेषता उसे पत्रकारों के बीच काफी लोकप्रिय बनाती थी; वह प्रेस में अपना मत ज़ाहिर करने का लोभ संवरण नहीं कर सकता था![2]

यह तफ़सील मैंने इसलिए दी है क्योंकि इससे एक महत्त्वपूर्ण बात का संकेत मिलता है : इन लोगों की पूर्व मान्यताएँ भ्रांतिपूर्ण थीं और उनके लक्ष्य हमारे अंदर जुगुप्सा पैदा करते थे। लेकिन यह ध्यान में रखने की बात है कि ये कोई क्षुद्र, सूँ-सूँ करने वाले कलम घिस्सू लोग नहीं थे। इसके विपरीत, वे चरित्रवान, प्रखर प्रतिभाशाली, ब्रिटिश देशभक्त, शासक-वर्ग के लोग थे। वे अपने मुल्क और मज़हब के हित-साधन में लगे थे। उनकी निंदा करना मूल तथ्य को नकार देना होगा।

लेकिन उनकी नीतियों के पीछे छिपी मूल भावना से आँखें मूँद लेना भी आत्म-घातक होगा। हम कदाचित ही उनकी पूर्व मान्यताओं और उनके अभिप्रायों पर गौर करते हैं। इससे ज़ाहिर होता है कि किस समग्रता में उन्होंने अपना काम

किया था।

जो भी हो, मुख्य प्रश्न था : भारतीयों को क्यों नहीं अज्ञान में ही भटकने के लिए छोड़ दिया जाए? क्या निजी अंधविश्वासों में उनके डूबे रहने से ब्रिटिश साम्राज्य अधिक निरापद नहीं रहेगा? इसके उत्तर में युवा ट्रेविलियन ने, 31 वर्ष की आयु में, जो कुछ लिखा वह ब्रिटिश स्वार्थों की दृष्टि से इतना महत्त्वपूर्ण है कि उसे थोड़ा विस्तार में पढ़ना बेहतर होगा। यहाँ उसकी लघु रचना 'द पॉलिटिकल टेंडेंसी ऑफ़ द डिफ़रेंट सिस्टम्स ऑफ़ एजूकेशन इन यूस इन इंडिया' (भारत में प्रचलित शिक्षा की विभिन्न पद्धतियों के राजनीतिक रुझान) के सातवें अध्याय के कुछ अंश पाठकों के लिए दिए जा रहे हैं।

* * * * *

भारत में प्रचलित विभिन्न शिक्षा-पद्धतियों के राजनीतिक रुझान

चार्ल्स ट्रेविलियन

भारत के शासक वर्ग के रूप में हमारे क्या कर्तव्य होने चाहिए, यह विवाद का विषय नहीं हो सकता। फिर भी, ऐसा कहा गया है और पुनः कहा जा सकता है कि हमारे कर्तव्य जो भी हों, हमारी नीति भारतवासियों को प्रबुद्ध बनाना नहीं है। जैसे ही वे मानवीय गरिमा को प्राप्त कर लेंगे, उनके लिए हमारा महत्त्व समाप्त हो जाएगा। उन्हें शिक्षित करने का अर्थ होगा उन्हें अधिकार-संपन्न बनाना और तब वे अपने अधिकारों का इस्तेमाल हमारे ही विरुद्ध करने लगेंगे। अगर हमारे हित और कर्तव्य परस्पर विरोधी होते, तो प्रत्येक अच्छा व्यक्ति, प्रत्येक ईमानदार अंग्रेज़ दोनों में एक को चुन लेता। हमारे राष्ट्रीय अनुभव ने प्रशासन के वास्तविक उद्देश्यों की गहरी चेतना हमें प्रदान की है। इसने हमें सिखाया है कि भारत के लोगों के हित साधने के बजाय हम इसके शासन के तरीक़ों पर विचार करें। जिस मुल्क ने मात्र कुछ लाख हबशियों को दासता से मुक्त करने के लिए इतना बड़ा बलिदान किया हो उसकी रूह यह सोचकर काँप उठेगी कि 10 करोड़ भारतीयों को एक ऐसी शासन-पद्धति, जिसके राजस्व का स्रोत वे स्वयं हों, के द्वारा अज्ञान के अंधकार में उसके तमाम घिनौने परिणामों के साथ रखा जाए। हम भारत पर दस वर्षों तक शासन करें या हज़ार वर्षों तक, हमें अपना कर्तव्य तो निभाना ही होगा। हम यह नहीं सोचेंगे कि हमारी अमानत की संभावित अवधि क्या है, हम तो अपने कर्तव्यों के निष्पादन के बारे में ईश्वर के प्रसाद-पर्यन्त ही सोचेंगे। हर्ष का विषय है कि इस अवसर पर हमसे किसी निःस्वार्थ उदार चेतना से प्रयास करने की अपेक्षा नहीं की गई है। वास्तव में, स्वार्थ एवं कर्तव्य राष्ट्रों के मामले में ठीक वैसे ही एक-दूसरे से जुड़े हैं जैसे व्यक्तियों

के मामले में। मौजूदा मामले तो वे अवियोज्य रूप से संबद्ध हैं, जैसाकि एक हलकी समीक्षा से ही स्पष्ट हो जाएगा।

अरेबियाई या इस्लामी पद्धति सत्ता के उपयोग एवं मनोवेगों के प्रति आसक्ति पर टिकी हुई है। अहंकार, महत्त्वाकांक्षा, नियमबद्धता, ऐंद्रिक सुखों के प्रति आसक्ति—ये सारे धर्म के सहायक हैं। धरती आस्थावानों की ही विरासत है; अन्य सारे मात्र काफ़िर अपहरणकर्त्ता हैं जिनके साथ सिर्फ नीतिगत रियायत करनी है। विश्वजनीन स्वामित्व मुसलमानों का क़ुदरती अधिकार है। उनका धर्म उन्हें तलवार के बल पर अपना प्रभुत्व स्थापित करने के लिए बाध्य करता है। जो उनका विरोध करते हैं वे गुलाम बनाकर रखे जाने के क़ाबिल हैं। हिंदू धर्म इस्लाम की अपेक्षा उग्रता एवं आक्रामकता में उन्नीस भले ही हो, सर्वग्राही उससे भी अधिक है। जो भी हिंदू नहीं हैं वे अपवित्र एवं अस्पृश्य हैं तथा गंदे और घटिया कार्यों में नियोजन के काबिल हैं। प्रशासनिक कार्यों के लिए तो वे पूर्णतः अयोग्य हैं। प्रशासनिक कार्य पुरोहित-वर्ग के नेतृत्व में सिर्फ सेना के लिए सुरक्षित हैं। अरबी तथा संस्कृत शिक्षा-प्रणालियों का यही राजनीतिक रुझान है। हमारे लिए यह प्रसन्नता की बात है कि ये सारी बातें जटिल भाषाओं में लिपिबद्ध हैं जिन्हें इने-गिने विद्वान ही समझ सकते हैं। जनसमुदाय के विचारों एवं भावनाओं में वे बहुत धुँधले रूप में ही प्रतिबिंबित होते हैं। लेकिन, हिंदुओं में पुनर्जागरण लाने वाली और उन्हें जनप्रिय बनाने वाली हमारी शिक्षा-योजना को वे किस रूप में लेंगे? ऐसी शिक्षा-योजना मुसलमानों को तो हमेशा यह याद दिलाती रहेगी कि श्रद्धालुओं के एक बड़े भाग का हम काफ़िरों ने अपहरण कर लिया है और हिंदुओं के मन में यह भाव पैदा करेगी कि हम ऐसे घिनौने पशु हैं जिनके साथ दोस्ताना संबंध रखना पाप एवं लज्जा की बात है। हमारा प्रबलतम विरोधी भी इससे अधिक और क्या चाहेगा कि हम ऐसी शिक्षा-पद्धति का प्रचार-प्रसार करें जो हमारे लिए ही भस्मासुर बन जाए!

चार्ल्स ट्रेविलियन

इसके विपरीत, अंगरेज़ी साहित्य की मूल भावना हमारे संबंधों के अनुकूल पड़ती है। हमारे साहित्य के माध्यम से हमसे सुपरिचित होकर भारतीय युवा-वर्ग हमें फ़िरंगी नहीं समझता। हमारे महापुरुषों के बारे में वह उसी उत्साह से बातें करता है जैसाकि हम स्वयं करते हैं। हमारी तरह शिक्षित होकर, हमारे विषयों में दिलचस्पी लेकर, हमारे जैसे ही पेशे अपनाकर वह हिंदू की अपेक्षा अंगरेज़ ही अधिक हो जाता है जैसे रोमन प्रदेशों के निवासी गॉल तथा इटालियन की अपेक्षा अधिक रोमन बन गये थे। आख़िर अंगरेज़ लोगों के साथ रहने, उनसे बातचीत करने और अंगरेज़ी ख़यालों एवं मानसिक आदतों को आत्मसात कर ही तो हम वर्तमान स्थिति को प्राप्त

हुए हैं। वे भी यही करते हैं। वे नित्य सर्वोत्तम तथा सबसे बुद्धिमान अंगरेज़ों के साथ उनकी रचनाओं के माध्यम से संपृक्त होते हैं और हमारे मुल्क के बारे में जितनी अच्छी धारणा बनाते हैं, वैसी धारणा वे अपने बल पर नहीं बना सकते थे। उन्हें साफ़ दीख पड़ता है कि हम प्रशासनिक स्तर पर उनकी भलाई के लिए क्या क़दम उठा रहे हैं। परिणामतः उग्र विरोध या अनिच्छापूर्ण अनुपालन के बजाय वे हमारे साथ उत्साह एवं बुद्धिमानी के साथ सहयोग करते हैं। हमारे शासन में वाद-विवाद की छूट का वे पूरा फ़ायदा उठाते हैं। वे उग्र तरीक़े इसलिए नहीं अपनाते क्योंकि उन्हें विश्वास है कि हम उनकी किसी भी वास्तविक ज़रूरत को पूरा करने के प्रति उदासीन नहीं हैं। सिर्फ बेईमान और दुष्ट शासक ही अपनी प्रजा के अज्ञान से लाभ उठाते हैं। जब तक हम अपनी कार्यवाहियों में भारत के हित की बातें करते रहेंगे, हमारे बारे में उनकी जानकारी के अनुपात में ही हमारे प्रति उनके प्रेम और विश्वास में इज़ाफ़ा होता रहेगा।

चार्ल्स ट्रेविलियन

लेकिन यह पर्याप्त नहीं है। मानव स्वभाववश अपनी स्थिति में सुधार चाहता है। प्रत्येक व्यक्ति अपने सुख के लिए योजनाएँ बनाता है; प्रत्येक समुदाय के पास राष्ट्रीय गरिमा एवं समृद्धि की कुछ अवधारणाएँ होती हैं। यह एक सबल सार्वभौम सिद्धांत है जो किसी-न-किसी रूप में हमेशा कार्यशील रहता है और यदि हम इसकी उपेक्षा करते हैं तो यह हमारे लिए अहितकर होगा। अगर हम भारतवासियों को अपने पूर्व की आज़ादी के बारे में सोचते रहने के लिए छोड़ देते हैं तो अपनी स्थिति में बेहतरी लाने का वे एक ही उपाय सोचेंगे और वह है अंगरेज़ों का यहाँ से यथासंभव शीघ्र निष्कासन। यहाँ की परंपराओं में पला किसी देशभक्त के मन में इससे कोई भिन्न विचार नहीं आ सकता, क्योंकि राष्ट्रीय प्रतिष्ठा एवं समृद्धि को वापस लाने हेतु किसी अन्य उपाय की तरफ़ उसका ध्यान ही नहीं खींचा गया है। यूरोपीय विचारों से अनुप्राणित कर ही राष्ट्रीय दृष्टि को एक नई दिशा दी जा सकती है। हमारे शिक्षणालयों में दीक्षित होकर युवा-वर्ग अपने पूर्वजों द्वारा झेली गई बर्बर निरंकुशता पर घृणा से मुँह फेर लेगा और अपनी राष्ट्रीय संस्थाओं को अंगरेज़ी तर्ज़ पर बेहतर बनाने का क़ायल हो जाएगा; हमसे घृणा करने के बजाय वह हमारे समाज से जुड़ेगा और हमें अपना स्वाभाविक संरक्षक एवं हितैषी मानेगा। यहाँ के युवकों की सबसे बड़ी आकांक्षा यही है कि वे हमारी तरह दिखें और वे आशा करते हैं कि हमारी छत्र-छाया में वे अपने देशवासियों का चरित्रोत्थान करेंगे तथा एक सुव्यवस्थित, सुरक्षित एवं खुशगवार आज़ादी के उपभोग हेतु उन्हें तैयार करेंगे। कल तक उनके मन में अंगरेज़ों को समुद्र में फेंक देने का ख़याल हो सकता था, किंतु आज वे अंगरेज़ों

के साथ अपने संबंधों, उनकी शिक्षा एवं उनके संरक्षण में ही अपनी उन्नति का रास्ता देखते हैं। अपने पुराने देशी शासन की पुनर्स्थापना में वे अपने सबसे ज़्यादा सहेजे गए सपनों के बिखर जाने और अपने लिए घोर असुरक्षा के ख़तरे महसूस करते हैं। इंगलैंड और भारत जैसे एक-दूसरे से बहुत दूर के दो देशों का वर्तमान संबंध निश्चय ही स्थायी नहीं हो सकता। हम अपनी नीति को कार्यान्वित करने के चाहे जितने प्रयास करें, यहाँ के बाशिंदे एक-न-एक दिन अपनी आज़ादी को वापस ले ही लेंगे। उनके इस मंज़िल तक पहुँचने के दो मार्ग हो सकते हैं। एक मार्ग है क्रांति का और दूसरा है क्रमिक सुधार का। पहले में अग्रगमन अचानक और हिंसक होता है, दूसरे में क्रमिक एवं शांतिपूर्ण। पहले का अंत हमारे और भारतवासियों के बीच हितों का पूर्ण पृथक्करण तथा मन के अलगाव में होगा, दूसरे का अंत पारस्परिक हित एवं सद्भावना पर आधारित स्थायी मैत्री में।

चार्ल्स ट्रेविलियन

हमारे पास पहले क़िस्म के परिणाम को रोकने और दूसरे को सुनिश्चित करने का एक ही उपाय है और वह है भारतीयों को यूरोपीय विकास की दिशा में ले जाना जिसके लिए वे स्वयं भी इच्छुक हैं। तभी वे पुराने क़िस्म की आज़ादी को चाहने एवं पाने की बात मन से निकाल सकते हैं। उस स्थिति में आकस्मिक परिवर्तन की बात असंभव हो जाएगी और भारत के साथ हमारे संबंधों को एक लंबे समय तक क़ायम रहने का अवसर प्राप्त होगा। एक मराठा या इस्लामी तानाशाही एक माह में स्थापित की जा सकती है, लेकिन यूरोपीय ढाँचे पर स्वशासन के लिए लोगों को तैयार करने हेतु एक शताब्दी भी नाकाफ़ी होगी। किसी राष्ट्र की राजनीतिक शिक्षा एक समयबद्ध कार्यक्रम ही हो सकती है और एक बार इसकी प्रक्रिया चालू हो जाए तो हम काफ़ी सुरक्षित हो जाएँगे। भारतवासी हमारे विरुद्ध इसलिए खड़ा नहीं हो सकेंगे क्योंकि उन्हें खड़ा करने के लिए हम खुद थोड़ा झुक जाएँगे। चूँकि हमारी ओर से कोई दबाव नहीं होगा, अतः उनकी ओर से कोई प्रतिक्रिया नहीं होगी। राष्ट्रीय ऊर्जा का पूरा उपयोग यूरोपीय ज्ञान के अर्जन एवं प्रसारण में होगा और यूरोपीय संस्थाओं का देशीकरण किया जाएगा। शिक्षित समुदाय इस एहसास के कारण कि उसके मुल्क की तरक्क़ी इन सिद्धांतों के आधार पर हमारी देख-रेख में हो पाएगी, हमसे और ज़्यादा चिपक जाएगा। ऐसा वह आज भी कर रहा है। अपनी प्रजा में हम उस समुदाय के लिए पूरी तरह अपरिहार्य हो गए हैं जिसके विचार अंगरेज़ी साँचे में ढले हैं। वे एक पूर्णतः देशी व्यवस्था के नाक़ाबिल ही नहीं हो गए हैं, ऐसी व्यवस्था के समय-पूर्व आगमन की आशंका से भयभीत भी हैं; उनकी शिक्षा उनके उत्पीड़न का हेतु बन जाएगी; आज़ादी का एहसास, साहित्यिक तथा वैज्ञानिक खोजें, हमारे

शासन में तरक्क़ी हेतु बनाई गई योजनाओं में उनकी गहरी दिलचस्पी, इन सारी चीज़ों का मोल चापलूसी और प्रणिपात भर रह जाएगा जो किसी एशियाई दरबार के मुख्य लक्षण हैं। फ़िलहाल ऐसे लोगों की संख्या बहुत थोड़ी है, किंतु विभिन्न अंगरेज़ी शिक्षणालयों में पढ़ रहे युवा-वर्ग के कारण इनकी संख्या में लगातार वृद्धि हो रही है। समय पाकर यह वर्ग अल्पसंख्यक से बहुसंख्यक में बदल जाएगा और तब राजनीतिक संस्थाओं में ऐसे हेर-फ़ेर करने पड़ेंगे जो लोगों की बढ़ती समझ और स्वशासन के अनुकूल हो।

चार्ल्स ट्रेविलियन

यह परिवर्तन क्रमिक एवं शांतिपूर्ण होगा। कोई संघर्ष नहीं, एक-दूसरे के प्रति कोई क्षोभ नहीं, कोई विद्वेष नहीं। भारतवासी आज़ादी का सही ढंग से इस्तेमाल करना जानकर ही आज़ादी पाएँगे। आज जो हमारे लिए हित-साधक प्रजा है, वह और भी ज़्यादा हित-साधक मित्र बन जाएगी। अभी के प्रशासनिक संबंध से सिर्फ़ परिवारों को लाभ पहुँचता है, लेकिन तब वस्तुओं का उत्पादन करने वाले देशों में प्रथम तथा संख्या-बल की दृष्टि से विश्व में प्रथम, इन दो राष्ट्रों के बीच ठोस व्यापारिक संबंध से संपूर्ण राष्ट्र की शक्ति एवं समृद्धि का मज़बूत आधार तैयार होगा। इस मार्ग का अनुसरण करने से हमारे बीच वास्तविक अलगाव होगा ही नहीं। एक अनिश्चित और अस्थायी संबंध, अप्रत्यक्ष ही सही, ज़्यादा स्थायी और लाभकर संबंध में बदल जाएगा। सुख और स्वतंत्रता के लिए हमारे द्वारा प्रशिक्षित, हमारे ज्ञान और हमारी राजनीतिक संस्थाओं से संपन्न भारत अंगरेज़ों क़ी परोपकारिता का सबसे गर्वोन्नत कीर्त्ति-स्तंभ होगा और हम एक लंबे समय तक भारतीयों के स्नेहिल संपर्क और उनके शानदार देश के साथ गहन व्यापारिक संबंध बनाए रखकर अपनी उदार एवं प्रबुद्ध नीति की फसल काटते रहेंगे।

इस मार्ग का अनुसरण करने के सिलसिले में हमें कोई नया प्रयोग करने की ज़रूरत नहीं है। रोमनों ने शीघ्र ही यूरोप के राष्ट्रों को सभ्य बना दिया था और उनका रोमनीकरण कर अर्थात् उन्हें रोमन साहित्य और कला की शिक्षा देकर तथा उन्हें अपने विजेताओं से विरोध के बदले प्रतिस्पर्द्धा करने की शिक्षा देकर उन्हें अपने शासन में शामिल कर लिया था। युद्ध में श्रेष्ठता के द्वारा अधिग्रहण को शांति की कला में श्रेष्ठता के द्वारा सुदृढ़ किया गया। इस तरह प्रारंभिक दौर की हिंसा की याद बाद में होने वाले लाभों की याद में खो गई। इटली, स्पेन, अफ्रीका तथा गौल के प्रांतवासियों को रोमनों की नक़ल करने तथा उनके विशेषाधिकारों का लाभ लेने के अतिरिक्त कोई और अभिलाषा नहीं थी, इसलिए वे अंत तक साम्राज्य की विश्वासी प्रजा बने रहे। रोमन साम्राज्य का पतन किसी आंतरिक विद्रोह के कारण नहीं बल्कि

बाहरी हिंसा के आघात से हुआ था। जिसने विजेता तथा विजितों दोनों को एक साथ धूल चटा दी। मेरे ख़याल में भारतवासी हमारे साथ वही संबंध रखेंगे जो हमने कभी रोमनों के साथ रखे थे। टैसिटस ने लिखा है कि जुलियस एग्रीकोला ने एक नीति बना ली थी जिसके तहत ब्रिटेनवासियों में से अग्रणी लोगों के पुत्रों को रोम के साहित्य और विज्ञान की शिक्षा दी जाती थी और रोमन सभ्यता की सुरुचियों का आस्वादन कराया जाता था। हम सभी जानते हैं कि यह योजना बहुत सफल रही। ब्रिटेनवासी, जो आरंभ में शत्रु जान पड़ते थे, शीघ्र ही उनके विश्वसनीय मित्र बन गए और उनके पूर्वजों ने जितना कठोर प्रयास रोमनों के हमले के प्रतिरोध में किया था, उससे कठोरतर प्रयास उन्होंने रोमनों को क़ायम रखने के लिए किया। यह हमारे लिए शर्म की बात होगी यदि हम अपने इतिहास के इन व्यापक और अति लाभकर अनुभवों की ओर से आँखें मूँदकर समय के पूर्व विदाई को एक आपदा के रूप में नहीं लें। हम ऐसा कुछ न करें जिससे कि आनेवाली पीढ़ी कहे कि 'ब्रिटेनवासियों की कराह' रोमन साम्राज्य के भंग हो जाने के कारण निकली, जबकि भारतीयों की कराह ब्रिटिश शासन के लगातार बने रहने के कारण।

चार्ल्स ट्रेविलियन

हम मुसलमानों से भी एक सबक सीख सकते हैं, जिनकी विजय भारतीय द्वीप समूह से पुर्तगाल तक इतनी विस्तृत एवं स्थायी रही है कि अरबी को धर्म, साहित्य तथा कानून की भाषा के रूप में स्वीकृत किया गया। उनकी देशी जुबानों में भी अरबी शब्दों की भरमार हो गई और विजित देशों के युवा लोग इस्लामी ज्ञान के प्रत्येक क्षेत्र में एक-दूसरे से प्रतिस्पर्द्धा करने लगे। ललित शिक्षा का अर्थ हो गया इस्लामी शिक्षा और सबसे ज़्यादा परिष्कृत, सर्वाधिक सक्रिय मस्तिष्क सर्वत्र इस्लामी पद्धति के समर्थक हो गए। बादशाह अकबर ने भारत में यही नीति अपनाई। अरबीकृत फ़ारसी को राजवंश की भाषा के रूप में स्वीकार किया गया। इसके परिणामस्वरूप राष्ट्रीय भावनाओं तथा विचारों को ऐसी दिशा मिली जिसके कारण सत्ताच्युति के बाद भी इस परिवार के प्रति गहरे सम्मान का भाव बना रहा है। यह भावना, जिसे यूरोप में राज्य-भक्ति कहा जाता है, उन सबों में पाई जाती है जिन्होंने प्राचीन शिक्षा ग्रहण की है, लेकिन अंगरेज़ी शिक्षा के मामले में शायद ही ऐसा पाया जाता है। हमारे पूर्वजों की नीति अनुकरणीय भले नहीं, इस मामले में बहुत ठोस और सफल थी। आज वह नीति भारतीयों के लिए ज़्यादा उपयोगी होगी, क्योंकि अरबी और फ़ारसी की अपेक्षा अंगरेज़ी में सही ज्ञान का विपुल भंडार है। इसी तरह यह हमारे लिए भी ज़्यादा लाभकर होगी। भारतवासी अरबी-फ़ारसी की तुलना में अंगरेज़ी को अधिक उत्साह के साथ और ज़्यादा विस्तार में सीखेंगे और उनमें बदलाव भी अधिक

पूर्णता के साथ आएगा।

हमारे ये ख़याल चिंतन की उपज नहीं थे। हमारे निरीक्षण और अनुभव ने इन्हें हम पर थोपा था। भारत के कई भागों में कुछ साल बिताकर हमने लक्ष्य किया कि हमारे शासन के अपेक्षाकृत नया होने के कारण यहाँ के निवासियों की भावना को बदलने के लिए किसी प्रयास के अभाव में उनकी सोच-समझ में कोई फ़र्क़ नहीं पड़ा है। ग़रीब और अमीर, ऊँच और नीच, सभी अपनी राजनीतिक स्थिति में सुधार के बारे में एक ही ख़याल रखते थे। उच्च वर्ग के लोग अपनी पुरानी हैसियत को फिर से प्राप्त करने की आस लगाए बैठे थे और निम्नवर्ग के लोग मानते थे कि धन और प्रतिष्ठा पाने के मार्ग तभी खुलेंगे जबकि स्वदेशी सरकार फिर से क़ायम हो जाए। संवेदनशील तथा अपेक्षाकृत अनुकूल ख़याल वाले लोग भी इसके सिवा अन्य कुछ सोच नहीं पाते थे कि अंगरेज़ों के अचानक और मुकम्मल निष्कासन के सिवा उनके राष्ट्र की दुर्दशा को दूर करने का अन्य कोई उपाय है। बाद में कुछ वर्षों तक मैं बंगाल में रहा। वहाँ का शिक्षित समुदाय बिलकुल भिन्न ढंग से सोचता था। अंगरेज़ों की गर्दन काट लेने के बजाय यह समुदाय उनके साथ जूरी में अथवा दंडाधिकारियों के साथ बैठने की लालसा रखता था। यह पंजाब अथवा नेपाल की राजनीति के बारे में विचार-विमर्श करने के बदले, मुद्रण, उन्मुक्त वाद-विवाद तथा अंगरेज़ी में वक्तृत्व-कला के लाभों के बारे में सोचता था। अधिक आशावादी लोगों के मन में सुदूर भविष्य में एक प्रातिनिधिक राष्ट्रीय विधानसभा की स्थापना का एक धुँधला-सा विचार उभरता था। इससे ज़्यादा कुछ नहीं। पूरा समुदाय ले-देकर यही मानता था कि उनकी तरक्क़ी ब्रिटिश हुकूमत के संरक्षण एवं सहायता से ही संभव है और इसके लिए देशवासियों के ज्ञान एवं नैतिकता में क्रमिक विकास आवश्यक है। मुसलिम अथवा किसी अन्य देशी शासन की पुनर्स्थापना को वे इन ख़यालों की दृष्टि से अव्यावहारिक एवं हास्यास्पद मानते थे। निस्संदेह राष्ट्रीय उन्नयन की ये दोनों योजनाएँ ब्रिटिश हुकूमत के ख़ात्मे की अपेक्षा रखती हैं, किंतु जबकि वह घटना एक का प्रारंभ है तो दूसरे का अंत। एक में हमारी सरकार को अकस्मात हिंसक तरीक़े से उखाड़ फेंकना एक अनिवार्य पूर्व-शर्त है, दूसरे के लिए यह आवश्यक है कि हमारी हुकूमत लंबी अवधि तक बनी रहे और जब यहाँ के लोग शासन-कार्य के क़ाबिल हो जाएँ तो हम स्वयं धीरे-धीरे अपना बोरिया-बिस्तर समेट लें।

चार्ल्स ट्रेविलियन

यहाँ की हमारी देशी सेना को सच ही हमारे भारतीय साम्राज्य का आधार स्तंभ माना गया है। अपने अथवा भारतवासियों के लिए कोई भी लाभकर योजना तभी सफल हो सकती है जबकि हमारा यह आधार-स्तंभ सुदृढ़ बना रहे। इसलिए

यह जानना निहायत ज़रूरी है कि हमारी सत्ता का यह अनिवार्य अंग उपर्युक्त नीति के कार्यान्वयन से किस रूप में प्रभावित होता है। भारतीय सेना में एक-दूसरे से भिन्न दो प्रकार के लोग हैं। एक ओर अंगरेज़ अधिकारी हैं तो दूसरी ओर देशी अधिकारी और जवान। अंगरेज़ अधिकारी तो हर हालत में अपने राष्ट्रीय हितों को ध्यान में रखकर कार्य करेंगे, किंतु दूसरा अंश समाज के उस वर्ग की भावनाओं से उत्प्रेरित होगा जिसके बीच से चुनकर वह आया है। तब यह ज़रूर है कि उसके पेशागत हितों एवं अभ्यासों से उसकी ये भावनाएँ किसी अंश में सीमित अवश्य होंगी। देशी सैनिक अधिकारी सामान्य सैनिकों से आते हैं और सामान्य सैनिकों की भरती श्रमिक वर्ग से होती है। यह श्रमिक वर्ग राष्ट्रीय शिक्षा-प्रणाली से लाभ उठानेवालों की पंक्ति में सबसे अंत में खड़ा है। जिला शिक्षणालयों में पढ़ रहे पाँच सौ लड़कों में एक भी सेना में भरती नहीं होगा। अगर सिपाहियों को शिक्षा देनी ही है तो उन्हें देहाती पाठशालाओं में दी जानी चाहिए और देहाती पाठशालाएँ हमारे सुधार के उपायों की दृष्टि से अंतिम पायदान पर हैं। श्रमिक वर्ग को दी जाने वाली शिक्षा सिर्फ बुनियादी हो सकती है। अधिक सीखने के लिए उनके पास अवकाश भी नहीं है। लेकिन इससे कोई फ़र्क़ नहीं पड़ता। वे इतने से ही हमारे प्रति कृतज्ञ बने रहेंगे। चूँकि बुनियादी शिक्षा के कर्त्ता-धर्त्ता भी हमीं होंगे, अतः इस बात का ख़याल रखेंगे कि यह शिक्षा उनमें ब्रिटिश संबंधों के प्रति लगाव पैदा करे। इसके बाद तो सेना में भरती होने वाले युवक सामरिक उत्साह से लबरेज होकर सैनिकोचित अनुशासन एवं आज्ञापालन में बँधे रहेंगे। नैतिक तथा बौद्धिक विकास की दृष्टि से अभी यह वर्ग जिस स्थिति में है, क्या उसी में उसे रहने दिया जाए? मैं इस बात का निर्णय दूसरों पर छोड़ता हूँ कि इस प्रशिक्षण से वे बेहतर सैनिक बनेंगे या बदतर, हमारे प्रति अधिक अनुरक्त होंगे या ज़्यादा विरक्त। मैंने कभी नहीं सुना कि राष्ट्रीय स्कूलों में दी जाने वाली शिक्षा ने इंगलैंड के सामान्यजनों को सैन्य पदों के नाक़ाबिल बना दिया है, यद्यपि सम्मानजनक और वफ़ादार सेवा, जिसका अवसर सेना में जाने के बाद उपलब्ध रहता है, के लिए दिए जाने वाले प्रलोभन हमारे सिपाहियों को दिए जाने वाले प्रलोभनों की तुलना में घटिया दर्ज़े के होते हैं।

चार्ल्स ट्रेविलियन

सरकारी शिक्षणालयों के पाठ्यक्रम में धार्मिक शिक्षण शामिल नहीं है। राज्य के लिए किसी अन्य शर्त पर देशी शिक्षा में हस्तक्षेप करना असंभव होगा। अब यह बात इतनी अच्छी तरह समझ ली गई है कि धार्मिक ईर्ष्या हमारी सफलता में कोई बाधा नहीं पैदा करती। अंगरेज़ी शिक्षा को जिस प्रकार की आम स्वीकृति प्राप्त है और जैसी बड़ी तादाद में शिक्षार्थी हमारे विद्यालयों में उमड़ रहे हैं उससे यही सिद्ध

होता है। यह सही है कि पुरानी प्रणाली में ब्राह्मणों का वर्चस्व था। इस प्रणाली का सोचा-समझा लक्ष्य था लोगों को दिमाग़ी ग़ुलामी में रखना और शताब्दियों ने इसे इतना सुदृढ़ कर दिया था कि ब्राह्मण-वर्ग अपराजेय हो गया। लेकिन अंगरेज़ी भाषा के माध्यम से लोकप्रिय शिक्षा बिलकुल भिन्न चीज़ है। पुरानी प्रणाली के संस्थापकों के दिमाग़ में यह बात ही नहीं आई और न उनके पास इसका विरोध करने के लिए कोई तंत्र है। शताब्दियों तक पुरोहित-वर्ग के वशीभूत रहने के बावजूद भारत के लोग तरक़्क़ी के ख़याल से हमारे लिए बिलकुल नए लोग हैं। पीढ़ी-दर-पीढ़ी अज्ञान के गहन अंधकार में रखे जाने के कारण अब वे ज्ञान की रोशनी पाने को उत्सुक हैं। नए ज्ञान की श्रेष्ठता के क़ायल होने के कारण वे संस्कृत की जनश्रुतियों की अपेक्षा इसे ज़्यादा चाव से ग्रहण करते हैं। उनका दिमाग़ खाली है, उनकी जिज्ञासा उत्कट है, वे पूर्वाग्रहों से मुक्त हैं, उनमें ज्ञान की अशम्य पिपासा है। वे ब्राह्मणों के प्रभुत्व में नहीं लौट सकते; वह जादू तो कब का उतर चुका है। हिंदू धर्म समीक्षा सहन करने वाला धर्म नहीं है। यह साक्ष्यों से बिल्कुल रहित है। यह घोर अनैतिकताओं तथा भौतिक विसंगतियों से इस क़दर ग्रस्त है कि यूरोपीय विज्ञान की रोशनी इसे सहज ही आलोकित कर देती है। बेशक इस्लाम अधिक कठोर उपादानों से निर्मित है, लेकिन अंगरेज़ी शिक्षा प्राप्त एक युवा मुसलमान उस सहधर्मी से सर्वथा भिन्न है जिसे पूर्वजों के तौर-तरीक़े पूरी मुस्तैदी से सिखाए गए हैं। परिवर्तन जैसे-जैसे व्यापक होगा, भारत की शक्ल बदलती जाएगी। धार्मिक कट्टरता का नामोनिशान नहीं रहेगा; पुरोहितवाद का मुख्य आधार—जनसामान्य का अज्ञान—ही नष्ट हो जाएगा। ज्ञान एवं अधिकार एक प्रभुता संपन्न जाति के हाथ से निकलकर जनता के हाथ में चले जाएँगे। संस्थाओं को बेहतर बनाने में संपूर्ण राष्ट्र हमें सहयोग करेगा। अगर घटनाचक्र की दिशा भिन्न होती तो इन संस्थाओं को बदलने की बात हम सोच भी नहीं सकते थे। एक अति महत्त्वपूर्ण परिवर्तन यह होगा कि कई कारक संयुक्त रूप से नैतिक आचरण की एक स्वस्थ परंपरा डालेंगे जो लोक-कल्याण के लिए सारे परिवर्तनों में सर्वोपरि है।

चार्ल्स ट्रेविलियन

इतिहास के दौर में ऐसे वक़्त आते रहे हैं जबकि लोक सेवा की विभिन्न शाखाओं में से कभी एक तो कभी दूसरे ने विशेष रूप से ध्यान आकृष्ट किया है। व्यापार, राजनीति, न्याय-प्रणाली, राजस्व विभाग बारी-बारी से विशेष विचार के विषय रहे हैं और उन्हें मज़बूत आधार देने के उपाय किए गए हैं। अगर मैं यह विश्वास पैदा कर सकूँ कि सार्वजनिक शिक्षण के प्रश्न को उसी उत्साह के साथ उठाया जाए और निर्धारित लक्ष्य को पूरा करने के लिए उसी संकल्प के साथ आवश्यक साधनों को

काम में लाया जाए तो मेरा उद्देश्य बहुत हद तक पूरा हो जाएगा। हम जानते हैं कि कराधान में वृद्धि भारत के आनुपातिक लाभ के लिए आवश्यक है, किंतु इसके लिए किसी विश्वसनीय प्रमाण का अभाव यहाँ के निवासियों और इस मुल्क में कार्यरत यूरोपीय सेवाधिकारियों को हतोत्साहित करता रहा है। पारगमन शुल्क को पूरी तरह समाप्त कर और सार्वजनिक शिक्षण-प्रणाली का समुचित विकास कर हम ऐसा प्रमाण पेश कर सकते हैं। इससे भारत के कल्याण में दिलचस्पी लेने वाला हर व्यक्ति हमारे प्रति कृतज्ञ होगा। इस पर अब तक जो कुछ ख़र्च किया जा चुका है उसके अतिरिक्त दस लाख पौंड का ब्याज शिक्षा के वर्तमान उद्देश्य को पूरा करने के लिए पर्याप्त होगा। यदि राष्ट्रीय हित के संबंध में हम संकीर्ण दृष्टि भी रखें तो भी दस लाख पौंड का इससे बेहतर निवेश नहीं हो सकता। इससे भारत के लोगों का नैतिक और बौद्धिक उद्धार होगा, उन्हें हुकूमत के साथ जोड़ेगा और हमारे साथ मैत्री के क़ाबिल बनाएगा।

चार्ल्स ट्रेविलियन

* * * * *

इस तरह हमारा उद्देश्य बिल्कुल स्पष्ट है : ब्रिटिश हुकूमत का स्थायीकरण। इसका निश्चित तरीक़ा है, भारतवासियों को पाश्चात्य शिक्षा में निष्णात करना, उनके मन में पाश्चात्य मूल्यों को भरना ताकि वे ब्रिटिश हुकूमत के स्थायीकरण में ही अपने स्वार्थों की पूर्ति देख सकें। इसे मूर्त्त रूप देने के लिए आवश्यक है कि हुकूमत धार्मिक मामलों में तटस्थता बरते। लेकिन उसे विश्वास होना चाहिए कि पूर्णतः धार्मिक दृष्टि से भी तटस्थता की नीति ही लाभकर होगी, क्योंकि हिंदू धर्म समीक्षा को बर्दाश्त नहीं कर सकता : "यह साक्ष्यों से पूर्णतः रहित है और घोर अनैतिकताओं तथा भौतिक विसंगतियों से इस क़दर ग्रस्त है कि यूरोपीय विज्ञान की रोशनी से तुरत चमत्कृत हो उठता है।" जॉन क्लाइव याद दिलाता है कि किस प्रकार ट्रेविलियन ने लॉर्ड बेंटिंक को आश्वस्त किया था कि अंगरेज़ी शिक्षा भारत ही नहीं, संपूर्ण एशिया के बुतपरस्त धर्मों के लिए मौत की घंटी साबित होगी। इंगलैंड के हाउस ऑफ़ कॉमन्स (निचले सदन) की प्रवर समिति के सामने उसने कहा था : "हिंदू धर्म में छान-बीन सहन करने का सामर्थ्य नहीं है; यह साबित कर देना पर्याप्त होगा कि धरती कछुए की पीठ पर टिकी नहीं है, न यह मद्य, केक और दूध के संकेंद्रित वृत्तों से बनी है...और उनका धर्म विलुप्त हो जाएगा।" भारतीय पहले से ही एक प्रबुद्ध काफ़िरवाद की 'मध्य स्थिति' में थे, लेकिन उस स्थिति में अब नहीं रह सकते। उन्हें एक धर्म चाहिए था और वे ईसाइयत को अपनाने के लिए पाबंद थे।[3]

कितना महान संगम था कर्तव्य और स्वार्थ का, साम्राज्य के हितों और चर्च के हितों का। भारत में तथा इंगलैंड में ब्रिटिश शासन के अंतर्गत ट्रेविलियन के पश्चवर्ती अनुभवों ने उसकी इस धारणा को और भी पुष्ट किया। यह इसी से ज़ाहिर होता है कि उसने साक्ष्य के रूप में इस विवरण को 15 वर्षों के बाद 1853 के मई में भारतीय प्रदेशों के संबंध में ब्रिटिश संसद की प्रवर समिति के समक्ष प्रस्तुत किया।

सन् 1881 के 31 अक्टूबर को 74 वर्ष की आयु में—सर चार्ल्स ट्रेविलियन ने लिटररी एंड फ़िलॉसफ़िकल सोसायटी ऑफ़ न्यूकासल-ऑन-टाईन को संबोधित किया जिसमें उसने ईसाई धर्म के साथ इस्लाम, बौद्ध तथा विशेषकर हिंदू धर्म के विरोधों को उजागर किया। लेकिन उसका यह संबोधन इन विरोधों के लिए स्मरणीय नहीं है। ट्रेविलियन धर्म और दर्शनशास्त्र का अध्येता नहीं था। हमारे लिए उसके इस भाषण का महत्त्व इसलिए है कि यह शासक-वर्ग की पूर्व मान्यताओं का दस्तावेज़ है। यह इस तथ्य को उजागर करता है कि शासक-वर्ग जितना प्रतिबद्ध साम्राज्य के प्रति था उससे कम चर्च के प्रति नहीं था... "चूँकि ईसाई धर्म एकमात्र ऐसा धर्म है जो मानव जाति के मनोवेगों से उत्पन्न अव्यवस्था को दुरुस्त करने तथा विश्व को शनैः-शनैः पूर्णता की स्थिति में ले जाने में समर्थ है, इससे सिद्ध होता है कि यह दैवी उद्गम का धर्म है और हम इसके संस्थापक ईसामसीह के आदेश का पालन करते हुए विश्व भर में इसके प्रसार के लिए कर्तव्यबद्ध हैं। अगर यह सामान्य प्रतिज्ञप्ति सत्य है तो अपने शानदार भारतीय साम्राज्य के प्रति हमारा विशेष दायित्व है और इस कार्य के लिए सुविधाएँ उस दायित्व-बोध के अनुपात में ही हैं।" इस संबंध में हिंदू धर्म के प्रति उनकी विशेष घृणा, उनकी मान्यता, उनकी आशा, ईसाइयत के शीघ्र विजय की उनकी उम्मीद, उनका यह आकलन कि सरकार के द्वारा हिंदू धर्म को नष्ट करने के लिए पाश्चात्य ज्ञान और जनश्रुतियों का प्रसार पर्याप्त है, ये सारी बातें हमारे अनुकूल पड़ती हैं... "व्याकरण और वर्त्तनी की पुस्तकें हिंदू धर्म को नष्ट करने के लिए काफ़ी हैं।" उनके इस आकलन से हमें खुशी है कि सरकार तथा चर्च के कार्य द्रुतगति से आगे बढ़ रहे हैं और शीघ्र ही "ईसाइयों के इंजन भारतीय रेल की पटरियों पर दौड़ने लगेंगे।" इस संदर्भ में ब्राह्म समाज—"जिसने हिंदू धर्म से बड़े पैमाने पर अलहदगी पैदा की है और ईसाइयत की मंज़िल तक पहुँचने के लिए आधी दूरी तय कर ली है" में उसका विश्वास हमारे लिए कितना अनुकूल है! कृपया एक बार पुनः ट्रेविलियन का भाषण पढ़ें।

* * * * *

ईसाइयत तथा अन्य धर्मों पर सर चार्ल्स ट्रेविलियन के उद्गार

चार्ल्स ट्रेविलियन

ईसाइयत के दैवी उद्गम के महत्त्वपूर्ण प्रश्न पर प्रत्येक व्यक्ति के निजी अनुभव तथा मानसिक झुकाव के अनुसार अनेक पहलुओं से विचार किया जाता है। खुद व्यावहारिक दृष्टि रखने तथा विश्व के विभिन्न धर्मों को देखने-समझने के विशेष अवसर मिलने के कारण मैंने स्वभावतः उनके नतीजों को उनकी जाँच का आधार बनाया है। मेरे परिवार का आदर्श-वाक्य है, ''समय सत्य को परखता है।'' स्वयं हमारे धर्म के संस्थापक ने एक वृक्ष को उसके फलों के आधार पर आँकने की सीख हमें दी है, ''क्योंकि हम कांटों से अंजीर तथा झड़बेरी से अंगूर नहीं तोड़ सकते।'' हमें ईसाई धर्म का लगभग उन्नीस सौ (अब दो हज़ार) वर्षों का अनुभव है, और उसके क्या परिणाम हुए हैं? अगर हम इस धर्म को उसके अव्यक्त परिणामों तक ले जाएँ तो धरती स्वर्ग हो जाएगी; युद्ध इतिहास की चीज़ बन जाएँगे; सेना, नौसेना तथा आरक्षी बल पर होने वाले भारी ख़र्च की बचत होगी; मिताचार, अध्यवसाय एवं सचेत दानशीलता से विकास की रफ़्तार तेज हो जाएगी; भावी जीवन की पूर्णता का दस्तक देते हुए वर्तमान समय में ही स्वर्णयुग का सवेरा आ जाएगा। ईसाई जगत लगातार उस ओर अग्रसर हो रहा है। ईसाई राष्ट्रों, सिर्फ़ ईसाई राष्ट्रों की यह विशेषता है कि आंशिक भटकावों के बावजूद वे पूर्णता की ओर अबाधित गमन कर रहे हैं। यह प्रगति विभिन्न देशों में उनकी ईसाइयत के आदर्शों के प्रति निष्ठा के अनुपात में हो रही है और ईश्वर की कृपा से हमारे अपने देश में हमारे समय में प्रगति की रफ़्तार सबसे ज़्यादा तेज है जिससे अनंत विकास की संभावनाएँ पैदा हो गई हैं।

अब हम दूसरे धर्मों पर विचार करें। ईश्वर के एकत्व का प्रबल समर्थक होने के कारण ईसाई धर्म के बाद इस्लाम धर्म दूसरे स्थान का हक़दार है। लेकिन, यदि इस्लाम को उसके अव्यक्त परिणामों तक ले जाया जाए तो उसके क्या नतीजे होंगे? संपूर्ण नारी जाति की नियति पुरुषों की भोग्य वस्तुएँ बनकर रहने की होगी। भारी तादाद में पुरुष भी (जिनमें से अनेक का अंगच्छेदन कर तथा उन्हें दोयम दर्जे में लाकर शेष मुसलमानों के घरेलू कार्यों के लिए रखा जाएगा) गुलाम बनकर रहेंगे, क्योंकि जिन्होंने तुर्की और मिस्र में गुलामी-प्रथा को मिटाने हेतु किए गए प्रयास देखे हैं उन्होंने यह भी देखा होगा कि मुसलमानों का सामाजिक तंत्र गुलामी-प्रथा पर आधारित है। संपूर्ण ग़ैर-मुसलमान समुदाय धरती पर आने वाले खुदापरस्त मुसलमानों के द्वारा रौंदा-कुचला जाएगा। यह सब प्रतिदिन उन अभागे मुल्कों में देखने को मिल

रहा है जो इस्लामी हुकूमत में जी रहे हैं। ईसाइयों की उदात्त विनम्रता और दानशीलता के स्थान पर अहंकार, लोभ एवं उत्पीड़न का बोलबाला हो जाएगा।

इस्लाम के बारे में पिछले तेरह सौ वर्षों का हमारा अनुभव बेकन के आगमनात्मक तर्क से मेल खाता है। हमें ठीक-ठीक पता है कि यह विश्व के लिए क्या कर सकता है और क्या नहीं कर सकता। यह फ़ीटिश-पूजकों तथा दूसरी निम्नकोटि प्रजातियों को सभ्यता के उस निचले स्तर पर ला देता है जहाँ से आगे बढ़ने के बदले वे बदतर स्थिति की ओर जाने लगते हैं। बगदाद के ख़लीफ़ों, स्पेन में मूरों के शासन तथा भारत के मुगल-वंश के कारण इस धर्म की भारी प्रशंसा की जाती है। यदि आम जनता के दैहिक कल्याण को कसौटी मान लिया जाए तो ये सारे स्वर्णकाल सतही जाँच पर भी खरे नहीं उतरते। उदाहरणार्थ, बर्नियर कहता है कि मुगल-वंश के उत्कर्ष-काल में दिल्ली के कुलीन लोग अपने दरवाज़े पर भारी-भरकम कोड़े लटकाए रखते थे और किसी आम व्यक्ति से नाराज़ हो जाने पर उसके विरुद्ध उसका उपयोग करते थे। इस्लामी गौरव के ये काल अधिक-से-अधिक आंशिक उपाख्यान माने जा सकते हैं, एक ऐसी दीपशिखा की टिमटिमाहट जो अंगारों के भीतर कब की दब चुकी है। क्रमिक प्रगति के लिए आवश्यक नैतिक बल का इसमें सर्वथा अभाव था। इलहाम के वक़्त लाल शहसवारों को दी गई 'महान तलवार' के सिद्धांत से यह धर्म क्रियाशील होता है। यह तर्कसंगत, युक्ति तथा दूसरों को विश्वास में लेने की भावना से युक्त 'दैवी दर्शनशास्त्र' का धर्म न होकर मानवीय संवेगों पर आधारित है।

चार्ल्स ट्रेविलियन

इस क्रम में तीसरा स्थान बौद्ध धर्म का है। इसकी कुछ स्थापनाएँ तो निश्चय ही उत्तम कोटि की हैं, विशेषकर लोक-हितैषणा में तो यह अन्य किसी भी मिथ्याधर्म की अपेक्षा ईसाइयत के ज़्यादा क़रीब है। लेकिन, ईसामसीह के बलिदान से ईसाइयत तथा सिर्फ ईसाइयत में ही उद्भासित 'अमरत्व भरी आशा' से यह धर्म पूर्णतः रहित है। इस धर्म में जीवन की कल्पना—आरोहण या अवरोहण के क्रम में अनंत पुनर्जन्म जिसकी परिणति एक संभावित निर्वाण अथवा ईश्वर में अचेत अंतर्लीनीकरण में होती है—कितनी दुरूह एवं निराशाजनक है! अगर हम निवृत्तिवादियों के एक समूह की कल्पना कर सकें जो बँधे-बँधाए नैतिक नियमों का अनुपालन करते हों, जो पिछले जन्मों में मुक्ति से वंचित रह गए हों और अगले जन्म में भी क्षीणतम संभावना रखते हों तो हम अंदाज़ा लगा सकते हैं कि बौद्ध धर्म के विश्व-धर्म हो जाने पर मानव जाति की क्या स्थिति होगी।

मूर्त्ति-पूजा की शेष पद्धतियों में हिंदू धर्म एकमात्र महान धर्म है। मानव जाति द्वारा ईजाद किए गए सारे धर्मों में यह मानवीय पाप को महिमामंडित करने तथा

अपने प्रतिरूपों को अनुकरण एवं पूजा की वस्तु मानने में सबसे आगे है। हत्या से लेकर छोटी-मोटी चोरी तक के सारे अपराधों के संरक्षक हिंदू देवकुल में मौजूद हैं। यहाँ जेबकतरे कृष्ण के द्वारा गोपियों के माखन चुराने या चीर-हरण करने का नज़ीर पेश करते हैं; ठग गणेश की पूजा करते हैं; वेश्याएँ अपने पेशे पर गर्व करती हैं और सारे देवताओं के दरबार की शोभा बढ़ाती हैं, हालाँकि वे कामी, जो हिंदू वीनस है, की विशेष भक्ति करती हैं। इन सारी चीज़ों के पीछे जो जुगुप्साएँ छिपी हैं, उनकी तुलना में ये कुछ नहीं हैं। कई वर्ष पूर्व कोलकाता में कुछ अनुभवी सरकारी पदाधिकारियों एवं निष्ठावान मिशनरियों ने भ्रष्ट एवं निष्ठुर रिवाजों की असलियत बतलाने और लोगों को उनसे विमुख करने के लिए एक संघ का गठन किया। लेकिन शीघ्र ही उन्हें पता चल गया कि ये रीति-रिवाज यहाँ के निवासियों में इतनी जड़ जमाए बैठे हैं कि उन पर सीधे संगठित आक्रमण से कोई लाभ होने को नहीं है।

चार्ल्स ट्रेविलियन

हिंदू धर्म के इन शोचनीय परिणामों पर विचार करने से किसी उद्देश्य की पूर्ति नहीं होगी, लेकिन, जैसाकि प्रत्येक राष्ट्र ने हर युग में माना है, मानव जीवन से अधिक मूल्यवान कुछ भी नहीं है। अतः हिंदू धर्म को हम इस दृष्टि से देखें कि वह मानव जीवन का कितना आदर करता है। भारत में मानव-बलि प्रथा हिंदू धर्म से अधिक पुराना है। कटक के पहाड़ी ज़िलों की आदिम-जातियों में मेरिया बलिदान को उदाहरण के तौर पर ले सकते हैं। बड़े बच्चों को ख़रीदकर या चुराकर बाड़े में बंद कर दिया जाता था, खूब खिला-पिलाकर उन्हें मोटा-ताज़ा बनाया जाता था और फिर एक दिन उन्हें छोटे-छोटे टुकड़ों में काटकर खेतों में बिखेर दिया जाता था ताकि उनमें बढ़िया फ़सल उग सकें। असल में हिंदू धर्म में मानव-बलि को प्रारंभिक काल में ही एक ऐसी देवी के संरक्षण में अपना लिया गया था जिसकी पूजा का इस धर्म में भारी महत्त्व है। उसे देवी, भवानी ('भयंकर'), दुर्गा ('विकराल'), काली ('काले रंग की देवी') जैसे विभिन्न नामों से जाना जाता है और उसकी प्रतिमा इस रूप में बनी है कि वह एक आदमी का भक्षण कर रही है और दूसरों के थर्राते बदनों को अपने असंख्य हाथों में पकड़े हुए है। नियमित रूप से दी जा रही मानव-बलि का उदाहरण भी हम (आगे चलकर) देंगे, किंतु ऐसे दृष्टांत लगातार मिलते रहे हैं जिसमें पिता के द्वारा अपने पुत्रों के मस्तक देवी की प्रतिमा के सामने काटे जाते हैं, बच्चे उसके नाम पर घड़ियाल के आगे फेंक दिए जाते हैं...थोक-भाव से शिशु हत्या और गंगा के किनारे माता-पिताओं का अनावरण तथा अन्य निर्मम रिवाजें जो अप्रत्यक्ष रूप से देवी द्वारा अनुमोदित हैं। लेकिन ये सारी बातें सम्मान्य हैं, क्योंकि ठगी, जो संपूर्ण भारत में एक संगठित गिरोह का रूप ले चुकी थी, की तुलना में ये निःस्पृह धार्मिक

प्रेरणाओं से परिचालित होती थी और इनका उद्देश्य था धर्म-अनुमोदित लाभ हेतु हत्या-पद्धति को जारी रखना। नये शिष्यों को धार्मिक अनुष्ठानों द्वारा दीक्षित किया जाता था। अपने पेशे को कार्यरूप देने में उनके मन में यह विश्वास होता था कि उनकी संरक्षिका देवी की यही इच्छा है और इस इच्छा को वह समय-समय पर शकुनों के माध्यम से उन तक संप्रेषित करती थी। इसीलिए इन शकुनों के अनुकूल होने की स्थिति में यदि कोई राहगीर उनके मार्ग में आ जाता था तो वे गला घोंटकर उसकी हत्या करना पाप नहीं समझते थे। प्रत्येक हत्या के बाद वे भवानी को बलि देते थे और अपनी लूट का दशमांश उसकी वेदी पर चढ़ा देते थे।

चार्ल्स ट्रेविलियन

प्रायः कहा जाता है कि जड़सूत्र या सिद्धांत का कोई महत्त्व नहीं है; व्यवहार ही सब कुछ है। लेकिन हमें इसके विपरीत निर्णायक साक्ष्य उपलब्ध हैं। एकाधिक बार जिन ठगों को बतौर मुख़बिर स्वीकार किया गया था उन्होंने अंगरेज़ अधीक्षक के सामने अंगरेज़ी में कुछ ऐसी दलील दी थी : "आपको अमुक-अमुक कुख्यात ठग को फाँसी नहीं देनी चाहिए थी। वह तो एक धार्मिक व्यक्ति, एक स्नेहिल पिता या भाई था; वह जीवन के सारे रिश्तों को अनुकरणीय ढंग से निभाता था...," आदि, आदि। आस्था की दृष्टि से वे ठग उतने ही धार्मिक थे जितने कि जान विज़ले अथवा मिस्टर विल्बर फ़ोर्स। एकमात्र फ़र्क़ यही था कि विज़ले और विल्बर फ़ोर्स एक सही सिद्धांत में विश्वास करते थे, जबकि ठग लोग एक झूठे सिद्धांत में। इसके बाद कोई यह नहीं कह सकता कि ठोस सिद्धांत का कोई महत्त्व नहीं है।

अब आप सोचें कि यदि हिंदू धर्म आमतौर पर स्वीकार कर लिया जाए तो संसार की क्या स्थिति होगी। आश्चर्य है मानव समाज ऐसे धर्म में भी जी ले रहा है। हक़ीकत यह है कि मानव प्रकृति हिंदू धर्म से बेहतर है और ईश्वर प्रदत्त उदार एवं स्नेहपूर्ण प्रवृत्तियाँ ख़राब-से-ख़राब धर्म के द्वारा भी पूर्णतः नष्ट नहीं की जा सकतीं। बच्चों को धीरे-धीरे ठगी का प्रशिक्षण देना चाहिए। इस बात का पूरा ख़याल रखना है कि हत्या के दृश्यों से एकाएक परिचित कराकर उनकी भावनाओं को आहत नहीं किया जाए। इस नियम के उल्लंघन से ही दयनीय परिणाम निकलते हैं। मानवीय कानूनों तथा वैयक्तिक हित के विचार ने ही मानव समाज को एक सूत्र में बाँध रखा है। ठगों ने यूरोपवासियों से कभी छेड़खानी नहीं की, क्योंकि वे जानते थे कि ऐसा करने से वे कहीं के नहीं रहेंगे। अपने पेशे से बाहर ठगों ने अपने संपर्क के प्रत्येक व्यक्ति की सदिच्छा प्राप्त करने की आदत डाली। आमतौर पर वे समुदाय के बहुत मिलनसार, सम्मान्य एवं प्रबुद्ध सदस्य माने जाते थे। जब मैं दिल्ली रेज़िडेंसी

से संबद्ध था तो ठगी विभाग ने मुझे सूचना दी कि हमारे दूतों में एक फ़िरिंगिया एक प्रसिद्ध ठग नेता रहा था। उसने अपनी वार्षिक छुट्टी का इस्तेमाल अपने समुदाय के अभियान में किया था। इस पर मैंने जमादार से पूछा कि फिरिंगिया किस तरह का आदमी है। जमादार ने बतलाया कि वह एक प्रथम श्रेणी का दूत था और कभी कोई शिकायत का मौका नहीं दिया था। मैंने पूछा, "लेकिन क्या तुम्हें मालूम था कि वह एक ठग नेता था?" इस पर जमादार ने कंधे सिकोड़कर कहा, "जी श्रीमान, हम सुन चुके हैं कि वह अपने अवकाश का इस्तेमाल किस प्रकार करता था।" तो यह है हिंदू नैतिकता!

चार्ल्स ट्रेविलियन

इन आधार-वाक्यों से जो व्यावहारिक निष्कर्ष निकलता है वह यह है कि चूँकि मानवीय संवेगों से उत्पन्न अव्यवस्था को दूर करने और संसार को पूर्णता तक ले जाने में सिर्फ़ ईसाई धर्म ही समर्थ है, अतः निश्चय ही यह दैवी उत्प्रेरणा का धर्म है और हम इसके संस्थापक ईसामसीह के आदेशों का पालन करते हुए इसे विश्व-धर्म बनाने को पाबंद हैं। अगर यह सामान्य प्रतिज्ञप्ति सत्य है तो अपने शानदार भारतीय साम्राज्य के प्रति हम पर एक विशेष दायित्व है और इस कार्य के लिए सुविधाएँ हमारे दायित्व-बोध की समानुपाती होंगी। हिंदू धर्म के संस्थापक यह सोचकर बड़े आत्म-तुष्ट थे कि उन्होंने एक अपराजेय पद्धति की रचना की थी, किंतु जिन व्यवस्थाओं पर उन्होंने पूरा भरोसा किया वे ही उनकी ख़ामियों के सबसे बड़ा कारण साबित हुए। उन्होंने साहित्य और विज्ञान को पवित्र संस्कृत भाषा तक सीमित कर और सिर्फ़ ब्राह्मणों को इसके सीखने की अनुमति देकर अन्य वर्गों तक ज्ञान के प्रवाह को अवरुद्ध कर दिया। लेकिन आज प्रत्येक जाति के लोग उनकी व्यवस्था से कटकर अपने शासकों की भाषा के साथ-साथ अपनी आंचलिक भाषाओं को सीख रहे हैं। ब्राह्मणों ने अपने वैधानिक एवं वैज्ञानिक तंत्र को धर्म से बाँध दिया था। अब ये सारे बंधन टूट रहे हैं, क्योंकि यूरोपीय विज्ञान इन पर भारी पड़ गया है और अब यह धारणा एक क्षण के लिए भी मान्य नहीं हो सकती कि पृथ्वी एक कछुए की पीठ पर टिकी हुई है या ग्रहण एक महाकाय अजगर के द्वारा सूर्य या चाँद को निगल जाने के कारण लगते हैं।

व्याकरण और विवरणी की पुस्तकें हिंदू धर्म को नष्ट करने के लिए पर्याप्त हैं। एक ऐसी पीढ़ी विकसित हो रही है जिसने मूर्त्ति-पूजा को नकार दिया है। एक युवा हिंदू, जिसने उदार अंगरेजी शिक्षा पाई थी, अपने परिवार के दबाव में काली मंदिर गया, 'मैडम काली' के सामने अपनी टोपी उतारी, थोड़ा झुका और बोला : "आशा है महामहोदया सही-सलामत हैं।" फिर भी, मिशनरियों को एक महत्त्वपूर्ण भूमिका निभानी है। एक स्कूल शिक्षक अवरोध को हटा सकता है, लेकिन मिशनरियों

को आगे बढ़कर दुर्ग पर दखल कर लेना चाहिए। यहाँ के निवासी ज्ञान के लिए लालायित हैं और डाक्टर डफ़ के उदाहरण का अनुसरण करते हुए मौक़े का फ़ायदा उठाकर उन्हें ईसाइयत की शिक्षा देनी चाहिए। यद्यपि धर्म के मामले में हिंदू अब तक बहकाए जाते रहे हैं, फिर भी वे धार्मिक भावना से लबरेज हैं (उनके द्वारा एक मिथ्या धर्म की फालतू बातों से चिपके रहने से ही यह बात सिद्ध होती है) और वे अधिक समय तक धर्म-जनित आशा-दिलासाओं से वंचित नहीं रह सकते। चूँकि वे इस्लाम की ओर नहीं लौट सकते, वे निश्चय ही उस धर्म की ओर अग्रसर होंगे जो शांति, नागरिक व्यवस्था न्याय तथा राष्ट्रीय समृद्धि पर बल देने के कारण नित प्रति उनके दिमाग़ में जड़ जमा रहा है। इसमें ब्रिटिश हुकूमत तथा रेलवे से भारी मदद मिल रही है। हर अंगरेज़, जो किसी-न-किसी रूप में भारत को लाभ पहुँचाता है, इसमें मदद करता है। भारत में सुसमाचार-प्रचार घोषित धर्मांतरितों की संख्या से नहीं मापा जाना चाहिए। भारत ईसाई ज्ञान तथा ईसाई भावना को सर्वतोभावेन आत्मसात कर रहा है। बिना किसी स्वार्थपूर्ण भावना के निष्पक्ष न्याय करने तथा ग़लतियों को सुधार लेने से भारतवासियों पर ज़बर्दस्त शैक्षिक प्रभाव पड़ा है। यह उनके बीच से उभरे लोकसेवकों के एक समूह से स्पष्टतः ज़ाहिर होता है। तंजोर जिले में हमें एक जवाबदेही भरी कठिन प्रशासनिक कार्रवाई करनी थी—दशमांश का विनिमयीकरण। हमारे सभी अंगरेज़ और भारतीय सलाहकारों ने एक स्वर से एक भारतीय पदाधिकारी रमय्या आयंकर को यह कार्य सौंपने की अनुशंसा की। यह दायित्व उसे सौंपा गया और सच में उसने बड़ी ईमानदारी से तारीफ़ के लायक यह काम कर दिखाया। सप्ताह में एक दिन विश्राम की शुरुआत हमें प्रगति-पथ पर अग्रसर होने की गारंटी देती है। मद्रास में संडे की सर्वोत्तम पोशाक पहने भारतीय परिवारों को घूमते देखना कितना अच्छा लगता है! यद्यपि रविवार के धार्मिक महत्त्व को लोग अभी ठीक से नहीं समझ पाए हैं, फिर भी विश्राम तथा सामाजिक मनोरंजन के दिवस के रूप में तो उन्होंने इसे स्वीकार कर ही लिया है।

चार्ल्स ट्रेविलियन

यह सही है कि भारत अभी ईसाई नहीं बन पाया है, लेकिन देश में नैतिकता का एक उच्चतर प्रतिमान स्थापित हो चुका है और ईसाइयत की चेतना पूरे समाज में फैल रही है। धर्मांतरण की स्पष्ट स्वीकारोक्ति से पूर्व ईसाई ज्ञान सभी दिशाओं में पसर रहा है और आए दिन ऐसे भारतीयों से भेंट होती रहती है जो अधिकांश ईसाइयों की तुलना में बाइबिल की ज़्यादा जानकारी रखते हैं। मिशनरी समुदायों के बाहर ढेर-सारे लोगों ने ईसाइयत को सिद्धांततः स्वीकार कर लिया है। अधिकांश लोग इसे खुले रूप में स्वीकार करते हैं। निश्चय ही आपने राममोहन राय, द्वारकानाथ

ठाकुर और केशवचन्द्र सेन जैसे हिंदू धर्म के उस बड़े भाग के नेताओं के नाम सुने होंगे जिसने ईसाइयत के मंज़िल तक पहुँचने की आधी दूरी तय कर ली है। उससे बड़ा वह हिस्सा उसके पीछे है जिसने ईसाइयत ग्रहण कर लेने की स्वीकारोक्ति भले ही न की हो, लेकिन जो उस धर्म की ओर जाने का मार्ग टटोल रहा है जिसे वह सत्ता एवं कृपादान का केंद्र मानता है। ईसाइयत की भर्त्सना तेजी से लुप्त हो रही है। जब मैं पहली बार भारत गया था उस समय कोई भी सम्मानित हिंदू या मुसलमान किसी धर्मांतरित ईसाई की संगति में नहीं देखा जा सकता था। वह उसके साथ नौकाओं में नहीं बैठ सकता था और उसके द्वारा स्पर्शित पात्रों को या तो तोड़ देता था अथवा माँज-माँजकर उन्हें शुद्ध करता था। लेकिन अब ये धर्मांतरित ईसाई पूरे दम-ख़म से भारतीय समाज में डटे हैं। वे बड़ी संख्या में ऐसे लोगों का संग एवं समर्थन पा रहे हैं जिन्होंने बिना ईसाइयत ग्रहण किए हिंदू धर्म से अपना नाता तोड़ लिया है। लोक नियुक्तियों में पूरी हिस्सेदारी पाकर वे नगरीय एवं सामान्य प्रशासन में सक्रिय रूप से भाग लेते हैं। मिशनरी स्कूलों में भारी भीड़ रहती है और गाँवों के प्रधान स्वयं मिशनरियों को अपने बच्चों के लिए ट्यूटर (निजी शिक्षक) रखने के लिए बेताब रहते हैं।

चार्ल्स ट्रेविलियन

मेरी निजी राय में भारत का ईसाइयत में धर्मांतरण आमतौर से प्रत्याशित तरीक़े से भिन्न रूप में होगा। नियत समय के आ जाने पर और ईसाइयत के सत्य के दूर-दूर तक फैल जाने पर भारतीय जनता खुद घोषणा करेगी और ''एक राष्ट्र एक दिन में जन्म लेगा।'' यह रेलवे के निर्माण की भाँति होगा : पहले घास-पात की सफाई होती है, फिर तटबंध बनाने के लिए गिट्टी-रोड़े डाले जाते हैं, तटबंध पर रेल की पटरियाँ बिछाई जाती हैं। किंतु, इतना कुछ हो जाने के बावजूद उसे तब तक रेलवे नहीं माना जाता जब तक कि पटरियों पर इंजिन नहीं आ जाता और भाप पैदा करने के लिए अग्नि नहीं प्रज्वलित की जाती। मेरा विश्वास है कि उपस्थित लोगों में अधिकांश भारतीय रेल की पटरियों पर ईसाई इंजिन के दर्शन कर सकेंगे।[4]

* * * * *

ध्यान दें, यही उस व्यक्ति के आधार-वाक्य, लक्ष्य तथा आशाएँ थीं जिसने भारतीयों को शिक्षित करने के लिए अपने सहकर्मियों से लड़ाई मोल ली, जिसने नील के उन उत्पादकों की कड़ी निंदा की जिनके विरुद्ध आधी शताब्दी बाद गांधीजी ने चंपारण सत्याग्रह छेड़ा, जो उस दिन का इंतज़ार कर रहा था जब भारतवासी प्रांतीय परिषदों में शामिल किए जाएँगे और सेना में कमीशन-प्राप्त पदाधिकारी बनेंगे।

एक-दूसरे की मदद में

लेकिन बात सिर्फ़ इतनी ही नहीं थी कि लोक सेवक तथा मिशनरी समान उद्देश्य रखते थे अथवा उनकी पूर्वमान्यता एक-सी थी। वे एक-दूसरे के कार्य में मदद करते थे और जान-समझकर मदद करते थे, क्योंकि उन्हें विश्वास था कि इस पारस्परिक सहयोग से उनके मुख्य दायित्व के निर्वहन की गारंटी होती है।

सर रिचर्ड टेंपल ने भारत में अपनी जीवन-वृत्ति पश्चिमोत्तर सीमा प्रांत से प्रारंभ की। उसने इलाहाबाद और मथुरा में सेवा की, लाहौर में आयुक्त तथा मध्य प्रांतों में मुख्य आयुक्त बना। फ़िलिप मैसन ने अपनी पुस्तक 'द मेन हू रूल्ड इंडिया' (वे लोग जिन्होंने भारत पर शासन किया) में लिखा है : "नगरपालिकाएँ, औषधालय, प्राथमिक विद्यालय, ज़िला परिषद्—सारे उसकी कलम से निकले। उसने रचा, निर्माण किया, प्रदान किया, स्थापना की और जीवन-संचार किया।" भारत सरकार में दो पद बड़े महत्त्वपूर्ण थे—वित्त सदस्य तथा विदेश सचिव। "टेंपल दोनों पदों पर रहा। पहला पद हैदराबाद में राजनीतिक विभाग में रेज़िडेंट का था। टेंपल उस पद पर रहा। उसने बारी-बारी से तीन भारतीय प्रांतों—मध्य प्रांत, बंगाल तथा मुम्बई—के प्रभार सँभाले।"[5] इस तरह पदों की दृष्टि से भारत में टेंपल का जीवन-वृत्त सर चार्ल्स ट्रेविलियन से भी ज़्यादा विशिष्ट रहा।

उसकी पहली झलक हमें 1880 के दशक के प्रारंभ में लंदन में मिलती है। अनेक वरीय लोक सेवकों तथा शिक्षाविदों (जिनके विवरण आगे मिलेंगे) की भाँति वह इंगलैंड में मिशनरी समाजों को संबोधित कर रहा है, उनके द्वारा भारत में किए गए कार्यों की तारीफ़ कर रहा है तथा जनसाधारण को प्रोत्साहित कर रहा है कि वे चर्च समूहों को उदारतापूर्वक दान दें।

रिचर्ड टेंपल का भाषण, जिसकी चर्चा शीघ्र होगी, एक प्रतीकात्मक भाषण है। यह भाषण उसने अप्रिल 1883 में लंदन में बैपटिस्ट मिशनरी सोसायटी के समक्ष दिया। उसके भाषण का सार यह था : प्रत्येक ईसाई अपने धर्म के प्रचार-प्रसार के लिए पाबंद है; इसके लिए सबसे बड़ी ज़िम्मेदारी ब्रिटिश लोगों पर है—ईसाइयत के सत्य का प्रसार करने के लिए ही ईश्वर ने इतना बड़ा साम्राज्य ब्रिटेन के अधीन किया है; बौद्ध धर्म तथा हिंदू धर्म मृत अथवा मृतप्राय हैं; मिशनरियों को अपने प्रयास का केंद्र आदिवासियों को बनाना चाहिए—"ये आदिम जातियाँ अपने मन एवं अंतःकरण से सफ़ेद कागज़ की एक ऐसी सतह प्रदान करते हैं जिस पर बड़ी आसानी से मिशनरी अपने चिह्न छोड़ सकते हैं, और यदि ये जातियाँ ईसाइयत में शामिल कर ली जाती हैं—जैसाकि वे जल्द ही कर ली जाएँगी—तो वे ब्रिटिश हुकूमत और प्रभाव के द्वारा

अंतर्लीन की जाने वाली सारी चीज़ों का नाभि-केंद्र बन जाएँगी'' सरकार की शिक्षा-प्रणाली ''भारत में लोगों को प्रबुद्ध बनाने में आश्चर्यजनक ढंग से काम कर रही है''; इस शिक्षा ने उन्हें एक एकेश्वरवादी अथवा ईश्वरवादी धर्म की तरफ़ मोड़ा है; ''यह उन्हें अपने पूर्वजों के धर्म को, यदि इसे धर्म कहा जा सके, अथवा उनके अंधविश्वासों को त्यागने के लिए प्रेरित कर रहा है''; जनजातियों के अतिरिक्त नारी-शिक्षा पर विशेष ध्यान देने की ज़रूरत है : ''आप ईसाइयत का हित इससे बेहतर तरीक़े से नहीं साध सकते कि आप पूरब की बहनों पर इस विश्वास के साथ अपना श्रम लगाएँ कि इस शैक्षिक प्रबोधन से ईसाइयत के प्रसार में मदद मिलेगी'' : ''सच्चे देशभक्तों के रूप में आपसे इस विश्वास की अपेक्षा की जाती है कि भारत में मिशन जो भी कर रहे हैं उससे ब्रिटिश हुकूमत की साम्राज्यवादी ताकत में वृद्धि होती है... ।'' ये सारी बातें टेंपल के भाषण में हैं और ब्राह्मसमाज आंदोलन, जिसकी मिशनरी, असैनिक शासक तथा निष्पक्ष विद्वान प्रशंसा करते एवं संरक्षण प्रदान करते थे, में भी ये सारी चीज़ें थीं।

जिस तरह पाठकों ने सर चार्ल्स ट्रेविलियन का भाषण पढ़ा है, वैसे ही रिचर्ड टेंपल का भाषण भी पढ़ें। उससे आसानी से पता चल जाएगा कि श्रम-विभाजन की नीति किस तरह काम कर रही थी। कहा जा सकता है कि एक सामान्य लक्ष्य—भारत का ईसाइयत में धर्मांतरण और ब्रिटिश साम्राज्य की सुरक्षा—की दृष्टि से इस नाटक के सारे पात्र एक-दूसरे को कामरेड की नज़र से देखते थे।

नीचे सर रिचर्ड टेंपल द्वारा अप्रिल 1883 में लंदन के बैपटिस्ट मिशनरी सोसायटी के समक्ष दिया गया भाषण प्रस्तुत किया जा रहा है।

* * * * *

सर रिचर्ड टेंपल का भाषण

रिचर्ड टेंपल

इस अवसर पर उपस्थित होना मैं अपना विशेष कर्तव्य मानता हूँ, क्योंकि बंगाल के लेफ़्टिनेंट गवर्नर की हैसियत से मैं उस प्रांत के बैपटिस्ट मिशनों से विशेष रूप से जुड़ा रहा हूँ। कैरी, वार्ड और मार्शमैन के बारे में आपने पढ़ा होगा। ये नाम मेरे लिए ही नहीं, मेरे हज़ारों साथी देशवासियों और लाखों भारतवासियों के लिए जीती-जागती स्मृतियाँ हैं। ये उन लोगों की स्मृतियाँ हैं जो सभ्यता और मानवोचित्त परिष्कृतियों के पुरोधा थे। मेरा तात्पर्य ईसाई साहित्य का गैर-ईसाइयों के बीच आरंभिक प्रचारकों से है। उनके कार्यों के परिणाम इंगलैंड की शांतिकालीन गौरव-गाथाओं में

दर्ज किए जाने लायक हैं। ये परिणाम हमारी शानदार राष्ट्रीय विरासत के अंग हैं। मैं श्रीरामपुर कॉलेज को नहीं भूल सकता। इसका ज़िक्र इस सोसायटी के पूर्व के प्रकाशनों तथा इस सत्र के बाद के प्रतिवेदनों में मिलेगा। मैंने वहाँ पुरस्कार बाँटे हैं और सभाओं को संबोधित किया है। वे सभाएँ इतनी बड़ी तो नहीं थीं, किंतु इसी तरह के उत्साह से परिपूर्ण थीं। आज की सभा में उपस्थित होना इसलिए भी मेरा कर्तव्य बनता है क्योंकि पूरब में प्रोटेस्टेंट के सारे संप्रदायों में एक भी संप्रदाय ऐसा नहीं है, जो संख्या, साधनों तथा अवसरों के अनुसार बैपटिस्ट संप्रदाय से ज़्यादा कार्य कर सके। प्रोटेस्टेंट के सारे संप्रदायों में स्कॉटलैंड का फ्री चर्च निश्चय ही बेमिसाल है। बैपटिस्ट संप्रदाय इसके समकक्ष माना जा सकता है। इस देश में आपकी संख्या तथा संपत्ति की दृष्टि से आपसे उम्मीद की जाती है कि आप बैपटिस्ट बंधु निश्चय ही धार्मिक उत्साह से ओत-प्रोत होंगे। आप एशिया तथा पूरब के देशों में ही अपने ठिकाने न देखें, पूरे विश्व में देखें। विश्व के मानचित्र को देखने पर आप पाएँगे कि आपके ठिकाने एक गोलार्द्ध से दूसरे गोलार्द्ध तक, पृथ्वी के एक कोने से दूसरे कोने तक छोटे चमकीले बिंदुओं से चिह्नित हैं। ये चमकते बिंदु वास्तव में धार्मिक प्रकाश के केंद्र हैं। यह सभा भी, जहाँ बड़े प्रभावी ढंग से भारी संख्या में शिरकत हुई है, समुदाय को अनुप्राणित करने वाले उत्साह की गहराई का सूचक हैं। मैंने चर्च ऑफ़ इंगलैंड तथा अन्य प्रोटेस्टेंट संप्रदायों द्वारा इंगलैंड के उत्तर और पश्चिम के कई प्रमुख शहरों में आयोजित सभाएँ देखी हैं लेकिन किसी में ऐसा उत्साह नहीं देखा जैसा इस सभा में देख रहा हूँ और जिसे संबोधित करने का गौरव मुझे हासिल हुआ है।

रिचर्ड टेंपल

भारत मिशनरी कार्यों के लिए विश्व का सबसे बड़ा क्षेत्र है। यह चीन से भी बड़ा है, क्योंकि आँकड़े दर्शाते हैं कि हाल में चीन की आबादी घटी है और शीघ्र ही भारत की संख्या चीन के बराबर हो जाएगी। ऐसी स्थिति में ईश्वर तथा मानव दोनों के प्रति अपनी नैतिक ज़िम्मेदारियों को ध्यान में रखते हुए अन्य सभी देशों से बढ़कर भारत वह देश है जहाँ शाश्वत सत्य का अलख जगाने के लिए हम बाध्य हैं। प्रसन्नता की बात है कि भारत के सारे प्रोटेस्टेंट समुदाय भ्रातृत्व की भावना से एकजुट होकर काम कर रहे हैं। चर्च के संगठन इत्यादि को लेकर उत्पन्न उनकी छोटी-मोटी कठिनाइयाँ गॉस्पेल के परम सत्यों के प्रभाव के कारण गैर-ईसाइयों के सामने छू-मंतर हो जाती हैं। हमें खुशी है कि छोटी-छोटी विघ्न-बाधाओं के बावजूद हमारे सारे क़दम गंतव्य की दिशा में उठ रहे हैं।

मैं अभी-अभी फिलिस्तीन की तीर्थयात्रा से लौटा हूँ। सूर्योदय से सूर्यास्त तक

कड़ी मेहनत करते हुए, पर्वतीय क्षेत्र के पथरीले राहों को लाँघते हुए मैंने उस परिदृश्य का अवलोकन किया है जिस पर हमारे मुक्तिदाता ने अपनी दैवी दृष्टि डाली थी, उन सड़कों को देखा जिन पर उनके पवित्र क़दम पड़े थे और वे चट्टानें देखीं जहाँ से किसी भी मर्त्य प्राणी की वाक्पटुता से बढ़कर उनकी अमृतवाणी गूँजी थी। मेरे ईसाई बंधुओ, मैं आपसे पूछता हूँ कि उन्होंने जो भी आदेश हमें दिए हैं उनमें क्या इससे ज़्यादा स्पष्ट अन्य कोई आदेश है कि हमें गॉस्पेल की सीख सारे संसार को देनी है? यदि आप बाइबिल में विश्वास करते हैं, यदि इसके उदात्त बनाने वाले आदेशों को मानने के लिए संकल्पित हैं, तो मैं पूछता हूँ कि क्या आप अलग-अलग और सामूहिक रूप से पैलेस्टाइन से निकलने वाले प्रकाश को दलितों, पीड़ितों, जनजातियों, सुदूर स्थलों, पूरे विश्व में ही ले जाने के लिए प्राणपण से चेष्टा करने को बाध्य नहीं हैं? आप पूरे विश्व पर नज़र डालें और देखें कि क्या धरती पर ऐसा कोई दूसरा देश है जहाँ के लोगों को इस दायित्व को निभाने के लिए ब्रिटेनवासियों से ज़्यादा स्पष्ट आदेश प्राप्त है। हमें अपने साम्राज्य, अपने व्यापार, अपने बेड़े और समुद्र को आच्छादित करने वाली नौसेना पर गर्व है। हम भारत जैसे विशाल साम्राज्य पर तो सीधे तौर पर शासन करते ही हैं, चीनी साम्राज्य पर भी व्यापारिक प्रभुत्व रखते हैं। हम तुर्की के एशियाई हिस्से को संरक्षण प्रदान करते हैं, मिस्र हमारी कृपा का पात्र है। कांगोघाटी तथा मडागास्कर द्वीप पर हम दूसरी ताक़तों से उलझे हुए हैं। नाइजर में हमारे प्रतिष्ठान हैं। हमने दक्षिण अफ्रीका की जनजातियों—जूलू, बासुतो, काफ़िफ़र तथा ट्रांसवाल के सीमा क्षेत्र के बेचुआना—को अपने संरक्षण में ले लिया है। बोर्निओ द्वीप पर तो हमने एक तरह की ईस्ट इंडिया कंपनी ही खड़ी कर ली है और अब हम न्यूगिनी पर अधिकार जमाने की संभावना पर गौर कर रहे हैं। प्रशांत महासागर के अनेक द्वीपों तक हमारा विस्तार हो गया है। हम ब्रिटिश भारत से लेकर वेस्टइंडीज़ के द्वीप-समूहों तथा गायना तक के प्रवासियों का भरण-पोषण कर रहे हैं। अटलांटिक से लेकर प्रशांत महासागर तक उत्तरी अमेरिका के पार हमने संचार का अधिकार हासिल कर लिया है। हाल ही में इन भू-भागों की यात्राएँ मैंने की हैं। हम ऐसे अनेक तरह के कार्य करते हैं। यह सब सही है या ग़लत, इसके संबंध में आपके अपने राजनीतिक ख़याल हो सकते हैं, लेकिन ऐसा किया जा रहा है। क्या आप बतलाएँगे कि जिस विधाता ने हमें यह सब करने की अनुमति दी है वह सिर्फ राष्ट्रीय, भौतिक तथा गैर-धार्मिक उत्कर्ष के लिए हमें यह करने दे रहा है? क्या आप विश्वास करेंगे कि हमें यह करने की अनुमति सिर्फ एक लक्ष्य को पूरा करने के लिए मिली है और वह है, सत्य की रोशनी को विश्व के कोने-कोने तक ले जाना। ईसाई होने के नाते

रिचर्ड टेंपल

हम विश्वास करते हैं कि सारे अंतिम सत्य धार्मिक सत्य में लीन हो जाते हैं। यह सब मैं इतना ज़ोर देकर इसलिए कह रहा हूँ ताकि आपको अपने धार्मिक दायित्वों का बोध हो सके। मेरी मंशा आपके ज़ेहन में साम्राज्य-संबंधी विचार भरना नहीं है।

यह भी याद रखें कि जब हम ये सारे कार्य भौतिक लाभों अथवा अपने देश के श्रमिक वर्ग के हित के लिए करते हैं—उदाहरणार्थ पूँजी निवेश के लिए नए क्षेत्र, अपने उत्पादों के लिए नए बाज़ार, अपने वाणिज्य के लिए नए संपर्कों की तलाश, इत्यादि—तो एक राष्ट्र की हैसियत से यह भी याद रखते हैं कि साम्राज्य से होने वाले फ़ायदे साम्राज्य के प्रति दायित्वों से घनिष्ठ रूप से जुड़े हैं। निश्चय ही जहाँ भी हमारा प्रभाव फैलता है—चाहे वह शांतिपूर्ण तरीक़े से हो अथवा युद्ध से—वहाँ की भौतिक समृद्धि तथा अच्छे प्रशासन को हम अपनी प्राथमिकताओं में रखते हैं। इससे भी महत्त्वपूर्ण बात यह है कि इन कार्यों में सरकार तो अपनी भूमिका निभाती ही है, ईसाई समुदाय भी अपनी भूमिका निभाने में पीछे नहीं रहता और इसकी भूमिका है सत्य का प्रसार करना जिसे सरकार अपने राजनीतिक दायित्वों के कारण नहीं कर पाती। इसलिए जब आप संपूर्ण विश्व के स्तर पर अपने विदेशी हितों पर दृष्टिपात करते हैं तो देखते हैं कि मिशनरियों के क्रिया-कलाप का दायरा कितना फैल रहा है। याद रखें कि हम जिस किसी द्वीप, घाटी अथवा महादेश पर राजनीतिक दृष्टि से अधिकार कर लेते हैं, वहाँ नैतिक और आध्यात्मिक जागरण पैदा करने के लिए हम बाध्य हैं। मानव इतिहास में आप अनेक ऐसे उदाहरण पाएँगे कि मानवता के उत्कृष्ट गुणों का इस्तेमाल अलाभकर युद्धों और ऐसे राजनीतिक संगठनों के निर्माण में हुआ है जिनका या तो कोई परिणाम नहीं निकला है या फिर निराशाजनक परिणाम निकला है अथवा अच्छे के स्थान पर बुरे परिणाम ही ज़्यादा निकले हैं। इसके विपरीत, ब्रिटिश साम्राज्य पर एक सरसरी निगाह डालने से भी स्पष्ट दिखाई पड़ता है कि हमारे शासन का परिणाम भौतिक लाभों तथा सभ्यता में प्रगति के साथ-साथ नैतिक एवं आध्यात्मिक जागरण भी रहा है। विधाता ने ब्रिटिश गुणों, पराक्रम और प्रतिभा, शासन-कला और नीति, से हमें इसलिए विभूषित किया है कि हम उन्हें मानव जाति के कल्याण में लगा सकें। एक राजनेता, एक व्यावहारिक प्राणी की हैसियत से मैं कह सकता हूँ उस कल्याण में मिशनरियों के उन प्रयासों की अहम भूमिका है जिसे समर्थन एवं प्रोत्साहन देने हेतु हम यहाँ एकत्र हुए हैं।

रिचर्ड टेंपल

विश्व में मिशनरी गतिविधियों की विस्मयकारी प्रगति के आँकड़ों में उलझाए बग़ैर मैं दो बातों की चर्चा करना चाहूँगा : प्रथम, आज से दस वर्ष पूर्व भारत में प्रकाशित दसवार्षिक प्रतिवेदन और द्वितीय, 1882 के अंत तक की कार्यवाहियों के

संबंध में हाल में प्रकाशित उससे भी ज़्यादा रोचक प्रतिवेदन की। इन प्रतिवेदनों से आप जान पाएँगे कि हमने आश्चर्यजनक प्रगति की है। इसका अंदाज़ा लाखों लोगों द्वारा ईसाइयत ग्रहण कर लेने से लगाया जा सकता है। भारत इसका एक अच्छा-ख़ासा उदाहरण है। मुझे मालूम है कि ये प्रतिवेदन सही हैं और भारत के एक कोने से दूसरे कोने तक किए गए मिशनरियों की कार्य क्षमता सूचित करते हैं। मेरा यह निश्चित निष्कर्ष है कि चीन, वेस्टइंडीज़, अफ्रीका, आस्ट्रेलिया तथा अन्यत्र जहाँ भी मिशनरी पहुँचे हैं, सर्वत्र यही परिणाम मिलेंगे।

रिचर्ड टेंपल

प्रायः ऐसा देखा गया है कि प्रोटेस्टेंट समुदायों में मिशनों की उपयोगिता पर संदेह प्रकट किए जाते हैं और ढेर-सारे लोग, जिन्हें बेहतर जानकारी होनी चाहिए थी, पूरब से लौटकर अपमानजनक ख़बरें लाते हैं। मुझे यह जानकर खुशी होती है कि बैपटिस्टों के बीच ऐसी शंकाएँ नहीं उठी हैं और निश्चय ही पूरब से लौटने वाले हमारे बैपटिस्ट देशवासी सही ख़बरें लाते हैं। चूँकि ये ख़बरें सही हैं, इसलिए मुझे मालूम है कि ये अनिवार्यतः हमारे अनुकूल हैं। यहाँ मैं आपको एक-दो व्यावहारिक बातें बतलाना चाहूँगा जो आपकी आस्था को और दृढ़ बनाएँगी और आपकी कर्तव्य-परायणता के संकल्प को अधिक मज़बूती प्रदान करेंगी। भारत के सारे पुराने धर्म दुर्बल और पतनोन्मुखी हैं। बौद्ध धर्म जीर्ण हो चुका है। हिंदू धर्म धीरे-धीरे विखंडित हो रहा है। इस्लाम निश्चय ही बौद्ध तथा हिंदू धर्म की अपेक्षा अधिक विवेकसम्मत होने के कारण ज़्यादा समय तक टिकेगा। इन दिनों बौद्ध धर्म की साधनाएँ शोचनीय अंधविश्वास का रूप ले चुकी हैं। बुद्ध के मानवीय तथा अपेक्षाकृत तर्कसम्मत विश्वास को घोर अंधविश्वास ने ढँक लिया है। निस्संदेह हिंदू धर्म को मानने वाले अभी भी लाखों लोग हैं, किंतु वे सारे-के-सारे अशिक्षित हैं। अब यह शिक्षित हिंदुओं का धर्म नहीं रह गया है। सैद्धांतिक रूप से प्रबुद्ध अथवा व्यावहारिक ज्ञान से संपन्न लोग इससे विमुख हो गए हैं। हुकूमत के द्वारा मुफ़्त दी जा रही उन्नीसवीं शताब्दी के विज्ञान के सामने हिंदू धर्म का कोहरा तेज़ी से छँट रहा है। निश्चय ही जाति-प्रथा भारतीय समाज में अभी भी महत्त्वपूर्ण भूमिका अदा करती है, लेकिन कुछ लोगों के लिए अब इसका महत्त्व राजनीतिक हो गया है, धार्मिक नहीं। इस लौह पाश का धर्म से कुछ लेना-देना नहीं है। मिशन के दोस्तो, आपके लिए एक अति महत्त्वपूर्ण बात यह है कि विशाल जनजाति समुदाय हिंदू जाति के घेरे से बाहर है। वह न तो किसी चिर-स्थापित धर्म से जुड़ा हुआ है, न कट्टर वंशानुगत अंधविश्वासों के प्रभाव में है। अपने मन एवं अंतःकरण से जनजातियाँ सफेद काग़ज़ जैसी हैं जिस पर मिशनरी जो चाहें, लिख सकते हैं। अपने पिछड़ेपन के बावजूद ये लोग बहादुर, दृढ़संकल्पी, विश्वसनीय तथा

सत्यभाषी हैं। अगर ये ईसाइयत से जोड़े जाएँ तो ब्रिटिश सत्ता एवं प्रभाव के नाभि-केंद्र बन जाएँगे। याद रखें, मृतप्राय होने के बावजूद हिंदू धर्म में इतनी ऊर्जा अभी भी है कि यदि ये जनजातियाँ ईसाइयत में नहीं लाई जातीं तो हिंदू धर्म उन्हें अपने दायरे में ले लेगा।

दोस्तो, चरित्र मिशनरियों के लिए सबसे बड़ा संबल है। आपके हर कार्य का आकलन आपके चरित्र के आईने में ही होता है। शायद लोग कहें कि सार्वजनिक एवं निजी जीवन के सभी विभागों तथा मिशनरियों के जीवन में भी कहाँ ऐसी प्रतिभा के दर्शन होते हैं। लेकिन मेरे ख़याल में भारत में प्रोटेस्टेंट मिशनरियों का औसत प्रतिवर्ष सुधर रहा है। मेरे कहने का तात्पर्य यह नहीं कि वर्तमान पीढ़ी पिछली पीढ़ी से ज़्यादा उत्साही, ज़्यादा धर्म-परायण है। लेकिन एक फ़र्क़ तो पड़ ही गया है। आज मिशनरी कार्यों के लिए तकनीकी, पेशागत प्रशिक्षण की सुविधा है। प्रत्येक मिशनरी संप्रदाय के लिए प्रशिक्षण महाविद्यालय हैं। आज तो मिशनरी भी दो प्रकार के हैं; एक वर्ग में वैसे मिशनरी हैं जिन्हें हिंदुओं के प्रधान समूहों के साथ युक्तिपूर्ण तर्क-वितर्क हेतु उच्चकोटि का प्रशिक्षण मिला है, दूसरे वर्ग में वैसे मिशनरी हैं जो साम्राज्य की विशाल एवं विकासमान भक्त-मंडली की देखभाल के लिए व्यावहारिक एवं प्रशासनिक प्रशिक्षण से लैस हैं। भारतवासियों से मिशनरियों के संबंध संतोषजनक हैं। मिशनरियों को सिर्फ प्रकाश के देवदूतों के रूप में ही नहीं देखा जाता, वे परोपकारिता के अभिकरण भी माने जाते हैं। किसी मुश्किल या मुसीबत की घड़ी में लोग समीपवर्त्ती मिशनरियों के पास जाते हैं और महामारी तथा दुर्भिक्ष में उन्हें भारी राहत एवं मदद दी जाती है।

रिचर्ड टेंपल

देशी ईसाइयों का चरित्र भी संतोषप्रद है और वे देख-भाल के कार्यों के लिए सर्वथा उपयुक्त हैं। सैकड़ों दंडाधिकारी, सौदागर तथा अन्य निष्पक्ष प्रत्यक्षदर्शी मेरे इस दावे का समर्थन करेंगे कि देशी ईसाई बड़े ही शिष्ट हैं और ईसाई शिक्षा तथा प्रशिक्षण पाने के कारण जीवन के सभी क्षेत्रों में बेहतर लोग साबित हुए हैं। आप पूछेंगे कि उनकी इस अच्छाई का आशय क्या है। जी हाँ, इसका आशय यह है कि वे अपने बच्चों को शिक्षित करते हैं और ये सारे बच्चे आगे चलकर ऐसी बोधदायिनी शिक्षा प्राप्त करते हैं जो गैर-ईसाइयों को दी जाने वाली अनैतिक और घटिया किस्म की शिक्षा के सर्वथा विपरीत है। याद रखें, किसी भी देश में, यहाँ तक कि हमारे यूरोपीय देशों में भी, ग़रीब-से-ग़रीब व्यक्ति को भी अपने बच्चों को स्कूल भेजने के लिए राज़ी करना एक कठिन कार्य है। भारत के देशी ईसाई, जिनकी संख्या अभी हज़ारों में है और शीघ्र ही लाखों में पहुँच जाएगी, अपने बच्चों को स्कूल अवश्य

भेजते हैं। गिरजाघरों की देशी ईसाई प्रार्थना-सभाओं में उपस्थिति यूरोप की किसी भी प्रार्थना-सभा की उपस्थिति से कम नहीं होती। आँकड़ों की दृष्टि से आप यह भी पाएँगे कि परम प्रसाद ग्रहण करने वालों का अनुपात भी वृहद है। आप यह भी देखेंगे कि ये देशी ईसाई मिशनों के पिछलग्गू मात्र अथवा रोज कुआँ खोदकर रोज पानी पीने वाले लोग नहीं हैं, जैसाकि कुछ लोगों ने आपको कहा होगा। वे मेहनती किसान हैं जो गाँवों में अपनी ज़मीन पर खेती करते हैं। वे वंशानुगत तौर पर पीढ़ी-दर-पीढ़ी ईसाइयत में आस्था रखने वाले लोग हैं। विद्रोह और बग़ावत के दिनों में भी उनकी आज़माइश हुई है और कभी भी उन्होंने धर्म नहीं छोड़ा है। इन सीधे-सादे विनयशील लोगों ने यूरोपीय ईसाई बंधुओं के लिए अनुकरणीय उदाहरण प्रस्तुत किया है। वे अपने मंत्रालयों को सहारा देते हैं। यद्यपि वे गरीब हैं, किंतु बड़े मेहनती हैं। वे मद्यपान नहीं करते, अतिवादिता से परहेज़ करते हैं और थोड़ी-बहुत बचत भी कर लेते हैं। यद्यपि उन्हें उदार संगठनों के लाभ उपलब्ध नहीं हैं, जैसाकि हमें इंगलैंड में उपलब्ध हैं, फिर भी उनमें से प्रत्येक व्यक्ति थोड़ी-सी बचत कर लेता है जिसका इस्तेमाल वह अपने मंत्रालय के भरण-पोषण, अपने प्रार्थनालय के निर्माण और अपने चर्च के संगठन में करता है। आप अपने अवसर तथा अपने दायित्वों को आँकने में कृपया इन बातों को ध्यान में रखें।

रिचर्ड टेंपल

इसी तरह, भारत में सरकार द्वारा संपोषित राजकीय शिक्षा-पद्धति लोगों को प्रबुद्ध बनाने में आश्चर्यजनक ढंग से मदद करती है। शिक्षा के व्यापक प्रसार में मिशनरियाँ इस उदाहरण का, अथवा सरकार स्वयं मिशनरियों के उदाहरण का अनुसरण करती है। हज़ारों-हज़ार देशी लोग, जो ईसाइयत को खुले तौर पर स्वीकार नहीं करते, बेहिचक अपने बच्चों को ईसाई मिशनरियों के सुपुर्द कर देते हैं, जबकि सरकारी स्कूलों के दरवाजे हमेशा उनके लिए खुले रहते हैं। क्या इससे यह प्रमाणित नहीं होता कि हमारे मिशनरियों ने जनसमुदाय में अपने प्रति विश्वास पैदा करने में भारी सफलता पाई है? यह शिक्षा सिर्फ सामान्य जनों में ही नहीं फैल रही है, उच्च एवं मध्यम वर्ग के बीच भी इसने चमत्कारिक परिणाम पैदा किया है। इससे लोगों में एकेश्वर या ईश्वरवाद की तरफ झुकाव हुआ है। इसने लोगों को अपने पूर्वजों की धार्मिक आस्था—अंधविश्वास कहना बेहतर होगा—को त्याग देने के लिए प्रेरित किया है। यह शिक्षा दैवी सत्य को हृदयंगम करने में लोगों को भारी मदद करती है। भारत में एक संप्रदाय है हिंदू थीइस्टिक रिफ़ॉर्मर्स (हिंदू धर्म के ईश्वरवादी सुधारक) । मैं विभिन्न क्षेत्रों में इसके विभिन्न नामों की आंचलिकता में नहीं जाना चाहता, लेकिन चूँकि इसके क्रियाकलाप तेजी से शिक्षित समुदाय में फैल रहे हैं, यह आंदोलन नैतिक

एवं धार्मिक दृष्टि से बहुत महत्त्वपूर्ण हो गया है। इसे अपनी ओर खींचने में कठिनाई हो रही है, क्योंकि बड़े प्रतिभासंपन्न लोग इससे जुड़े हुए हैं। उनके साथ तर्क-वितर्क करना तथा बातचीत के जरिए उन्हें समझा पाना आसान नहीं है। ज़रूरी है कि उन्हें प्रबल ईसाई युक्तियों के द्वारा समझाया जाए। लेकिन इससे ज़्यादा सबल ईश्वरीय कृपा से ही इसमें सफलता मिल सकती है।

रिचर्ड टेंपल

एक ओर जहाँ पुरुषों, युवकों तथा बालकों के बीच ईसाई ज्ञान का व्यापक प्रसार हुआ है, वहीं दूसरी ओर हर उम्र की लड़कियाँ और महिलाएँ, जो कभी अलग-थलग अंधकार-भरा जीवन बिताने को अभिशप्त थीं, अब धीरे-धीरे, किंतु बड़ी संख्या में, बाहर निकलकर हमारे प्रकाश से आलोकित हो रही हैं। राज्य के द्वारा आरंभ की गई नारी-शिक्षा में उल्लेखनीय प्रगति हुई है। देश भर में हज़ारों की संख्या में बालिका विद्यालय चल रहे हैं जिनमें छात्राओं की संख्या काफ़ी उत्साहवर्धक है। नारी-शिक्षा का प्रसार अगली पीढ़ी में हमारा एक महान नैतिक आंदोलन, प्रगति का एक महत्त्वपूर्ण दौर बनकर उभरेगा। इस सभा में उपस्थित हर महिला को इस आंदोलन के प्रति सहानुभूति होनी चाहिए। याद रखें, भारत में सामाजिक पूर्वाग्रहों तथा कम उम्र में ही ब्याह कर देने के चलन के कारण महिला-शिक्षक पाना बड़ा कठिन है। हमें यह जानकर कष्ट होता है कि भारत में भारी संख्या में विधवाएँ हिंदू पद्धति के अनुसार दयनीय जीवन जी रही हैं। उनके लिए न कोई उम्मीद है, न आजीविका। इनके लिए स्कूल-शिक्षिका का सम्मानजनक पेशा एक उत्तम जीवन-वृत्ति बन सकता है। उपस्थित देवियो, मैं आपका ध्यान ज़नाना मिशन की ओर आकृष्ट करना चाहूँगा। अब तक मैंने जिन विद्यालयों की चर्चा की है वे सामान्य समुदाय से आनेवाली लड़कियों के लिए हैं, लेकिन अब जिन क्रियाकलापों के लिए आपके प्रयासों की माँग करूँगा उनका संबंध वैसे जनाना मिशनों से है जो गाँवों और व्यस्त शहरों की गलियों में नहीं, संपन्न तथा मध्यम वर्ग के घरों और कक्ष-समूहों में क्रियाशील हैं। यह नितांत आवश्यक है कि ज्ञान का उदय उच्च वर्ग की महिलाओं में हो। इससे संपूर्ण ब्रिटिश भारत में नारी-शिक्षा के व्यापक प्रसार में भारी मदद मिलेगी। लेकिन महिलाओं के आंतरिक कक्षों में ऐसे उदार क्रियाकलाप के लिए एक बहुत संवेदनशील संगठन की ज़रूरत है, एक ऐसा संगठन जिसके लिए हमारे जैसे सीधे-सपाट, व्यावहारिक दृष्टि वाले प्रशासक उपयुक्त नहीं हैं। इसके लिए वैसे मृदुल एवं उदार विचार की आवश्यकता है जिसमें इंगलैंड की शिक्षित महिलाएँ विशेष अर्हता रखती हैं। ईसाइयत के उद्देश्य की पूर्ति के लिए इससे बेहतर काम आपके लिए कुछ और नहीं हो सकता कि आप पूरब की बहनों की ओर से ऐसे प्रयास इस विश्वास के साथ जारी रखें कि शिक्षा-जनित

यह ज्ञानोदय ईसाइयत के प्रचार-प्रसार में अनिवार्य रूप से मदद करेगा।

मैं अपने भाषण का समापन आपको यह स्मरण दिलाकर करना चाहूँगा कि देशभक्त लोगों के रूप में आप इस बात से पूरी तरह आश्वस्त हों कि भारत में मिशनों के द्वारा किए जा रहे कार्य से ब्रिटिश हुकूमत की साम्राज्यवादी नींव मज़बूत होती है और हमारे दायित्व से प्रतिबद्ध लाखों लोगों की नज़र में हमारा राष्ट्रीय सम्मान बढ़ता है। आप इस बात के लिए भी आश्वस्त हों कि परिणाम खर्च के पूर्णतः अनुकूल हों। भारत के एक पुराने वित्तमंत्री की हैसियत से मैंने हमेशा इस बात का ध्यान रखा है कि परिणाम खर्च के समानुपाती हैं या नहीं। शुरू से आख़िर तक मैंने ब्रिटिश भारत के लगभग आधे भाग पर विभिन्न प्रांतों का शासन किया है। मैंने अनेक विभाग सँभाले हैं, लेकिन मिशनरी विभाग से अधिक दक्ष कोई विभाग नहीं पाया है। इसी तरह, सैकड़ों पदाधिकारियों, जिनमें यूरोपीय पदाधिकारी तथा भद्र लोग भी शामिल हैं, ने मेरे अधीन काम किया है, लेकिन प्रोटेस्टेंट मिशनरियों से बेहतर लोग मुझे नहीं मिले हैं। जिन विभागों पर मैंने शासन किया है उनमें एक भी विभाग ऐसा नहीं मिला जिसकी कार्यवाहियों के परिणाम प्रोटेस्टेंट मिशनों के शानदार विभाग के कार्यों के परिणाम के समतुल्य थे। आप कह सकते हैं कि आँकड़ों और प्रतिवेदनों में आपको उलझाने के बदले मुझे अपनी बातों के लिए साक्ष्य प्रस्तुत करना चाहिए था। किंतु, आप जान लें, मिशनरियों द्वारा प्रकाशित अधिकांश आँकड़े आधिकारिक तौर पर सत्यापित किए गए होते हैं। भारत के देशी ईसाइयों की जनगणना उतनी ही विश्वसनीय है जितनी ब्रिटिश भारत के यूरोपवासियों की जनगणना। जिन मुख्य तथ्यों पर भरोसा कर आप मिशनरी उद्देश्य के लिए चंदा देते हैं वे उतने ही निश्चित हैं जितना कि कोई वित्तीय, व्यापारिक, राजनीतिक या प्रशासनिक तथ्य। जहाँ तक साक्ष्य का प्रश्न है, वह आपको पूरब के इतिहास को सुशोभित करने वाले महान प्रशासकों, बहादुर सिपाहियों तथा चतुर राजनेताओं के कारनामों में मिल जाएँगे। कितना अच्छा होता यदि उनमें से कुछ अपने निजी अनुभव आपको बताने के लिए इस मंच पर उपस्थित होते! ये ज़िम्मेदार बयान देने के अभ्यस्त लोग हैं और सरकार तथा देशवासियों का इन पर पूरा भरोसा है। वे दुराग्रही और जोशीले नहीं, शांतचित्त और समझ-बूझ कर काम करने वाले लोग हैं। यहाँ पर उनकी उपस्थिति होती तो हमें अन्य किसी साक्ष्य की ज़रूरत नहीं पड़ती। फ़िर भी, भारत में अनेक वर्षों तक वित्तीय प्रशासन करने, बारी-बारी से उसके बड़े प्रांतों का प्रभार सँभालने और नियति-प्रेरित ब्रिटिश भारत के लगभग सभी भागों—पूरब से पश्चिम तथा उत्तर से दक्षिण—की मुसीबतों और कठिनाइयों का सामना करने के बाद, बदले में किसी पुरस्कार

रिचर्ड टेंपल

की चाहत रखे बग़ैर, मैंने इसे अपना फ़र्ज़ समझा है कि मैं आपके सामने खड़ा होऊँ, अपने निजी साक्ष्य को आपके सामने प्रस्तुत करूँ और आज की संध्या आपकी इस सभा की अध्यक्षता कर उस साक्ष्य को थोड़ा और बल प्रदान करूँ।[6]

* * * * *

रिचर्ड टेंपल की यह प्रस्तुति प्रातिनिधिक थी। भारत में उच्च पदस्थ लोक-सेवक इंगलैंड लौटने पर नियमित रूप से ऐसे लोगों की बैठकें संबोधित करते थे जो चर्च के कार्य में अभिरुचि रखते थे अथवा जिन्हें उसके लिए राज़ी कर लिया जाता था। सर रिचर्ड टेंपल की पुस्तक 'ओरिएंटल एक्सपिरीअंस' (पूरब के अनुभव), जिससे उपर्युक्त संबोधन लिया गया है, मैं ऐसे अनेक भाषण हैं जो उसी प्रकार के समूहों को उन्हीं बिंदुओं पर संबोधित किए गए हैं। नवंबर, 1881 में उसने लिंकन में 'सोसायटी फ़ॉर द प्रोपॅगेशन ऑफ़ द गॉस्पेल इन फ़ॉरेन पार्ट्स' को संबोधित किया और नवंबर, 1882 में अमेरिका के न्यूयार्क में 'बोर्ड ऑफ़ फ़ॉरेन मिशंस ऑफ़ द प्रेज़बिटेरीअन चर्च' को।

इन संबोधनों में भी टेंपल ने वे ही सारी बातें दुहराईं जो उस समय अन्य धर्मों के टकसाली मूल्यांकन में कही जाती थीं। आर्नोल्ड की पुस्तक 'द लाइट ऑफ़ एशिया' में बौद्ध धर्म का काव्यात्मक विवरण चाहे जितना भी उत्कृष्ट एवं आकर्षक हो, टेंपल की टिप्पणी है : "भारत और तिब्बत में वास्तविक बौद्ध धर्म कल्पना की हद तक विकृत और भ्रष्टकारी है।" उसकी राय में इस्लाम से निबटना ज़्यादा कठिन है। यह ईसाइयत के बाद जन्मा है और इसकी अनेक शिक्षाओं को ग्रहण कर लिया है, फलस्वरूप इसमें कुछ ख़ूबियाँ आ गई हैं। लेकिन यह मानस-पटल पर जो छाप छोड़ता है वह बेहद संकीर्ण, दुराग्रहपूर्ण एवं अनुदार है। ठीक मिशनरियों तथा विद्वानों (जिनके बारे में हम शीघ्र पढ़ेंगे) की भाँति टेंपल के कटुतम शब्द हिंदू धर्म के लिए सुरक्षित हैं। श्रोताओं की कोमल भावनाओं को ठेस नहीं पहुँचे, इस बात को ध्यान में रखकर वह कहता है : "हिंदू मंदिरों में लगातार होने वाले घृणित व्यभिचारों की सही तस्वीर मैं आपके सामने नहीं प्रस्तुत कर सकता; वहाँ घोर अनैतिकता व्याप्त है और इसका कारण है उनका धर्म, हालाँकि दूसरी ओर लोगों के द्वारा आचरित उसके अनेक घरेलू सद्‌गुण भी हैं जिनसे ज़ाहिर होता है कि अगर यह धर्म थोड़ा अधिक स्वच्छ होता तो इससे कितनी अच्छाइयाँ पैदा हो सकती थीं। ऐसी स्थिति में आपको क्या करना है, यह बिलकुल स्पष्ट है।" "हिंदू धर्म पर विचार करने के सिलसिले में यदि आप उनके अंधविश्वासों का बेतुकापन और उनके आचरणों की अनैतिकता का स्मरण करें तो आप स्वयं महसूस करेंगे कि भारत में मिशनरी कार्य

को जारी रखने की कितनी ज़रूरत है।'' यह टेंपल की खुली घोषणा है।

वह कहता है कि हम सुधारकों की बड़ी चर्चा सुनते हैं, लेकिन, ''जो हिंदू हमारे समय में अपने धर्म का शुद्धिकरण कर रहे हैं, वे अपने को हिंदू धर्म के घेरे से बाहर मानते हैं।'' ब्राह्मसमाज के सुधारकों पर उसकी टिप्पणी है, ''...उनमें से अनेक ईसाइयत कबूल करने के लिए राजी हो गए हैं। उनके कुछ मंत्री वास्तव में बाइबिल के मूल उपदेशों की शिक्षा देते हैं और उन्होंने घोषणा की है कि ब्रिटिश सरकार इंगलैंड का धर्म-निरपेक्ष शासक हो सकती है लेकिन परम शासक तो स्वयं प्रभु ईसामसीह हैं।'' अगर आप उनके धर्मोपदेश सुनें, कोलकाता गए ऑक्सफ़ोर्ड मिशन के मिशनरियों को दिए गए स्वागत भाषणों को देखें ''तो आप स्वयं निर्णय कर सकते हैं कि वे ईसाइयत की ओर जाने वाली सीधी राह पर चल रहे हैं या नहीं।'' पुनः क्या करना है, यह बिल्कुल स्पष्ट है, ''अगर आप बौद्धिक दृष्टि से उनके समकक्ष मिशनरियों को वहाँ भेजें तो धर्मांतरण की ख़ासी अच्छी फसल काटी जा सकती है।''

वह पुनः इस 'सुखद सच्चाई' की चर्चा करता है कि भारत में संपूर्ण ब्रिटिश प्रजा का लगभग आठवाँ हिस्सा अछूतों और कबीलों का है ''जो पूरब के मुख्य धर्म के दायरे के बाहर हैं और उनका मन ऐसा सफेद पटिया है जिस पर ईसाइयत के इबारत लिखे जा सकते हैं।''

अपने प्रत्येक भाषण में टेंपल श्रोताओं को मिशनरियों के काम का समर्थन करने के लिए उकसाता है। अब तक प्राप्त सफलताओं की चर्चा करते हुए कहता है कि पाँच लाख लोग पहले ही धर्मान्तरित किये जा चुके हैं। ''धर्मांतरितों की संख्या 1980 तक की पीढ़ी (तीस वर्षों की अवधि) में प्रत्येक दस वर्ष पर पचास प्रतिशत की दर से बढ़ रही है। अगर वर्तमान पीढ़ी में यही दर कायम रही तो 1910 तक देसी ईसाइयों की संख्या बढ़कर बीस लाख हो जाएगी...।'' उसका बिंब-विधान सामरिक है और उसे इस बारे में तनिक संदेह नहीं कि इस अभियान को दिशा-निर्देश देने और इसका दायित्व निभाने का भार मुख्य रूप से किस पर है। इस बात को ध्यान में रखते हुए कि तीन सौ देशी मंत्रियों को प्रशिक्षित किया गया है, टेंपल कहता है : ''लेकिन अभी एक लंबे समय तक इन कार्यवाहियों के आदि प्रवर्तक यूरोपियन ही बने रहेंगे और हमें आशा है कि ईसाइयों की एक विशाल सेना तैयार की जाएगी जिसके सैनिक देशी लोग होंगे तथा उसके कप्तान और सेनापति यूरोपियन।''

टेंपल का अपने उद्देश्य के प्रति उत्साह एवं विश्वास का कोई अंत नहीं है, क्योंकि अब तो मिशनरियों के साथ एक 'तटस्थ' हुकूमत भी जुड़ गई है। वह इस दिशा में उठाए गए साहसिक क़दमों को याद करते हुए कहता है : ''आगामी पीढ़ी

में और भी अच्छे परिणामों की आशा है, क्योंकि हमारे कार्य को न सिर्फ़ यूरोपीय ऊर्जा और प्रोटेस्टेंट चर्च के उत्साह से बल मिल रहा है, बल्कि पूरे देश के सभी वर्ग के लोगों पर राज्य द्वारा संचालित शिक्षा भी गहरा प्रभाव डाल रही है। इस तरह, भारत एक शक्तिशाली दुर्ग की भाँति है जिसे भारी तोपों से तोड़ा जा रहा है। हमारे ताबड़तोड़ प्रहार और धमाके का असर आरंभ में भले ही स्पष्टतः दिखाई नहीं पड़ता है, एक दिन यह दुर्ग धम से धराशायी हो जाएगा।''

टेंपल श्रोताओं को कहता है कि सफलता की सारी संभावनाएँ मौजूद हैं, क्योंकि यह कोई सिसिफस का कार्य नहीं है, ''यह ऐसा आरोहण है जो हमें शीघ्र ही शिखर पर ले जाएगा जहाँ से हम प्रतिज्ञात प्रदेश का सर्वेक्षण करेंगे।'' ''और शिखर पर पहुँचकर हम क्या संभावना पाएँगे?'' टेंपल पूछता है और उत्तर में कहता है, ''हम देखेंगे कि भारत के गिरजाघरों की मीनारें आकाश को छू रही हैं, पूरा देश ईसाई गाँवों से भरा पड़ा है; सारे चर्च प्रार्थना-सभाओं तथा परम प्रसाद ग्रहण करने वालों से अटे पड़े हैं। हम मिशनरियों के तत्त्वावधान में चलने वाले विश्वविद्यालयों में ग्राम्य बालाओं को पढ़ते और गीत गाते सुनेंगे। मैंने ये सारी बातें देखी हैं और मैं प्रभु से प्रार्थना करूँगा कि जैसे इन बातों की छाप मेरे मन पर है वैसे ही आपके मन पर भी इनकी छाप पड़े।''

यह एक ऐसे व्यक्ति की आशा-आकांक्षा थी जो धार्मिक मामलों में 'तटस्थ' सरकार का अंग था। वह कोई ऐरा-गैरा व्यक्ति नहीं था। वह वित्तमंत्री, बंगाल प्रेज़िडेंसी का लेफ़्टिनेंट गवर्नर, मुम्बई प्रेज़िडेंसी का गवर्नर रह चुका था। बड़ी अकड़ से उसने श्रोताओं को सुनाया था : 'मैं भारत की कुल बीस करोड़ प्रजा में दस करोड़ का गवर्नर रह चुका हूँ।' इस तरह, उसकी आवाज मात्र प्रातिनिधिक नहीं, आधिकारिक थी।[7]

संक्षेप में

निष्कर्षतः, चर्च का काम सिर्फ़ मिशनरियों के द्वारा ही नहीं किया जाता था, धार्मिक दृष्टि से 'तटस्थ' हुकूमत की भी इसमें अहम भूमिका थी। इसी तरह, साम्राज्य का काम सिर्फ हुकूमत के द्वारा नहीं, मिशनरियों के द्वारा भी व्यापक पैमाने पर किया जाता था। इस योगदान को शासक भी कबूल करते थे। प्रधानमंत्री लॉर्ड पामर्स्टन की घोषणा थी : ''यह सिर्फ़ हमारा कर्तव्य नहीं, हमारे हित में भी है कि हम पूरे भारत में यथासंभव ईसाइयत के प्रसार को प्रोत्साहित करें।'' राज्य सचिव लॉर्ड हेलिफ़ैक्स का कथन था : ''प्रत्येक अतिरिक्त ईसाई इस देश के साथ हमें जोड़ने

की एक अतिरिक्त कड़ी, साम्राज्य की ताकत का एक अतिरिक्त स्रोत है।'' लॉर्ड रिया ने प्रिंस ऑफ़ वेल्स से भारतीय ईसाइयों के एक प्रतिनिधिमंडल का परिचय कराते हुए कहा : ''महामहिम, आप जिन असैनिक पदाधिकारियों, सैनिकों, न्यायाधीशों तथा गवर्नरों से मिल चुके हैं, उन सबों की अपेक्षा ये लोग भारत के लिए ज़्यादा काम कर रहे हैं।'' सर मैकवर्थ की गर्वोक्ति थी : ''वे भारत में सबसे ज़्यादा कारगर ताक़त हैं।''[8]

संदर्भ

1. उद्धरणों के लिए देखें, जॉन क्लाइव द्वारा लिखित 'द शेपिंग ऑफ़ द हिस्टोरियन', 1973, विंटेज, 1975, पृ. 411-13। अंतिम कुछ उदाहरण इसी से लिए गए हैं।
2. एक प्रशंसापूर्ण मगर संक्षिप्त विवरण के लिए देखें, उसके भाई के पोते हम्फ्री ट्रेविलियन की रचना, 'द इंडिया वी लेफ़्ट' (भारत जिसे हमने छोड़ा), मैकमिलन, लंदन, 1972, पृ. 25-106
3. अंत की कुछ पंक्तियों में उदाहरण के लिए देखें, जॉन क्लाइव की उपरिलिखित रचना, पृ. 410।
4. चार्ल्स ट्रेविलियन, ''क्रिश्चियनिटी एंड हिंदुइज़्म कॉन्ट्रास्टेड'', लौंगमेंस, ग्रीन एंड कंपनी, लंदन, 1882
5. फ़िलिप मैसन 'द मेन हू रूल्ड इंडिया', पैन, लंदन, 1987, पृ. 227-28
6. सर रिचर्ड टेंपल, 'ओरिएंटल एक्सपिरीअंस, एसेज़ एंड एड्रेसेज़ डिलीवर्ड ऑन वेरियस ॲकेश्ज़ंस', जॉन मुर्रे, लंदन, 1883, पृ. 155-65
7. उपर्युक्त परिच्छेद के लिए देखें, सर रिचर्ड टेंपल की रचना, 'ओरिएंटल, एक्सपिरीअंस, एसेज़ एंड एड्रेसेज़ डिलीवर्ड ऑन वेरियस ॲकेश्ज़ंस, जॉन मुर्रे, लंदन, 1883, पृ. 131-155
8. ये उद्धरण आर.ई. स्पीयर की पुस्तक 'प्रिंसिपल्स एंड प्रैक्टिस' तथा आर्थर मेहू की पुस्तक 'क्रिश्चिएनिटी एंड गवर्नमेंट ऑफ़ इंडिया' से लिए गए हैं। इनका उल्लेख 'रिपोर्ट ऑफ़ द क्रिश्चियन मिशनरी एक्टिविटीज़ इन्क्वायरी कमिटी', गवर्नमेंट प्रिंटिंग प्रेस, नागपुर, 1956, खंड I, पृ. 40-1 पर हो चुका है।

6

चर्च का दायित्व-बोध

आरंभ में ब्रिटिश हुकूमत और मिशनरियों में मतभेद था। ईस्ट इंडिया कंपनी के पदाधिकारी अपने अधिकार-क्षेत्र में मिशनरियों को अपना काम करने से रोकते थे। उन्हें लगता था कि मिशनरियों के क्रिया-कलाप से भारतीयों की धार्मिक भावनाएँ भड़केंगी और इससे कंपनी के काम में बाधा पड़ेगी। मिशनरियों को भय था कि हम उनके आचरण के लिए उन्हें फटकार लगाएँगे।

जब ईस्ट इंडिया कंपनी का घोषणा-पत्र नवीकरण हेतु लाया गया उस वक़्त भी भारत में रहे अनेक लोगों, कंपनी के अनेक पदाधिकारियों ने मिशनरियों पर लगी पाबंदियों को चालू रखने की वकालत की। उनके अनुसार भारतीय काफ़ी सभ्य थे और उन्हें मिशनरियों की आवश्यकता नहीं थी। उधर दूसरे पक्ष के लोगों का मानना था कि मिशनरियों तथा उनके द्वारा धर्मांतरण से यहाँ के बाशिंदे भड़क उठेंगे और इससे कंपनी के कार्यों में अस्थिरता पैदा होगी।

लेकिन मिशनरियों तथा उनके हिमायतियों ने एक ज़बर्दस्त आक्रमण की तैयारी की थी। उनका तर्क था कि भारतवासी गहन अंधकार में भटक रहे हैं और उन्हें ईसाइयत में लाना कठिन नहीं है; भारत का ईसाइयत में धर्मांतरण से यहाँ के गैर-ईसाइयों को भौतिक लाभ होंगे और साम्राज्य अस्थिर होने के बजाय ज़्यादा सुदृढ़ होगा।

हाउस ऑफ़ कॉमन्स (संसद का निचला सदन) में दिया गया विल्बरफ़ोर्स का भाषण उनके मामले की शायद सर्वाधिक विस्तृत अभिव्यक्ति था। साक्ष्य, तर्क, अतिरंजनाएँ, झूठ, गाली-गलौज—उसमें क्या नहीं था?

भारत के लोग इस समय एक जुआ तले दबकर कराह रहे हैं। "यह जुआ उनकी आस्था-जनित मूर्खताओं और गहरे अंधविश्वासों का जुआ है।" उनके धर्म

की बुराइयाँ 'बद्धमूल' और अंतर्निहित हैं, मात्र चिरकालिक नहीं। विल्बरफ़ोर्स ने इस धर्म को घोर निष्ठुर बताते हुए इसे "अशुभ, भ्रष्टकारी, नीच, स्वेच्छाचारी" और न जाने क्या-क्या कहा। अपने समान विचार रखने वालों का हवाला देते हुए उसने भारतीयों के लिए भी नीच, क्षुद्र, झूठा, चोर, शिशुहंता, विधवा-दाहक जैसे (अप) शब्दों का प्रयोग किया। उसके अनुसार भारतीयों की ये चारित्रिक विशेषताएँ आकस्मिक नहीं हैं। डायरेक्टर्स ऑफ़ द ईस्ट इंडिया कंपनी (ईस्ट इंडिया कंपनी के निदेशकों) का हवाला देते हुए उसने कहा कि "ये उनके अंधविश्वासों की प्रकृति, उनके देवताओं के भ्रष्ट आचरण तथा नैतिक शिक्षा की नितांत कमी के आवश्यक परिणाम हैं। दरअसल, मूर्त्ति-पूजा की प्रकृति ही ऐसी है कि उससे निर्दयता एवं अश्लीलता के बीच एक स्वाभाविक संबंध पनपता है। हिंदू अंधविश्वासों के संबंध में यह कहना मुश्किल है कि वे ज़्यादा कामोत्तक हैं अथवा ज़्यादा बर्बर। इनमें से एक हमारी जन्मजात शालीनता का अपहरण कर लेता है और दूसरा स्वाभाविक मानवीय संवेदना को नष्ट कर देता है।" साक्ष्य के तौर पर एक उत्साही मिशनरी विलियम केरी के कथन का हवाला देते हुए विल्बरफ़ोर्स कहता है : "...डॉ. केरी ने उड़ीसा के जगन्नाथ मंदिर से जुड़े विध्वंस के विभिन्न रूपों एवं तरीकों की गणना कर बतलाया है कि सालाना 100,000 लोगों को सिर्फ एक मूर्त्ति की सेवा में खपा दिया जाता है!" मानव-जीवन को इतना सस्ता बनाकर अमानवीयता और निष्ठुरता के सिवा और क्या शिक्षा दी जा सकती है?

इससे भी ज़्यादा बुरी बात उनके देवताओं का पापाचारी होना है। ऐसी बातों की अक्षरशः पुनरावृत्ति न सिर्फ पूरी उन्नीसवीं शताब्दी में, अपितु मिशनरी संगठनों द्वारा 1950 के दशक के मध्य तक प्रकाशित पुस्तिकाओं में भी पाई जाती है। विल्बर फ़ोर्स ने हाउस ऑफ़ कॉमन्स को कहा : "जानकार लोग, विशेषकर अमेरिकी इतिहासकार, ठीक ही कहते हैं कि किसी समुदाय का चरित्र सामान्यतः उसके द्वारा पूजित वस्तु की प्रकृति एवं लक्षणों के आधार पर जाना जा सकता है। इस सिद्धांत के अनुसार हिंदुओं की नैतिकता की सही जानकारी उनके देवताओं के चरित्र से मिलती है। पुराने ग़ैर-ईसाई मिथकशास्त्र को पढ़ने से पता चलता है कि शायद ही कोई ऐसा अपराध है जिसका कर्त्ता उसका औचित्य सिद्ध करने के लिए अपने किसी राष्ट्रीय देवता की मिसाल न पेश करता हो। यदि यह सही है तो उससे ज़्यादा सही यह है कि हिंदू देवताओं की भारी भीड़ ने जो-जो कारनामे किए हैं उनमें आप हर साध्य अपराध का हर संभव क़िस्म पा सकते हैं। यहाँ प्रत्येक पाप का संरक्षक भी मिलेगा, दृष्टांत भी। उनके देवता लोभ, अन्याय, क्रूरता और दुष्टता के पुतले हैं। संक्षेप में, उनका धर्म-तंत्र घोर जुगुप्सा पैदा करता है।"

विल्बरफ़ोर्स ने हाउस को याद दिलाया कि ईश्वर ने इसका "सर्वथा उपयुक्त और लक्ष्य-पूर्ति के लिए विशेष रूप से अनुकूल" उपचार बतलाया है। वह उपचार है, ईसाइयत : "...विधाता ने उनको गर्त्त से बाहर निकालने के लिए पर्याप्त साधन प्रदान किया है। उन साधनों का उपयोग करने के लिए मैं आपका आह्वान करता हूँ। महोदय, मैं पूर्णतः आश्वस्त हूँ कि जो व्यवधान ईसाइयत के प्रकाश और उसके सहवर्त्ती वरदानों को अंधकाराच्छादित प्रदेशों में पहुँचने में रुकावट डाल रहा है, उसे दूर करने का भार हमें ही सौंपा गया है। इस दायित्व को पूरा कर हम विषादग्रस्त दिलों में दैवी सत्य, प्रेम और सांत्वना की ज्योति जला दें।" ध्यान दें, विल्बरफ़ोर्स किसी प्रकार के बल-प्रयोग की नहीं, सिर्फ़ व्यवधान को हटा देने की बात कर रहा था।

विल्बरफ़ोर्स ने हाउस को कहा कि "वह यह कहे बग़ैर नहीं रह सकता कि जिस बात की आकांक्षा उसे सबसे ज़्यादा खुशी देती है वह है उन भटके लोगों को उस मार्ग पर लाने का निमित्त बनना जिस पर चलकर वे स्थायी आनंद प्राप्त कर सकते हैं।" अर्थात् यह आशा कि ईसाई बन जाने से उनकी आत्मा मुक्त हो जाएगी। इसके अतिरिक्त एक बात यह भी है कि ईसाइयत से इन आर्त्तनाद करते भारतवासियों को भौतिक लाभ भी मिलेंगे।

इसमें कोई ख़तरा भी नहीं है : "मुसलिम शासकों ने हिंदुओं को धर्मांतरित किया, मगर कोई हलचल नहीं; हिंदू बौद्ध तथा सिख धर्म में चले गए, मगर कोई हलचल नहीं और स्वयं मिशनरी लोग शताब्दियों से कंपनी के अधिकार-क्षेत्र के बाहर धर्म-परिवर्तन करवा रहे हैं, मगर कोई हलचल नहीं है।" उलटे, "देश में मिशनरी न सिर्फ सम्मान, बल्कि प्यार-दुलार पाते रहे हैं।" विल्बरफ़ोर्स ने इस संबंध में उसी प्रसंग की चर्चा की जिसका ज़िक्र मिशनरियों के आलोचक कर रहे थे। एक मिशनरी संगठन के द्वारा एक पुस्तिका प्रकाशित की गई जिसमें पैग़ंबर मुहम्मद के बारे में कतिपय अश्लील टिप्पणियाँ थीं। उसे पढ़कर एक देशी व्यापारी का पुत्र उसे कोलकाता के एक (सरकारी) मुसलिम कॉलेज के प्रोफ़ेसर के पास ले गया और उनसे उसका खंडन लिखने का अनुरोध किया। विल्बरफ़ोर्स के शब्दों में, "महोदय, इस प्रसंग का सही निष्कर्ष यह है कि भारत के लोग धर्म के मामले में इतने सहनशील एवं धैर्यवान हैं कि घोर बदतमीज़ी भी उनमें उत्तेजना पैदा नहीं करती।"

और ख़तरा की बात तो दूर, इसका एक स्पष्ट और सुनिश्चित राजनीतिक लाभ था : "आपको आश्वस्त करते मुझे खुशी होती है कि", विल्बरफ़ोर्स ने यहाँ जिस भाषा का प्रयोग किया वह आगामी सौ वर्षों तक अक्षरशः दुहराई जाती रही, "यदि ऐसे उपायों को काम में लाने में हम आवश्यक समझदारी और सावधानी से

आगे बढ़ें, तो अपनी भारतीय प्रजा से संवाद स्थापित करने, ईसाइयत की रोशनी फैलाने और नैतिक उत्थान लाने में कोई ख़तरा नहीं है, बल्कि इन्हीं तरीक़ों से हम भारत में अपने राजनीतिक हित साध सकते हैं। कोई अन्य ऐसा तरीक़ा नहीं है जिसके द्वारा उस मुल्क में अपनी हुकूमत की नींव मजबूत कर सकें।''

मिशनरियों को धर्मांतरण के लिए अनुमति देने का प्रस्ताव 89 : 36 के मत से पारित हो गया।[1]

जल्द ही चीज़ें स्थिर हो गईं। अधिकारियों ने मिशनरियों को अपना काम करने की छूट दे दी। अधिकांश तो उनके काम में खुलकर सहायता करने लगे। मिशनरियों ने भी अधिकारियों के इस तर्क को समझा कि 'हुकूमत की धार्मिक तटस्थता' उनके लिए अधिक हितकर थी, कि सरकारी स्कूलों में दी जाने वाली ग़ैर-धार्मिक शिक्षा उचित थी, क्योंकि इससे हिंदू अपने धर्म से विमुख हो रहे थे और अब ईसाइयत को अपनाने के सिवा अन्य कोई चारा उनके सामने नहीं था। उनके मन में यह विश्वास जमा कि ईसाइयत का अबाधित प्रसार और गैर-सरकारी स्कूलों में दी जा रही शिक्षा हिंदुओं के मन में बनी रिक्तता को भर रही थी और चर्च के लिए 'लहलहाती फसल' तैयार कर रही थी।

अपने साक्ष्य के तौर पर सर चार्ल्स ट्रेविलियन ने कोलकाता बाइबिल एसोसिएशन के एतद् विषयक इस कथन की ओर सेलेक्ट कमिटी ऑन इंडियन टेरिटरीज़ (भारतीय प्रदेशों के लिए प्रवर समिति) का ध्यान आकृष्ट किया जिसे एसोसिएशन ने अपने सोलहवें वार्षिक प्रतिवेदन में दर्ज किया था : ''भारतवासियों द्वारा अंगरेज़ी में लिखे धर्मग्रंथों की बढ़ रही माँग का मुख्य कारण है उस भाषा में शिक्षा की प्रगति। विभिन्न स्कूल-कॉलेजों के छात्र अंगरेज़ी में लिखी बाइबिल अथवा टेस्टामेंट की एक प्रति घर ले जा सकते हैं। इससे उनके रिश्तेदारों में कोई अंदेशा पैदा नहीं होता। यदि वे अपनी भाषा में लिखे इन ग्रंथों को ले जाते तो वे लोग निश्चय ही इसे शक की निगाह से देखते। अंगरेज़ी स्कूल तथा कॉलेज भारतवासियों के दिमाग़ को सत्य के गुण-दोष की परख करने के लिए तैयार करने में सहायक हो सकते हैं। इससे गॉस्पेल को ग्रहण करने की उनकी मानसिकता बनेगी। अतः समिति इसे अपना कर्तव्य मानती है कि अंगरेज़ी के न्यू टेस्टामेंट (नव-विधान) को उन संस्थाओं में ले जाए जहाँ इसके पढ़ने-पढ़ाने का चलन है। साथ ही वह उन दूसरे स्कूलों के छात्रों को भी इसे उपलब्ध कराए जहाँ इसके प्रवेश की अनुमति है और छात्र धर्मग्रंथों को स्वयं जानना-समझना चाहते हैं।''[2]

''क्या आप समिति को बताएँगे कि मिशन हुकूमत से समर्थन और सहायता पाते हैं अथवा बाधा?'' समिति ने मान्यवर जे. टक्कर से पूछा। मान्यवर टक्कर

फ़ेलो ऑफ़ कॉरपस क्रिस्टी, ऑक्सफ़ोर्ड से हाल में ही सेवानिवृत्त हुए थे और अभी वेस्ट हंड्रेड के प्रतिनिधि थे। उन्होंने भारत में साढ़े तेरह वर्ष बिताए थे। इसमें ग्यारह वर्ष मद्रास (चेन्नई) में कॉरसपोंडिंग कमिटी ऑफ़ द मिशनरी सोसायटी के सचिव पद पर रहे थे। उन्होंने उत्तर दिया : "कानूनी संरक्षण तो वे प्राप्त करते हैं, किंतु आर्थिक या किसी अन्य प्रकार की सहायता बिलकुल नहीं पाते; मुझे यह नहीं मालूम कि किसी मिशन की सहायता के लिए हुकूमत से कोई अनुरोध किया गया है या नहीं।"

चूँकि यह उत्तर व्यास शैली में दिया गया था, अतः उन्हें दुबारे पूछा गया : "प्रश्न का संबंध सरकार की ओर से सहायता, प्रोत्साहन अथवा व्यवधान से था। कृपया यह बताएँ कि भारत के सैनिक तथा असैनिक अधिकारियों के क्या रुख हैं।" मान्यवर टक्कर ने कहा : "निजी तौर पर वे बड़ी संख्या में मिशनरी कार्यवाहियों को अपना हार्दिक समर्थन और सहायता देते हैं। मेरे ख़याल में पंजाब में हुकूमत के सारे लोग हमारे मिशनों को उदारतापूर्वक सहयोग राशि, समर्थन एवं सहायता प्रदान करते हैं।"

"क्या आपको ऐसा नहीं लगता कि इस समर्थन और सहायता से वहाँ के लोगों में आशंका या ईर्ष्या पैदा होती है?" इस प्रश्न के उत्तर में मान्यवर टक्कर ने कहा : "बिलकुल नहीं। यदि थोड़ी भी जलन पैदा होती तो वे सैनिक तथा असैनिक अधिकारी भारत में ऐसा काम नहीं करते।"

अगला प्रश्न था, "क्या आप देशी ईसाइयों की भौतिक दशा में सुधार का कोई प्रमाण दे सकते हैं?" मान्यवर टक्कर ने उत्तर दिया : "अवश्य, तिन्नेवेल्ली इसका बढ़िया उदाहरण है। उनकी आदतें तथा वेश-भूषा बदल गई हैं; उनमें तथा ग़ैर-ईसाइयों में स्पष्ट भेद है। अब वे ज़्यादा मिहनत करते हैं और पहले की अपेक्षा अब उनके पास ज़्यादा संपत्ति है।"

समिति का प्रश्न था : "ब्रिटिश हुकूमत के प्रति उनका क्या रुख है?" मान्यवर टक्कर ने जवाब दिया, "वे दिल से ब्रिटिश हुकूमत से जुड़े हुए हैं। कुछ ही दिन पहले चर्च मिशनरी सोसायटी तथा सोसायटी फ़ॉर प्रोपेगेटिंग द गॉस्पेल से जुड़े तिन्नेवेल्ली के प्रोटेस्टेंट मिशनरियों ने इंगलैंड में महारानी को एक मानपत्र भेजा जो महिमामयी के समक्ष केंटरबरी के आर्चबिशप द्वारा प्रस्तुत किया गया। इसका उल्लेख हाउस ऑफ़ लॉर्ड्स (संसद का उच्च-सदन) की कमिटी के प्रतिवेदन में किया जाएगा, किंतु, यदि वांछनीय हो, तो इसे मैं अभी प्रस्तुत कर सकता हूँ।"

उसने मानपत्र की एक प्रति प्रदान की। धर्मांतर के परिणामों पर उसे गर्व था और यह उम्मीद रखने का आधार था कि कमिटी खुश होगी और देखेगी कि

मिशनरी साम्राज्य को मज़बूत बनाने के लिए कितना-कुछ कर रहे थे।

* * * * *

ईश्वर की असीम अनुकंपा की अधिकारिणी महादयालु महारानी,
ईश्वर की महती कृपा से ग्रेट ब्रिटेन की मलिका एवं धर्म-रक्षिका
महामहिमामयी महारानी विक्टोरिया की सेवा में

हम, अंगरेज़ी उपनिवेश तिन्नेवेल्ली प्रांत के देशी ईसाई, जिन्होंने विदेशों में गॉस्पेल के प्रसार के लिए संगठित समाज तथा चर्च मिशनरी सोसायटी के तत्त्वावधान में 40,000 की संख्या में ईसाई धर्म को ग्रहण कर लिया है, पूरी विनयशीलता तथा समादर के साथ महामहोदया के चरणों में इस अभ्यावेदन को प्रस्तुत कर रहे हैं।

महारानी को भेजा गया मानपत्र

हम महामहोदया की उपस्थिति में क़बूल करना चाहते हैं कि आपकी दीन प्रजा और हमारे सारे देशवासी ईश्वरीय विधान के तहत ब्रिटिश हुकूमत के न्यायसंगत एवं उदार शासन में ऐसी सुख-शांति का आनंद ले रहे हैं जो हमारे पूर्वजों को नसीब नहीं था और जो हमारे देश के कल्याण के लिए आवश्यक है। हमारे बीच के बिलकुल सीधे-सादे और अनपढ़ लोग भी इसे क़बूल करते हुए ऐलान करते हैं कि आख़िरकार वह समय आ गया है जबकि "बाघ और मेमना एक ही दरिया का पानी पी रहे हैं।" इसलिए, हम पूरी कृतज्ञता तथा विनयशीलता के साथ इसे अपना परम कर्तव्य समझते हैं कि हम नरेशों के नरेश सर्वशक्तिमान ईश्वर से प्रार्थना करें कि वह हमारी परम दयालु महामहिमामयी महारानी को दैवी उपहारों से नवाज़ें, उन्हें स्वस्थ रखकर समृद्ध एवं दीर्घायु बनाएँ, उन्हें इतनी शक्ति प्रदान करें कि वे अपने सारे दुश्मनों को पराजित कर दें तथा इस जीवन के पश्चात् उन्हें स्थायी सुख एवं परमानंद प्रदान करे।

ब्रिटिश हुकूमत से हमारे देश को अपरिमित लाभ हुए हैं। हम अन्य लोगों के साथ न्याय, सुरक्षा तथा अनेक वरदानों के हक़दार तो हैं ही, हम ईसाई इस बात के लिए विशेष रूप से कृतज्ञ हैं कि अंगरेज़ मिशनरी समाजों के अथक प्रयास से हमने एक सच्चा धर्म और उसके पवित्र सिद्धांत सीखे हैं और इतने सौभाग्यपूर्ण समय में जनमी अपनी संतान के लिए शिक्षा का लाभ सुरक्षित कर लिया है। इससे पूर्व हममें से अनेक भाग्यहीन लोग मूक प्रतिमाओं की पूजा करते थे और विकराल दानवों से काँपते रहते थे। लेकिन अब सच्चे ईश्वर को जानकर और उसके पवित्र संदेश को सीखकर हम इस जीवन को शांति के साथ जीते हैं, हम चैन के साथ इस जीवन

का त्याग करेंगे और आने वाले विश्व में शाश्वत जीवन पाएँगे। हमारे पास शब्द नहीं हैं जिसके द्वारा परम दयालु महामहोदया के सामने हम ईश्वर की असीम उदारता के लिए उसे कृतज्ञता ज्ञापित कर सकें।

यह जानकर कि हमारे हिंदू देशवासियों में अनेक स्त्री और पुरुष ग़ैर-ईसाई होने के बावजूद बाइबिल का अध्ययन करते हैं और सच्चे धर्म के बारे में जिज्ञासा प्रकट करते हैं हम इस उम्मीद में तसल्ली पाते हैं कि ईश्वर उन्हें अपनी मुक्तिदायिनी कृपा प्रदान करेगा और अतीत की भाँति भविष्य में भी उनकी ओर से पूरे विश्व में अपने भक्तजनों की प्रार्थना सुनेगा।

महारानी को भेजा गया मानपत्र

यह सुनकर बड़ा कष्ट होता है कि इन दिनों यूरोप के अनेक राज्यों में खूनी क्रांतियाँ और रक्तरंजित युद्ध हुए हैं, लेकिन दूसरी ओर यह हर्षदायक ख़बर भी है कि एक सुखी इंगलैंड में शांति एवं समृद्धि क़ायम है और मिशनरी, बाइबिल तथा अन्य समाजों की आय में लगातार वृद्धि हो रही है। हमारा दृढ़ विश्वास है ईश्वर सत्य एवं शांति के पक्ष में सारी प्रतिकूलताएँ दूर कर देगा तथा संपूर्ण विश्व को इंगलैंड जैसा ही ज्ञान संपन्न और सुखी बनाएगा।

हमारे देशवासी, जो अंगरेज़ों के द्वारा निर्मित पुलों, सड़कों के किनारे वृक्षवीथियों, विशाल संख्या में लड़के-लड़कियों, ईसाई, ग़ैर-ईसाई, मुसलिम और रोमन कैथोलिक माता-पिताओं के बच्चों को अंगरेज़ी मिशनों की क़ीमत पर, तमिल तथा अंगरेज़ी में निःशुल्क शिक्षा ग्रहण करते देखते है, पुरानी कहावतों को याद करते हैं, ''शिक्षा बंद आँखों को खोलती है'', और ''जो पिता अपने पुत्र को शिक्षा से वंचित रखता है, वह अपराधी है।'' ख़ासकर जब वे ईसाई लड़कियों, वयोवृद्ध पुरुषों एवं स्त्रियों को ईश्वर की वाणी पढ़ने की सीख लेते देखते हैं, तो ख़ुशी से बोल उठते हैं : ''वास्तव में यह विस्मयकारी है, यही असली दानशीलता है!'' एक ईसाई हुकूमत के अधीन हम असीम अनुकंपाओं का लाभ उठाते हैं और इसके लिए हम परम दयालु महामहोदया के प्रति सच्चे हृदय से निशदिन असीम कृतज्ञता ज्ञापित करते हैं। बाल-सुलभ विश्वास और विनम्रता के साथ हम महामहिमामयी से प्रार्थना करते हैं कि वे बाइबिल की पवित्र वाणी, ''राजा तुम्हारे पालक पिता होंगे और रानियाँ तुम्हारी धाय माँ'', के अनुकूल अभी भी हमें अपनी देख-भाल और सुरक्षा में रखने की कृपा बनाए रखेंगी।

हम सर्वशक्तिमान ईश्वर से करबद्ध प्रार्थना करते हैं कि वह परम कृपालु महामहिमामयी के जीवन-साथी प्रिंस अलबर्ट, पुत्र एवं उत्तराधिकारी प्रिंस ऑफ़ वेल्स तथा शाही परिवार पर रहमो-करम करे और उन्हें हमेशा सुखी और समृद्ध बनाए रखे।

परम समादर के साथ

महामहिमामयी के विश्वासी प्रजागण और विनीत सेवक।[3]

* * * * *

सेलेक्ट कमिटी (प्रवर समिति) के सदस्यों ने लक्ष्य किया कि अभी सरकारी स्कूलों में धार्मिक शिक्षा नहीं दी जाती है। उनकी जिज्ञासा थी कि छात्रों को हिंदू धर्म के प्रति निष्ठा के संबंध में दी जानेवाली पूर्णतः धर्म-निरपेक्ष शिक्षा का क्या असर है। मिशनरियों का उत्तर था कि यह शिक्षा हिंदू धर्म के प्रति अश्रद्धा और अविश्वास पैदा करती है, लेकिन इसका एक ख़तरा यह भी है कि यह धर्म के प्रति आस्था को ही क्षीण करती है और इसका निदान आवश्यक है।

उन्होंने सरकार की तटस्थता-नीति का दिल से अनुमोदन किया। मान्यवर टक्कर ने समिति को कहा : "सरकार यदि अपनी मौजूदा तटस्थता-नीति से हटती है तो मुझे कष्ट होगा। यदि सरकार हमारी सोसायटी (द चर्च मिशनरी सोसायटी) को सुरक्षा प्रदान करने के सिवा अन्य किसी प्रकार की सहायता देने की बात सोचती है तो मुझे बहुत कष्ट होगा। यदि मुझे मालूम हो कि सरकार हमारे मिशनों की मदद का कोई प्रस्ताव रखती है तो मेरा विश्वास है कि सोसायटी स्वयं इसे ठुकरा देगी और मैं तो तत्क्षण ठुकरा दूँगा।"[4] मान्यवर केनेडी का कहना था : "भारतवासी अब इस बात के कायल हैं कि ईसाइयत को अपनी अच्छाइयों के भरोसे ही छोड़ दिया गया है। तर्क-वितर्क एवं प्रत्यायन (समझाने-बुझाने) के अतिरिक्त यह अपने विस्तार के लिए न तो किसी अन्य साधन की तलाश करता है, न उसे काम में लाता है। यदि सरकार ईसाइयत को खुले आम शिक्षा का एक अंग बनाने की घोषणा करती है तो इसकी वर्तमान अनुकूल स्थिति क़ायम नहीं रह पाएगी।"[5]

लेकिन उन्होंने समिति को यह भी बतलाया कि सरकार तटस्थता की ओर कुछ ज़्यादा ही झुक रही है। जिन स्कूल-कॉलेजों की स्थापना इसने की है उनमें स्वेच्छा से बाइबिल के वर्गों में जाने के इच्छुक छात्रों को कोई सुविधा नहीं दी जाती; शिक्षकों को अंगरेज़ी सिखाने या नैतिक पाठ पढ़ाने के लिए बाइबिल का उपयोग करने की अनुमति नहीं है; उन्हें इस बात की भी अनुमति नहीं है कि वे अपनी सेवा के घंटों के बाद के समय में धार्मिक शिक्षा दें।

यह उनके अनुसार अतिगमन है। यह ईसाइयत के विरुद्ध जाता है क्योंकि इससे यह धारणा बनती है कि हुकूमत ईसाइयत के प्रति उदासीन है। सरकार के लिए यह एक भ्रामक स्थिति पैदा करता है। वास्तव में, इन हिदायतों का अनुसरण करने में सरकार तटस्थता की नीति से ही पीछे हट रही है। कोलकाता में सरकार

द्वारा स्थापित संस्कृत तथा मुसलिम कॉलेजों में पंडितों और मौलवियों को 'शास्त्र' और कुरान पढ़ाने की छूट मिली हुई है। उन्हें इस बात की अनुमति है कि इच्छुक छात्रों को उनके धर्म की शिक्षा दी जाए। उनके मतानुसार सरकार को सही माने में तटस्थ होना चाहिए। इसे बाइबिल के वर्गों की अनुमति देनी चाहिए, उनमें सिर्फ उपस्थिति स्वैच्छिक रहे। इसे सरकारी स्कूल के शिक्षकों को इस बात की अनुमति देनी चाहिए कि वे अपने खाली समय में ईसाइयत की शिक्षा दे सकते हैं। मान्यवर कार्र का तो कहना था कि यदि सरकार इतना भी नहीं कर सकती, तो उसे सरकारी स्कूलों को बंद ही कर देना चाहिए!

ये सुझाव निश्चय ही सरकारी स्कूलों के लिए थे क्योंकि मिशनरियों द्वारा संचालित स्कूलों में ऐसी पाबंदियाँ नहीं थीं, जैसाकि प्रवर समिति की सुनवाइयों के दौरान निम्नलिखित प्रश्न एवं उत्तरों से स्पष्ट होता है :

1. मान्यवर बेंजामिन राइस, जो लंदन मिशनरी सोसायटी के एक मिशनरी के रूप में सत्तरह वर्षों तक भारत में रह चुके थे, से समिति ने पूछा, "क्या यह सही है कि आपकी संस्थाएँ बच्चों के धर्मांतरण पर विशेष बल देती हैं?" मान्यवर राइस ने उत्तर दिया : "निश्चय ही।" समिति का प्रश्न था, "क्या ठीक उतना ही जितना कि आपके प्रवचन हैं?" मान्यवर राइस ने कहा, "बिलकुल वैसा ही।"[6]
2. मान्यवर जेम्स केनेडी लगातार इस बात पर बल दे रहे थे कि यद्यपि तटस्थता वांछनीय तो है, किंतु सरकार इस दिशा में कुछ ज़्यादा ही आगे जा रही है। कमिटी ने उनसे पूछा : "हमारी समझ में आप तटस्थता को सरकार की सही नीति मानते हैं, किंतु क्या यह वांछनीय नहीं कि यह तटस्थता सच्ची एवं यथार्थ हो और उसका सख़्ती से पालन भी किया जाए? यदि सरकार अपने द्वारा स्थापित स्कूलों के शिक्षकों को युवा छात्रों के धर्म के साथ छेड़-छाड़ नहीं करने देती तो क्या यह सही दिशा में की जाने वाली 'ग़लती' नहीं है?" मान्यवर केनेडी का जवाब था : "मेरे ख़याल में सरकार को औपचारिक तौर पर ईसाइयत के पक्ष में दख़ल नहीं देना चाहिए, लेकिन व्यक्तिगत तौर पर दी जाने वाली शिक्षा (उनका आशय सरकारी स्कूलों के शिक्षकों द्वारा खाली समय में दी जाने वाली धार्मिक शिक्षा से था) में हस्तक्षेप कर सरकार अपनी सीमा का अतिक्रमण कर रही है। मेरे ख़याल में हमारे मिशन स्कूल इस मामले में सरकारी स्कूलों से बीस पड़ते हैं कि वहाँ के छात्रों को हम अपने धर्म की शिक्षा देने के लिए पूरी तरह स्वतंत्र हैं और इसमें कोई आपत्ति भी नहीं उठाई जाती, क्योंकि ऐसा हम अपनी

> जवाबदेही पर करते हैं। मेरा विश्वास है कि इस मामले में सरकारी स्कूलों की अपेक्षा मिशन के स्कूल भारत के लिए कहीं ज़्यादा काम कर पाएँगे, क्योंकि सरकार की स्थिति भिन्न है और उसे अनेक दायित्व निभाने हैं।"[7]

मान्यवर केनेडी के पास उपलब्ध आँकड़ों के अनुसार उस समय सरकारी स्कूलों में छात्रों की संख्या मात्र 23 हज़ार थी जबकि मिशन स्कूलों में एक लाख से अधिक।

पापपूर्ण साहचर्य

एक बात और थी जिससे मिशनरी परेशान थे और इसके निराकरण के लिए उन्होंने पूरी ऊर्जा, घोर भर्त्सना और नंगी झूठों के सहारे दबाव बनाया। उनकी राय में ईसाई हुकूमत अभी तक इस देश की घृणित एवं पापपूर्ण बुतपरस्ती से संबंध जोड़े हुए है। उनका कहना था कि सूरत, मैसूर, कुमायूँ तथा अन्य जगहों में जब स्थानीय राजा या सरदार किसी धार्मिक समारोह के अवसर पर जुलूस में जाते हैं तो ईसाई अधिकारी और सैनिक बग़ल में खड़े रहते हैं और कभी-कभी तो उन्हें सलामी भी दाग़नी पड़ती है। इससे बुतपरस्ती को बढ़ावा मिलता है और इसे अविलंब रोकने की ज़रूरत है।

उनके अनुसार सरकार उक्त पापपूर्ण कर्म को एक अन्य तरीक़े से प्रोत्साहित कर और उसे स्थायित्व प्रदान कर एक ज़्यादा गंभीर परिणाम पैदा कर रही थी। जैसा कि हम अच्छी तरह जानते हैं, मंदिरों का संपोषण शताब्दियों से उनके नाम सौंपे गए भू-खंडों से होता था। ईस्ट इंडिया कंपनी की सरकार ने इन भू-खंडों को अपने क़ब्ज़े में ले लिया था, लेकिन कुछ मामलों में मंदिरों की परिसंपत्ति के अधिग्रहण के बदले में कुछ अनुदान देने का भार लिया था। मिशनरी इस अनुदान को जारी रखना मनुष्य और ईश्वर दोनों के प्रति अक्षम्य अपराध मानते थे।

उन्होंने अविलंब इस अनुदान को बंद करने की माँग की। प्रवर समिति के मेमो में एतद्विषयक मिशनरियों के अनेक स्मारपत्रों का उल्लेख हुआ है। इनमें न सिर्फ़ एक जैसे ही दृष्टांत एवं एक जैसी दलीलें हैं, बल्कि प्रयोग किए गए शब्द, वाक्य तथा परिच्छेद भी एक जैसे हैं। इससे ज़ाहिर होता है कि मिशनरियों में आपसी तालमेल कितना गहरा था।

उस दौर में पुरी का जगन्नाथ मंदिर उनका ख़ास निशाना था। बंगाल और उड़ीसा में कार्यरत प्रोटेस्टेंट मिशनरियों ने पहले ईस्ट इंडिया कंपनी के कोर्ट ऑफ़ डायरेक्टर्स तथा बाद में संसद की प्रवर समिति को उपर्युक्त आशय की एक अर्ज़ी

भेजी। इस प्रातिनिधिक अर्ज़ी के अभिप्राय, लहजा तथा इसकी अतिरंजनाओं पर गौर करें।

* * * * *

एक सविनय अनुरोध पत्र

कोलकाता स्थित अधोहस्ताक्षरी प्रोटेस्टेंट मिशनरी विनम्रतापूर्वक, किंतु गंभीरता के साथ ईस्ट इंडिया कंपनी द्वारा उड़ीसा के जगन्नाथपुरी मंदिर को दिए जाने वाले वार्षिक अनुदान की ओर आपके माननीय सदन का ध्यान आकृष्ट करना चाहते हैं कि 1850 के मई में इस विषय पर बंगाल सरकार के सचिव के माध्यम से ईस्ट इंडिया कंपनी के कोर्ट ऑफ़ डायरेक्टर्स को निम्नलिखित स्मारपत्र सौंपा गया था :

"सेवा में, ईस्ट इंडिया कंपनी के माननीय कोर्ट ऑफ़ डायरेक्टर्स; बंगाल और उड़ीसा में कार्यरत विभिन्न प्रोटेस्टेंट मिशनरियों के द्वारा प्रस्तुत यह विनयपूर्ण स्मारपत्र दर्शाता है कि :

आपके अभ्यावेदकों, जो विभिन्न प्रोटेस्टेंट संप्रदायों से जुड़े हैं और जिन्होंने भारत में एक लंबे अरसे तक काम किया है, को बहुधा यह विशेष जानकारी मिलती रही है कि सरकारी ख़ज़ाने से जगन्नाथ मंदिर को दिए जा रहे वार्षिक आर्थिक अनुदान के कारण उस मंदिर से जुड़ी बदनाम हिंदू बुतपरस्ती न सिर्फ क़ायम रखी जा रही है, बल्कि उसे प्रोत्साहित भी किया जा रहा है।

आपके अभ्यावेदक बड़े खेद के साथ, किंतु विनम्रतापूर्वक, आपका ध्यान इस तथ्य की ओर आकृष्ट करते हैं कि सरकारी अंशदान के कारण इन प्रांतों की जनता को बुतपरस्ती की दासता से मुक्त करने और उन्हें ईसामसीह के पवित्र एवं निर्मल धर्म की छत्र-छाया में लाने में सिर्फ़ बाधा ही नहीं पड़ रही है, इस दिशा में किए जा रहे सारे प्रयास भी विफल साबित हो रहे हैं। भारत के सभी भागों से मंदिर के गिर्द एकत्र दुःखी पुरुषों एवं नारियों का विशाल समुदाय सिर्फ़ यही नहीं मानता कि ब्रिटिश हुकूमत जगन्नाथ के देवत्व को स्वीकार करती है, वह यह भी विश्वास करता है कि हुकूमत उस मूर्ति की पूजा को भव्य तरीक़े से मनाए जाने को उत्सुक है। मंदिर से जुड़े पंडे-पुरोहित, जो तीर्थयात्रियों के भोलेपन और तंगहाली पर फलते-फूलते हैं, उनके इस विश्वास को बल प्रदान करते हैं, वे मिशनरियों को सार्वजनिक तौर पर फटकारते हैं, उन्हें आम जनता के सामने सरकार के फूट परस्त विरोधी के रूप में पेश करते हैं, गर्व से वार्षिक सरकारी अनुदान को इस बात के अकाट्य प्रमाण के रूप में प्रस्तुत करते हैं कि यह उनके अंधविश्वास का अनुमोदन करता है और चाहता है कि बुतपरस्ती इस देश का धर्म बनी रहे। अतः अभ्यावेदकों को बड़े अफ़सोस

के साथ कहना पड़ता है कि इस देश की सरकार जगन्नाथ मंदिर को सहायता देकर वास्तव में बुतपरस्ती को प्रश्रय दे रही है और अनजाने ही प्रेम और शांति के ईसाई संदेश की प्रगति में बाधा डाल रही है।

आपके अभ्यावेदक माननीय कोर्ट को यह भी स्मरण दिलाना चाहेंगे कि जगन्नाथ पुरी में एकत्र होने वाले विशाल समुदाय का एक अच्छा-ख़ासा हिस्सा सरकार द्वारा इस मंदिर को दिए जाने वाले वार्षिक अनुदान की ख्याति के कारण यहाँ आता है।

एक सविनय अनुरोध पत्र

यह अनुदान इस मंदिर को एक विशिष्टता प्रदान करता है और तीर्थ-यात्रियों की तलाश में लगे पंडे-पुरोहितों, जो लोगों को तीर्थ में लाने के लिए देशभर की ख़ाक छानते-फिरते हैं, को अपना पक्ष प्रस्तुत करने के लिए एक सबल और गौरवपूर्ण युक्ति प्रदान करता है। इस तीर्थ यात्रा से पनपने वाली भौतिक एवं नैतिक बुराइयों के बारे में जितना भी कहा जाए, कम होगा। वास्तव में, इन अवसरों पर देखी जाने वाली दुर्दशा, तकलीफ़ एवं पापाचार को शब्दों में ठीक-ठीक व्यक्त करना कठिन है। पुरी में ठहराव के दौरान इन तीर्थ-यात्रियों को यह विश्वास दिलाया जाता है कि मंदिर में तैयार किया गया भोजन (प्रसाद) पर निर्वाह करना उनका धार्मिक कर्तव्य है। भारी क़ीमत पर उपलब्ध यह प्रसाद घटिया एवं हानिकर होता है। हज़ारों-लाखों लोग हर रात खुली सड़क पर सोते हैं। उनके पास प्रायः होने वाली तूफ़ानी वर्षा से बचाव के लिए कोई आश्रय नहीं होता। अनाश्रयता, तंगी और थकान अनेक बीमारियाँ पैदा करती हैं और मरण-दर भयावह हो जाती है। प्रतिवर्ष तीर्थ-यात्रियों का भारी सैलाब उमड़ता है; सिर्फ रथ-यात्रा में, जो मात्र एक तिहाई भीड़ को समेटती है, उनकी संख्या 80,000 से 200,000 के बीच होती है। कहते हैं इनमें प्रतिवर्ष एक तिहाई यात्री काल-कवलित हो जाते हैं और पुरी के पास-पड़ोस का इलाक़ा एक अति विशाल गोलगॅथा (क़ब्रिस्तान) का रूप धारण कर लेता है। पुजारियों की, और आम जनता की भी, पाशविक नृशंसता इस त्रासदी का कम बीभत्स पहलू नहीं है। वे यात्रियों के बेइंतहाँ तकलीफ़ों एवं मरणासन्न लोगों की चीख-पुकार से पूरी तरह उदासीन रहते हैं। आपके अभ्यावेदकों में से अनेक इस दारुण एवं बीभत्स दृश्यों के, इस नैतिक पतन, मुसीबत और कमबख़्ती के प्रत्यक्षदर्शी रहे हैं। इन सारी चीज़ों को शब्दों में बाँधना कठिन है। आपके अभ्यावेदक सती-प्रथा को समाप्त करने के आपके विवेकपूर्ण तथा दयायुक्त कार्य को हर्ष तथा कृतज्ञता के साथ स्वीकार करते हैं, लेकिन सती-प्रथा जहाँ सैकड़ों में जान लेती थी, पुरी का मंदिर अधिक स्थायी होने के क़ारण हज़ारों में मानव-जीवन का संहार करता है। यह भी ध्यातव्य है कि पुरी में तीर्थ-यात्री विभिन्न रोगों का शिकार होकर उन्हें अन्यत्र ले जाते हैं। उनके लंबे प्रयाण के बीच

में प्रायः हर साल हैज़े का विस्फोट होता है जो पास-पड़ोस के गाँवों तथा सुदूर देहातों में फैलकर अनगिनत लोगों की बलि ले लेता है।

आपके अभ्यावेदक विनम्रतापूर्वक माननीय कोर्ट का ध्यान इस स्पष्ट विसंगति की ओर आकृष्ट करते हैं कि एक ओर तो आपने लोगों के बौद्धिक तथा नैतिक उन्नयन के लिए स्कूल-कॉलेजों की स्थापना की है, वहीं दूसरी ओर मूर्ति-पूजन संबंधी प्रतिष्ठानों को भी सहायता दे रहे हैं। इससे लोगों के बौद्धिक एवं नैतिक पतन को क़ायम रखने में मदद मिलती है। यहाँ का बुद्धिजीवी वर्ग इस दोहरी नीति को नहीं समझ पाता।

एक सविनय अनुरोध पत्र

आपके अभ्यावेदक, एक जीते-जागते ईश्वर के सेवक के रूप में, आपके माननीय कोर्ट को आदरपूर्वक, किंतु पूरी गंभीरता के साथ, स्मरण दिलाते हैं कि बुतपरस्ती न सिर्फ़ मानव जाति के लिए एक अभिशाप तथा सामाजिक एवं राष्ट्रीय उन्नयन में एक बाधा है, अपितु प्रत्यक्ष अथवा अप्रत्यक्ष किसी भी रूप में इसका समर्थन, स्वीकृति या अनुमोदन ईश्वर के प्रति घोर अपराध भी है। अतः आपके अभ्यावेदक आशा करते हैं कि ईसाई हुकूमत का किसी भी रूप में बुतपरस्ती से सरोकार में निहित पापों तथा तीर्थयात्रा, विशेषकर जगन्नाथ मंदिर की यात्रा से होने वाले कष्टों, पापों तथा मानव-जीवन के नाश पर विचार करते हुए आपका माननीय कोर्ट अपने स्तर से इन बुराइयों को दूर करने का हर संभव प्रयास करेगा, सरकार से प्राप्त होने वाली उस सहायता को रोकेगा जो विवेक, तर्क, मानवता और धर्म से मेल नहीं खाता और उन लोगों के भौतिक कष्टों में वृद्धि लाता है जिन्हें विधाता ने आपके नियंत्रण में रखा है और जिनकी सुख-सुविधा के सारे संभव उपाय करने को आप बाध्य हैं... ।''

❒ ❒ ❒ ❒ ❒

इसके बाद उन्होंने पूर्व में लॉर्ड डलहौज़ी को सौंपे गए अनुरोध पत्र से उद्धृत गणनाएँ प्रस्तुत कीं। ये गणनाएँ किसी जेसुइट के लिए कौन कहे, किसी टैक्स वकील के लिए भी अनुकरणीय थीं। इनके द्वारा उन्होंने साबित कर दिया कि सरकार मंदिर के अधिगृहीत ज़मीन के हरजाने देने के लिए किसी भी रूप में बाध्य नहीं है, इसने तो इतने वर्षों में मंदिर को उसके देय से कहीं ज़्यादा दे दिया है! उनका निष्कर्ष था :

''आपके अभ्यावेदक कौंसिल में आपका ध्यान इस ओर भी आकृष्ट करना चाहते हैं कि उन्होंने 1850 में माननीय कोर्ट ऑफ़ डायरेक्टर्स को जगन्नाथ मंदिर

में सरकारी अनुदान के विरुद्ध एक ज्ञापन सौंपा था। इसमें उन्होंने उस प्रसिद्ध मंदिर के साथ भारत सरकार के संबंध से उत्पन्न घोर बुराइयों और रोमहर्षक कष्टों पर गंभीर चिंता प्रकट की थी। उनकी यह चिंता आज भी वैसी ही है। लेकिन अभी उनका उद्देश्य मंदिर के दावों से नैतिकता, परोपकार या धर्म के आधार पर नहीं और न किसी लोक नीति के आधार पर बल्कि पूर्णतः गणितीय लेखा-जोखा के आधार पर निबटना है, अतः वे किसी अन्य बात पर विचार करने से परहेज़ करेंगे। अभ्यावेदक विनम्रता, किंतु दृढ़ता, के साथ अपनी बात यह कहकर समाप्त करना चाहेंगे कि कौंसिल में श्रीमान अब 1851 के प्रारूप अधिनियम को पारित कर सरकार का जगन्नाथ मंदिर से संबंध विच्छेद कर दें और इसे तब तक के लिए अपने अनुयायियों के भरोसे छोड़ दें जब तक बुतपरस्ती धरती से मिट नहीं जाती और विश्व का सच्चा ईश्वर, जिसे शासन का पूर्ण अधिकार है, सारे संसार में अपना शांतिपूर्ण साम्राज्य स्थापित नहीं कर लेता (हम अभ्यावेदक प्रार्थना करते हैं कि निकट भविष्य में ही ऐसा हो)।''[8]

एक सविनय अनुरोध पत्र

* * * * *

इस एक मूर्ति के कारण प्रतिवर्ष कितनी जानें जाती हैं? केरी और विल्बरफ़ोर्स के अनुसार एक लाख। और इन मिशनरियों के अनुसार? बीस हज़ार। लेकिन सच्चाई क्या है? चार्ल्स बूलर कई वर्षों तक कटक का आयुक्त रहा था। मिशनरियों की इस मन-गढ़ंत संख्या से प्रेरित होकर उसने 19 मई, 1813 को ईस्ट इंडिया कंपनी के कोर्ट ऑफ़ डायरेक्टर्स को सीधे तौर पर लिखा। उसने भी रथ-यात्रा तथा पुरी के संबंध में लोमहर्षक कहानियाँ सुनी थीं : ''कटक और जगन्नाथ के बीच मैं कई बार गुज़रा हूँ (वह भी रथ-यात्रा से ठीक पहले), लेकिन दो-तीन व्यक्ति ही मुझे ऐसे मिले हैं जो श्रांत-क्लांत एवं भुखमरी के शिकार थे। लेकिन तीर्थ-यात्रियों की विशाल संख्या (उसके अनुसार यात्रा के समय एक लाख की संख्या थी) को देखते हुए इसमें कोई आश्चर्य की बात नहीं थी। हिंदुस्तान के कोने-कोने से, लगभग 1,600 मील तक की दूरी तय कर उमड़ी भीड़, जिसमें अधिकांश बूढ़े तथा दुर्बल लोग मूर्ति के अंतिम दर्शन के लिए आते हैं, में दो-चार अगर परेशाँहाल दीख पड़ें तो इसमें आश्चर्य क्या है?'' मिशनरियों का यह कथन ग़लत है कि हिंदू धर्म किसी को भी यात्रा के दौरान रथ के नीचे बिछ जाने का आदेश देता है। वह आगे कहता है : ''ऐसी घटना का कभी-कभार ही होना इस बात का ठोस प्रमाण है कि हिंदू धर्म के किसी भी संप्रदाय का यह विहित कर्तव्य नहीं है। यह शायद 1809 का वर्ष था जब मैं पूरी

रथ-यात्रा के दौरान मौजूद था। इस पूरी अवधि में मैंने रथ के पहिए के नीचे क़ुर्बानी की सिर्फ़ एक घटना के बारे में सुना। यदि कोई दूसरी ऐसी घटना घटती तो उसके बारे में भी निश्चय ही सुनता। फिर भी, मान लें, यह संख्या एक नहीं, दस गुनी है, तो भी इसका क्या अर्ध होगा? यही न कि बीस करोड़ की जनसंख्या (मेरे ख़याल में काबुल तक फैले हिंदुओं की संख्या इसी के आस-पास होगी) में से दस ऐसे धर्मांध, मूर्ख और पागल मिलते हैं जो जगन्नाथपुरी में इस तरह की क़ुर्बानी देते हैं।'' बूलर ने यात्रा के समय गाए जाने वाले गीतों की कथित अश्लीलता तथा मूर्ति के संबंध में फैलाई गई अफवाहों के साथ-साथ अनेक झूठों का खंडन किया। लेकिन मिशनरियों ने तो जैसे झूठे प्रचार का ठेका ले रखा था!

जान-बूझकर किए गए ऐसे विष-वमन से स्वामी विवेकानंद जैसे संयमित व्यक्ति भी रोष में आ गए तो इसमें अस्वाभाविक क्या था?

साझा प्रयास

लेकिन क्या इस घटना-प्रवाह के पीछे किसी दुश्चक्र का होना बाद का निष्कर्ष नहीं है? क्या विभिन्न मिशनरी समूहों में महत्त्वपूर्ण मतांतर नहीं थे?

ऐसे प्रश्न आज भी पूछे जाते हैं। जब उत्तर-पूर्व में मिशनरियों द्वारा अलगाववादी तत्त्वों को बढ़ावा देने की तरफ़ ध्यान आकृष्ट किया जाता है, तो उत्तर मिलता है : ''लेकिन यह तो मुट्ठी भर बैपटिस्टों का काम है, इसमें चर्च की अपनी कोई भूमिका नहीं है।''

चूँकि मिशनरियों के अनेक समाज थे और उन्हें संरक्षण प्रदान करने वाले प्रायोजकों की संख्या भी बड़ी थी, अतः स्वाभाविक था कि उनमें धर्मांतरितों की फ़सल काटने की प्रतियोगिता भी उसी अनुपात में होती। अनेक मिशनरियों ने प्रवर समिति के सामने दुखड़ा रोया कि वे किस प्रकार धर्मांतरण नहीं कर पा रहे थे और जो भी धर्मांतरित उन्होंने बनाए थे उन्हें दूसरों के द्वारा बनाए गए धर्मांतरितों जैसी सुविधाएँ नहीं मिल रही थीं। ख़ासकर रोमन कैथोलिक मिशनरियों की शिकायत थी कि उनके पादरी-पुरोहित कैथोलिकों की आध्यात्मिक आकांक्षाओं को पूरा करने के लिए पर्याप्त अवसर नहीं पा रहे थे और एक कैथोलिक बच्चे को दिया जाने वाला वजीफ़ा प्रोटेस्टेंट बच्चे को मिलने वाले वज़ीफ़े का एक तिहाई मात्र था। लेकिन, ये छोटी-मोटी शिकायतें थीं। मैकाले ने इस पर ताना मारते हुए कहा था : ''मैं गायों की पूजा करने वाले लोगों के देश में इतनी लंबी अवधि तक रहा हूँ कि ईसाई समुदायों का पारस्परिक मतभेद कोई ख़ास मायने नहीं रखता।'' कुल मिलाकर सभी क़िस्म के मिशनरियों

का एक ही लक्ष्य था और वे उसकी पूर्ति में एक-दूसरे को पूरा सहयोग करते थे।

मिशनरियों द्वारा प्रस्तुत दस्तावेज़ी तथा मौखिक साक्ष्य इस पारस्परिक समन्वय पर सम्यक प्रकाश डालते हैं। उदाहरण के लिए पूर्व में दिए गए जगन्नाथपुरी संबंधी याचिका को लिया जा सकता है। यह याचिका विभिन्न संप्रदायों के प्रोटेस्टेंट मिशनरियों तथा कोलकाता के चर्च निवासियों की ओर से दी गई थी। पूर्व में बंगाल तथा उड़ीसा में कार्यरत मिशनरियों द्वारा दी गई याचिका भी इसमें शामिल थी। इस आशय की अन्य याचिकाएँ भी प्रवर समिति को मिली थीं। फिर, मिशनरियों द्वारा प्रस्तुत साक्ष्य भी सीधे तौर पर इसकी पुष्टि करते हैं।

मान्यवर कार से पूछा गया : "क्या आप बतला सकते हैं कि विविध प्रोटेस्टेंट समाजों के विभिन्न अभिकर्त्ता एवं मिशनरी क़िस दूरी तक एक दूसरे के कार्य में बाधा डाले बग़ैर अपने सामान्य कार्य के निष्पादन में सहमति रखते हैं?" मान्यवर कार का स्पष्ट उत्तर था : "मिशनरी लोग सारे मिशनरी कार्यों में पूरा ताल-मेल रखते हैं और मोटे तौर पर एक ही पद्धति अपनाते हैं।"[9]

मैक्समूलर ने और आगे बढ़कर कहा : "मिशनरी कार्य ही ऐसा है कि वह विभिन्न संप्रदायों में विभाजित लोगों को भी देश तथा विदेश दोनों जगहों में एक सूत्र में बाँधता है।" प्रमाण के तौर पर उसने 1873 में प्रकाशित 'इंडिया, प्रोग्रेस एंड कंडिशन' (भारत, प्रगति एवं दशा) का हवाला देते हुए कहा : "भारत-स्थित यूरोपीय तथा अमेरिकी मिशनरियों का वृहद् निकाय पूरी शक्ति के साथ देश पर नैतिक प्रभाव डालता है; ये सभी मिल-जुलकर ऐसी चुस्ती से काम करते हैं जिसका पता भी नहीं चलता। यद्यपि वे ईसाइयत के विभिन्न संप्रदायों के लोग होते हैं, किंतु उनके कार्य की प्रकृति, उनकी पृथक् स्थिति और उनके लंबे अनुभव ने उन्हें सिखाया है कि वे मतभेद पैदा करने वाले प्रश्नों के बजाय सहमति बनाने वाले अनेकानेक प्रश्नों पर ही विचार करें, और इसमें वे दिल से एक-दूसरे का साथ देते हैं। उन्होंने मैत्रीपूर्ण समझौतों के तहत क्षेत्रों का बँटवारा कर लिया है और किंचित अपवादों को छोड़कर एक सामान्य नियम अपना रखा है कि वे एक-दूसरे के द्वारा बनाए गए धर्मांतरितों के कार्य-क्षेत्र में हस्तक्षेप नहीं करेंगे। विभिन्न मिशनों के द्वारा तैयार की गई स्कूली पुस्तकों एवं धार्मिक ग्रंथों के अनुवाद सामान्य तौर पर काम में लाए जाते हैं। एक मिशन के द्वारा उपलब्ध सहायता एवं लाए गए सुधारों से दूसरे मिशन भी लाभान्वित होते हैं। मिशनरियों का विशाल समुदाय प्रत्येक प्रेज़िडेंसी टाउन में सम्मेलन का गठन करता है, मियादी बैठकें करता है और सार्वजनिक मामलों में मिल-जुलकर काम करता है। उन्होंने देशी समुदाय के कल्याण से संबद्ध महत्त्वपूर्ण सामाजिक मसलों पर ब्रिटिश हुकूमत का बार-बार ध्यान आकृष्ट किया है और मौजूदा कानूनों में सुधार

के महत्त्वपूर्ण सुझाव दिए हैं। पिछले बीस वर्षों में मिशनरी कार्यों पर विचार-विमर्श हेतु पाँच बार आम सम्मेलन आयोजित किए गए हैं। इनमें सबसे हाल के इलाहाबाद में पिछले जनवरी में आयोजित सम्मेलन में 121 मिशनरियों ने भाग लिया। इनमें बीस विभिन्न समाजों के और भारत में बीस वर्षों तक रहने के लंबे अनुभव वाले लोग भी शामिल थे।''[10]

इस तरह भारत को सभ्य बनाने, ब्रिटिश साम्राज्य के लिए इसे सुरक्षित करने, चर्च द्वारा व्यापक पैमाने पर लोगों को ईसाई बनाने के सारे प्रयास संयुक्त रूप से किए गए। इसमें असैनिक अधिकारियों ने अपनी 'धार्मिक तटस्थता' समेत अन्य युक्तियों से सहायता प्रदान की; 'क्रूस के सैनिकों' ने एक-दूसरे की हर संभव मदद की और विद्वानों ने 'ब्राह्मणवाद के सुदृढ़ दुर्ग' की 'जड़ खोदने', उसकी 'घेराबंदी करने' और 'अंत में धावा बोलकर उस पर फ़तह कर लेने' में मदद की।

अब हम इस तीसरे समूह—निष्पक्ष विद्वानों—पर विचार करेंगे।

संदर्भ

1. पूर्वोक्त के लिए देखें, हैंसर्ड, खंड 26, जून 22, 1813, कॉलम 831-873
2. मिनट्स ऑफ़ द एविडेंस· टेकेन बिफ़ोर द सेलेक्ट कमिटी ऑन इंडियन टेरिटरीज़, मई 26 और जून 2, 1853, परिशिष्ट 4, पृ. 260
3. वही, मिनट्स ऑफ़ एविडेंस, 18 जुलाई, 1853 को गृहीत, पृ. 708, 711-2
4. वही, मिनट्स ऑफ एविडेंस, 28 जुलाई, 1853 को गृहीत, पृ. 100-1
5. वही, मिनट्स ऑफ एविडेंस, 8 अगस्त, 1953 को गृहीत, पृ. 786
6. वही, पृ. 782
7. वही, पृ. 787-8
8. परिशिष्ट देखें, 'रिपोर्ट फ्रॉम द सेलेक्ट कमिटी ऑन इंडियन टेरिटरीज़'
9. पूर्व चर्चित 'रिपोर्ट ऑफ़ द सेलेक्ट कमिटी ऑन इंडियन टेरिटरीज़', 3 अगस्त, 1853 को गृहीत साक्ष्य मेमो, पृ. 141
10. 'वेस्टमिन्स्टर लेक्चर ऑन मिशंस,' 'चिप्स फ्रॉम ए जर्मन वर्कशाप' में खंड IV, स्क्रीबनर्स, न्यूयार्क, 1884, पृ. 263-4। याद करें, 1883 में बैपटिस्ट मिशनरी सोसायटी के समक्ष दिया गया सर रिचर्ड टेंपल का भाषण भी इसी आशय का है।

7

ब्राह्मणवाद के सुदृढ़ दुर्ग को 'घेर लेना, उसे कमज़ोर करना और अंततः उसे ढाह देना' है

"मुझे अभी भी एक अति महत्त्वपूर्ण काम करना है और मुझे प्रायः ऐसा लगता है कि मैं और भी ज़्यादा कर सकता था, बशर्ते अपने जीवन में मैं एक ही लक्ष्य पर स्थिर रहता। कभी-कभी मैं चाहता हूँ उसे करने में आप और भी मेरी मदद करते और सारी बातों को दरकिनार कर सिर्फ़ वेद पर अधिक परिश्रम करने हेतु मुझ पर ज़ोर देते। उम्मीद है कि मैं उस कार्य को पूरा कर सकूँगा और मैं आश्वस्त हूँ कि यद्यपि मैं इसे देखने के लिए जीवित नहीं रहूँगा, किंतु मेरा यह संस्करण और वेद का अनुवाद आने वाले समय में इस देश की लाखों आत्माओं के विकास और भारत पर गहरा प्रभाव डालेंगे। वेद हिंदू धर्म का मूल स्रोत है और मुझे विश्वास है कि इस मूल स्रोत का असली चेहरा सामने लाकर इससे पिछले तीन हजार वर्षों में निकली अन्य सारी चीज़ों की जड़ें काटी जा सकती हैं। अगर ये विचार किसी व्यक्ति के दिमाग़ में लाए जाते हैं तो उसे लगेगा कि गिरजाघरों तथा अन्य सार्वजनिक गृहों में बैठकर घंटे, दिन और सप्ताह बिताने की अपेक्षा ये कहीं ज़्यादा कारगर हैं और वह ईश्वर का कार्य करने के लिए कटिबद्ध हो जाएगा।"

जी हाँ, ईश्वर का कार्य है—दूसरों की संस्कृति के स्रोतों को इस रूप में अनावृत्त करना कि उनसे पिछले तीन हजार वर्षों में निकली सारी बातों का मूलोच्छेदन हो जाए। हमें किसी निष्पक्ष विद्वान पर ऐसा प्रयोजन और विश्वास थोपना अच्छा नहीं लगता, लेकिन ठीक यही बात मैक्समूलर ने अपने ऋग्वेद के अनुवाद के संबंध में अपनी पत्नी को दिसंबर 1866 में लिखी थी।[1] और शीघ्र ही उसने दावा किया कि उसका यह कार्य—स्रोत को इस तरह प्रस्तुत करना कि पिछले तीन हज़ार वर्षों में

उससे निकली सारी बातों की जड़ कट जाए—इच्छित परिणाम पैदा कर रहा है। अपने चर्चित 'लेक्चर ऑन मिशंस', जिसका उल्लेख हम आगे चलकर करेंगे, में वह कहता है कि हिंदू धर्म अपने स्वर्ण-युगों की बेकार एवं घिनौनी अवधारणा को त्यागकर पूजा की अधिक परिष्कृत पद्धति को अपना रहा है। उसके अनुसार हिंदू धर्म के स्रोतों को उघाड़ने वाले विद्वानों ने इसमें अहम भूमिका निभाई है।

मैक्समूलर मानता है कि ये प्राचीन ग्रंथ 'सत्य के ख़ज़ाने हैं', "किंतु यह समझने की बात है कि इन ग्रंथों की दैवी उत्पत्ति और उन्हें एक नए धर्म का कृत्रिम आधार बनाने का दावा क्यों झूठा साबित हुआ। ब्राह्मसमाज के वर्तमान अध्यक्ष और राममोहन राय के उत्तराधिकारी, बुद्धिमान एवं उदात्त देवेन्द्रनाथ टैगोर एक समय वेदों को नए धर्म का एकमात्र आधार मानते थे। लेकिन, उनका यह विश्वास अधिक समय तक नहीं टिक सका। जैसे ही भारतीय एवं यूरोपीय विद्वानों के प्रयास से वेदों, जिन्हें भारत में बहुत थोड़े लोग समझ सकते हैं, की जानकारी हुई, भारतीय सुधारकों ने उसकी दैवी उत्पत्ति की अवधारणा का परित्याग कर दिया। इसकी जगह वे भारत के प्राचीन मनीषियों की रचनाओं के कुछ गिने-चुने उद्धरणों से ही संतुष्ट हो गए। ये उद्धरण ब्राह्मसमाज के सदस्यों के मत से मेल खाते थे।"[2]

मैक्समूलर अपने 'ओपनिंग एड्रेस टु द इंटरनेशनल कांग्रेस ऑफ़ ओरिएंटलिस्ट' (प्राच्यविदों के अंतर्राष्ट्रीय सम्मेलन का उद्घाटन भाषण) में और भी स्पष्टता से स्रोतों के अनावरण के प्रभाव की चर्चा करता है : "शुद्ध साहित्यिक आंदोलन के अतिरिक्त भारत में एक धार्मिक आंदोलन भी चल रहा है। वह है ब्राह्मसमाज, जो अपने उद्भव और पश्चवर्ती विकास में मूलतः यूरोपीय प्रभावों का परिणाम है। इस समाज ने पूजा के वर्तमान भ्रष्ट तरीक़ों को वेद-वर्णित सरलता और शुचिता के मार्ग पर लाने का प्रयास किया था और वेदों को दैवी प्रेरणा बताते हुए वैसे अचूक प्रमाण पाने की उम्मीद की थी जिसके बिना कोई भी धर्म नहीं पनपता। लेकिन वह आंदोलन क्यों रुक गया और क्यों उसने एक नई राह पकड़ ली? सिर्फ़ वेदों के प्रकाशन तथा स्टीवेंसन, मिल, रोजेन, विल्सन तथा अन्य यूरोपीय विद्वानों की रचनाओं के द्वारा ही तो इन विद्वानों ने बड़ी प्रखरता से भारतीयों को दिखलाया कि वेद वास्तव में क्या हैं और उनकी बातें कितनी मूर्खतापूर्ण हैं।"[3]

मैक्समूलर अपनी मान्यता के पक्ष में प्राच्य शास्त्रों तथा विभिन्न धर्मों के तुलनात्मक अध्ययन का हवाला देता है। "सभी धर्मों के ग्रंथ 'पूरी निष्पक्षता के साथ अगल-बगल' रखे जा रहे हैं और उसे दृढ़ विश्वास है कि आलोचक भी इन विद्वानों के प्रति इस अकाट्य तथ्य को सप्रमाण पेश करने के लिए आभार प्रकट करेंगे कि सारे धर्म एक ही पवित्र भूमि से निकले हैं। वह पवित्र भूमि है मानव हृदय। सभी

धर्म एक ही दैवी प्रेरणा से गतिशील होते हैं और उनके बाह्य रूप में भले ही भिन्नता हो, वे भले ही पतनोन्मुखी हो जाएँ, लेकिन मानव-प्रकृति ही ऐसी है कि वह असीमित को सीमित की अनिवार्य उपाधि मानने को विवश है। मनुष्य स्वभावतः कुछ ऐसी चीज़ के लिए अभिलषित रहेगा जिसे मर्त्यलोक में पाना संभव नहीं है। अपनी अपूर्णता एवं निर्भरता के बोध से प्रेरित वह आस्था, आशा एवं शक्ति के अंतरतम स्रोतों की तलाश जारी रखेगा।''[4] ईसाइयत और बाइबिल के बारे में भी मैक्समूलर के विचार में कहीं-कहीं खुलापन पाते हैं। उसने आर्गिल के ड्यूक को 1875 में लिखा : ''जेनीसिस (उत्पत्ति-ग्रंथ) में सृष्टि के वर्णन को मैं बिलकुल ऐतिहासिक मानता हूँ। उस प्रारंभिक काल में यहूदियों ने संसार की उत्पत्ति के बारे में जो कुछ कहा है वह उनकी सर्वश्रेष्ठ अभिव्यक्ति है। काण्ट ने हमें ठीक ही बतलाया है कि आरंभ का ज्ञान हमें नहीं हो सकता। हमारे ज्ञान का अंत विश्वास में होता है। मैं मनुष्य की समय-विशेष में उत्पत्ति सिद्धांत का पक्षधर हूँ। यदि उसकी उत्पत्ति अभी तक ज्ञात किसी भी वस्तु से भिन्न चीज़ से मानी जाए तो वह जो कुछ है उसकी व्याख्या करना कठिन हो जाएगा। अन्य प्राणियों की उत्पत्ति के संबंध में विश्वासपूर्वक ऐसा कुछ कहना मुश्किल है। इतिहास के उदयकाल से अब तक मनुष्य जैसा है, मैं उसी रूप में उसे स्वीकार करता हूँ। डार्विनवाद के प्रति मेरे मन में न पक्ष का भाव है, न विपक्ष का। ऐसी समस्याओं के संबंध में मैं वही मानता हूँ जो मेरा हृदय क़बूल करता है। मेरे ख़याल में कोई ऐसी सत्ता अवश्य है जो हमें परिचालित करती है और हमें उसका अनुसरण करना ही चाहिए। तथ्यों और तर्कों के प्रचंड प्रवाह को हम रोक नहीं सकते, इसलिए मेरे ख़याल में हमारे भटकाव को भी सही क़दम माना जाना चाहिए। अगर डार्विन के तथ्य अप्रतिरोध्य होते तो मैं मर्कट-सिद्धांत को बिना मीन-मेख के स्वीकार कर लेता क्योंकि मेरी आंतरिक प्रेरणा ही ऐसी होती। लेकिन आपकी तरह मैं भी महसूस करता हूँ कि आज तक इतने महत्त्व के किसी भी अन्य सिद्धांत के पक्ष में प्रबल प्रमाणों की संख्या इतनी कम नहीं रही जितनी डार्विन के सिद्धांत की है। किंग्सले का अंतिम कथन ''जो भी है, सर्वोत्तम है'', एक नैतिक कथन है, लेकिन यह सत्य संबंधी सारे अन्वेषणों पर लागू होता है।''[5]

मैक्समूलर ने एक लेखक को इस बात के लिए कड़ी फटकार लगाई कि उसने अन्य धर्मों पर ताने कसे थे और उनकी कटु आलोचना की थी। उसका मानना था कि हमें दूसरे धर्म को उसके अनुयायी की नज़र से देखना चाहिए : ''हम उस व्यक्ति पर तरस खाते हैं जो जन्मांध है—उस पर झल्लाते नहीं...ईसाइयत की सही चेतना का अर्थ ही यह है कि हम चीनियों, जंगली अमेरिकियों अथवा सभ्य हिंदुओं के धार्मिक आचरण में जो कुछ जुगुप्साजनक है उसकी तरफ़ से आँखें मूँद लें और यह जानने

की चेष्टा करें कि पूजा की इन घटिया पद्धतियों में भी प्रकाश का कोई स्फुलिंग छिपा हुआ है... ।"[6]

उसी परिच्छेद से वह आधार वाक्य स्पष्ट हो जाता है जिससे मैक्समूलर की असहिष्णुता निष्कर्ष के रूप में निकलती है। वह आधार वाक्य है : ग़ैर-ईसाई अंधे हैं और उनके प्रति ईसाइयत को दया-भाव रखना चाहिए, अन्य धर्मों का महत्त्व मात्र इतना ही है कि वे ईसाइयत की मंज़िल की दिशा में मानवता के उठे क़दम हैं। उसने भारत से लेकर मलाया और फिजी तक के धार्मिक अनुष्ठानों को सूचीबद्ध किया और टिप्पणी की : "बेशक ये अनुष्ठान जुगुप्सा पैदा करते हैं, लेकिन मानव-चेतना के जिस दौर के ये सूचक हैं उसे मात्र जुगुप्साजनक कतई नहीं माना जा सकता। इन भ्रष्टतम क़ुर्बानियों में भी अति-मानवीय आस्था का वह अंश तो है ही अब्राहम के प्रलोभन में जिसकी हम प्रशंसा करते हैं। हमें विश्वास है कि वह समय आएगा, बल्कि आ रहा है, जब ईश्वर के फ़रिश्ते की वाणी उन सुदूर द्वीपों तक पहुँचेगी और उनके धर्म के ऊट-पटाँग प्रलापों को एक उच्चतर एवं बेहतर लक्ष्य प्रदान करेगी।"[7]

मैक्समूलर ने अन्य धर्मों में सिर्फ ऊपर में कही गई ख़ूबी को ही स्वीकार किया। उसके अनुसार, "अधिकांश वैदिक स्तोत्र बिलकुल बचकाने, उबाऊ, छिछले और घिसे-पिटे हैं।"[8] बाद में अपने विचार में थोड़ी नरमी लाते हुए उसने लिखा : "इन सरल, सहज और बचकाने विचारों से अलग कुछ ऐसी धारणाएँ भी हैं जो आधुनिक अथवा दूसरे और तीसरे दर्जे के महत्त्व की जान पड़ती हैं।"[9] लेकिन यत्र-तत्र पाई जाने वाली हिंदू, बौद्ध इत्यादि धर्मों की ये झलकें उस सत्य की झलके हैं जो दैवी विधान के तहत मनुष्य को ईसाइयत की ओर ऊर्ध्वगमन के लिए प्रदान की गई हैं। मैक्समूलर ने अपनी रचना 'हिस्ट्री ऑफ़ एंशिएंट संस्कृत लिटरेचर' (प्राचीन संस्कृत साहित्य का इतिहास) में दूसरे धर्मों की भूमिका को इस प्रकार रेखांकित किया है :

> "इतिहास हमें यह सीख देता प्रतीत होता है कि ईसाइयत के सत्यों को ग्रहण करने से पूर्व संपूर्ण मानव जाति को क्रमिक शिक्षा की ज़रूरत है। मानवीय चिंतन के सारे दोष जब चुक जाएँ उसके बाद ही ईसाइयत के उच्चतर सत्य तक पहुँचा जा सकता है। संसार के पुराने धर्म प्रकृति-प्रदत्त दूध की तरह थे जिनका स्थान समय पाकर जीवन की रोटी को ग्रहण करना था... । बौद्ध धर्म आर्य-जगत की सीमाएँ पार कर दूर-दूर तक फैल गया है और हमारी दृष्टि में इसने मानव जाति के एक बड़े तबक़े तक ईसाइयत के प्रवेश को रोक दिया है। लेकिन ईश्वर, जिसके लिए हमारा एक हज़ार साल एक दिन

के बराबर है, की दृष्टि में बौद्ध धर्म अपनी उन्हीं भूलों के कारण, जो ईश्वरीय सत्य की प्राप्ति की अदम्य मानवीय आकांक्षा को अधिक गहरा और सशक्त बनाती हैं, अन्य प्राचीन धर्मों की भाँति ईसामसीह की ओर जाने का मार्ग प्रशस्त करता है।''[10]

इस तरह, मैक्समूलर की आस्था में किसी प्रकार की ढील की गुंजाइश नहीं थी। जुलाई 1862 में उसने अपनी पत्नी को लिखा : ''मैंने ईसामसीह के मूल उपदेशों के विरुद्ध कही गई कटु से कटु बातें सुनी और पढ़ी हैं और उन उपदेशों के सत्य की ख़ातिर मैं अपनी जान भी दे सकता हूँ। सारी मुश्किलें उनके सिद्धांत से नहीं, लोगों के सिद्धांत से पैदा होती हैं... ।''[11] इसलिए बाइबिल में जेनेसिस (उत्पत्ति) के वर्णन को अस्वीकार करने के बावजूद, जैसाकि गोल्डस्टकर स्वयं बतलाता है, ''ऋग्वेद का रचना-काल मात्र 1200 वर्ष ईसापूर्व निर्धारित करने में मैक्समूलर ईसाई विश्वशास्त्र की इस अवधारणा से निर्देशित हो रहा था कि सृष्टि की रचना 4004 वर्ष ईसापूर्व 23 अक्टूबर को सुबह के 9 बजे हुई थी।''[12]

जब ड्यूक ऑफ़ आर्गिल भारत राज्य का सचिव (सेक्रेटरी ऑफ़ स्टेट फॉर इंडिया) बना तो उसके कुछ ही दिनों के बाद मैक्समूलर ने उसे लिखा : ''भारत एक बार जीता जा चुका है, किंतु उसे दुबारे जीतने की ज़रूरत है और यह दूसरी जीत शिक्षा के द्वारा होगी। इसके लिए उसने ड्यूक को जो तरीक़े बतलाए, वे मैकाले और ट्रेविलियन के तरीक़ों से भिन्न थे। उसने ड्यूक को लिखा कि भारत को अंगरेज़ी साँचे में नहीं ढाला जा सकता, लेकिन इसे पुनः अनुप्राणित किया जा सकता है। इसके लिए उसने पाश्चात्य विचारों को भारत की क्षेत्रीय एवं शास्त्रीय भाषाओं के माध्यम से फैलाने का सुझाव रखा। इससे एक नया राष्ट्रीय साहित्य जन्म लेगा।'' ड्यूक को संबोधित पत्र में वह कहता है : ''जहाँ तक धर्म का प्रश्न है, उसके लिए खुद-ब-खुद रास्ता निकल आएगा। मिशनरियों की जो अपने बारे में सोच है, उससे कहीं अधिक काम उन्होंने किया है। अपने किए अनेक कामों को तो वे क़बूल भी नहीं करेंगे।'' भारत जैसे राज्य में अनुकूलन की स्थिति बनानी चाहिए, ''हमारी उन्नीसवीं सदी की ईसाइयत भारत की ईसाइयत नहीं हो सकती।'' लेकिन अंतिम परिणाम के बारे में उसके मन में कोई शंका नहीं थी, न उन सबों पर संयुक्त दायित्व होने के बारे में ही कोई संदेह था; ''पुराना धर्म नष्ट प्राय है। अब यदि ईसाइयत उसका स्थान नहीं लेती है, तो यह किसका दोष होगा?''[13] इस विषय की चर्चा वह बार-बार करता है।

विश्वास की यह दृढ़ता, प्रत्येक ईसाई के द्वारा अपने निर्धारित दायित्व का

निर्वहण, निर्धारित कार्य को पूरा करने के तरीक़े तथा अंतिम परिणाम—ये सारी बातें मैक्समूलर द्वारा 1873 के दिसंबर में वेस्टमिन्स्टर एबे में दिए गए 'ऑन मिशंस' व्याख्यान में पूरी प्रखरता से उजागर हुई हैं। इस व्याख्यान की सूचना के साथ बिशप हिबेर द्वारा रचित वह प्रसिद्ध स्तोत्र भी संलग्न था जो लगभग एक शताब्दी तक भारत में ईसाई मिशनरियों का प्रार्थना-गीत बना रहा।

(इस स्तोत्र की प्रथम पंक्ति का तीसरी से और दूसरी पंक्ति का चौथी से तुक-साम्य है। यहाँ इसका भावानुवाद दिया जा रहा है।)

ग्रीनलैंड के बर्फीले पर्वतों से,
भारत के प्रवाल-तटों से,
जहाँ अफ्रीका के चमकीले झरने,
अपने स्वर्णिम सैकत लुढ़काते हैं;
अनेक प्राचीन नदियों से,
अनेक शस्य-श्यामल मैदानों से,
वे हमें आह्वान करते हैं,
पाप की बेड़ियों से मुक्ति का।
इससे क्या, यदि सुंगधित समीर
सिंहल द्वीप से मंद-मंद बहता है;
इससे क्या, यदि सारे परिदृश्य लुभावने हैं,
मगर मनुष्य ही हेय है!
व्यर्थ ही प्रचुर औदार्य से
ईश्वर के उपहार बिखरे पड़े हैं;
क्योंकि ये अंधे काफ़िर
काठ-पत्थर को सिजदा करते हैं।
क्या हम द्युतिमान आत्माएँ
जिन्हें विधाता ने विवेक दिया है,
क्या हम अँधेरे में भटकते लोगों को
जीवन-ज्योति से वंचित रखेंगे?
मुक्ति, मुक्ति, केवल मुक्ति!
हर्षित वाणी की घोषणा है,
जब तक धरती का कोना-कोना
मसीहा का नाम नहीं जपता,
हवाओ, उसकी सुगंध बिखेरो;

सरिताओ, तुम तब तक बहो;
जब तक उसकी महिमा का सागर
ध्रुवों तक लहरा नहीं जाता,
जब तक हमारी बंधनग्रस्त आत्मा पर
पापियों के लिए अर्पित मेमना
मुक्तिदाता, अधिपति, स्रष्टा,
सुख-शासन हेतु वापस नहीं आता।

आमीन (तथास्तु)

मैक्समूलर ने संसार के महत्त्वपूर्ण धर्मों को दो कोटियों में रखा। पहली कोटि में वे धर्म हैं जिनमें मिशनरी हैं और मिशनरी भावना है। ईसाई, इस्लाम तथा बौद्ध धर्म इसी कोटि में आते हैं। दूसरी कोटि में वैसे धर्म हैं जिनमें मिशनरियों तथा मिशनरी भावना का कोई स्थान ही नहीं है। इसमें यहूदी, हिंदू तथा पारसी धर्म आते हैं। पहले वर्ग के धर्म जीवंत और गतिशील हैं, दूसरे वर्ग के मृत अथवा मरणासन्न।

मैक्समूलर ने ईसाई श्रोताओं के सम्मुख खुली घोषणा की : ''ईसाई धर्म की आत्मा ही मिशनरी, प्रगतिशील एवं विश्वव्यापी है।'' यदि यह अपने प्रवर्त्तक की इस अंतिम वाणी की उपेक्षा करता है तो इसका अंत हो जाएगा : ''इसलिए तुम जाओ, सारे मुल्कों को शिक्षा दो, पिता, पुत्र और पवित्र आत्मा (होली गोस्ट) के नाम पर उनका बपतिस्मा करो, उन्हें मेरे आदेशों का पालन करना सिखलाओ; मैं हमेशा, प्रलय तक भी, तुम्हारे साथ हूँ।''

उपर्युक्त उद्‍बोधन मैथ्यू 28.19-20 से लिया गया है। निश्चय ही, यदि मैक्समूलर जैसा अध्यवसायी ईसाइयत से भिन्न किसी धर्म के बारे में बोल रहा होता तो इस बात की ओर उसका ध्यान अवश्य गया होता कि ईसा के सूली पर टाँग दिए जाने के बाद जो कुछ घटित हुआ और जो बातें उनके द्वारा बाद में कही गई बताई जाती हैं उनका विवरण अलग-अलग गॉस्पेल में अलग-अलग है। मार्क में (16. 15-18) उनकी वाणी है, ''और यीशू ने उनसे कहा, सारे संसार में जाओ और प्रत्येक प्राणी को गॉस्पेल सिखाओ। वह जो विश्वास करता है और बपतिस्मा लेता है, मुक्त हो जाएगा और वह जो विश्वास नहीं करता, नरकगामी होगा। विश्वास करने वालों के यही लक्षण होंगे। मेरे नाम पर वे पाप का परित्याग कर देंगे, वे नई वाणी बोलेंगे, वे साँपों के साथ खेलेंगे, और यदि कोई ज़हर पी लेगा तो उसे कोई नुकसान नहीं होगा; वे रोगियों का स्पर्श करेंगे तो वे चंगा हो जाएँगे।'' गॉस्पेल के शब्द ही अलग-अलग नहीं हैं, न ऐसा ही है कि साँपों से खेलने और घातक ज़हर पी लेने जैसे आश्वासनों को अमल में लाया गया, ये शब्द भी बाद में जोड़े गए माने जाते

हैं, क्योंकि 'मार्क' का गॉस्पेल 16.3 पर ही समाप्त हो जाता है। 'लूक' के शब्द तो और भी बेमेल हैं। 'लूक' 24.45-47 का परिच्छेद सर्वाधिक अनुरूप है। इसमें कहा गया है : "तब उसने उनकी अक्ल के पर्दे खोल दिए ताकि वे अपने धर्मग्रंथों को समझ सकें, और उनसे कहा, ऐसा लिखा गया है, और इस तरह ईसा को कष्ट झेलना और तीसरे दिन जीवित हो उठना उचित तथा, और उनके नाम पर जरुसलेम से आरंभ कर सारे देशों में पापों के प्रायश्चित्त एवं क्षमादान की शिक्षा दी जानी चाहिए।" 'जॉन' में ऐसे तीन अवसरों का वर्णन है जब क्रूसारोपण के बाद ईसामसीह अपने शिष्यों के सामने प्रकट हुए। लेकिन इनमें से किसी भी अवसर पर मिशनरी संबंधी उद्‌बोधन का कोई संकेत नहीं दिया है, हालाँकि उनके प्रथम पुनरागमन के बारे में 'जॉन' इतना अवश्य कहता है, "और ईसा ने निश्चय ही अपने शिष्यों को अनेक संकेत दिए, जिनका वर्णन इस पुस्तक में नहीं है।" ईसा के जीवन-वृत्त में मैक्समूलर लिखता है : "और भी अनेक कार्य ईसा ने किए, यदि उनमें से प्रत्येक कार्य को लिपिबद्ध किया जाने लगे तो उतनी पुस्तकों का विश्व में अँटाव नहीं हो सकेगा" ('जॉन' 20.30; 21.25)।

लेकिन मैक्समूलर इनमें से किसी भी बात पर विचार करने के लिए नहीं रुकता। पूर्व में चर्चित सर रिचर्ड टेंपल जैसे महज़ सरकारी सेवक की ही भाँति उसके जैसा विद्वान का भी यही लक्ष्य था—सभी मुल्कों को बपतिस्मा करने और ईसाइयत की शिक्षा देने के लिए उत्प्रेरित करना। यही ईसाइयत का विशेष लक्षण बन गया।

सत्य के प्रति जागरित किया गया व्यक्ति उपदेश देने के सिवा अन्य कुछ नहीं कर सकता। उसकी चेष्टा सिर्फ़ यही होगी कि जो प्रकाश उसे मिला है उसे वह दूसरों तक भी ले जाए। मैक्समूलर श्रोताओं को कहता है : "सत्य की चेतना सभी धर्मों का जीवन-स्रोत है। जहाँ भी यह चेतना है, वह अपना प्रकाशन करेगी ही। इसका कार्य ही है समझाना, क़ायल करना और अन्य धर्मावलंबियों को अपने घेरे में लेना...। सत्यान्वेषी की आत्मा जब तक संशय, अंधकार तथा चिंता से ग्रस्त है, तब तक मौन उसकी स्वाभाविक प्रवृत्ति हो सकती है। लेकिन जब संशय का स्थान निश्चयता, अंधकार का स्थान प्रकाश तथा चिंता का स्थान हर्ष ले लेगा तो सत्य की किरणें सहसा फूट पड़ेंगी और हाथों अथवा ओठों का बंद हो जाना वैसा ही असंभव हो जाएगा जिस तरह वसंत ऋतु के सूर्य के उगने पर फूल की पंखुड़ियों का बंद हो जाना असंभव है।" अगर सत्य की चेतना न भी करे तो प्रेम की भावना व्यक्ति को तब तक विश्राम नहीं लेने देगी जब तक वह दूसरों को अपने धर्म के घेरे में नहीं ले लेता। "बौद्ध, इस्लाम तथा ईसाई धर्मों की यही मिशनरी विशेषता उन्हें एक सूत्र में बाँधती है और उन्हें एक उच्चतर धरातल पर ले जाती है।"

दूसरे धर्म "या तो मर चुके हैं या मरणासन्न हैं?" "हिंदू धर्म के अनुयायी आज भी 110,000,000 लोग हैं, लेकिन इतनी विशाल संख्या भी वास्तविक सत्य से बहुत दूर है। यह धर्म भी निश्चित रूप से निष्प्राण हो चुका है। क्यों? इसलिए कि यह अंधकार का धर्म है; दिन के प्रकाश को झेल नहीं सकता। शिव, विष्णु और दूसरे लोकप्रिय देवताओं की पूजा जूपिटर, अपोलो और मिनर्वा की पूजा से भी जंगली और भ्रष्ट है। कोई धर्म बहुत समय तक ज़िंदा रह सकता है और इसके अनुयायियों की संख्या भी विशाल हो सकती है। लेकिन इसका अर्थ यह नहीं कि वह एक सच्चा धर्म है, बल्कि इसलिए कि उसके मुकाबले कोई बेहतर धर्म नहीं है जिसे लोग मान सकें। किंतु जब कोई धर्म अपने त्राताओं, पैगंबरों, हिमायतियों एवं शहीदों को पैदा करना बंद कर देता है तो वह सही अर्थ में धर्म नहीं रह जाता। इस अर्थ में पुराना, कट्टरपंथी ब्राह्मणवाद एक हज़ार वर्ष से अधिक ज़िंदा नहीं रह सका है।"

"भारत में लाखों लोग, बच्चे, स्त्रियाँ और पुरुष, आधा पक्षी, आधा मानव की आकृति वाले प्राणी पर आरूढ़ अथवा सर्प-शय्या पर पड़े चतुर्भुजी विष्णु की पूजा करते हैं; बैल पर नंगा बैठे, खोपड़ियों की माला पहने, तीन नेत्रों वाले विकट रूप शिव की आराधना करते हैं; मोर पर सवार, हाथ में धनुष-बाण लिए कार्तिकेय नाम के युद्ध देवता में विश्वास करते हैं; कार्य-सिद्धि के लिए गणेश नामक एक ऐसे देवता का आह्वान करते हैं जो चार हाथों वाला है, जिसका मस्तक हाथी का है और जो चूहे की सवारी करता है। इस 19वीं शताब्दी में दिन-दहाड़े कोलकाता की सड़कों पर उस काली नाम वाली देवी की प्रतिमा ढोयी जाती है जिसके लंबे, उलझे बाल उसके पाँव छूते हैं, जिसके गले में नर-मुंडों की माला होती है, जिसकी जीभ मुँह से बाहर निकली होती है और मेखला खून से सनी होती है। यह सब सच है, लेकिन किसी लिखने-पढ़ने, समझने वाले हिंदू से पूछो कि क्या वह इन्हीं देव-देवियों में विश्वास करता है तो वह तुम्हारे भोलेपन पर हँसेगा। कोई नहीं जानता भारत में इस राष्ट्रीय धर्म की ज़िंदा मौत कब तक टिकेगी। हमारा निष्कर्ष तो यही है कि भविष्य के महान धार्मिक संघर्ष की दृष्टि से यह धर्म नष्ट हो चुका है।"

इस तरह, हिंदू धर्म जैसे धर्म, जिनके पास न तो मिशनरियों की फ़ौज है, न मिशनरी चेतना, मृत हो चुके हैं। लेकिन तीन धर्मों—बौद्ध, इस्लाम तथा ईसाई—में दोनों बातें मौजूद हैं। इसलिए मैक्समूलर के अनुसार, "विश्व में प्रभुत्व स्थापित करने के लिए हमें इन दोनों धर्मों के साथ एक निर्णायक लड़ाई लड़नी होगी।" इसके लिए हमें इनके अनुयायियों की संख्या का सही-सही पता करना होगा : "अपने दुश्मनों की ताक़त की सामान्य जानकारी भी आवश्यक है।" इसके बाद उसने आँकड़े प्रस्तुत किए और टिप्पणी की : "इन तीन शक्तियों के बीच भावी धार्मिक युद्ध, मानव

जाति का पवित्र युद्ध लड़ा जाएगा। वह आज भी लड़ा जा रहा है, किंतु उसका कोई ख़ास प्रभाव परिलक्षित नहीं होता...।''

मैक्समूलर ने श्रोताओं को आगाह किया कि वे इस तर्क के फेर में नहीं पड़ें कि समुद्र पार के देशों में एक व्यक्ति का धर्मांतरण काफ़ी ख़र्चीला कार्य है। उसने उन 'पैतृक' मिशनरी कार्यों के योगदान की सराहना की जहाँ छोटे बच्चों को लाकर उन्हें नई संस्कृति की बुनियादी बातें सिखलाई जाती थीं और बाद में उन्हें बीज के रूप में अपने समुदायों में वापस भेज दिया जाता था। ऐसे प्रयोग को कुछ लोग 'धार्मिक अपहरण' की संज्ञा देते थे। बहस-मुबाहसे के द्वारा अथवा दूसरों के विश्वास का मिथ्यापन सिद्ध कर उन्हें धर्मांतरित करने के विवादास्पद मिशनरी कार्यों का भी महत्त्व था, लेकिन इससे कोई बड़ी सफलता नहीं मिलती थी, क्योंकि मनुष्य का ऐसा स्वभाव है कि वह वाद-विवाद से क़ायल होना नहीं चाहता।

लेकिन, ईसाइयत के प्रसार का सबसे कारगर तरीक़ा भिन्न क़िस्म का था ''और मेरे ख़याल में सिर्फ़ उसी तरीक़े से अंतिम विजय प्राप्त होगी।'' धर्मांतरण के लिए सीधे तौर पर तर्क-वितर्क या बल-प्रयोग का सहारा लेना उचित नहीं था, बल्कि इस बात को समझना था कि हमारा धर्म कसौटी पर है और लोग ध्यान से हमारी तरफ देख रहे हैं। दूसरे शब्दों में, श्रेष्ठ मिशनरियों के आदर्श जीवन का अनुसरण कर ही हम अन्य धर्मावलंबियों का विश्वास हासिल कर सकते हैं।

भारत में इस्लाम धर्म की गति का बिलकुल ग़लत आकलन करते हुए मैक्समूलर ने फ़तवा दिया कि उसने इसी प्रकार हिंदू धर्म को लाभ पहुँचाया है : ''इसने बुतपरस्ती की जड़ ही काट डाली है और पूरे भारत में एक बुद्धिसंगत और आध्यात्मिक पूजा का स्वरूप विकसित किया है जो समय पाकर एक उच्चतर राष्ट्रीय धार्मिक सिद्धान्त का रूप ले सकता है।'' उसके अनुसार ईसाइयत की उपस्थिति मात्र से भारत में ठीक वैसी ही स्थिति बन रही है। उसने भारत के नए सुधारकों का ज़िक्र करते हुए राममोहन राय के बारे में कहा : ''इतना सुरुचि-संपन्न और उच्च कोटि का धार्मिक व्यक्ति अपने अंगरेज़ दोस्तों के सामने देश के लोक-प्रचलित धर्म द्वारा किए जा रहे तमाशे पर अपमानित महसूस किए बग़ैर नहीं रह सकता।'' यही बात वह ब्राह्मसमाज के एक अन्य नेता केशवचंद्र के बारे में कहता था। उसने इस बात की ओर ध्यान आकृष्ट किया कि किस प्रकार ये सुधारक नए पाश्चात्य ज्ञान से लैस होकर वेद तथा अपने धर्म के बेतुके दावों को तिलांजलि दे चुके थे। ''अगर हम भारत के भविष्य और उसके द्वारा पूरब में छोड़े गए प्रभाव के बारे में सोचें तो इस वक़्त चल रहा धार्मिक सुधार आंदोलन (ब्राह्मसमाज) इस महत्त्वपूर्ण सदी का सबसे महत्त्वपूर्ण आंदोलन प्रतीत होता है। यदि हमारे मिशनरी इसे अपना कार्य मानने में संकोच करते

हैं तो इतिहास उनके साथ पूरा न्याय करेगा और उनके योगदान की प्रशंसा करेगा, किंतु यदि मिशनरी इसे अपनी देन नहीं मानें तो अब से यह उन मिशनरियों का कार्य माना जाएगा जो भारत में रहकर आदर्श ईसाई जीवन का उदाहरण प्रस्तुत कर चुके हैं...।"

इसलिए, मैक्समूलर का परामर्श है : सत्य और प्रेम का जीवन जिओ। उसका निष्कर्ष है : "अगर ईसाइयत को यूरोप तथा अमेरिका पर अपना प्रभुत्व क़ायम रखना है, अगर उसे भविष्य में पवित्र युद्ध में विजय प्राप्त करनी है तो उसे भारी-भरकम बख़्तरबंद, पीतल के टोपों और कवच को फेंककर डैविड के समान छड़ी, पत्थर और गुलेल से संसार का सामना करना चाहिए। हमें धार्मिक मतों की अपेक्षा आस्था, धार्मिक अनुष्ठानों की अपेक्षा कर्तव्य, समारोहों की अपेक्षा सौहार्द भरी ईमानदारी, सिद्धांतों की अपेक्षा प्रेम की ज़्यादा ज़रूरत है।"[14]

इस सुधीत, निष्पक्ष विद्वान का ईसाइयत के प्रति उत्साह विस्मयकारी लगता है। वह 'पवित्र युद्ध', 'विश्व-प्रभुत्व के लिए निर्णायक युद्ध' तथा अन्य संबद्ध बातों का ज़बर्दस्त पैरोकार है। लेकिन उसके प्रति मिशनरियों के आकर्षण का यह एकमात्र कारण नहीं था। उन्होंने यह भी लक्ष्य किया कि वह उनके क्रियाकलापों, उनकी जीवन-शैली तथा एक प्रतिष्ठान के रूप में चर्च का ज़बर्दस्त आलोचक है। उन्होंने मैक्समूलर द्वारा अपने व्याख्यान में दिए गए सुझावों की जमकर खिंचाई की। यह भी अफवाह फैली कि उसके विरुद्ध क़ानूनी कार्रवाई की बात सोची जा रही है। इन आलोचनाओं ने मैक्समूलर को यह अवसर प्रदान किया कि वह ईसाइयत में अपनी आस्था का पुनर्पुष्टीकरण करे, इसकी अंतिम विजय की बात दुहराए और मिशनरी क्रिया-कलापों के भारी महत्त्व पर पुनः बल दे। उसने पुनः घोषणा की कि मिशनरी चेतना तीनों जीवित धर्मों—ईसाइयत, इस्लाम और बौद्ध धर्म—का मूल तत्त्व है : "आस्थावानों के हृदय में स्थित सत्य का आग्रह तब तक शांत नहीं हो सकता जब तक कि वह विचार, वाणी और कर्म में प्रस्फुटित न हो जाए, जब तक यह अपना संदेश प्रत्येक मानव-हृदय तक नहीं पहुँचा देता और जब तक इसके सत्य को मानव-परिवार के सारे सदस्य अपना सत्य नहीं बना लेते।" यह चेतना उसी समय से ईसाइयत की विशेषता रही है "जब इसके सिर्फ़ बारह अपोस्टल्स थे। यह अपने को ईसाई कहने वाले हर व्यक्ति पर यह दायित्व डालती है कि वह अपनी आस्था को खुले आम स्वीकार करेगा और दूसरों को इसका सत्य ग्रहण करने के लिए प्रेरित करेगा। इस अर्थ में हर सच्चा ईसाई एक मिशनरी है।"

हिंदू धर्म को तो मैक्समूलर ने मृत ही घोषित कर दिया। उसके अनुसार, 'मृत' शब्द इस अर्थ में ज़्यादा भारी लगता है कि ईसाइयत को उस पर विजय प्राप्त करनी

है। लेकिन, व्यावहारिक दृष्टि से तो हिंदू धर्म मृत हो ही चुका है : "मैं जो कुछ कहना चाहता था उसका कुल अर्थ यही है कि विष्णु और शिव की लोक-प्रचलित पूजा उसी बौद्धिक स्तर की है जैसी जूपीटर और अपोलो की पूजा। आज की सदी में यह एक पुरावशेष है और भविष्य के धार्मिक संघर्ष के मुद्दों के निर्धारण में इसका कोई महत्त्व नहीं है। ईसाइयत, इस्लाम और बौद्ध धर्मों के बीच किसी लंबित समस्या के समाधान की दृष्टि से ब्राह्मणवाद व्यर्थ हो चुका है। वह इस अर्थ में मर चुका है कि ईसाइयों, मुसलमानों और बौद्धों को मूर्त्ति-पूजा की ओर लौटाने में यह असमर्थ है। यह संथाल, गोंड, भील तथा अन्य अर्द्ध-जंगली जातियों को आत्मसात कर सकता है; उनके देवता बिलकुल संस्कारहीन हैं। यह उनमें सही आस्था के भाव पैदा कर, उनकी पूजा-पद्धति को परिष्कृत कर उन्हें सभ्यता के उच्चतर धरातल पर ले जा सकता है। यदि ब्राह्मणवाद बौद्ध, इस्लाम तथा ईसाइयत की सुदृढ़ स्थापनाओं को नहीं अपनाता तो इसका पुनरुत्थान असंभव है। खुद भारत की भूमि में, जहाँ इसकी जड़ें गहरी हैं, यह बौद्ध धर्म से पराजित हो गया, और यदि बाद में उसने पुरानी स्थिति प्राप्त भी कर ली तो वह सिर्फ़ शारीरिक शक्ति के बल पर न कि समझा-बुझाकर या धर्मांतरण के द्वारा। भारत में चला इस्लाम और ब्राह्मणवाद के बीच का संघर्ष धार्मिक नहीं, राजनीतिक संघर्ष था। फिर भी, दृढ़ आस्था पर जब धर्म-परिवर्तन की बात उठी तो ब्राह्मणवाद ने इस्लाम के प्रखर प्रकाश के आगे घुटने टेक दिए जबकि इस्लाम बौद्ध धर्म के आगे नहीं झुका।

हिंदू धर्म के भीतर एक नई लहर पैदा हो सकती है। ईसाइयत के साथ संपर्क के कारण वास्तव में ऐसा हुआ भी है। वह है ब्राह्मसमाज की लहर। और केशवचंद्र सेन के रूप में एक नया पैग़ंबर अवतीर्ण हुआ है। लेकिन यह नया धर्म जड़सूत्रवादी ब्राह्मणवाद के सर्वथा विपरीत है। इसकी अंतःप्रेरणा स्पष्ट है : "...भले ही ईसाई मिशनरी ब्राह्मसमाज को अपने प्रयत्नों का परिणाम नहीं मानें, यह उन ईसाई मिशनरियों की देन है जो भारत में सही अर्थ में ईसाई जीवन बिताते थे...।"

अपने विचारों का समापन करते हुए मैक्समूलर ने अपने दृढ़ विश्वास को एक बार फिर दुहराया : "एक सच्चे मिशनरी से ज़्यादा उदात्त किसी जीवन-शैली को मैं नहीं जानता। मैंने अपने मूल व्याख्यान में पैतृक मिशनरियों के द्वारा अपमानजनक प्रश्नों के उत्तर देने के प्रयास का समर्थन किया था। विवादात्मक मिशनों की नगण्य सफलता के संबंध में मैंने कहा था कि वाद-विवाद तथा वितंडावाद से कोई लाभ नहीं होता। इस बात पर मेरा विशेष ज़ोर था कि भारत में अथवा उसके बाहर सच्चा ईसाई जीवनयापन करने वाला हर व्यक्ति जो प्रभाव पैदा करता है वह अप्रयत्क्ष होते हुए भी एक परिष्कृत एवं जीवंत ईसाइयत की अंतिम विजय का सबसे महत्त्वपूर्ण

कारक है।''[15]

मिशनरियों के कार्य में विद्वानों से भारी सहायता मिली। इंटरनेशनल कांग्रेस ऑफ़ ओरिएंटेलिस्ट्स (प्राच्यविदों का अंतर्राष्ट्रीय सम्मेलन) के उद्घाटन भाषण में मैक्समूलर इस विषय को दुहराता है : ''पहले जहाँ भारतीय सुधारक अपने पुराने कवियों की अमर्यादित प्रशंसा करते थे, वहाँ अब भारतविदों की रचनाएँ पढ़कर उनका अधिक तर्कसम्मत मूल्यांकन किया जाता है।'' उसने इस बात पर विशेष बल दिया कि इन विद्वानों की बदौलत सुधार आंदोलन, जो वेदों को दैवी प्रकाश का परिणाम मानकर उन्हें अंतिम सत्य का अधिष्ठाता मान रहा था, की गति रुक गई थी और उसने एक नया मार्ग अपना लिया था।

मैक्समूलर ने मिशनरी समाजों के कार्य तथा इन विद्वानों के बीच और अधिक पारस्परिक सहयोग बल्कि समेकन, की वकालत की : ''पिछले दिनों मुझे मिशनरी गतिविधियों के कथित विरोध के कारण भारी बदनामी मिली है। इस संबंध में मैं इतना ही कह सकता हूँ कि मैं चाहता हूँ कि आज मिशनरियों की जो संख्या है उससे वे दस गुना अधिक होते। मैंने मिशनरियों को हमेशा अपने सर्वोत्तम मित्रों की कोटि में रखा है। प्राच्य विषयों तथा भाषाओं के अध्ययन में उनके महत्त्वपूर्ण योगदान को हमेशा स्वीकार किया है और यह कहने में मुझे गर्व होता है कि यद्यपि अपने देश में मिशनरियों ने मुझे जी-भर कोसा है, पिछले दिसंबर में मैंने वेस्टमिन्स्टर एबे में उनके तथा उनके कार्यों के बारे में जो कुछ कहा है उसके लिए उन्होंने मुझे धन्यवाद ज्ञापित किया है।'' उनके साथ सहयोग के तरीक़े को रेखांकित करते हुए उसने कहा :

> अब मुझे ऐसा लगता है कि हमारे विश्वविद्यालय, ख़ासकर ऑक्सफ़ोर्ड, जो कुछ कर रहे हैं, उससे कहीं ज़्यादा उन्हें करना चाहिए। अगर हमारे पास प्राच्य भाषाओं के लिए प्रोफ़ेसरों की एक अच्छी-सी टीम होती तो हम युवा मिशनरियों को उनके काम के लिए तैयार कर सकते थे और मेलानेशिया के बिशप पैटीसन, जो पूरी तरह ऑक्सफ़ोर्ड के आदमी थे, जैसे लोगों को समय-समय पर बाहर भेज सकते थे। ऐसे मिशनरी न सिर्फ धर्म और सभ्यता के अग्रदूत, बल्कि वैज्ञानिक शोधों के भी पुरोधा होते। हमारे देश के कुछ अधिकारी इस तरह के संयोजन को असंभव नहीं भी मानें, अवांछनीय तो अवश्य मानते हैं। उनके अनुसार एक व्यक्ति दो मालिकों की सेवा नहीं कर सकता और मिशनरियों को सिर्फ अपना काम करना चाहिए, अन्य कुछ नहीं। किंतु, मेरे ख़याल में यह एक बिलकुल भ्रांतिपूर्ण धारणा है। हमारे बहुत कुशल मिशनरियों में से

कई ऐसे रहे हैं जिन्होंने विद्वानों के रूप में भी उत्कृष्ट कार्य किया है और जब भी मैंने सक्रिय सेवा में निरत मिशनरियों से इस विषय पर बातचीत की है, सबों ने एक स्वर से स्वीकार किया है कि वे आख़िर सारे दिन धर्मांतरण का कार्य नहीं कर सकते और किसी साहित्यिक अथवा वैज्ञानिक रचना से बढ़कर स्फूर्तिदायक तथा अभिप्रेरक अन्य कुछ भी नहीं है। मैं चाहूँगा कि हमारे अ-प्रवासी मंडलियों में से दस या बीस, जो लाभ के बदले नुकसान ज़्यादा पहुँचा रहे हैं, उनके मिशनरी कार्य वैसे युवकों को सौंप दिए जाएँ जिन्होंने अपनी डिग्री ले ली है और वे पादरी हों या आम लोग, दूरस्थ स्थानों में सहायक मिशनरी के रूप में काम करना चाहते हैं। उन्हें यह स्पष्ट समझ होनी चाहिए कि उन्हें अपना थोड़ा-सा समय वैज्ञानिक कार्य में लगाना है, चाहे वे भाषाओं का अध्ययन करें अथवा फूलों का अथवा तारों के संबंध में। उन्हें अपने प्रयासों का लेखा-जोखा हर साल अपने घर भेजना चाहिए। वे लोग वैज्ञानिक सलाहकार की भाँति होंगे जिनसे छात्र जानकारी और मदद ले सकते हैं सही मायने में लाभदायक कार्य कर उन्हें अपने को विशिष्ट बनाने के अवसर उपलब्ध होंगे। इतना वे लंदन में भी नहीं कर पाएँगे। दस वर्षों के बाद वे प्रसिद्धि एवं प्रतिष्ठा प्राप्त कर या तो यूरोप लौट जाएँगे या फिर यदि उन्हें लगे कि मिशनरी कार्य के लिए उनकी ज़रूरत है, तो वे सारी ज़िंदगी इसी कार्य में लगा देंगे। यद्यपि मेरी समझ में मिशनरी के कार्य से बढ़कर दूसरा कोई उदात्त कार्य नहीं है, फिर भी मेरा विश्वास है कि विश्वविद्यालयों तथा वैज्ञानिकों से किसी-न-किसी प्रकार का संपर्क मिशनरियों का स्तर ऊँचा करेगा, सामान्य अभिरुचि को बढ़ाएगा और मिशनरियों के हित में वैसे लोगों की सदिच्छा प्राप्त करेगा जिनका संकल्प कभी क़ानून भी बन सकता है।"[16]

हिंदू धर्म पर ये आक्षेपपूर्ण टिप्पणियाँ—इसके 'जुगुप्साजनक अनुष्ठान', 'भारत में राष्ट्रीय धर्म की ज़िंदा मौत', 'यह एक ऐसे वैचारिक स्तर का है जिसे हम कब का पैरों तले दफ़ना चुके हैं', हिंदुओं द्वारा पूजित देवताओं के प्रति तिरस्कार-भाव—क्या यह दर्शाती हैं कि मैक्समूलर अपनी ही मंत्रणा—दूसरों का धर्म उस धर्म के अनुयायी की नज़र से देखो—का अनुसरण कर रहा था?

मैक्समूलर की विद्वत्ता संदेह से परे है। उसकी कृतियाँ आश्चर्यजनक हैं। लेकिन, जैसाकि हमने देखा, ईसाइयत के प्रति उसकी प्रतिबद्धता भी संदेह से परे है। उसकी यह आशा-आकांक्षा कि ईसाइयत अंततः, और शीघ्र ही, विजय प्राप्त कर लेगी, भी संदेह से परे है। उसका यह दृढ़ विश्वास कि प्रत्येक ईसाई 'पवित्र युद्ध' को जीतने

के लिए कटिबद्ध है, संदेह से परे है। यह भी संदेह से परे है कि वह मिशनरियों तथा विद्वानों को एक ही लक्ष्य के लिए पूरी साझेदारी में काम करने का हिमायती था। और वह लक्ष्य था यह सुनिश्चित करना कि ईसाइयत का पूरे विश्व पर प्रभुत्व हो जाए।

इसमें भी संदेह नहीं कि यद्यपि उसकी विद्वत्ता उच्च कोटि की थी, उसमें पूर्वानुमान की क्षमता नहीं थी। हिंदू धर्म उसके पूर्वानुमान के विपरीत ज़िंदा है।

एक अन्य उदाहरण

एक अन्य उदाहरण ऑक्सफ़ोर्ड विश्वविद्यालय में संस्कृत के बोडेन प्रोफ़ेसर मोनियर-विलियम्स का लें। हमारे दर्शनशास्त्र, हमारे विश्वासों एवं रिवाजों के बारे में उसका विवरण और उसका संस्कृत-इंगलिश शब्द-कोश आज भी काम में लाए जाते हैं। भारत के संबंध में उसकी जानकारी ने उसके मन में यहाँ के दर्शन एवं संस्कृति के बारे में प्रशंसात्मक भाव पैदा किए और इंगलैंड लौटकर उसने मिशनरियों के सामने भाषण किया कि ऐसे लोगों को असभ्य कहकर ख़ारिज नहीं किया जा सकता। उसने महसूस किया कि मैकाले, ट्रेविलियन तथा बेंटिंक की आलोचनाएँ सीमा का अतिक्रमण कर गई हैं और बेंटिंक का आदेश अनावश्यक रूप से पाश्चात्य ज्ञान का पक्षधर है। उसने अंगरेज़ों को भारत के संबंध में अधिक जानकारी प्राप्त करने की सलाह दी और गौमांस-भक्षण जैसे मामलों में भारतीयों की भाव प्रवणता के प्रति अधिक संवेदनशीलता से काम लेने का आग्रह किया। उसने महसूस किया और बतलाया कि जेम्स मिल ने भारतीयों के प्रति घोर अन्याय किया है और भारतीय चरित्र का कालिमामय चित्रण कर तथा भारत में शासन करने के लिए भेजे जा रहे ब्रिटेनवासियों के मन में दुराग्रह पैदा कर ब्रिटिश हितों को घोर नुकसान पहुँचाया है। लेकिन इन सबके बावजूद, क्या ऐसे व्यक्ति के मन में भी अंतिम लक्ष्य के प्रति कोई शंका थी? क्या इस लक्ष्य की प्राप्ति के मार्ग में आनेवाली बाधाओं के प्रति उसके मन में कोई संदेह था?

मोनियर-विलियम्स ने 1878 में प्रकाशित अपनी पुस्तक 'मॉडर्न इंडिया एंड इंडियंस' (आधुनिक भारत और भारतीय) में एक प्रश्न उठाया : "आख़िर इतना बड़ा क्षेत्र किस उद्देश्य से इंगलैंड के अधीन किया गया है?" उसने स्वयं इसका उत्तर देते हुए कहा : "इसलिए नहीं कि इसे राजनीतिक, सामाजिक अथवा सामरिक प्रयोगों का अखाड़ा बनाया जाए और न इसलिए कि इससे हमारे वाणिज्य में लाभ अथवा हमारी दौलत में वृद्धि हो, बल्कि इसलिए कि कन्याकुमारी से लेकर हिमालय तक

प्रत्येक पुरुष, स्त्री और बच्चे को ऊँचा उठाया जाए, उन्हें प्रबुद्ध किया जाए और उन्हें ईसाइयत के घेरे में लिया जाए।"

उसने 2 मई, 1877 को ऑक्सफ़ोर्ड में मिशनरी कांग्रेस को संबोधित करते हुए कहा कि भारत में ईसाइयत के प्रसार में सबसे बड़ी बाधा यह है कि यहाँ के लोग अपने धर्म तथा परंपरा पर गर्वान्वित हैं, वे अपनी भाषा, लिपि, व्याकरण, धर्मग्रंथ, कानूनी संहिता, जाति-व्यवस्था, ब्याह-पद्धति—ग़रज़ कि जो कुछ उनका है, सब ईश्वर-प्रदत्त मानते हैं। उससे भी ज़्यादा हैरान करने वाली बात यह है कि "जिस बात पर हम उन्हें सबसे ज़्यादा दिग्भ्रमित मानते हैं, वे उसी पर सबसे ज़्यादा गर्व करते हैं।" वह है, "सर्वोच्च सत्ता के बारे में उनकी मिथ्या धारणाएँ।"

लेकिन, मोनियर-विलियम्स के अनुसार, अपने धर्म पर गर्व करने से भी बड़ी बात है स्वयं उस धर्म की प्रकृति : "उनका सर्वेश्वरवाद अत्यंत सूक्ष्म, सत्याभासी और अपने में सबको समेट लेने वाला सिद्धांत है। यह स्वयं ईसाइयत को भी विश्व की घटनाओं में से एक मानकर अपने में शामिल कर लेने का दावा करता है। मेरी जानकारी के अनुसार एक प्रसिद्ध हिंदू का कथन है : 'हम हिंदुओं को धर्म बदलने की आवश्यकता नहीं है; हम तो पहले से ही ईसाई और उससे भी अधिक हैं।' अहंकार एवं आत्म-संतुष्टि मानव-मन में सत्य के प्रवेश में मुख्य बाधक हैं। हम सच्चे इलहाम और ईश्वर के प्रेम एवं शुभेच्छा का संदेश लेकर हिंदुओं के पास उनकी भलाई के ख़ातिर जाते हैं, लेकिन उनसे हमें यह दावा सुनने को मिलता है कि यूरोप से बहुत पहले उन्हें इलहाम हो चुका था और अपने अनुकूल अपनी मुक्ति का अधिक उत्कृष्ट मार्ग पहले से ही उन्हें ज्ञात है।" उसने हिंदू के धार्मिक ग्रंथों का मूल संस्कृत में अध्ययन करने के लिए अंगरेज़ों को प्रेरित किया ताकि वे हिंदू धर्म को हलके ढंग से न लें और उसे 'काफिर' तथा 'बुतपरस्त' जैसे अतिरंजित नाम न दें। उसने उन्हें "हिंदू धर्म की व्यापकता, ग्रहणशीलता, मध्यम-मार्ग की प्रवृत्ति और पुनर्जीवित हो उठने की हाइड्रा जैसी जीवन-शक्ति" के प्रति सावधान किया। उसके अनुसार कठिनाइयाँ खुद हिंदुओं के कारण और भी दुस्तर हो जाती हैं, क्योंकि "उनकी मानसिक संरचना बिलकुल भिन्न किस्म की है, वे ऐतिहासिक तथ्यों का सही विवेचन करने में असमर्थ हैं, बेतुकी दंतकथाओं और बेलगाम अतिरंजनाओं में गहरी रुचि लेते हैं और पवित्रीकरण के सिद्धांत को पुनरुत्थान का एकमात्र साक्ष्य मानने में उनकी स्वाभाविक अरुचि है।" मोनियर-विलियम्स ने अपने हमवतनों को सलाह दी कि वे अपने नस्ल, ज्ञान और धर्म के प्रति भी दंभ का भाव न रखें, क्योंकि इससे ईसाइयत के प्रसार में बाधा पड़ रही है। उसका कहना था : "युवा और उत्साही मिशनरियों को आश्चर्य नहीं करना चाहिए और न हम इंगलैंडवासियों को उन्हें दोष देना चाहिए

अगर वे संतपाल की नकल करने के लिए बाध्य होते हैं, यानी (अपने सत्य-पथ से डिगे बग़ैर) मुसलमानों के सामने मुसलमान और हिंदुओं के सामने हिंदू बनकर, ताकि मुसलमान और हिंदू दोनों ईसा के शिष्य बनाए जा सकें।''

मोनियर-विलियम्स के अनुसार इन दूसरे धर्मों में कुछ ऐसे तत्त्व हैं जो उन सत्यों से मेल खाते हैं जिनकी सर्वश्रेष्ठ अनुभूति ईसाइयत में हुई है। इससे ईसाइयत का दैवी उद्‌गम प्रमाणित होता है। वह कहता है : ''ईसाइयत के कतिपय भव्य एवं अनिवार्य मताग्रह, इसकी मौलिक अवधारणाएँ, सभी धर्मों के मूल में निहित हैं जो जीवन की समस्याओं को व्याख्यायित करती हैं। सभी युगों में मनीषियों तथा दार्शनिकों ने इन समस्याओं के समाधान के लिए बेकार की चेष्टाएँ की हैं। क्या इससे ईसाइयत के दैवी उद्‌गम और संपूर्ण विश्व के लिए इसकी अनुकूलता की बात प्रमाणित नहीं होती?''

''प्रायः ये सारे आवश्यक तत्त्व हिंदू धर्म में वैसे ही मौजूद हैं जैसे कि चंचल तलछट के नीचे कठोर ग्रेनाइट के टुकड़े दबे पड़े होते हैं। मिशनरियों को चाहिए वे इन दबे तत्त्वों को खोज निकालें और उन्हीं पर अपनी अधिसंरचना खड़ी करें।''

मोनियर-विलियम्स मैकाले-ट्रेविलियन-बेंटिंक की उन नीतियों का विरोधी था जिनके कारण उन्होंने भारतीय भाषाओं और युगों से चली आ रही संस्कृति को धत्ता बता दिया था। वह चाहता था कि उनका अध्ययन एवं परिमार्जन किया जाए और उन्हीं पर अपनी संरचना खड़ी की जाए। इससे सर्वशक्तिमान ईश्वर के द्वारा ब्रिटिश जनता को दिए गए दायित्व तो पूरे होंगे ही, यही लोगों को ईसामसीह की शरण में लाने का सर्वोत्तम मार्ग भी था। उसके शब्दों में, ''हमें शिक्षित लोगों की ऐसी पीढ़ी—संभवतः दो-तीन पीढ़ियाँ—तैयार करने की ज़रूरत है जो वैज्ञानिक सत्य के जानकार ही नहीं हों, बल्कि नैतिक एवं धार्मिक सत्य के साथ-साथ सारे सामाजिक विषयों पर यूरोपीय विचारों से भी अवगत हों। इस लक्ष्य की पूर्ति के लिए हमें भारतीयों का विराष्ट्रीकरण नहीं करना है; हमें तो उनकी राष्ट्रीयता को और भी सुदृढ़ बनाना है; हमें उनकी सभ्यता को नष्ट करना नहीं, परिष्कृत एवं प्रगतिशील बनाना है; हमें उनकी संस्थाओं को ध्वस्त नहीं करना है, उन्हें एक उच्चतर एवं बेहतर साँचे में ढालना है; उनकी नैतिक संहिता के हर लक्षण को नहीं, बुरे लक्षणों को मिटाना और अच्छों को क़ायम रखना है; हमें उनका धर्म भी नष्ट नहीं करना है, सिर्फ उनकी भ्रांतियों और झूठों को दूर कर उनके पूर्व से चले आ रहे सत्य के पटिये पर ईसाइयत के मूल उपदेशों की इबारत लिखनी है।''

''लेकिन लोगों को ऊँचा उठाने एवं ईसाइयत में लाने की पूर्व-प्रक्रिया को किस प्रकार क्रियान्वित किया जाए?'' इस प्रश्न के उत्तर में वह कहता है : ''हमें स्कूलों

से प्रारंभ करना चाहिए... । हमने आक्रमणकारी मुसलमानों का अनुकरण तथा सरकारी ताक़त और प्रभाव का इस्तेमाल करने से परहेज़ कर अच्छा काम किया है।'' हमें लोगों को सही नैतिक सिद्धांतों के द्वारा प्रशिक्षित करने पर अपना ध्यान केंद्रित करना चाहिए, क्योंकि ऐसे सिद्धांत उनके अपने धर्मों में भी मौजूद हैं : ''इन धर्मों में ईसाइयत के भी कुछ आवश्यक तत्त्व विद्यमान हैं जिन्हें हम सधन्यवाद काम में लाएँ और झूठ, अंधविश्वास तथा अनर्गल भ्रांतियों को दूर करें। हमें उनके उत्तम नैतिक, सामाजिक तथा धार्मिक निर्देशों को सभी प्रकार के मिथ्या विश्वासों से अलग करना चाहिए। सरकारी स्कूलों में उन्हें वैज्ञानिक सत्य की शिक्षा दी जाए। ऐसा करने से उनकी स्वतंत्र निर्णय-क्षमता विकसित होगी और इन भारतीय स्कूली छात्रों द्वारा ईसाई मत को अंगीकार कर लेने का मार्ग स्वतः प्रशस्त हो जाएगा।''

किस मुख्य दुर्ग को तोड़ना है, इस संबंध में मोनियर-विलियम्स की दृष्टि बिलकुल साफ़ थी। हिंदू, बौद्ध तथा इस्लाम की ईसाइयत से तुलना करने पर उसने यही निष्कर्ष निकाला कि ईसाइयत एकमात्र सच्चा धर्म है। इस्लाम अभी भी धर्मांतरण कर रहा है, अतः ईसाइयों को इसके ख़तरे से सावधान रहना चाहिए। हवा उनके पक्ष में है, क्योंकि ''ईसाइयत ही एकमात्र ऐसा धर्म है मिशनरी चेतना जिसका सार तत्त्व है और ईसामसीह, जो ईसाइयत का जीवन और आत्मा हैं, खुद एक मिशनरी थे।'' साथ ही, इस्लाम की अपेक्षा ईसाइयत की पुराने धर्म के साथ अनेक बातों में संगति बैठती है। बौद्ध धर्म आरंभ में एक मिशनरी धर्म ही था और ''इसीलिए वह द्रुतगति से फैला। जितना प्रसार इस धर्म का हुआ उतना किसी अन्य झूठे धर्म का न तो इसके पहले हुआ था, न बाद में।'' लेकिन इसका मिशनरी उत्साह बहुत पहले ठंडा पड़ चुका है। अब यह लोगों की धार्मिक आकांक्षाओं को पूरा करने में समर्थ नहीं है। इससे क्या निष्कर्ष निकलता है? यही कि ''ब्राह्मणवाद को समाप्त कर दो; लोग फिर से बौद्ध धर्म की शरण में नहीं जा सकते; वे निश्चय ही या तो ईसाई बनेंगे या मुसलमान या ईश्वरवादी।''

ब्राह्मणवाद को जाना ही होगा क्योंकि ब्राह्मणों ने आम लोगों को अपने धर्मग्रंथों तक पहुँचने से रोक रखा है। ''हक़ीकत यह है कि अति सरल वैज्ञानिक विषयों के संबंध में मिथ्या धारणाएँ इसके धार्मिक मतों से इस क़दर उलझी हुई हैं कि सामान्य शिक्षा-भूगोल का सरलतम पाठ—भी, बिना ईसाइयत की मदद के, इसकी जड़ों को निश्चित रूप से काट डालेगी।''

मोनियर-विलियम्स का निष्कर्ष है : ''जब ब्राह्मणवाद के सुदृढ़ दुर्ग को क्रूस के सैनिकों द्वारा घेर लेने, उसे कमज़ोर करने और अंततः उस पर फ़तह कर लेने का काम पूरा हो जाता है तो ईसाइयत असाधारण एवं अंतिम विजय प्राप्त कर लेगी।''

इस स्पष्ट लक्ष्य को पूरा करने की यही व्यूह-रचना थी—ब्राह्मणवाद के प्रभुत्व संपन्न दुर्ग को "घेरना, उसे कमज़ोर करना और अंत में धावा बोलकर उस पर क़ब्जा कर लेना।"

ध्यान दें, यह दृष्टिकोण एक उद्‌भट भारतविद् का है, एक ऐसी शख़्सीयत का है जिसकी गणना कमोबेश भारत और उसकी सभ्यता के प्रशंसकों में की जाती है, एक ऐसे विद्वान का है जिसकी पुस्तकें आज तक—प्रकाशन के सौ साल बाद भी—भारतीयों और हिंदुओं के लिए भारत तथा हिंदू धर्म की जानकारी के स्रोत हैं!

प्रोफ़ेसर मोनियर-विलियम्स ने ऑक्सफ़ोर्ड विश्वविद्यालय में संस्कृत के बोडेन अध्यक्ष का पदभार प्रोफ़ेसर एच.एच. विल्सन के बाद ग्रहण किया था। अपने कार्यकाल का अधिकांश समय उसने दार्शनिक विषयों, विशेषकर संस्कृत-अंगरेज़ी शब्दकोश को तैयार करने में लगाया था। अपने कार्यकाल का अधिक समय ऐसे काम में लगाने और अधिक 'विद्वत्तापूर्ण' कार्य नहीं करने के कारण उसके सहकर्मी तथा दूसरे लोग उसकी आलोचना करते थे। उनके सामने ठीक इसके विपरीत मैक्समूलर का उदाहरण था। इन तीखी आलोचनाओं से मर्माहत मोनियर-विलियम्स ने अपनी महान कृति 'संस्कृत-अंगरेज़ी शब्द-कोश' की भूमिका में आलोचकों को कसकर लताड़ा। कर्नल बोडेन द्वारा ऑक्सफ़ोर्ड में स्थापित बोडेन चेयर के लक्ष्य के संबंध में उसका कथन उल्लेखनीय है : "इस पीठ की स्थापना ईसाई धर्म ग्रंथों के संस्कृत में अनुवाद हेतु प्रोत्साहन देने के लिए की गई थी ताकि उसके देशवासी भारतीयों का धर्मांतरण करने में समर्थ हो सकें।" उसने शब्द-कोश पर किए गए परिश्रम को बिलकुल उचित ठहराते हुए कहा : यह शब्द-कोश उसके देशवासियों को ईसाई धर्मग्रंथों का संस्कृत में अनुवाद करने में मदद करेगा। उसने उस पीठ पर अपनी नियुक्ति के बाद अपने प्रथम भाषण, जिसका शीर्षक था 'भारत में मिशनरी कार्य की दृष्टि से संस्कृत का अध्ययन', में अपने इस कार्य के औचित्य की ओर श्रोताओं का ध्यान आकृष्ट किया था। प्रश्न यह नहीं है कि मोनियर-विलियम्स बदनीयत अथवा दुष्ट व्यक्ति था। लेकिन जहाँ अध्यवसाय एवं विद्वत्ता की दृष्टि से वह एक असाधारण व्यक्ति था, वहीं अपनी मान्यताओं, बुनियादी विश्वासों, आशा-आकांक्षाओं की दृष्टि से उसका लक्ष्य अन्य विद्वानों जैसा ही प्रतीकात्मक था।

मोनियर-विलियम्स ने बोडेन प्रोफेसर के रूप में अपने कार्यकाल के अंत में जो कुछ कहा, वह विचारणीय है :

> जिस व्यक्तिगत आलोचना के संबंध में मैंने वर्षों से मौन साध रखा है, अब अपने कार्यकाल के अंत में उस संबंध में एक संक्षिप्त व्याख्या देना चाहूँगा।

मेरे कुछ आलोचकों तथा कुछ सच्चे मित्रों ने आश्चर्य व्यक्त किया है कि मैंने अपने बोडेन प्रोफ़ेसरी के कार्यकाल का एक बड़ा हिस्सा शब्द-कोशों और व्याकरणों के नीरस, फीके और अनुपयोगी परिश्रम में तथा भारत के पंडितों के बीच में उनके ही देश में व्यावहारिक शोध कार्यों पर लगा दिया है, जबकि बेहतर यह होता कि मैं अपना समय अपने पेशागत पद की गरिमा के अनुरूप ऐसे दुर्बोध संस्कृत ग्रंथों के संपादन या अनुवाद में लगाता जो पहले कभी संपादित या अनूदित नहीं किए गए थे।

इसके उत्तर में मैं आपका ध्यान इस सचाई की ओर आकृष्ट करना चाहूँगा कि मैं इस बोडेन पीठ का मात्र दूसरा अधिकारी हूँ। इसके संस्थापक कर्नल बोडेन ने बड़ी मुखरता से अपने वसीयत (दिनांक 15 अगस्त, 1811) में कहा था कि उनके इस उदार वसीयत का एक विशेष लक्ष्य है और वह है धर्मग्रंथों का संस्कृत में अनुवाद को प्रोत्साहित करना ताकि मेरे देशवासी भारतीयों को ईसाई धर्म में शामिल करने के कार्य के लायक हो सकें।

इसी कारण मेरे विशिष्ट पूर्ववर्त्ती एवं शिक्षक प्रोफ़ेसर एच.एच. विल्सन जब इस पीठ के लिए 1832 में एक अभ्यर्थी थे तो कोश रचना संबंधी उनके कार्यों को इस पद के लिए एक विशेष अर्हता के रूप में स्वीकृत किया गया था।

ऐसी स्थिति में यह कतई आश्चर्य का विषय नहीं होना चाहिए यदि मैंने अपने आदरणीय गुरुदेव के पद-चिह्नों पर चलते हुए इसे अपने पेशागत जीवन का प्रधान लक्ष्य बनाया है कि मैं अपने पवित्र धर्मग्रंथों को संस्कृत में अनुवाद के लिए तथा भारत के धर्मों और प्रथाओं की बेहतर जानकारी को प्रोत्साहन देने के लिए सुविधाएँ प्रदान करूँ, क्योंकि इसी तरीक़े से हम अपने महान पूर्वी उपनिवेश (भारत) की धार्मिक आकांक्षाओं की जानकारी हासिल कर सकते हैं। 1860 में अपने चयन के बाद मैंने जो प्रथम सार्वजनिक भाषण दिया था वह "भारत में मिशनरी कार्य की दृष्टि से संस्कृत का अध्ययन" विषय पर था (1861 में प्रकाशित)।[17]

यह उदाहरण मोनियर-विलियम्स जैसे बड़े विद्वान की वास्तविक मंशा को ज़ाहिर नहीं करता। वह दावा ज़रूर करता था कि इन्हीं प्रेरणाओं से उसके कार्य को गति मिली, लेकिन हक़ीकत यह थी कि उसके विचार में इस तरह की सफ़ाई ही उसके आलोचकों को आश्वस्त कर सकेगी। इससे यह पता चलता है कि तत्कालीन चिंतन-दिशा क्या थी।

विचारणीय बिंदु

ऐसी बात नहीं है कि इन विद्वानों के इन घोषित उद्देश्यों एवं अंतःप्रेरणाओं के कारण उनकी सारी रचनाएँ ग़लत अथवा महत्त्वहीन हैं। ऐसा मान लेना तो बेवकूफ़ी होगी। जरा हम प्रश्न का स्वर बदल कर देखें तो बात स्पष्ट हो जाएगी। अगर किसी हिंदू विद्वान के ऐसे ही लक्ष्य होते और अगर वह मैक्समूलर वाले उत्साह के साथ उन लक्ष्यों पर दृढ़ होता तो क्या धर्मनिरपेक्षतावादी उसकी रचनाओं के प्रति हमें सावधान नहीं करते? लेकिन इन विद्वानों के बारे में क्या कहा जाए?

मिशनरियों तथा विद्वानों का यह गठजोड़ अथवा मिशनरी संवेगों से प्रेरित विद्वत्ता उस मिथ्यापवाद से ज़्यादा घातक रही है जिसकी चर्चा हम पहले कर चुके हैं। इसके प्रभाव पूरी शताब्दी में क़ायम रहे हैं और उसका असर अन्य क्षेत्रों पर भी पड़ा है। हमारे मन में पैठी अनेक धारणाओं के बीज इन्हीं विद्वानों के द्वारा बोए गए हैं—यथा, गौर-वर्ण आर्यों ने कृष्णवर्णी द्रविड़ों का क़त्लेआम कर दिया और बचे-खुचे को बाहर खदेड़ दिया; भारत एक राष्ट्र नहीं, विभिन्न राष्ट्रीयताओं का समूह अथवा चिड़िया-ख़ाना है...इत्यादि। इन धारणाओं के लिए कोई साक्ष्य उपलब्ध नहीं है, बल्कि सारे साक्ष्य इनके विरोध में हैं। इसके अतिरिक्त, जिन लोगों ने ऐसी धारणाओं को प्रचलन दिया, उन्होंने अधिकांश मामलों में कुछ विशेष उद्देश्यों को ध्यान में रखकर ही ऐसा किया। ये उद्देश्य थे : लोगों की नज़र में अपनी ही संस्कृति का निरादर और एक समुदाय को दूसरे समुदाय के विरुद्ध खड़ा करना।

फिर भी, उन लोगों की विद्वत्ता का हमारे मानस पर गहरा असर है। हमारे चिंतन एवं वार्त्तालाप में उनकी स्पष्ट झलक मिलती है। उनकी फूट-परस्त राजनीति आज भी हमें परेशान किए हुए है। उन धारणाओं की जड़ें इतनी गहरी हैं कि यदि हम उन्हें निराधार, साक्ष्यहीन, नवीनतम शोधों द्वारा खंडित तथा उनके पीछे भारत को नीचा दिखाने और विखंडित करने की नीति की बात उठावें तो हम उग्रराष्ट्रवादी और सांप्रदायिक हैं! ज़रा कल्पना करें, यदि हमारे बुद्धिजीवी किसी भारतीय अथवा हिंदू विद्वान की किसी ऐसी मान्यता से रू-ब-रू हों कि उसकी कृतियों का मुख्य उद्देश्य विभिन्न धर्मों के बीच छिड़े पवित्र युद्ध में हिंदू धर्म की जीत सुनिश्चित करना और उसे विश्व-धर्म बनाना है, अगर वह माने कि विद्वानों और हिंदू मिशनरियों के कार्य समान उद्देश्य की प्राप्ति के लिए अभिप्रेत हैं, तो वे उसके विरुद्ध तलवार लेकर खड़े हो जाएँगे। वे उसे न सिर्फ़ पानी पी-पीकर कोसेंगे, अपितु भविष्य में उसका कुछ भी लिखा पढ़ने से साफ़ इनकार कर देंगे।

यदि इन धारणाओं के दुष्परिणाम अभी भी हमें झेलने पड़ रहे हैं तो इसका

दोष मुख्य रूप से ईसाई मिशनरियों या इन विद्वानों का नहीं, भारतीय बुद्धिजीवियों का है। इन बुद्धिजीवियों के चश्मे का एक लेंस, जैसाकि ऊपर के उदाहरण से जाहिर होता है, मार्क्सवादियों और 'धर्म-निरपेक्षतावादियों' द्वारा गढ़ा गया है तो दूसरा लेंस, जो मौलिक है, उस वक़्त का गढ़ा हुआ है जबकि एक ही आँख का चश्मा पहनने का रिवाज था। और वह एकनेत्रीय चश्मा मिशनरी-साम्राज्यवादी विद्वत्ता के द्वारा गढ़ा गया था।

संदर्भ

1. द लाइफ एंड लेटर्स ऑफ़ द ऑनरेबल फ्रेडरिक मैक्समूलर, (उसकी पत्नी द्वारा संपादित), लौंगमैंस, लंदन, 1902, खंड I, पृ. 328
2. मैक्समूलर, 'लेक्चर ऑन मिशंस', दिसंबर 1873 'चिप्स फ्रॉम ए जर्मन वर्कशॉप' में, खंड IV, स्क्रीबनर्स, न्यूयार्क, 1884, पृ. 238-75, पृ. 259
3. मैक्समूलर, 'ओपनिंग एड्रेस', सितंबर, 1874, चिप्स फ्रॉम ए जर्मन वर्कशॉप, खंड IV में, उपरिलिखित रचना में पृ. 335-36
4. वही, पृ. संख्या 328-9
5. द लाइफ एंड लेटर्स ऑफ़ द ऑनरेबल फ्रेडरिक मैक्समूलर (उसकी पत्नी द्वारा संपादित), लौंगमैंस लंदन, 1902, पृ. 481-82
6. 'क्राइस्ट एंड अदर मास्टर्स', मार्च 1858, चिप्स फ्रॉम ए जर्मन वर्कशॉप में, खंड I, पृ. 49-60
7. वही, पृ. 59
8. 'चिप्स फ्रॉम ए जर्मन वर्कशॉप' (पूर्व-लिखित), खंड I, पृ. 26
9. 'इंडिया, ह्वाट इट कैन टीच अस', 1882, लौंगमैंस, लंदन, 1919 संस्करण, पृ. 118
10. मैक्समूलर, 'हिस्ट्री ऑफ़ एंशिएंट संस्कृत लिटरेचर', 1860, पृ. 32; इसका उल्लेख भागवद दत्त की पुस्तक 'वेस्टर्न इंडोलॉजिस्ट्स : ए स्टडी इन मोटिव्ज' इतिहास प्रकाशन, नई दिल्ली, 1950 (?) पृष्ठ 5 पर भी हुआ है। दत्त ने अनेक भारतविदों की रचनाओं से ज़ाहिर होने वाले प्रयोजनों के अनेक संकेत सूचीबद्ध किए हैं।
11. 'लाइफ़ एंड लेटर्स ऑफ ऑनरेबल फ्रेडरिक मैक्समूलर' (पूर्व-लिखित रचना), खंड I, पृ. 266
12. इसकी तुलना नवरत्न एस. राजाराम की पुस्तक 'आर्यन इन्वेश्ज़न ऑफ इंडिया, द मिथ एंड द ट्रुथ', वायस ऑफ़ इंडिया, 1993 से करें। प्रोफेसर राजाराम ने बतलाया है कि किस प्रकार मैक्समूलर 4,000 ईसापूर्व से 1,200 वर्ष ईसापूर्व पर आया और जब इसके संबंध में प्रश्न उठाए जाने लगे तो उसने अपने द्वारा निर्धारित तिथि को अस्वीकार कर दिया। लेकिन उसके इस अस्वीकरण की चर्चा शायद ही होती है। फलस्वरूप, बिना किसी साक्ष्य के उसने जो तिथि बतलाई—1200 वर्ष ईसापूर्व—अभी तक लोग उसे मानते रहे हैं!
13. पूर्व-चर्चित लाइफ़ एंड लेटर्स, खंड I, पृ. 357-8
14. 'वेस्टमिन्स्टर लेक्चर ऑन मिशंस' के चिप्स फ्रॉम ए जर्मन वर्कशॉप, खंड IV, स्क्रीबनर्स, न्यूयार्क, 1884 में, पृ. 238-78

15. कृपया देखें 'ऑन द वाइटैलिटी ऑफ़ ब्राह्मणिज़्म' के चिप्स फ्रॉम ए जर्मन वर्कशॉप, खंड IV, स्क्रीबनर्स न्यूयार्क, 1884 में, पृ. 296-316
16. पूर्व-चर्चित 'ओपनिंग एड्रेस', पृ. 337-8
17. मोनियर-विलियम्स, संस्कृत-इंगलिश डिक्शनरी, ऑक्सफ़ोर्ड, 1899, भूमिका, पृ. 9-10

8

रिक्तियों का सर्जन एवं उनकी पूर्ति

उन दिनों की रचनाओं और व्याख्यानों के पढ़ने से कुछ बातें सहज ही हमारा ध्यान आकर्षित करती हैं। निश्चय ही इनमें पहली ब़ात है, स्पष्टवादिता। राजनीतिक सत्ता ने इसे बढ़ावा दिया था। अपनी बातों को व्यास-शैली में रखने की ज़रूरत ही नहीं थी। आख़िर उनकी बातों का बुरा मानता भी कौन जब अन्य किसी का कोई ख़ास महत्त्व था ही नहीं। दूसरी बात यह है जिस निरंतरता तथा स्पष्टता से वे अपने लक्ष्यों तथा रण-नीतियों का खुलासा करते थे, वे हमारी सामूहिक चेतना में आती ही नहीं थीं।

और तीसरी महत्त्वपूर्ण बात़ यह है कि आधार वाक्यों, तर्कों, 'तथ्यों' एवं नतीजों के बारे में उनमें व्यापक सहमति एवं साझेदारी थी।

इस पर स्पष्ट रूप से आम सहमति थी कि प्रत्येक ईसाई व्यक्तिगत रूप से ईसाइयत के प्रसार के लिए पाबंद था। कुछ उदाहरण लें :

> "चूँकि सिर्फ़ ईसाई धर्म ही मानव जाति के मनोवेगों से उत्पन्न अव्यवस्थाओं को दुरुस्त करने और शनैः-शनैः विश्व को पूर्णता की स्थिति तक ले जाने में समर्थ है, इसलिए यह दैवी उद्‌गम का धर्म है, और हम इसके संस्थापक ईसामसीह के आदेश का अनुसरण करते हुए इसे विश्व-धर्म बनाने के लिए पाबंद हैं।"
>
> *—सर चार्ल्स ट्रेविलियन*

> "मेरे ईसाई बंधुओ, मैं आपसे पूछता हूँ कि क्या ईसामसीह के आदेशों में इससे भी ज़्यादा स्पष्ट कोई आदेश है कि हमें सारे संसार को गॉस्पेल की शिक्षा देनी है? अगर आप बाइबिल में विश्वास करते हैं और उसके आदेशों का पालन करने के लिए संकल्पित हैं, तो मैं आपसे पूछता हूँ कि क्या आप

सामूहिक तथा व्यक्तिगत दोनों रूपों में पैलेस्टाइन से निकले प्रकाश को विश्व के कोने-कोने में, मानव जाति के सबसे निचले स्तर की आदिम जातियों एवं पीड़ित वर्गों तक ले जाने के लिए बाध्य नहीं हैं?"

—रिचर्ड टेंपल

"जहाँ तक हमारे धर्म का संबंध है, इसकी आत्मा ही मिशनरी, प्रगतिशील एवं विश्वजनीन है। यदि यह अपने संस्थापक की अंतिम वाणी, 'जाओ और सारे मुल्कों को शिक्षित करो' का तिरस्कार करता है तो अपना अस्तित्व ही खो देगा। मिशनरी चेतना उसी समय से ईसाइयत की विशेषता रही है जब इसके सिर्फ दस अपोसूल हुआ करते थे। अपने को ईसाई कहने वाले हर व्यक्ति का यह दायित्व है कि वह अपने दृढ़ विश्वासों को खुले तौर पर स्वीकार करे, चाहे वह जो भी हो, और दूसरों को अपने दायरे में लाने का प्रयास करे। इस अर्थ में प्रत्येक सच्चा ईसाई एक मिशनरी है।"

—मैक्समूलर

"ईसाइयत के सिवा किसी भी दूसरे धर्म का इतना प्रबल दावा नहीं बनता कि मिशनरी चेतना इसका सार तत्त्व है, क्योंकि ईसामसीह, जो ईसाइयत के मन-प्राण हैं, स्वयं एक मिशनरी थे।"

—मोनियर-विलियम्स

भारत जैसे देश के मामले में तो निश्चय ही विधाता ने इसलिए साम्राज्य हमारे हाथ में सौंपा है ताकि हम इन तिमिराच्छन्न देशों में ईसाइयत की रोशनी फैला सकें।

"मैं पूछता हूँ क्या आप विश्वास करते हैं कि विधाता एक के बाद दूसरे मुल्क को ब्रिटिश छत्रछाया में लाने के अवसर मात्र इसलिए देता है कि हम उसका राष्ट्रीय, भौतिक तथा धर्मेतर मामलों में उन्नयन कर सकें? क्या इसके बदले आप यह विश्वास करेंगे कि वह हमें सिर्फ़ एक ही लक्ष्य को पूरा करने हेतु यह अवसर प्रदान करता है? और वह लक्ष्य है सत्य की रोशनी को दूर-दूर तक ले जाना। सच्चे ईसाई होने के नाते हम विश्वास करते हैं कि सभी अंतिम सत्य धार्मिक सत्य में विलीन हो जाते हैं...।"

—रिचर्ड टेंपल

रिक्तियों का सर्जन एवं उनकी पूर्ति

"इतना विशाल क्षेत्र आख़िर किस उद्देश्य से इंगलैंड के अधीन किया गया है? इसलिए नहीं कि इसे राजनीतिक, सामाजिक अथवा सामरिक प्रयोगों का अखाड़ा बनाया जाए और न इसलिए कि इससे वाणिज्य में लाभ अथवा दौलत में इज़ाफ़ा हो, बल्कि इसलिए कि कन्याकुमारी से लेकर हिमालय तक आबालवृद्ध-वनिता को ऊँचा उठाया जाए, उन्हें प्रबुद्ध किया जाए और उन्हें ईसाइयत के घेरे में लाया जाए... ।"

—मोनियर-विलियम्स

हिंदू घोर भ्रष्ट एवं व्यभिचारी हैं, क्योंकि उनके देवता ही भ्रष्ट एवं व्यभिचारी हैं। यह गर्हित धर्म छान-बीन नहीं बर्दाश्त कर सकता, क्योंकि इसकी बुनियादी मान्यताएँ ही झूठ और भ्रांति में अंतर्गुम्फित हैं।

"प्रत्येक युवा ब्राह्मण...जो हमारे कॉलेजों में भूगोल सीखता है, हिंदू मिथकशास्त्र पर हँसना सीखता है।"

—टी.बी. मैकाले

"व्याकरण और विवरणी की पुस्तकें हिंदू धर्म को नष्ट कर देने के लिए पर्याप्त हैं... ।" "यह धर्म इतना साक्ष्यरहित, अनैतिकता तथा बेतुकापन से इस क़दर उलझा हुआ है कि यूरोपीय विज्ञान के सामने तुरत घुटने टेक देता है... ।" "इसके पतन के लिए इतना प्रमाणित कर देना पर्याप्त है कि धरती कछुए की पीठ पर नहीं टिकी है, न यह मद्य, केक और दूध के संकेंद्रित वृत्तों से बनी है।"

—चार्ल्स ट्रेविलियन

"हक़ीकत यह है कि अति सरल वैज्ञानिक विषयों के संबंध में मिथ्या धारणाएँ हिंदू धर्म की मान्यताओं से इस क़दर उलझी हुई हैं कि सामान्य शिक्षा—भूगोल का सरलतम पाठ भी, बिना ईसाइयत की मदद के, इसकी जड़ें निश्चय ही काट देगी।"

—मोनियर-विलियम्स

यह सबके लिए, ख़ासकर हिंदुओं के लिए, सौभाग्य की बात है कि हिंदू धर्म अब मर रहा है, बल्कि मर चुका है और उन हिंदुओं ने इसका परित्याग कर दिया है जिन्होंने नई शिक्षा ग्रहण की है। "एक ऐसी पीढ़ी पनप रही है जिसने मूर्ति-पूजा को नकार दिया है। एक उदार शिक्षा-प्राप्त हिंदू अपने परिवार के दबाव में काली मंदिर गया, 'मैडम काली' के सामने अपनी टोपी उतारी, थोड़ा झुका और बोला, आशा है, आप महोदया सही-सलामत हैं।"

—चार्ल्स ट्रेविलियन

"हिंदू धर्म क्रमशः विखंडित हो रहा है, ठीक वैसे ही जैसे चढ़ते सूर्य के सामने बादल छँटने लगते हैं। यह सही है कि अभी भी लाखों लोग इसमें विश्वास करते हैं, किंतु वे सारे-के-सारे अशिक्षित हैं। अब यह शिक्षित हिंदुओं का धर्म नहीं रह गया है। सैद्धांतिक ज्ञान या व्यावहारिक जानकारी रखने वाले लोग इससे विमुख हो गए हैं। उन्नीसवीं सदी के विज्ञान, जिसे सरकार उदारतापूर्वक फैला रही है, के सामने हिंदू धर्म कोहरे की भाँति छँट रहा है।"

—रिचर्ड टेंपल

"लेकिन इस पुराने धर्म के दिन लद चुके हैं और यदि ईसाइयत इसका स्थान नहीं लेती तो यह किसका दोष होगा?" "अभी भी हिंदू धर्म के 110,000,000 अनुयायी हैं...इसके बावजूद मुझे यह कहने में तनिक संकोच नहीं कि उनका धर्म मरणासन्न है अथवा मर चुका है...। शिव, विष्णु और अन्य लोकप्रिय देवताओं की पूजा...उस वैचारिक धरातल की है जिसे हम कब का अपने पैरों तले दफ़ना चुके हैं। सिंह और बाघ की भाँति यह चल सकता है, किंतु स्वतंत्र ख़याल और सभ्य जीवन का झोंका इसे उड़ा ले जाएगा...। किसी भी पढ़ने-लिखने तथा समझ सकने वाले हिंदू से पूछो कि क्या वह इन्हीं देवताओं में विश्वास करता है, तो वह तुम्हारे भोलेपन पर हँसेगा।"

—मैक्समूलर

इन्हीं बातों के आधार पर और मिशनरियों की भारी सफलता के कारण उन्हें पूरा विश्वास था कि भारत ईसाइयत के सामने शीघ्र घुटने टेक देगा। हिंदू धर्म से भारी

अलगाव की प्रक्रिया शुरू हो चुकी है। उन्हें ईसाइयत की ओर ले जाने वाला एक नया पैग़ंबर अवतीर्ण हो चुका है। ब्राह्मसमाज में आस्था की दृष्टि से सभी एकमत हैं।

> "मिशनरी समुदायों के बाहर बहुसंख्य लोगों ने ईसाइयत को सिद्धांततः स्वीकार कर लिया है। आपने हिंदू धर्म से अलगाव की वकालत करने वाले राममोहन राय, देवेन्द्रनाथ ठाकुर और केशवचंद्र सेन जैसे नेताओं के नाम सुनें होंगे। इनकी अगुआई में ढेर-सारे लोग ईसाइयत की ओर आधा से ज़्यादा फ़ासला तय कर चुके हैं।"

—चार्ल्स ट्रेविलियन

> "ब्राह्मसमाज के अनेक नेता ईसाई बनने के लिए लगभग राज़ी हो चुके हैं। उनके कुछ मंत्री बाइबिल के मूलपाठ से उपदेश देते हैं। उन्होंने स्पष्ट रूप में कहा है कि ब्रिटिश सरकार इंगलैंड की धर्म-निरपेक्ष सरकार हो सकती है, लेकिन सर्वोच्च शासक तो स्वयं प्रभु यीशू हैं।"

—रिचर्ड टेंपल

> "...मैंने कहा कि (वास्तव में प्रतिभाशाली और विलक्षण शक्ति-संपन्न) यह पैग़म्बर अवतीर्ण हो चुका है और राममोहन राय, देवेन्द्रनाथ टैगोर तथा केशवचंद्र सेन द्वारा प्रचारित ब्राह्मसमाज ब्राह्मणवाद की अपेक्षा अधिक परिष्कृत धर्म है... । मैं भविष्यवाणी नहीं करता और अब मैं युवा तो नहीं रह गया हूँ लेकिन अभी भी मेरा विश्वास है कि ब्राह्मसमाज जैसे निःस्वार्थ, पवित्र एवं ईमानदार लक्ष्य वाले, आंदोलन की अंतिम विजय सुनिश्चित है... ।"

—मैक्समूलर

जो कुछ ट्रेविलियन जैसे सरकारी सेवकों और मैक्समूलर जैसे विद्वानों के मामले में मात्र विश्वास के स्तर पर टिका था वह मिशनरियों के मामले में सक्रिय सहयोग में बदल गया। अमेरिका में स्वामी विवेकानंद का आकर्षण-केंद्र बन जाने से चिढ़कर मिशनरियों ने एक भारतीय को उन्हें गंदे से गंदे शब्दों में अपमानित और बदनाम करने के लिए प्रतिनियुक्त किया। वह व्यक्ति था 'नया पैग़म्बर' के प्रधान मशालचियों

में एक—केशवचंद्र सेन!

वही लक्ष्य, वही तयशुदा रणनीति; वही आशाएँ-आकांक्षाएँ। श्रम का स्पष्ट विभाजन!

शासकों, मिशनरियों तथा विद्वानों के संयुक्त प्रयासों का मुख्य परिणाम चर्च की भीड़ बढ़ाना नहीं था। इसमें क्रूस के सैनिकों को प्रत्याशित सफलता नहीं मिल पाई थी। परिणाम तीन मुखी थे। अंतःसंरचना—विद्यालय से लेकर उद्योग, सिंचाई के जलाशय, मंदिर तथा अन्य चीज़ें, जो मुगल काल में ठीक-ठाक थीं—उजाड़ दी गईं। इससे एक शून्यता की स्थिति बन गई। इस शून्यता को भरने का काम ब्रिटेनवासियों ने परोपकार की भावना से विधि के विधान के द्वारा विहित यहाँ के लोगों को ऊँचा उठाने एवं सभ्य बनाने के दायित्वों का निर्वाह करके किया। शून्यता की पूर्ति जिन उपादानों से की गई उसके भी दो परिणाम निकले—एक, इसने भारतीय जनता में एकता की भावना को कमज़ोर किया और दूसरा, अपनी परंपराओं के प्रति उनके विश्वास की चूलें हिला दीं।

जिस प्रवर समिति की सुनवाइयों का ज़िक्र हमने पिछले पृष्ठों पर किया है, वे इन परिणामों के पैदा होने के तरीक़ों पर पर्याप्त रोशनी डालती हैं। वे सुनवाइयाँ दो ऐसी बातों की चर्चा करती हैं जिनके लिए सामान्य तौर पर ब्रिटेनवासियों को तथा विशेषतौर पर मिशनरियों को विशेष श्रेय दिया जाता है। इनमें एक है, शिक्षा का प्रसार, और दूसरी है, अंगरेज़ी को लोकभाषा बनाने का काम। जैसाकि पूर्व में कहा जा चुका है, आरंभ में ईस्ट इंडिया कंपनी मिशनरियों को अपनी अधीनस्थ क्षेत्रों में काम करने की इजाज़त नहीं देती थी। 1813 तक मिशनरियों द्वारा भारत का एक अतिकालिमामय चित्र प्रस्तुत करने और उसकी अविलंब मुक्ति की वकालत करने के कारण एक तनाव की स्थिति बनी हुई थी। ऐसे चित्रण कितने मनगढ़ंत थे, इसकी झलक हमें एक ब्रिटिश विधिवक्ता, जो मद्रास में कई वर्षों तक रहा था, के द्वारा तत्कालीन भारतीय स्थिति के बारे में पेश किए गए साक्ष्य से मिलती है। वह कहता है : भारत के अतीत एवं वर्तमान दोनों गरिमामय हैं। जब मैं उसकी भव्य संरचनाओं, भूमि से भरपूर फसल लेने के लिए भारी लागत से बनाए गए उसके सुदूर अतीत के कीर्ति-स्तंभ स्वरूप विशाल जलाशयों पर विचार करता हूँ, इसके सुदृढ़ एवं अलंकृत मंदिरों की स्थापत्य-कला का, इसके उत्पादनों में अभिव्यक्त इसके सूक्ष्म एवं जटिल कौशल का, इसके धार्मिक और लौकिक ग्रंथों का, संपन्नता-सूचक, मोहक कल्पना से युक्त तामचीनी के मृण्पात्रों का सर्वेक्षण करता हूँ; जब मैं यहाँ के उन दार्शनिकों, विधिवक्ताओं तथा नैतिकतावादियों के बारे में सोचता हूँ जिन्होंने राजनीतिक तथा नैतिक प्रज्ञा भरे आप्तवचनों द्वारा मानवीय संवेगों को नियंत्रित करने एवं राष्ट्र

को परेशान करने वाली बुराइयों को दूर करने का प्रयास किया है; जब मैं घरेलू सद्‌गुणों से नियंत्रित एवं संरक्षित सुखी, शांत, प्यार में पगे परिवारों पर नज़र डालता हूँ; जब मैं एक प्रफुल्लित एवं सुव्यवस्थित समाज के बीच धर्म और नैतिकता के सौम्य प्रभावों के बारे में सोचता हूँ, जब मैं मृदुल एवं सुरुचि संपन्न आदर-सत्कार की भावना पर आधारित तौर-तरीक़ों की पद्धति तथा सामाजिक जीवन की शांति एवं समरसता पर दृष्टिपात करता हूँ, तो यह सुनकर मेरी रूह काँप उठती है कि उन लोगों को सभ्य बनाने के लिए बैपटिस्ट तथा अनाबैपटिस्ट भेजे जा रहे हैं। इससे तो उन सारी संस्थाओं का स्वरूप विकृत हो जाएगा जिनके द्वारा विधाता ने उन्हें अब तक सद्‌गुणी और सुखी बनाए रखा है।''[1]

देशी विद्यालयों की दुर्गति

मिशनरियों ने निश्चय ही जीत हासिल की। समय बीतने के साथ जैसे-जैसे वे स्कूल खोलते गए, उन्होंने भारत को एक ऐसे देश के रूप में चित्रित करना शुरू किया जिसके पास न शिक्षा थी, न विद्यालय थे और जहाँ के लोग घोर अज्ञान में डूबे हुए थे। लेकिन, स्थिति वास्तव में ऐसी नहीं रही थी। स्वामी विवेकानंद, गांधीजी, लाला लाजपतराय, पंडित सुंदरलाल जैसे राष्ट्रवादियों ने बड़ी प्रखरता से इस बात की ओर लोगों का ध्यान आकर्षित किया कि यह देश वास्तव में क्या था और अब क्या बना दिया गया है। ऐसा बिलकुल नहीं था कि एक शून्यता की स्थिति बनी हुई थी जिसे मिशनरी भर रहे थे। अगर कोई शून्यता थी भी तो वह ब्रिटिश सरकार और उसके व्यापारिक स्वार्थों की पूर्ति हेतु भारतीय आर्थिक संरचना को बर्बाद करने के कारण पैदा हुई थी और अब त्रयी (ब्रिटिश हुकूमत, मिशनरी तथा ब्रिटिश विद्वान) के दूसरे अंग, मिशनरी, उसे भरने में लगे थे। पंडित सुंदरलाल ने अपनी ऐतिहासिक कृति 'भारत में अंगरेज़ी राज' (1920) में ब्रिटिश सांसद केर हार्डी द्वारा 'इंडिया' में की गई टिप्पणियों का स्मरण दिलाते हुए लिखा : ''मैक्समूलर सरकारी दस्तावेज़ों तथा ब्रिटिश आधिपत्य से पहले बंगाल में शिक्षा के संबंध में प्रस्तुत एक मिशनरी प्रतिवेदन के आधार पर दावा करता है कि उस समय बंगाल में प्रत्येक चार सौ की आबादी पर एक के हिसाब से कुल 80,000 देशी विद्यालय थे। अपनी पुस्तक 'हिस्ट्री ऑफ ब्रिटिश इंडिया' में लडलो कहता है कि पुराने ढर्रे पर चलने वाले प्रत्येक हिंदू गाँव में बच्चे आमतौर पर पढ़ने-लिखने तथा हिसाब बनाने में समर्थ हैं, लेकिन हमने बंगाल की भाँति जहाँ भी ग्रामीण-पद्धति को नष्ट कर दिया है, वहाँ ग्रामीण विद्यालय भी लुप्त हो गया है।''

पंडित सुंदरलाल ने प्रवर समिति की कार्यवाहियों का हवाला देते हुए बेलारी के ब्रिटिश ज़िलाधीश ए.डी. कैंपबेल द्वारा 1823 में अपने प्रतिवेदन में कही गई बातों का स्मरण दिलाया। ज़िलाधीश ने लिखा था : "जिस मितव्ययिता के साथ देशी स्कूलों में बच्चों को लिखना सिखाया जाता है और वह प्रणाली जिसके तहत बड़े छात्र छोटे छात्रों को सिखलाते हैं और इस तरह अपना ज्ञानवर्द्धन भी करते हैं, वह निश्चय ही प्रशंसनीय है और इंगलैंड में इसका अनुकरण कर लोगों ने अच्छा काम किया है... ।"

लेकिन अब ज़िलाधीश ने अफ़सोस ज़ाहिर किया था : "...अधिकांश लोगों ने इस प्रणाली से लाभ उठाना बंद कर दिया है... ।"

इसका विश्लेषण करते हुए उसने लिखा था : "अफ़सोस के साथ कहना पड़ता है कि इसका कारण है देश में लगातार बढ़ रही ग़रीबी। भारतीय सूती कपड़े के बदले हमारे अपने अंगरेज़ी उत्पादन के तरीक़ों को लागू करने के कारण यहाँ के उत्पादक-वर्ग के साधनों में हाल के वर्षों में धीरे-धीरे कमी आती गई है। हमारे अनेक सैन्य दलों को सरहदों पर नए मित्रों की सहायता के लिए भेज दिए जाने के कारण अनाज की माँग घट गई है, देशी सरकार और उसके अधिकारी-वर्ग द्वारा खुले हाथों खर्च की जा रही देशी पूँजी यूरोपवासियों को हस्तांतरित कर देने और भारत में अस्थायी तौर पर भी उसके इस्तेमाल पर क़ानूनी रोक लगा देने तथा रोज़-ब-रोज़ उस पूँजी को लूटते जाने के कारण भी ग़रीबी बढ़ी है और राज्य को देय राजस्व एक कमतर कठोर क़ानून द्वारा व्यवस्थित करने के प्रयास से इसमें कोई फ़र्क़ नहीं पड़ा है। निम्न तथा मध्यम वर्ग के अधिकांश परिवार अपने बच्चों की शिक्षा पर होने वाले व्यय का भार वहन नहीं कर सकते। उलटे, उनके लिए तो यह आवश्यक हो जाता है कि बच्चे थोड़ा बड़े होकर अपने माँ-बाप की आवश्यकताओं की पूर्ति के लिए छोटे-मोटे काम कर सकें।"

ज़िलाधीश ने अपने प्रतिवेदन में कहा : "...ज़िले की लगभग दस लाख आबादी में इस वक़्त 700 बच्चे भी स्कूलों में नहीं हैं। इतना कम अनुपात उपर्युक्त वजहों से ही है। अनेक गाँवों में जहाँ पूर्व में बड़े-बड़े स्कूल थे, वहाँ अब एक भी स्कूल नहीं रह गया है; दूसरे बड़े स्कूलों में मुट्ठी भर संपन्न घरों के बच्चे ही पढ़ते हैं, दूसरे बच्चे ग़रीबी के कारण वहाँ नहीं जा सकते... ।"

उसने आगे कहा, "इस ज़िले के अनेक स्कूलों की यही स्थिति है जहाँ पुराने चलन के अनुसार पढ़ने-लिखने तथा प्रारंभिक गणित की शिक्षा वहाँ की स्थानीय बोलियों में दी जाती है। शासन करने वाली सत्ता की ओर से प्रोत्साहन मिले बग़ैर किसी देश में ज्ञान का विकास नहीं हुआ है और भारत के इस भाग में कभी विज्ञान की

प्रगति के लिए दिए जाने वाले समर्थन एवं सहयोग पर रोक लगा दी गई है।"

"मुझे यह कहने में शर्म आती है कि इस ज़िले की मौजूदा 533 संस्थाओं में एक भी राज्य की ओर से कोई सहायता नहीं पाती है, जबकि पुराकाल में, ख़ासकर हिंदू शासकों के समय शिक्षा को बढ़ावा देने के लिए शासन की ओर से द्रव्य और भूमि के रूप में भारी अनुदान दिए जाते थे...।"

जगन्नाथ पुरी के संबंध में मिशनरी शीघ्र ही जिस बात पर बल देने वाले थे, वह शिक्षा-केंद्रों पर पहले ही लागू कर दी गई थी। ज़िलाधीश ने प्रतिवेदन में कहा : "जिस राजस्व का उपयोग पूर्व में ज्ञान के प्रचार-प्रसार में कर शासन अपनी प्रतिष्ठा बढ़ाता था, उसका अच्छा-ख़ासा हिस्सा अन्यत्र हस्तांतरित कर हमारे शासन में अज्ञान को बढ़ावा दिया जा रहा है; पहले विज्ञान को शासन से भरपूर सहायता मिलती थी, लेकिन अब उसे उदारचेता व्यक्तियों से यदा-कदा प्राप्त सहयोग के भरोसे छोड़ दिया गया है; भारत के इतिहास में ऐसा काल ढूँढ़ना मुश्किल है जब विज्ञान को आज की तुलना में अधिक मदद की ज़रूरत थी...।"[2]

लेकिन, चूँकि भारत को अशिक्षितों एवं मूर्खों का देश घोषित किया जाना था, इसलिए स्वाभाविक था कि देशवासियों को त्राण दिलाने के लिए मिशनरी तथा सरकारी स्कूलों की स्थापना की जाए!

हमें एकताबद्ध करने वाले कारक का विलोपन

स्कूलों तथा शिक्षा के साथ जो कुछ किया गया या घटित हुआ, वह सब जीवन के अन्य पक्षों, राज्य-व्यवस्था तथा समाज के साथ भी हुआ। आज हमें ब्रिटिश हुकूमत, विशेषकर मिशनरी संस्थाओं के प्रति इस बात के लिए कृतज्ञता ज्ञापित करने का पाठ पढ़ाया जाता है कि उन्होंने हमें अंगरेज़ी भाषा में शिक्षा दी जिससे देश के विभिन्न हिस्सों में, कम-से-कम शासक वर्ग में पारस्परिक संवाद स्थापित हो सका। हमें सिखलाया जाता है कि उनके बग़ैर हम राष्ट्रीय स्तर पर प्रशासन एवं संवाद का क, ख, ग भी नहीं जानते; और तो और, ब्रिटिश हुकूमत के बग़ैर हमारे देश में रेलवे भी नहीं होती; यह तो अंगरेज़ी भाषा है जिसने हमें एक राष्ट्र का दर्जा दिया है।

ऊपर हमने जिस प्रवर समिति की सुनवाइयों की चर्चा की है, उससे एक छोटा-सा उदाहरण हमें यह समझने में मदद करेगा कि इन दावों में कितना दम है।

प्रवर समिति के सामने बयान देनेवालों में होरेस हेमन विल्सन काफ़ी सुविज्ञ व्यक्ति था। वह उस समय ऑक्सफ़ोर्ड के हेलिबरी कॉलेज, जहाँ भारत में शासन करने हेतु भेजे जाने वाले लोग प्रशिक्षण पाते थे, में ओरिएंटल विज़िटर (प्राच्य निरीक्षक)

था। वह सरकारी प्रशिक्षण का सदस्य और सचिव भी रहा था। कोलकाता में स्थापित संस्कृत और मुस्लिम कॉलेजों के साथ उसके घनिष्ठ संबंध थे। उसकी पुस्तकें आज भी प्रचलन में हैं।

विल्सन मैकाले-ट्रेविलियन-बेंटिंक की नीतियों का विरोधी था। उसने संस्कृत पर विशेष बल दिया और बड़े प्रबल ढंग से इस आरोप का खंडन किया कि भारत का देशी साहित्य बेकार है। उस समय की अनुसरण की जा रही नीतियों के बदले उसने सुझाव दिया कि प्रबुद्ध वर्ग को, शास्त्रीय भाषाओं--विशेषकर संस्कृत के माध्यम से शिक्षा दी जानी चाहिए और इसकी शुरुआत उन पुस्तकों के अध्यापन से की जाए जिनके प्रति लोगों में श्रद्धा के भाव हैं। बाद में ये प्रबुद्ध वर्ग सामान्य लोगों को उनके नित प्रति के जीवन में काम आने वाली चीजों की जानकारी देंगे। विल्सन के अनुसार इससे भिन्न कोई वैकल्पिक पाठ्यक्रम न तो व्यावहारिक था, न वांछनीय। उसका तर्क था कि हमारे पास न तो ऐसे शिक्षक हैं जो अंगरेज़ी की पुस्तकों से शिक्षा दे सकें, न इन पुस्तकों के अनुवाद उन भाषाओं में उपलब्ध हैं जिनसे शिक्षक परिचित हैं। फिर; सिर्फ़ अंगरेज़ी और पाश्चात्य शिक्षा से 'घोर असंतोष' उत्पन्न होगा।

लेकिन ऐसे विद्वान का अंतिम लक्ष्य भी शेष लोगों से भिन्न नहीं था। अपनी पुस्तक 'द रिलिजंस एंड फ़िलॉसॉफ़िकल सिस्टम ऑफ़ द हिंदुज़' (हिंदुओं की धार्मिक एवं दार्शनिक प्रणाली) को लिखने के कारण बताते हुए उसने स्पष्ट किया : ''ये व्याख्यान अभ्यर्थियों को जॉन मुइर, जो संस्कृत का एक महान विद्वान था और हेलबरी से लंबे अरसे से जुड़ा था, द्वारा हिंदू धार्मिक पद्धति को सर्वोत्तम ढंग से खंडित करने पर दिया जाने वाला 200 पौंड स्टर्लिंग का पुरस्कार प्राप्त करने में मदद करते हैं और इसीलिए इन्हें लिपिबद्ध किया गया है।'' उसने संसद की सेलेक्ट कमिटी ऑन इंडियन टेरिटरीज़ (भारतीय प्रदेशों के लिए प्रवर समिति) को सुझाव दिया : ''आपको भारतवासियों के पास उन लोगों के माध्यम से पहुँचना चाहिए जिनका वे आदर करते हैं; वे व्यक्ति ऐसे हों जो पाश्चात्य पुस्तकों और पाश्चात्य विद्या में निष्णात न होकर संस्कृत और अरबी के जानकार हों। इन्हीं लोगों के जरिए आम लोगों तक पहुँचने का प्रयास करें। इसी तरीक़े से आप प्रबुद्ध वर्ग को एक नई दिशा दे सकेंगे।'' एक संस्कृतज्ञ और एक अंगरेज़ीदाँ के द्वारा दी जानेवाली उपयोगी शिक्षाओं के तुलनात्मक लाभ की चर्चा करते हुए विल्सन ने टिप्पणी की : ''ज्ञान का मोल एक दीगर बात है; मेरा अभिप्राय यह नहीं है कि संस्कृत विद्यालय तथा मदरसा के छात्रों को अंगरेज़ी से बिल्कुल अनभिज्ञ रखा जाए। बनारस में दोनों भाषाएँ सिखाई जाती हैं। मूल प्रश्न यह है कि कौन-सा उपकरण लोगों के लिए अधिक प्रभावी होगा, अनुवादों के द्वारा उन्हें उपयोगी ज्ञान देना या इसके लिए अंगरेज़ी में शिक्षा देना। मात्र अंगरेज़ी का

विद्वान यहाँ के बाशिंदों के लिए आदर का पात्र नहीं बन पाता। ज्ञान के लिए अंगरेज़ी के महत्त्व को वे नहीं जानते, किंतु संस्कृत अथवा अरबी के जानकारों के लिए उनके दिल में भारी इज़्ज़त है। और यदि संस्कृत अथवा अरबी के ज्ञान के साथ-साथ उसे आधुनिक विज्ञान की भी जानकारी दी जाए, जो सिर्फ़ अंगरेज़ी के माध्यम से ही संभव है, तो यहाँ के लोग उसे ग़ौर से सुनेंगे और उसके उपदेशों से लाभ उठावेंगे। लेकिन, वे मात्र अंगरेज़ी के विद्वान को शिक्षक के रूप में कभी स्वीकार नहीं करेंगे।''[3]

समिति ने पूछा : ''तो आपके साक्ष्य का सारांश है कि आपकी राय में ज़्यादा ध्यान सु-शिक्षित स्कूल शिक्षकों का वर्ग तैयार करने पर दिया जाना चाहिए और इसके लिए संस्कृत को प्रशिक्षण का माध्यम बनाना चाहिए? विल्सन ने उत्तर दिया : हाँ।''

समिति का अगला प्रश्न था : ''आपके साक्ष्य का संबंध अध्यापकों को दी जाने वाली शिक्षा से है, लेकिन मुफ़स्सिल के बाशिंदों के लिए शिक्षण-पद्धति के बारे में आप क्या कहेंगे?'' विल्सन ने स्पष्ट किया : ''वह न तो एकमात्र उद्देश्य है, न सबसे महत्त्वपूर्ण उद्देश्य। हम चाहते हैं कि हमारे अधीन यहाँ के निवासियों का एक सुशिक्षित वर्ग उन लोगों का हो जिन्हें देशवासी विद्वान मानते हैं। ऐसा नहीं है कि मैं कॉलेज के पंडितों को स्कूल-मास्टर बनाना चाहता हूँ। लेकिन अगर हम गाँवों में ऐसे लोगों को अच्छी संख्या में भेज सकें जो उनके बीच काफ़ी प्रभावशाली हों, अथवा ऐसे लोगों को भी जो ज्ञानी तो हों किंतु शिक्षा देने के लिए बाध्य नहीं हों तो लोगों की नज़र में हमारा महत्त्व बढ़ जाएगा। इससे हमारे अधीन उपयोगी लोगों का एक समूह होगा और वे जो प्रभाव डालेंगे वह उसी अनुपात में लोगों के लिए लाभदायक होगा जिस अनुपात में हमारे प्रोत्साहन से प्राप्त उपार्जनों में उनकी निपुणता होगी।''[4]

इस तरह उद्देश्य में कोई बहुत फ़र्क़ नहीं था। लेकिन विल्सन द्वारा प्रस्तुत साक्ष्य में एक अन्य बिंदु की ओर पाठक का ध्यान खींचना चाहूँगा। शासक वर्ग, मिशनरी तथा विद्वान लोग लगातार इस बात पर बल दे रहे थे कि भारत एक देश नहीं है। आज भी अनेक शिक्षित भारतीय ऐसी धारणा रखते हैं कि ब्रिटिश हुकूमत ने ही भारत को एक सूत्र में बाँधा है और एक लोकभाषा के द्वारा, भले ही वह संपूर्ण आबादी के एक छोटे तबक़े के लिए ही हो, अभिन्नता का रूप दिया है। इसलिए इन लोगों को तत्कालीन स्थिति (यानी 1850 के आसपास) के संबंध में विल्सन द्वारा प्रस्तुत प्रतिवेदन को पढ़कर आश्चर्य होगा।

विल्सन ने भारतीय भाषा के अंतस्संबंधों एवं लोक-प्रचलन, विशेषकर इस देश

में संस्कृत के महत्त्वपूर्ण स्थान के संबंध में चर्चा करते हुए लिखा : "यदि कोई व्यक्ति संस्कृत अथवा अरबी का अच्छा विद्वान है तो वह आसानी से आंचलिक भाषाओं और बोलियों में महारत हासिल कर ले सकता है। यहाँ के लोगों ने बंगला सीखने के लिए बंगला व्याकरण का अध्ययन नहीं किया; बंगला व्याकरण उनके पास था ही नहीं। यह तो हमने उन्हें दिया है। वे मानते थे कि संस्कृत सीखकर बंगला सीख ली जा सकती है। अगर किसी व्यक्ति को संस्कृत में निष्णात बना दिया जाए तो वह पूर्णतः शुद्ध और ललित बंगला लिखने में सक्षम हो जाएगा। समिति का प्रश्न था : "बंगला भाषा में संस्कृत शब्दों का अनुपात क्या है?" विल्सन ने उत्तर दिया : "यह सर्वविदित है कि बंगला संस्कृत की समगोत्री भाषा है। मैंने 'शेक्सपीअर्स हिंदुस्तानी डिक्शनरी' में प्रथम 500 शब्दों का संस्कृत पर्याय जानने का प्रयास किया है; उनकी संख्या 305 है। 'बंगला हितोपदेश', जो एक पाठ्य-पुस्तक है और जिसमें विद्यार्थी कालेजों में इम्तिहान देते हैं, के प्रथम 147 शब्दों में से सिर्फ़ 5 ऐसे शब्द हैं जो संस्कृत के शब्द नहीं हैं। एक संस्कृतज्ञ युवक, जिसे भारत में आने पर सर्वप्रथम यही पुस्तक दी जाती है, पाएगा कि वह 147 शब्दों में से 142 से पूर्व-परिचित है।" समिति के एक सदस्य का प्रश्न था : "जहाँ तक मुझे मालूम है, संस्कृत और हिंदुस्तानी तथा आंचलिक भाषाओं में कुछ वैसा ही संबंध है जैसाकि ग्रीक और अंगरेज़ी में है। क्या वस्तुतः ऐसा है?" विल्सन ने उत्तर दिया : "संस्कृत, विशेषकर उत्तरी भारत में, अधिकांश बोलियों का कलेवर है, और दक्षिण भारत की भाषाओं का अनिवार्य अंग तो नहीं है, लेकिन मालाबार की भाषा की संरचना में भी यह इस क़दर घुल-मिल गई है कि इसके 80 फ़ीसदी शब्द संस्कृत के ही हैं।"[5]

इसके बावजूद संस्कृत को एक मृत भाषा घोषित किया गया; जो इसे जानते और प्रयोग में लाते थे, उन्हें शोषक और पीड़क कहा गया, देश के एक कोने से दूसरे कोने तक प्रचलित रिवाजों और अनुष्ठानों को अंधविश्वास और उससे भी बदतर संज्ञा दी गई और भारत के बारे में कहा गया कि यह कभी एक देश था ही नहीं, भारतीय कभी एक राष्ट्र नहीं थे।

चूँकि रिक्तियाँ हमारे मन में बनाई गई थीं, वे सारी चीज़ें जो हमें परिभाषित एवं एकताबद्ध करती थीं, प्रतिष्ठाहीन एवं अस्त-व्यस्त कर दी गईं और तब ब्रिटेनवासियों ने हमारा निर्माण करने का दायित्व अपने कंधों पर ले लिया!

संदर्भ

1. देखें पी. टॉमस, 'क्रिश्चियन एंड क्रिश्चियनिटी इन इंडिया एंड पाकिस्तान', पृ. 179-80; एंड 'ब्रिटिश पारामा उंट्सी एंड इंडियन रेनासाँ', भाग II, भारतीय विद्या भवन, बंबई, 1965, पृ. 152
2. ए.डी. कैंपबेल, बेलारी के ज़िलाधीश का प्रतिवेदन, 17 अगस्त, 1823; तुलना करें, सुंदरलाल कृत 'भारत में अंगरेज़ी राज', पब्लिकेशंस डिवीज़न, 1970 पुनर्मुद्रण, खंड II, पृ. 682-703
3. सेलेक्ट कमिटी ऑन इंडियन टेरिटरीज़, मिनट्स ऑफ़ एविडेंस, जुलाई, 1853, पृ. 7
4. वही, पृ. 624
5. वही, मिनट्स ऑफ़ एविडेंस, 18 जुलाई, 1855 को गृहीत, पृ. 9-11

परिवर्तन और दुविधाएँ

9

निरंतरताएँ

"राम वैसा व्यक्ति नहीं था (एक ऐसा व्यक्ति जो दिलासा दे सके), क्योंकि एक पाप कर्मी होने के कारण वह अपने भक्तों को शांति नहीं प्रदान कर सकता था। वह स्वयं मर गया और पुनः जीवित नहीं हो सका, जबकि जीसस क्राइस्ट नित्यजीवी और अपने भक्तों को सुरक्षा प्रदान करने वाले हैं...।"

"राम, कृष्ण, महादेव, इत्यादि उद्धार नहीं कर सकते, क्योंकि वे स्वयं अनेक क़िस्म के पापों में संलिप्त थे। हिंदू कृष्ण के पापों को अतिमानवीय मानता है—वह एक चोर, दुष्कर्मी और बुरा आदमी था। यह सुविदित है कि उसने छल से निर्दोष कंस को मार डाला। ऐसे देवताओं पर निर्भरता भारी बेवक़ूफ़ी है...। फिर भी, अनेक लोग विश्वास करते हैं कि ब्रह्मा, विष्णु, महेश उनका उद्धार करेंगे। लेकिन तुम्हारे सारे ग्रंथ बतलाते हैं कि वे किस प्रकार सबसे निकटतम कूप में पड़े हैं। इस प्रकार वे स्वयं शक्तिहीन हैं। वे तो स्वयं किसी त्राता की अपेक्षा रखते हैं...। इस-उस देवता से लेकर ब्रह्मा तक पाप के जाल में फँसे हैं...।"

"हिंदूशास्त्रों में कहीं भी ऐसा उल्लेख नहीं है कि उनके देवताओं ने पवित्र जीवन जिया है। इसके विपरीत ऐसा वर्णन है कि उनके सारे देवता महापापी और दुराचारी हैं। यह बात उनके विशिष्ट देवताओं—ब्रह्मा, विष्णु और शिव के बारे में लिखी गई है कि अत्रि की पत्नी के साथ व्यभिचार करने के कारण उन्हें पुनर्जन्म लेना पड़ा है। उनके मंदिरों में पाई जाने वाली मूर्त्तियाँ, देवदासियाँ तथा नृत्य करती बालाएँ, जो मंदिरों में सेवा करती हैं, भक्तों को भ्रष्ट करने के सिवा और कुछ नहीं करतीं...। हिंदुओं का धर्म भ्रांतिजनक है, अंधविश्वासों का धर्म है...।"

"...इसलिए कोई भी व्यक्ति, जो एक प्रतिमा बनाता है, खुद उसे पूजता और दूसरों से पूजा करवाता है, अज्ञानी और पापी है...। शास्त्रों और पुराणों के अध्ययन

से पता चलता है कि सारे देवता या अवतार वासना, क्रोध, लोभ, हठ और अहंकार की कुंडली में लिपटे हैं। यह उचित नहीं है कि हम यहाँ पर उनके दुष्कर्मों की चर्चा करें। शास्त्रों एवं पुराणों में उनके चरित्र का विशद वर्णन मिलता है और उनके अध्ययन से हमें जानकारी मिलती है कि इन देवताओं ने अनेक गर्हणीय कार्य किए हैं। वे सारे-के-सारे, बिना किसी अपवाद के, पापकर्मी रहे हैं। अब आप बतलाएँ कि एक पापकर्मी को अथवा उसकी प्रतिमा को पूजना सही है या ग़लत...। इनमें से कुछ देवताओं ने दूसरों की पत्नियों के साथ व्यभिचार किया। अपने हृदय में वासना और पाप समेटे रहने के कारण ये दूसरों की पत्नियों के फेर में पड़ गए और आत्म-नियंत्रण खो दिया। जब ये देवता अपनी पापपूर्ण इच्छाओं पर विजय प्राप्त नहीं कर सकते, जब वे ग़ैर औरतों के जाल से बचने में भी असमर्थ रहे तो फिर उन्हें सर्वशक्तिमान कैसे माना जाए?...अब यदि उनके चरित्र एवं आचरण से यह पता चल जाता है कि आपके देवता निर्लज्जतापूर्वक गर्हित पापों में संलिप्त रहते थे तो क्या आप पाप कर्म से मुख मोड़ सकते हैं?...इन देवी-देवताओं के प्रेम-प्रसंगों, मिथ्यावचनों, बुराइयों, चौरकर्मों तथा पापाचारों पर विचार करने से यही लगता है कि जो व्यक्ति इनकी पूजा करता है, वह इनसे बेहतर नहीं हो सकता। किसी ने ठीक ही कहा है, "यथा गुरु, तथा चेला।" ईश्वर का सार गुण है पवित्रता। क्या हम ब्रह्मा, विष्णु, महेश में यह लक्षण पाते हैं? उनका चरित्र इतना घटिया और शर्मनाक है कि यहाँ पर उनका वर्णन करना उचित नहीं होगा। शिव जलंधर को युद्ध में परास्त नहीं कर सके, क्योंकि उसकी पत्नी पतिव्रता थी। इस पर ईश्वर ने उसे दूषित कर दिया ताकि शिव उसके पति को पराजित कर सके...। जगन्नाथ के हाथ-पैर कटे हुए हैं। हिंदुओं का विश्वास है कि उनकी ऐसी दुर्गति कृष्णावतार में किए गए पापों के कारण हुई है...।"

यह मिशनरी समाजों के द्वारा 1950 के दशक के प्रारंभ तक प्रकाशित प्रतिवेदनों से लिया गया एक बानगी मात्र है।[1] इन झूठी अफवाहों की दीर्घायुता ग़ौरतलब है। याद करें विल्बरफ़ोर्स के उस भाषण को जो उसने हाउस ऑफ़ कामन्स में 1813 में दिया था :

> "जानकार लोग, विशेषकर अमेरिकी इतिहासकार, ठीक ही कहते हैं कि किसी समुदाय के नैतिक चरित्र को सामान्य तौर पर उनके पूजा की वस्तु की प्रकृति और लक्षणों को देखकर बतलाया जा सकता है। इस सिद्धांत के अनुसार हिंदुओं की नैतिक दशा का अंदाज़ा उनके देवताओं के चरित्र को जानकर हम आसानी से लगा सकते हैं। यदि पुराने ग़ैर-ईसाई मिथकशास्त्र के बारे में यह सही है

> कि शायद ही कोई ऐसा अपराध हो जिसका कर्त्ता उसका औचित्य सिद्ध करने के लिए अपने किसी राष्ट्रीय देवता की मिसाल न देता हो, तो उससे कहीं ज़्यादा सही तौर पर यह कहा जा सकता है कि हिंदू देवताओं की भारी भीड़ ने जो-जो कारनामे किए हैं उनमें आप प्रत्येक साध्य अपराध का हर संभव क़िस्म पा सकते हैं। उनमें प्रत्येक पाप का संरक्षक भी मिलेगा और दृष्टांत भी। उनके देवता लोभ, अन्याय, दुष्टता और क्रूरता के पुतले हैं। संक्षेप में, उनका धर्म-तंत्र घोर जुगुप्सा पैदा करता है।"

इसी तरह चार्ल्स ट्रेविलियन के द्वारा 1881 में अपने देशवासियों के संबोधन को याद करें :

> मानव जाति द्वारा ईजाद किए गए सारे धर्मों में हिंदू धर्म मानवीय पाप को महिमामंडित करने तथा अपने प्रतिरूपों को अनुकरण एवं पूजा की वस्तु मानने में सबसे आगे है। हत्या से लेकर छोटी-मोटी चोरी तक के सारे अपराधों के संरक्षक हिंदू देवकुल में मौजूद हैं। यहाँ जेबकतरे कृष्ण के द्वारा गोपियों के माखन चुराने या चीर हरण करने का उदाहरण पेश करते हैं, ठग गणेश की पूजा करते हैं, वेश्याएँ अपने पेशे पर गर्व करती हैं और सारे देवताओं के दरबार की शोभा बढ़ाती हैं, हालाँकि वे कामी, जो हिंदू वीनस है, के प्रति विशेष भक्ति-भाव रखती हैं। और इन सारी चीजों के पीछे जो जुगुप्साएँ छिपी हैं, उनकी तुलना में ये कुछ भी नहीं हैं...।

और मिशनरियों द्वारा 1950 के दशक के मध्य तक प्रकाशित पुस्तिकाओं से पूर्व में उद्धृत परिच्छेदों को याद करें। उनमें तथ्यों की थोक भाव से तोड़-मरोड़ ही नहीं है, दिए गए उदाहरण और प्रयोग किए गए शब्द भी डेढ़ सौ वर्षों तक एक-जैसे हैं।

फिर मिथ्यापवादों के अतिरिक्त उनके द्वारा प्रयोग में लाई गई युक्तियों की चिरकालिकता पर भी गौर करें।

चिरकालिक युक्तियाँ

सेलेक्ट कमिटी ऑन इंडियन टेरिटरीज़ ने मान्यवर राइस से पूछा : "क्या यह सही है कि आपकी संस्थाओं का प्रमुख लक्ष्य बच्चों को धर्मांतरित करना है?" मान्यवर राइस ने कहा : "निश्चय ही।" कमिटी का प्रश्न था : "क्या ठीक उसी तरह जिस

तरह उपदेश देना है?" मान्यवर राइस ने कहा : "बिल्कुल वैसा ही।" यह अगस्त, 1853 की बात है।

चर्च अपने एक प्रकाशन 'घर बंधु' में छपे एक निबंध 'स्कूल के फ़ायदे' में पूछता है : "चर्च के लिए स्कूलों से क्या फ़ायदे हैं?" उसी का उत्तर है : "स्कूल साम्राज्य के विस्तार के साधन हैं।" यह 1952 की बात है।

नाज़रेन के चर्च की खुली घोषणा सुनें : "सुसमाचार प्रचार हमारा आह्वान है। हम इस अवधि में न तो कोई सफ़ाई देते हैं, न किसी विशेष अधिकार की अपेक्षा रखते हैं। यीशू ने प्रत्येक प्राणी को गॉस्पेल की शिक्षा देने हेतु हमारा आह्वान किया है और हम अपने कार्य के हर पहलू में इसे करने की मंशा रखते हैं, चाहे वह चिकित्सीय हो, शैक्षिक हो अथवा फिर ख़ास सुसमाचार प्रचार ही हो। जाओ, सिखाओ, जीत लो, इसी आदेश के तहत हम काम करते हैं। हम हमेशा इस बात पर बल देते रहेंगे।" यह घोषणा 1954 के प्रतिवेदन में है।

"मिशनरी तथा पर्षद के सदस्य समान रूप से अपने कार्य को आगे ले जाने के लिए सुसमाचार प्रचार के गतिशील कार्यक्रम के साथ चिकित्सा एवं शिक्षा के इस्तेमाल की आवश्यकता अधिक तीव्रता से महसूस कर रहे हैं।" यह 'द कंज़रवेटिव बैपटिस्ट' का मार्च, 1954 का कथन है।

"आसफ़गुड़िया नामक एक उपदेशक इस क्षेत्र में भेजा गया है। वह उपदेशक और शिक्षक दोनों के कार्य करता है। चूँकि इस मिशन क्षेत्र का लक्ष्य एक स्कूल द्वारा ईसाइयत का प्रचार करना है, अतः हम उसी पर अपना ध्यान केंद्रित करेंगे...। इस रूप में यह कोई सामान्य स्कूल नहीं, एक मिशन स्कूल है। यह ईसाइयत की पाठशाला है...। शिक्षक पर इस बात का दायित्व है कि यीशू की वाणी छात्रों के मन में जड़ पकड़े और पुष्पित हो। यदि आप वहाँ जाएँ तो पाएँगे कि सभी छात्र-छात्राएँ दस परमादेशों, प्रभु की प्रार्थना तथा ईसाई धर्म की प्रश्नोत्तरी को कंठस्थ किए हुए हैं। इतना ही नहीं, वे ओल्ड टेस्टामेंट (पूर्व-विधान) तथा न्यू टेस्टामेंट (नव-विधान) से पूरी तरह वाक़िफ़ हैं और अनेक प्रकार के ईसाई भजन एवं गीत गाते हैं...। अभी तो वे अपने माँ-बाप के प्रभाव में हैं, किंतु वयस्क होने पर पूरी उम्मीद है, कि वे सभी यीशू की शरण में चले जाएँगे...। हर्ष की बात है कि मुंडा धर्म बच्चों को धार्मिक शिक्षा देने की मनाही नहीं करता। गाँव ने तो शिक्षक की देख-रेख का दायित्व भी अपने ऊपर ले लिया है। प्रभु से प्रार्थना करें कि इस स्कूल के जरिए ढेर-सारे लोग मुक्ति का मार्ग पाएँ और ईसामसीह को स्वीकार कर लें...।" यह उद्धरण 'घर बंधु' से मार्च, 1953 में लिया गया है।[2]

यही उनका स्थायी लक्ष्य था, यही उनके साधनों की निरंतरता थी। उन्हें वैसे

लोगों के विरोध की भी परवाह नहीं थी जो मिशनरियों द्वारा मुक्ति दिलाए जाने वाले लोगों को वस्तुतः प्यार करते थे। वेरियर एल्विन ने 1944 में अपने प्रतिवेदन में लिखा : "मंडला में स्थिति गंभीर हो गई है, क्योंकि यहाँ 'एपोस्टोलिक प्रीफेक्चर, जबलपुर के फादर्स' बड़े पैमाने पर धर्मांतरण करवा रहे हैं और वह भी ऐसे तरीक़े से जिसे मध्य युग में भी अपमानजनक माना जाता... । मिशनरी सरकारी अधिकारियों के कार्य स्वयं करने लगते हैं, न्यायालयों तथा स्थानीय अधिकारियों के काम में हस्तक्षेप करते हैं और गौंड को अहसास दिलाना चाहते हैं कि असली सरकार वे ही हैं। फ़ादर लोग भारी पैमाने पर महाजनी का कारोबार करते हैं। यह पेशा आदिवासियों को अपने अधीन लाने और ईसाइयत कबूल करवाने का सबसे ज़्यादा कारगर तरीक़ा है।"[3]

इससे स्पष्ट है कि लक्ष्य और साधन–शिक्षा देना एवं स्कूलों की स्थापना करना–दोनों में एक निरंतरता रही है। यह निरंतरता चर्च के निशाने पर के समुदायों के संबंध में अधिक तीव्रता से परिलक्षित होती है। 16वीं सदी से लेकर आज तक चर्च ने अपने प्रयासों को दो समुदायों–हरिजन तथा आदिवासी–पर विशेष रूप से केंद्रित किया है।

स्थायी निशाने

पुणे में सी.बी.सी.आई. सम्मेलन के लिए तैयार किया गया पृष्ठभूमिक आलेख रेखांकित करता है : "उत्पीड़ित जनजातियों का सामूहिक धर्मांतरण का प्रथम दौर 16वीं सदी में आरंभ हुआ जबकि पुर्तगाल के अधिकारियों और मिशनरियों ने तमिलनाडु में कोरो मंडल तट के उत्पीड़ित पारावार और केरल में समुद्री तट के उत्पीड़ित मुखुवार लोगों को सुरक्षा देना आरंभ किया.... ।"[4]

1881 का बंबई का जनगणना प्रतिवेदन सिर्फ़ अवसर की चर्चा ही नहीं करता, इसके कारणों को भी उजागर करता है : "निम्नवर्ग के सदस्यों की अधिक ग्रहणशीलता का कारण है भावनात्मक अपील जिसे न तो उनकी बुद्धि और न शिक्षा अधिक विस्तार दे सकती है... ।"

लेकिन, मिशन के बंधुओ, आपके लिए सर्वाधिक महत्त्वपूर्ण बात वह है जिसे रिचर्ड टेंपल ने बैपटिस्ट मिशनरी सोसायटी को कही थी : "आदिवासियों की एक बड़ी आबादी है जो हिंदू जाति से अलग है... । ये आदिवासी अपने मन एवं अंतःकरण से सफ़ेद काग़ज़ की भाँति हैं जिस पर मिशनरी अपनी बातें अंकित कर सकते हैं... । अगर वे ईसाइयत में लाए जाते हैं, जोकि अवश्यंभावी हैं, तो वे ब्रिटिश शासन और

प्रभाव के नाभि-केंद्र बन जाएँगे... ।" टेंपल ने सुझाव दिया कि स्त्रियों को पाश्चात्य शिक्षा और मूल्यों की तरफ़ झुकाने का प्रयास और तेज किया जाना चाहिए "इस विश्वास के साथ कि ऐसा करने से ईसाइयत के प्रसार में भारी मदद मिलेगी।"

जैसाकि हमने देखा, यही सलाह, यही उम्मीद 1883 में थी।

और 1994 में संपन्न सी.बी.सी.आई. की समीक्षा सभा में सचिव का प्रतिवेदन देखें : "भारत में जिन सामाजिक रुझानों में मिशनरी सहयोग कर रहे हैं उनमें कुछ महत्त्वपूर्ण हैं, (क) दलित मुक्ति आंदोलन, (ख) आदिवासी मुक्ति आंदोलन, (ग) नारी मुक्ति आंदोलन, (घ) पर्यावरण सुरक्षा।"[5]

संपूर्ण ब्रिटिश काल में हरिजनों एवं आदिवासियों के मामले में मिशनरियों के प्रयास को हुकूमत से मदद मिली। ये प्रयास बहुविध थे : प्रत्येक अवसर—विद्वत्तापूर्ण आलेखों से लेकर जनगणना की कार्रवाई तक—का इस्तेमाल इस धारणा को प्रचारित करने में किया गया कि आदिवासी समुदाय हिंदू समाज का अंग नहीं है। इतना ही नहीं, उस समुदाय में अलगाववाद को बढ़ावा देने वाले नेता, चाहे उसी समुदाय के हों अथवा बाहर के, संरक्षण एवं प्रोत्साहन पाते थे। इस संबंध में दक्षिण भारत की जस्टिस पार्टी और पंजाब के सिंह सभा आंदोलन के इतिहास एवं परिणाम उल्लेखनीय हैं। पुनश्च, उस समुदाय से अपने को अलग कर लेने वाले सदस्यों को अनेकों लाभ देने का निर्णय लिया गया। शासक-वर्ग के निर्णय, मिशनरियों का प्रचार तथा विद्वानों की विद्वत्तापूर्ण रचनाएँ, सभी एक ही लक्ष्य को पूरा करने में एक-साथ जुड़े थे—लक्षित समुदाय को शेष समाज, विशेषकर हिंदू समाज से, अलग करना।

इसके लिए अपनाई गई रणनीतियों का खुलासा इन दो उदाहरणों से होगा। पहले उदाहरण में लक्षित समुदाय आदिवासी हैं और दूसरे में हरिजन। एक में रणनीति थी वैचारिक स्तर पर अलगाववाद की प्रवृत्ति बनाना और दूसरे में रणनीति थी हिंदू समाज से अलग होने वाले समूह को विभिन्न लाभ पहुँचाना। मिशनरी जब जैसी ज़रूरत महसूस करते थे, हुकूमत उसको कार्यान्वित करता था। अब हम इसके कुछ उदाहरण देखें।

जनजातियों का पृथक्करण

प्रथम लक्षित समूह, जनजातियों के बारे में घोषित किया गया कि वे हिंदू नहीं, 'जड़ात्मवादी' हैं। यह सही है कि जनजातियों को खुद पता नहीं था कि जड़ात्मवाद क्या बला है, किंतु सरकारी अधिकारियों, मिशनरियों तथा विद्वानों ने इसे परिभाषित किया—ऐसी आत्माओं में विश्वास जो स्वच्छंद विचरण करती हैं, मानवीय क्रियाकलापों

को प्रभावित करती हैं; इसलिए उन्हें शांत-संतुष्ट रखना आवश्यक है। ये आत्माएँ किसी वस्तु में निवास करती हैं और वह वस्तु बदले में पूजा की वस्तु बन जाती है। जड़ात्मवाद शकुन में विश्वास करता है—न तो कोई यात्रा करनी है, न किसी कार्य को आरंभ करना है जब तक कि शकुन अपने अनुकूल नहीं बना लिए जाएँ। इस प्रकार की कसौटियों के आधार पर जनजातियाँ हिंदू समाज से अलग कर दी गईं।

जड़ात्मवाद का विवरण पढ़ने से पता चलता है कि वे विभिन्न क़िस्म के हिंदुओं का वर्णन करते हैं; जबकि किसी अन्य प्रेक्षक का निष्कर्ष यही होता है कि जनजातियों के विश्वास एवं रिवाज हिंदूधर्म के ही एक क़िस्म थे। शासक वर्ग ने माना कि वे दो बिल्कुल भिन्न धर्मों के सामान्य लक्षण थे।

इस अलगाव का आधार कितना कमज़ोर था, यह शीघ्र ही प्रकट हो गया। एक के बाद दूसरा प्रतिवेदन इसे रेखांकित करते हैं कि जड़ात्मवादियों को हिंदुओं से अलहदा करने का कार्य बहुत कठिन जान पड़ रहा था। पहली बात तो यह है कि जनजातियाँ अपने धर्म का नाम नहीं जानती हैं, जैसाकि जनगणना आयुक्तों ने लिखा। इस कठिनाई को दूर करने के लिए जनगणना में धर्म के कॉलम में जनजाति का नाम दर्ज किया गया। इससे नए धर्मों की बहुलता हो गई! लेकिन जनगणना आयुक्तों के अनुसार दूसरी कठिनाई ज़्यादा गंभीर थी।

"हिंदू धर्म और जड़ात्मवाद के बीच की विभाजक-रेखा अस्पष्ट है," 1901 की जनगणना ने बंगाल के निचले प्रांतों और उनके जागीरदारों पर प्रतिवेदन में रेखांकित किया : "हिंदू धर्म ईसाइयत और इस्लाम को पंसद नहीं करता; यह अपने अनुयायियों से अपेक्षा रखता है कि वे दूसरे धार्मिक विश्वासों को ठुकरा दें और...हिंदुओं में नीची जातियों का धर्म वेदों के बदले आदिवासी जातियों के आर्येतर विश्वासों से प्रेरणा ग्रहण करता है... ।"[6] 1911 की जनगणना ने भी यह कठिनाई रेखांकित की और बतलाया कि किस प्रकार गणनाकारों के स्वभाव-वैशिष्ट्य पर गणनाएँ निर्भर करने लगी हैं; इससे दो जनगणनाओं के बीच के आँकड़ों में ही भारी उलट-फेर नहीं होता, आसपास के क्षेत्रों की एक ही जनगणना के आँकड़ों में भी भारी फ़र्क़ पड़ जाता है।

1921 की जनगणना में तो जनगणना आयुक्तों ने हद ही कर दी। बिहार और उड़ीसा के 1921 के जनगणना प्रतिवेदन में कहा गया : "अन्य सभी धर्मों के मामले में एक प्रमुख अंतर्निहित कठिनाई है, और वह है यह बतलाना कि हिंदू धर्म कहाँ शुरू होता है और कहाँ ख़त्म, क्योंकि ये सारे धर्म या तो हिंदू धर्म की प्रशाखाएँ हैं अथवा आदिवासी धर्मों के बहिर्वर्त्ती समूह जिनसे भारी संख्या में लोग

हिंदू धर्म की ओर गमन करते हैं... ।" प्रतिवेदन के अनुसार हिंदुओं को शब्द के प्रचलित अर्थ में 'धर्म' का कोई संप्रत्यय नहीं है; वे 'धर्म' को ज़्यादा व्यापक अर्थ में लेते हैं। फलतः, 'जड़ात्मवाद' को 'हिंदू धर्म के निम्न रूपों' से अलग करना बहुत कठिन है। प्रतिवेदन के विशेष परिच्छेद में दर्ज किया गया : "हज़ारी बाग के भुइया लोगों का एक प्रतीकात्मक मामला पूर्व में ही रेखांकित किया गया है, जिसमें बड़ी संख्या में ऐसे लोग हिंदू धर्म में वापस आ गए जो थोड़ी विशेष जाँच-पड़ताल करने पर जड़ात्मवादी सिद्ध होंगे। राँची के पार्श्ववर्त्ती हिस्सों में जो लोग निश्चित तौर पर जड़ात्मवादी हैं, वे हिंदू त्यौहारों में शामिल होते हैं, और जो उतने ही निश्चित रूप से हिंदू हैं, बल्कि मुसलमान भी, वे आदिम जातियों के पुजारियों द्वारा स्थानीय आत्माओं की कृपा प्राप्त करना चाहते हैं... ।"[7] इस तरह प्रतिवेदन के मुताबिक यह गणना गणनाकारों की मनमौज और उत्तरदाताओं की झक पर निर्भर होती जा रही थी।

कर्नल लूअर्ड ने 1921 की जनगणना के प्रतिवेदन में मध्य भारत में चल रहे धर्मांतरण के बारे में कहा था : " 'जड़ात्मवादी' वर्गीकरण कभी भी संतोषप्रद नहीं रहा है। इसका विलुप्त हो जाना कहीं बेहतर होता। यह बतलाना बिल्कुल संभव नहीं है कि जड़ात्मवाद कहाँ शुरू होता है और हिंदू धर्म कहाँ ख़त्म। ईसाई धर्म की मान्यताओं एवं रीति-रिवाजों में भी जड़ात्मवाद के अनेक अवशेष पाए जाते हैं... ।" उसने भी आँकड़ों में भारी घट-बढ़ की चर्चा की और इसे 'गणना की स्वभावगत विशेषताओं' का परिणाम बताया। उसने आगे चलकर फिर दुहराया : "जैसाकि ऊपर में कहा जा चुका है, बेहतर होता अगर इस तरह का बेकार का वर्गीकरण ('जड़ात्मवादी') जनगणना प्रतिवेदनों में शामिल ही नहीं किया जाता। इसका प्रतिफल इतना कृत्रिम है कि इससे कोई लाभ होने को नहीं है... ।"[8]

उपर्युक्त सारी टिप्पणियाँ एक जैसी निरंतरता सूचित करती हैं; सारे अनुभव जनजातियों को हिंदुओं से अलग करने की अव्यावहारिकता और एक विशेष वर्ग के रूप में जड़ात्मवाद की अस्पष्टता ज़ाहिर करते हैं। वास्तव में ये सारे कारक एक सुस्पष्ट निष्कर्ष पर ले जाते हैं : जनजातियों को हिंदुओं से पृथक् करने का प्रयास छोड़ दो। लेकिन उन्हें तो इसी निष्कर्ष से बचना था। इसलिए, 1931 की जनगणना में 'जड़ात्मवाद' शब्द का तो परित्याग कर दिया गया, किंतु उसके बदले एक नया संवर्ग 'जनजातीय धर्म' का उदय हुआ! उनकी नज़र में इसके दुहरे फ़ायदे थे : प्रथम, अंधविश्वासों का एक अस्पष्ट संग्रह दीख पड़ने के बदले प्रत्येक जनजाति के पास अब सही अर्थ में एक अपना 'धर्म' था और द्वितीय, इस भारत रूपी चिड़ियाघर में सिर्फ़ एक और संवर्ग जड़ात्मवाद नहीं, बल्कि अनेक 'जनजातीय धर्म' थे।

स्वभावतः पुरानी कठिनाइयाँ फिर से उभर गईं। शूबर्ट के द्वारा प्रस्तुत मध्य

प्रांतों और बरार के जनगणना प्रतिवेदन देखें :

"एक तरफ़ हाल के वर्षों की घटनाओं से एक ऐसा राजनीतिक आंदोलन उठ खड़ा हुआ है जो सभी गोंड तथा आदिवासियों के हिंदू होने का दावा करता है; दूसरी तरफ़ कुछ आदिवासियों में अपने को हिंदू घोषित करने की स्पष्ट प्रवृत्ति है, चाहे वे धर्म के किसी भी रूप का अनुसरण करते हों। इसके पीछे उनके मन में सामाजिक उत्थान का भाव रहता है। हिंदू धर्म के उदारवादी दृष्टिकोण के कारण आदिम जातियों को अपने को हिंदू बतलाने में सुविधा होती है और उनके झुकावों में बदलाव आते रहते हैं। उदाहरणार्थ, जसपुर में पहाड़ी कोरवा अपने धर्म का अनुसरण करने का दावा करते हैं, जबकि डेहारी के कोरवा लोगों में ज़्यादातर अपने को हिंदू बतलाते हैं। उदयपुर में ओराँव हिंदू कहे जाने पर नाक-भौं सिकोड़ते हैं किंतु जशपुर के आँकड़े बतलाते हैं कि वहाँ के ओराँव की आधी आबादी हिंदू तथा आधी आदिवासी धर्मों को मानती है। जंगलों में रहने वाले एक विशेष प्रकार की पांडो जाति के लोगों, जो हाल तक मुख्य रूप से शिकार कर अपना जीवन-बसर करते रहे हैं में से कुछ सिर्फ इसलिए हिन्दू होने का दावा करते हैं क्योंकि वे गाय का मांस नहीं खाते। पूर्व की जनगणनाओं में भारी घट-बढ़ से पता चलता है कि आदिवासी धर्मों का वर्गीकरण किस प्रकार गणनाकारों की सनक पर निर्भर रहा है। मध्य प्रांतों में गोंड जातियों का ईश्वर बड़ा देव का हिंदुओं के महादेव के साथ सहज तादात्म्य लगातार कठिनाई पैदा करता रहा है। आदिम जातियों के जड़ात्मवादी विश्वासों का हिंदू धर्म के साथ संपर्क फ़ोरसीथ के समय में भी बहुत स्पष्ट थे। फ़ोरसीथ ने 1860 और 1870 के बीच की अवधि के बारे में लिखित अपनी पुस्तक 'द हाईलैंड्स ऑफ़ सेंट्रल इंडिया' में इस विषय पर विस्तार से चर्चा की है। दूसरी ओर, हिंदू ग्रामीणों का धर्म आदिम जातियों के दीर्घकालीन विश्वासों से गहरे रूप से प्रभावित हुआ है। सेंट्रल प्रोविंसेज़ गज़ेटियर का निम्नलिखित उद्धरण देखें :

"मध्य प्रांतों के हिंदू धर्म में प्रकृति एवं पशु-पूजा तथा दैवी कृत मानव प्राणियों के प्रति आदर का गहरा पुट मिलता है। ज़्यादा विकसित जिलों में भी ग्रामीण देवताओं की अच्छी-खासी संख्या है। उनकी पूजा के लिए भूम का अथवा बैगा नामक जातियों का एक विशेष पुजारी ग्रामीणों के अंशदान से जीवन-निर्वाह करता है। धरती अथवा गाँव की देवी खरमाता, हैज़ा की देवी मरहाई, चेचक की देवी शीतलामाता, नागदेव, मैंसासुर, दुलहादेव (एक

दुलहा जिसे बाघ ने मार डाला था), हरदौल (एक युवा राजपूत राजकुमार जिसके भाई ने उसे इसलिए ज़हर खिलाकर मार डाला था क्योंकि वह उसकी पत्नी के साथ प्रेम-व्यापार में पड़ गया था) तथा भीलत (एक देवत्व प्राप्त गड़ेरिया) उनके प्रमुख देवी-देवता हैं।''[9]

बिहार और उड़ीसा में, जहाँ जनजातियों की विपुल संख्या है, लैसी उन्हें हिंदुओं से बिलगाने में ऐसी ही कठिनाइयाँ महसूस कर रहा था। उसका वर्णन करते हुए वह लिखता है :

''प्रांत की आबादी को विभिन्न धार्मिक संवर्गों में स्पष्ट तौर पर विभाजित करने की प्रक्रिया अनेक मुश्किलों से भरी थी। पूर्व के जनगणना प्रतिवेदनों में इस विषय पर विस्तार से चर्चा हो चुकी है। इस मौके पर उसी मार्ग पर जाने का मेरा कोई प्रस्ताव नहीं है। यहाँ पर यही कहना पर्याप्त होगा कि किसी दूसरे धर्म, जहाँ अपने निश्चित मत और अपने विशिष्ट रिवाज हैं, के विरोध में किसी अन्य धर्म की अवधारणा भारतीयों के एक बड़े हिस्से के लिए विदेशी है। इसलिए जनगणना की ये सारणियाँ जब कहती हैं कि प्रांतों में इतने हिंदू, इतने मुसलमान और इतने ईसाई हैं तो वे उन लोगों के निजी विश्वासों, आस्थाओं अथवा रुझानों की वैसी सूचना नहीं देतीं जैसी कि विशेष संप्रदाय या वर्ग की देती हैं। हम उस दूरी तक नहीं जाना चाहते जितना कि एक संवाददाता आगे जाकर कहता है : ''राजनीतिक ज्ञान के प्रसार से प्रायः सारे नए-पुराने धार्मिक आंदोलन मृतप्राय हो चुके हैं, किंतु कुछ समुदाय अपनी धार्मिक आस्थाओं की आड़ में अपने राजनीतिक अधिकारों की रक्षा करते हैं।'' फिर भी, ऐसी विध्वंसक उक्ति पेश करना भी अपने-आप में कम महत्त्व का नहीं है। पुनः, भारत के धर्म कहाँ तक परस्पर बहिष्कारक हैं और कहाँ तक एक-दूसरे से घुले-मिले हैं—हिंदू धर्म कहाँ शुरू होता है और कहाँ ख़त्म—इसे निर्धारित करने की समस्या का समाधान संभव नहीं हैं। 'राजनीतिक ज्ञान का प्रसार' जैसी लड़ी ने इस उलझे लच्छे की जटिलताएँ और बढ़ा दी हैं।''[10]

और 'जनजातीय धर्मों' के अन्तर्गत दर्ज की गई संख्या के संबंध में लैसी कहता है : ''जैसा पहले विश्लेषित किया जा चुका है, यह महज़ संयोग की बात है कि इन आदिम और अर्द्ध-आदिम जातियों के धर्म का विवरण जनगणना प्रतिवेदनों में दर्ज है और इन आँकड़ों का कोई महत्त्व नहीं है।''[11]

जनगणना प्रतिवेदनों में ऐसे अनेक उदाहरण मिलते हैं जो दर्शाते हैं कि किस

प्रकार गणना कारकों की व्यक्तिगत पसंद-नापसंद और जनजातियों के आग्रह के कारण गणनाएँ प्रभावित हुई हैं और उनके आँकड़ों में भारी उलट-फेर हुआ है। प्रतिवेदनों में जनजातियों को हिंदुओं से अलग करने की कसौटियाँ तय करने के लिए किए जा रहे प्रयासों के अनेक उदाहरण मिलते हैं। इसी प्रकार सरकारी पदाधिकारियों ने भी दोनों के बीच भेद को गणना कारकों को समझाने के हर संभव उपाय किए हैं, लेकिन इन सबका कोई नतीजा नहीं निकला है। टौलेंट्स द्वारा दिया गया एक प्रतीकात्मक उदाहरण उल्लेखनीय है :

> "चतरा के अनुमंडलाधिकारी मिस्टर क्रिश्चियन, जिसने सही आँकड़े प्राप्त करने के लिए कड़ी मेहनत की, ने एक प्रश्नावली तैयार की। लेकिन वह इतनी जटिल थी कि आरंभ के कुछ प्रयासों के बाद उसने पाया कि गणनाकारों को समझा पाना असंभव है। अंततः उसने इसका निर्णय गणना किए जा रहे लोगों पर ही छोड़ दिया। चतरा के भुइयां लोग अपने विश्वासों और रिवाजों में जड़ात्मवादी हैं, किंतु, सारे भुइयां अपने को हिंदू कहते हैं और जिस किसी गणनाकारक से मैंने पूछा उसने भी उन्हें हिंदू ही बतलाया। जब मैंने उन्हें समझाने की चेष्टा की कि वे हिंदू नहीं हैं तो मेरी ख़ातिर वे सहमत तो हुए, किंतु आश्वस्त नहीं हो सके। इससे ज़ाहिर होता है कि यह काम कितना निराशाजनक था। अतः भुइयों के संबंध में दिए गए विवरण तथ्यों से मेल नहीं खाते।"[12]

लेकिन हवा में खुमारी तो शेष थी। एक सदी से चले आ रहे मूल्यांकन के साथ सामंजस्य बैठाते हुए 1931 के बिहार और उड़ीसा के जनगणना प्रतिवेदन में 'जनजातियों को ईसाई मिशनरियों का सर्वाधिक अनुकूल क्षेत्र' और उन्हें हिंदू समाज से अलग बतलाया गया।

दूसरे समूहों के मामले में भी यही बात लागू होती है। समय-समय पर सतनामी, कबीर पंथी, आर्यसमाजी और ब्राह्मसमाजी हिंदुओं की गिनती से बाहर रखे गए, किंतु ये प्रयास सफल नहीं हो सके। इन समूहों ने जिन रिवाजों को छोड़ दिया था और फलस्वरूप हिंदू समाज से पृथक् गिने गए थे, वे रिवाज उन्होंने फिर से अपना लिए और उससे भी बुरी बात यह हुई कि वे अपने को खुलकर हिंदू कहने लगे!

इन प्रयासों के विरुद्ध व्यापक प्रतिक्रिया हुई। 1920 के दशक में अनेक समूह जनजातियों के बीच घूम-घूमकर उन्हें समझाने लगे कि वे 'हिंदू समाज' से बहिष्कृत नहीं हैं। फिर भी, बहिष्करण क़ायम रखा गया और साइमन कमीशन की रिपोर्ट में शामिल कर इसे संस्थागत स्वीकृति प्रदान की गई।

इन धारणाओं के प्रभाव कितने टिकाऊ हो सकते हैं, यह आज के एक उदाहरण से भी देखा जा सकता है। जैसाकि पाठक जानते हैं, नर्मदा पर सरदार सरोवर परियोजना को लेकर काफी विवाद हुआ है। 1991 में वर्ल्ड बैंक ने इसके पुनरीक्षण के लिए तीन सलाहकारों की एक समिति गठित कर दी जिसने 1992 में अपना प्रतिवेदन सौंपा। इस परियोजना के विरोध के जो कारण उन्होंने दिए उनमें एक यह था कि जनजातियाँ अलग लोग हैं और परियोजना उन्हें विस्थापित कर उनकी सांस्कृतिक विशिष्टता को ही नष्ट कर देगी।

तीन सदस्यीय सलाहकार समिति का कहना था : "...हालाँकि जनजातीय धर्म की बहुत-सी बातें जड़ात्मवादी अथवा अन्य जगहों की जनजातियों के शामानी धर्मों (अफ्रीका और अमेरिका में) से मिलती-जुलती हैं, भारत में इसका आचरण कभी भी हिंदू धर्म से पूरी तरह अलग नहीं रहा है। जनजातियों तथा उनके आसपास के हिंदुओं ने प्रायः एक-दूसरे के देवी-देवताओं को अपने देवी-देवताओं के विभिन्न रूपों में स्वीकार किया है...।" पुनश्च, हमने हिंदू प्रभाव के चिह्न अथवा वैसे प्रतीकों एवं रिवाजों के चिह्न भी देखे जो हिंदुओं और जनजातियों में एक जैसे हैं (ध्यान दें, किस प्रकार दोनों को—'हिंदू प्रभाव के चिह्न' तथा 'वे प्रतीक और रिवाज जो हिंदुओं और जनजातियों में एक जैसे हैं' को—पृथक्-पृथक् कर देखने की प्रवृत्ति है)। प्रत्येक जनजातीय गाँव के सिरे पर पाई जाने वाली समाधियों में से अनेक में जनजाति और हिंदू मूर्त्तियाँ एक साथ देखी जा सकती हैं। विशेषकर, हमने वहाँ शिव की मूर्त्तियाँ देखीं। दरअसल, लोगों ने हिंदू धर्म को नकारा नहीं था; हाँ, उन्होंने अपनी पृथक्ता की बात ज़रूर स्वीकार की...।" लेकिन सलाहकारों का निष्कर्ष है कि जनजातियाँ हिंदू समाज से अलग और बाहर हैं; वे मात्र 'पिछड़े हिंदू' नहीं हैं। एक ब्रिटिश मानवशास्त्री द्वारा उनके लिए तैयार किए गए एक आलेख का अपने निष्कर्षों की संपुष्टि के रूप में हवाला देते हुए वे कहते हैं :

> ब्रिटिश मानवशास्त्री डॉ. फ़ेलिक्स पैडेल, जिसने 'भारतीय समाज में जनजाति समूहों का स्थान' पर गहन कार्य किया है, हमारे पुनरीक्षण के अनुदेश में इस विषय की ऐतिहासिक पृष्ठभूमि पर विचार करते हुए लिखता है :
>
> "जब भारत में जनजातियों से पहली बार अंगरेज़ों का संपर्क हुआ था तो उन्होंने उन्हें 'वहशी जनजातियों', 'बर्बर जनजातियों', 'जंगली जनजातियों', 'पहाड़ी जनजातियों' की संज्ञा दी। ये सारे पद अंगरेज़ों ने अफ्रीका और अमेरिका के मूल बाशिंदों के साथ संपर्क होने पर उनके लिए इस्तेमाल किए थे, लेकिन भारत में पूर्व से ही ऐसे पदों का प्रयोग होता था। 'जंगली जनजातियों' का

> प्रयोग सम्राट अशोक ने इस फ़रमान के द्वारा किया था कि यदि वे उसके आदेशों का पालन नहीं करते तो उन्हें कठोर दंड दिया जाएगा। उनके लिए प्रयुक्त अनेक नाम...पहाड़ी के लिए प्रयुक्त शब्दों से व्युत्पन्न हैं...। 1871 में शुरू की गई जनगणना में जनजातीय आबादी को हिंदुओं और उनके धर्म से पृथक् किया गया और उसे हिंदुत्व से भिन्न जड़ात्मवाद के नाम से नवाज़ा गया।''[13]

और वही प्रमाण बन गया! स्वभावतः, इसमें जनगणना आयुक्तों ने कई दशकों के दौरान 'जड़ात्मवाद' और हिंदू धर्म में विभेद के संबंध में जो निष्कर्ष निकाले थे, उसका एक भी शब्द इसमें नहीं है।

निशाने पर के दूसरे समुदाय (हरिजनों) की आराकशी

जनजातियों के संबंध में किए जा रहे कार्यों से अन्य समुदाय भी अछूते नहीं रखे गए थे। 1903 में 'ए लेक्चर ऑन द सिख रिलिजन एंड इट्स एडवांटेजेज़ टु द स्टेट'[14] (सिख धर्म तथा राज्य के लिए इसके फ़ायदे पर एक व्याख्यान) में एम. मैकालिफ़ का कथन देखें : ''पूर्व की जनगणनाओं में ग्रामीण सिख अज्ञानवश प्रायः अपने को हिंदू के रूप में दर्ज कराते थे, जैसाकि वास्तव में वे थे। काल-क्रम में प्राप्त अनुभव के साथ सिखों और हिंदुओं के बीच एक तीव्र विभाजक रेखा खिंच गई है...।'' जनगणना में यह विभाजन तो संपूर्ण कार्यवाही का एक अंशमात्र था। उदाहरणार्थ, सिख रंगरूटों में पार्थक्य का भाव जगाने और हिंदुओं तथा उनके बीच की खाई को और चौड़ा करने वाले धार्मिक अनुष्ठानों को सोच-समझकर लागू किया गया। मिशनरियों के निशाने पर के दूसरे समूह—हरिजनों को अलग करने के प्रयास 1931-32 में पराकाष्ठा पर पहुँच गए। 1906 में आगा खाँ के नेतृत्व में मुसलमानों के एक शिष्टमंडल के द्वारा वायसराय लॉर्ड मिंटो को एक स्मारपत्र दिलवाया गया जिसमें मुसलमानों के लिए पृथक् निर्वाचन-मंडल की माँग की गई। (एक अनुकूल मुसलिम राजनेता के द्वारा) इस शिष्टमंडल का 'प्रबंध' किया गया था। लेडी मिंटो ने यही बात अपनी डायरी में दर्ज की थी। जब एक बार शिष्टमंडल वायसराय से मिलकर उन्हें स्मारपत्र सौंप चुका तो लेडी मिंटो उमंग से उछल पड़ी : ''आज का दिन बहुत महत्त्वपूर्ण है; जैसाकि एक व्यक्ति ने मुझसे कहा, 'यह भारतीय इतिहास की युगांतरकारी घटना है।' '' उसने अपनी डायरी में यह बात लिखी और एक अधिकारी द्वारा प्रेषित पत्र का हवाला दिया : ''मैं आप महिमामयी को यह एक

पंक्ति लिखना अपना फ़र्ज़ समझता हूँ कि आज एक बड़ी घटना घटी है, राजनीतिक कौशल का एक ऐसा काम हुआ है जो भारत और भारतीय इतिहास को वर्षों तक प्रभावित करता रहेगा। इससे 6 करोड़ 20 लाख लोग हमारे विरुद्ध विद्रोह करने वालों की पंक्ति में शामिल होने से अलग कर लिए गए हैं।" आगा खाँ ने, जिन्होंने इस 'प्रायोजित' शिष्टमंडल का नेतृत्व किया था, बाद में उचित ही यह दावा प्रस्तुत किया कि : "लॉर्ड मिंटो द्वारा हमारी माँग की स्वीकृति सारी पश्चवर्त्ती ब्रिटिश हुकूमतों के द्वारा भारत के लिए लाए जानेवाले सारे भावी संवैधानिक प्रस्तावों का आधार बनेगी और अनिवार्यतः इसका अंतिम परिणाम भारत का विभाजन और पाकिस्तान का निर्माण होगा।" डब्ल्यू.सी. स्मिथ ने अपनी पुस्तक 'मॉडर्न इस्लाम इन इंडिया' (भारत में आधुनिक इस्लाम) में ठीक ही कहा है : "पृथक् निर्वाचन-मंडल ने सांप्रदायिक आधार पर मतदान करने, सोचने, सिर्फ सांप्रदायिक चुनावी भाषण सुनने, प्रतिनिधियों का सांप्रदायिक आधार पर मूल्यांकन करने, सांप्रदायिक ताक़त बढ़ाने की दृष्टि से संवैधानिक तथा अन्य सुधारों की तलाश करने और अपनी शिकायतों को सांप्रदायिक ढंग से पेश करने के लिए बाध्य कर दिया।"[15]

जल्द ही 'अल्पसंख्यक' एक छत्र के तले आ गए और 'अल्पसंख्यक समझौता' पर हस्ताक्षर किया गया। उसके बाद हरिजनों के नेताओं को इसके लिए प्रेरित किया गया और उन्होंने भी अपने लिए पृथक् निर्वाचन-मंडल की माँग की। साइमन कमीशन ने 1930 में आकर इस माँग की समीक्षा की और कहा :

> हमारे सामने उपस्थित होने वाले समुदायों में से अधिकांश ने जनसंख्या के आधार पर पृथक् निर्वाचन-मंडल की वकालत की, यद्यपि एक-दो ने अपने मनोनयन को चालू रखने की भी इच्छा प्रकट की। निश्चय ही पृथक् निर्वाचन-मंडल दलितों के विश्वासपात्रों को चुनने का सबसे सुरक्षित तरीक़ा है, लेकिन हम इस तरीक़े से दलित वर्गों तथा शेष हिंदुओं के बीच के विभेद को रूढ़िग्रस्त कर देने के ख़िलाफ़ हैं, क्योंकि हमारे ख़याल में इससे दूसरों के साथ राजनीतिक मेल-जोल में नई मुसीबतें खड़ी हो जाएँगी। वैसे प्रांतों में जहाँ अवरोध अधिकतम सीमा तक मिट गए हैं, इस तरीक़े का औचित्य सिद्ध करना ज़्यादा कठिन हो जाएगा। दलित वर्गों के पृथक् निर्वाचन-मंडल का अर्थ होता है इस पद से सूचित होने वाले लोगों की स्पष्ट पहचान और कुछ मामलों में ऐसी सीमा-रेखा खींचना मुश्किल होगा। ऐसा करने का अर्थ होगा मतदाता सूची में प्रत्येक व्यक्तिगत मतदाता को क्षत चिह्न से अंकित करना। यह उस प्रक्रिया के विरुद्ध है जिसका प्रारंभ पहले ही हो चुका है और जिसे प्रोत्साहित किए जाने की

ज़रूरत है। वह प्रक्रिया है, दलितों के सामाजिक-आर्थिक स्तर को ऊँचा उठाना।[16]

लेकिन अगले वर्ष ही निशाने पर के इस विशाल समुदाय को पृथक् करने के प्रयास शुरू हो गए। 1932 में सरकार ने ऐलान किया कि मुसलमानों की भाँति हरिजनों के लिए भी पृथक् निर्वाचन-मंडल होगा। गांधीजी अंगरेज़ों की इस चाल पर लगातार नज़र रखे हुए थे और नवंबर, 1931 में लंदन में अल्पसंख्यक समिति को उन्होंने चेतावनी दी थी कि वह ऐसे प्रयासों का अपनी जान पर खेलकर विरोध करेंगे। वास्तव में उन्होंने 20 सितंबर, 1932 को आमरण अनशन शुरू कर दिया जिसके फलस्वरूप इस समुदाय को हिंदू समाज से अलग करने के मंसूबे पर पानी फिर गया।

सरकार की वह विशेष युक्ति 1932 के सितंबर में ही वापस ले ली गई, लेकिन उसके परिणाम हम आज तक भुगत रहे हैं। लोकसभा में आज जो आरक्षण है वह उस 'यरवदा पैक्ट' का परिणाम है जिसे ब्रिटिश प्रस्ताव का अनुमोदन करने वाले डॉ. अम्बेडकर जैसे नेताओं को फिर से अपने दायरे में लाने के लिए हस्ताक्षरित किया गया था।

उपर्युक्त विवरण से तीन बातें बिल्कुल साफ़ हो जाती हैं। प्रथम, सारे उदाहरण यह साबित करते हैं कि ब्रिटिश शासकों की युक्तियों और मिशनरियों के प्रयास में गहरा तालमेल था। द्वितीय, इनसे यह भी पता चलता है कि इन प्रयासों के प्रभाव काफी टिकाऊ हैं; और तृतीय, इनसे यह भी ज़ाहिर होता है कि उन परिणामों को हासिल करने के लिए कठोर उपायों से काम लेना आवश्यक नहीं है; सिर्फ एक बीज बो देना है, विभाजन का एक बीज जो जल्द ही अलगाव के पौधे की शक्ल अख़्तियार कर लेगा; एक धारणा से लोगों को परिचित करा देना है। वह आगे चलकर स्वतः मूर्त्त रूप ले लेगी और उस पर प्रश्न उठाने वाले, तर्क-वितर्क करने वाले सांप्रदायिक, उग्रराष्ट्रवादी और फासिस्ट होंगे!

संदर्भ

1. तुलना करें, पूर्व-चर्चित 'रिपोर्ट ऑफ़ द क्रिश्चियन मिशनरी एक्टिविटीज़ इन्क्वायरी कमिटी', 1956, खंड II, भाग बी, पृ. 52-8
2. उदाहरण के लिए देखें, 'रिपोर्ट ऑफ़ द क्रिश्चियन मिशनरी एक्टिविटीज़ इन्क्वायरी कमिटी', मध्य प्रदेश, गवर्नमेंट प्रिंटिंग प्रेस, 1956, खंड I, पृ. 107, 157; खंड II, भाग बी, पृ. 61
3. वही, खंड I, पृ. 48

4. देखें, परिशिष्ट II
5. देखें, परिशिष्ट I
6. ई.ए. गेट, सेंसस ऑफ़ इंडिया, 1901, खंड VI, द लोअर प्रोविंसेज ऑफ़ बंगाल एंड देअर फ्युडेटरिज़, भाग I, पृ. 152
7. पी.सी. टौलेंट्स, सेंसस ऑफ़ इंडिया, 1921, खंड VI, बिहार और उड़ीसा, भाग I, पृ. 122, 125-6
8. सी.ई. लूअर्ड, सेंसस ऑफ़ इंडिया, 1921, खंड XVIII, सेंट्रल इंडिया एजेंसी, पृ. 23, 24
9. डब्ल्यू.एच. शूबर्ट, सेंसस ऑफ़ इंडिया, 1931, खंड VII, सेंट्रल प्रोविंसेज़ एंड बरार, भाग I, पृ. 324
10. डब्ल्यू.जी. लैसी, सेंसस ऑफ़ इंडिया, 1931, खंड VII, बिहार एंड उड़ीसा, भाग I, पृ. 246-7
11. वही, पृ. 254
12. पी.सी. टौलेंट्स, सेंसस ऑफ़ इंडिया, 1921, खंड VII, बिहार एंड उड़ीसा, भाग I, पृ. 125
13. ब्रैडफ़ोर्ड मोर्स एंड टॉमस बर्गर, सरदार सरोवर, रिपोर्ट ऑफ़ द इंडिपेंडेंट रिव्यू, रिसोर्सेज़ फ्यूचर्स इंटरनेशनल इन्कॉरपोरेटेड, ओटावा, 1992, पृ. 66-7; पूर्व के उदाहरणों के लिए देखें, पृ. 67 तथा 69
14. गवर्नमेंट सेंट्रल प्रिंटिंग ऑफ़िस, शिमला, 1903
15. मुस्लिम राजनीति के मामले में इस क्रम को तथा 1906 के शिष्ट मंडल संबंधी उद्धरणों के लिए देखें, एच.वी. शेषाद्रि, 'द ट्रेजिक स्टोरी ऑफ़ पार्टीशन', जागरण प्रकाशन, बंगलोर, 1984, पृ. 35-43
16. रिपोर्ट ऑफ़ द इंडियन स्टैच्युटरी कमीशन, खंड II, गवर्नमेंट ऑफ़ इंडिया, सेंट्रल पब्लिकेशन ब्रांच, कोलकाता, 1830, पृ. 65

10

बदली परिस्थितियों के समायोजन

इस प्रकार एक सौ साल से अधिक समय तक मिशनरी क्रियाकलाप भारत पर ब्रिटिश साम्राज्यवादी आधिपत्य के साथ अंतर्गुम्फित, अविच्छेद्य रूप से संलग्न थे। यह आकस्मिक नहीं था कि मिशनरी—भारतीय मूल के मिशनरी भी—स्वतंत्रता आंदोलन में शरीक नहीं हुए; यह भी आकस्मिक नहीं था कि सी.एफ. एंड्रूज़ जैसे लोग, जो इसमें शरीक हुए, ने मिशनरी कार्यों का पूर्णतः परित्याग कर दिया।

इसलिए, यह समझ सकने लायक बात है भारत से अंगरेज़ी राज की विदाई ने चर्च को अपनी गतिविधियों में बदलाव लाने के लिए बाध्य कर दिया। मुहावरा ही बदल गया। हुकूमत की अनौपचारिक शाखा, शासक-वर्ग के अर्द्धांग होने के बदले उसने अपने को उन अल्पसंख्यकों के प्रवक्ता के रूप में प्रस्तुत करना शुरू किया जिनके सामने अपनी पहचान खो देने का ख़तरा था। मिथ्यापवाद का स्थान सतर्कता ने ले लिया। सी.बी.सी.आई. के कार्यदल का आलेख रेखांकित करता है : "हमारी ईशशास्त्रीय भाषा आवश्यक रूप से अतीत की परंपरा और विरासत से प्रभावित है। लेकिन हमें यह सुनिश्चित करना चाहिए कि हमारी अभिव्यक्तियाँ दूसरों के स्व-विवेक एवं आत्म-सम्मान को ठेस नहीं पहुँचाएँ। ईशशास्त्रीय दृष्टि से हमारी भाषा स्पष्ट तो हो, किंतु दूसरे धर्म के लोगों के प्रति सम्मानपूर्ण भी हो। इसे संशोधित किया जाना चाहिए... ।" इसी प्रकार, निशाने पर के दो मुख्य समुदाय—हरिजन तथा जनजातियाँ—तो वही रहे, किंतु उन्हें लक्ष्य बनाने के तरीक़े बदल दिए गए।

जहाँ तक हरिजनों का प्रश्न है, उनके बीच कार्य करने की प्रणाली को दुहरे रूप में तर्कसंगत बंनाया गया; वे ज़्यादा आक्रामक बनाए गए, किंतु उन्हें पूर्वापेक्षा एक नई राह दी गई। पहले जहाँ बड़े पैमाने पर धर्मांतरण हेतु उनकी दशा में बेहतरी को एक अवसर माना गया था, वहाँ अब अपने कार्य का औचित्य यह कहकर सिद्ध

किया गया कि यह ईसाइयत की मूल प्रवृत्ति है। ईसाइयत को सर्वहारा वर्ग का धर्म कहा गया। यह पचास के दशक की प्रचलित शब्दावली से लिया गया था। बाद में इसे 'मुक्ति ईशशास्त्र' की संज्ञा दी गई। इस मुक्ति ईशशास्त्र को चर्च ने लैटिन अमेरिका में वहाँ के मूल निवासियों के उन्मूलन के पश्चात उसका फ़ायदा उठाते हुए विकसित किया था। प्रयास की दिशा भी बदल गई। वृहद् पैमाने पर धर्मांतरण के साथ-साथ, मिशनरी संगठनों ने 'दलित नेताओं' को प्रोत्साहन एवं सहायता देने पर अपना ध्यान केंद्रित किया। बेशक इसके पीछे हरिजनों की दशा में सुधार लाने की इच्छा भी काम कर रही थी और ऐसा करने के लिए इन 'स्वतःस्फूर्त' आंदोलनों को समर्थन देना सर्वोत्तम उपलब्ध तरीक़ा माना गया। इसके पीछे उस समय के प्रचलन के अनुसार 'प्रगतिशील' उद्देश्यों के साथ जुड़ने की इच्छा भी काम कर रही होगी। फिर, चर्च का साम्राज्यवाद से भी अप्रत्यक्ष गठबंधन तो था ही। फिर भी यह विश्वास कर पाना मुश्किल है कि जो लोग अभी भी ईमानदारी से यह विश्वास करते थे कि ईसामसीह ने उन्हें ईसाइयत के प्रसार का आदेश दिया था उन्होंने इस बात पर ध्यान नहीं दिया होगा कि ये 'स्वतःस्फूर्त' आंदोलन निश्चय ही भारत को विखंडित कर देंगे।

आरंभ में मिशनरी जनजातीय क्षेत्रों में सरकारी कार्यक्रमों, जैसे सरकारी स्कूल स्थापित करना, इत्यादि का विरोध करते थे। उनकी नज़र में इनसे कोई फ़ायदा होने वाला नहीं था। वे जनजातियों को ऐसे कार्यक्रमों के विरुद्ध उभाड़ने का प्रयास भी करते थे। इस संबंध में क्रिश्चियन मिशनरी एक्टिविटीज़ कमिटी रिपोर्ट में उल्लिखित जासपुर रोमन कैथोलिक मिशन के फ़ादर बर्मिएर द्वारा अपने वरीय अधिकारियों को लिखे गए पत्र का अंतिम अंश पठनीय है :

> एक व्यक्ति अपने परिजन के साथ हमारे गोलेंग तथा गिनबहार की संस्थाओं पर जासूसी करने आया था। उसने कुछ आपत्तिजनक बातें कहीं जिसके विरुद्ध जासपुर ईसाई छात्रों के द्वारा हाल में हेराल्ड में दिए गए रोषपूर्ण उत्तर आपने पढ़े होंगे। वह व्यक्ति अपने को प्रतिष्ठित 'सर्वेंट्स ऑफ़ इंडिया सोसायटी' का सदस्य बतलाता है। उसने अपने साथियों के साथ मिलकर जबलपुर ज़िला के मंडला में उदीयमान नौरबर्टाइन फ़ादर्स के मिशन को लगभग ध्वस्त ही कर दिया है। वे प्रधानमंत्री के द्वारा यहाँ भेजे गए थे। लेकिन यदि वे इस मिशन को नष्ट कर देना चाहते हैं तो वे ग़लती पर हैं। हमारे कैथोलिक इतना सुदृढ़ हैं कि वे हार नहीं मानेंगे, न ऐसे निंदकों से भयभीत हो जाएँगे। उनके दुष्टतापूर्ण प्रतिवेदन के विरुद्ध, विशेषकर उनके विश्वासघातपूर्ण षड्यंत्रों को

> नाकाम करने के लिए विरोध सभाएँ हो रही हैं। चूँकि दो में से एक पिछड़ों के कल्याण का कोई मंत्री जान पड़ता है, उसे एक भारी सरकारी बजट निबटाना है। उनका मुख्य उद्देश्य पिछड़ों के उद्धार की चिंता करना नहीं, हमें धर्मांतरण के कार्य से रोकना है। अभी-अभी वे इन पिछड़े आदिवासियों के लिए 40 नए स्कूल खोलने जा रहे हैं। एक तीसरा उस गाँव में है जहाँ पिछले तीस वर्षों से हमारा एक स्कूल चल रहा है। लेकिन यह जानकर कि हमारे स्कूल में अनेक ग़ैर-ईसाई बच्चे पढ़ रहे हैं और हमने उसके विस्तार के लिए एक भवन हेतु आवेदन भेजा है, वे चोरी-चुपके उन बच्चों को वहाँ से हटा लेने का प्रयास कर रहे हैं। लेकिन हम भी हाथ-पर-हाथ धरे बैठे नहीं हैं। आज हमारे आदमी वहाँ की एक बड़ी पंचायत में विरोध दर्ज कराने और ग़ैर-ईसाइयों को स्कूल से अपने बच्चों को हटाने से मना करने के लिए जा चुके हैं। मैं यह सूचना आपको समुदाय के उन लोगों की ख़ातिर भेज रहा हूँ जो जासपुर मामले में दिलचस्पी रखते हैं।[1]

ऐसे विवरणों को पढ़कर हैरानी होती है कि किस प्रकार चर्च की प्रतिक्रियाएँ दशकों के गुज़र जाने के बावजूद अपरिवर्तित रहीं। हमें गांधीजी की उस कुशाग्रता एवं दूरदर्शिता पर भी आश्चर्य होता है जिसने उन्हें हमेशा इस विषय से रू-ब-रू रखा। उनसे कहा गया कि उनका अस्पृश्यता-विरोधी आंदोलन मिशनरियों को बाधा पहुँचा रहा है : "इससे मिशनरियों की लोकप्रियता घट रही है।"

गांधीजी ने उत्तर दिया : "मैं आपके कथन का तात्पर्य समझ सकता हूँ, लेकिन मैं यह नहीं जानता कि इससे उन्हें बाधा कैसे हो रही है। हम दूसरों के क्षेत्र में अनधिकार हस्तक्षेप करने वाले व्यापारी नहीं हैं। अगर यह अपना हित साधने की बात हो तो उनका दृष्टिकोण मैं समझूँगा, लेकिन जब यह पूर्णतः दूसरों का हित साधन है तो इसके लिए न तो उन्हें न मुझे चिंता करनी चाहिए कि कौन किसका हित साध रहा है।"

वार्त्ताकार ने कहा : "लेकिन एक मिशन अस्पताल के प्रभारी अधिकारी की चिंता वाजिब हो सकती है अगर आप अपने लोगों को उसी स्थान में एक अस्पताल खोलने के लिए भेजते हैं।"

गांधीजी का जवाब था : "लेकिन उन्हें समझना चाहिए कि हमारा मिशन बिल्कुल अलग ढंग का है। हम वहाँ सिर्फ चिकित्सीय राहत देने अथवा प्रारंभिक शिक्षा देने नहीं जाते, हमारा वहाँ जाना हमारे इस बात का पश्चात्ताप और उनको हमारे इस आश्वासन का एक छोटा-सा उदाहरण है कि अब हम उनका और शोषण नहीं करेंगे।

मैं उस स्थान पर कभी भी एक और अस्पताल खोलने की बात नहीं सोच सकता जहाँ पर पहले से ही एक मौजूद है। लेकिन यदि वहाँ एक मिशन स्कूल है तो हम वहाँ हरिजन बच्चों के लिए एक दूसरा स्कूल तो खोलेंगे और उन्हें मिशन स्कूल के बदले इसी स्कूल में आने के लिए प्रोत्साहित करेंगे। हम स्थिति को ईमानदारी से समझें। अगर लक्ष्य पूर्णतः लोकोपकारी है, सिर्फ यह है कि शिक्षा को वहाँ ले जाएँ जहाँ यह नहीं है, तो उन्हें (मिशनरियों को) कृतज्ञ होना चाहिए कि अगर किसी व्यक्ति का कर्तव्य अपने घर को व्यवस्थित करना है तो उसे अपने कर्तव्य का भान हो गया है। लेकिन कठिनाई यह है कि मिशन के दोस्त शुद्ध लोकोपकारी भाव से काम नहीं करते। उनका उद्देश्य अधिक-से-अधिक लोगों को अपने घेरे में लाना होता है, और इसी वज़ह से वे अशांत हैं। एक अरसे से मैं जो शिकायत कर रहा हूँ वह आपके कथन से पूर्णतः उचित ठहरता है...।''[2]

नई दिशाएँ

जैसे-जैसे समय बीतता गया, जनजातियों तक सरकारी प्रयत्नों के विस्तार के विरुद्ध आपत्ति उठाना मुश्किल होता गया। फलस्वरूप, मिशनरियों ने संशोधनों के साथ अपने प्रयासों को नई दिशा देने की बात सोची।

सर्वप्रथम उन्होंने यह सुनिश्चित किया कि उनके द्वारा जनजातियों के धर्मांतरण के प्रयास जारी रहेंगे। इसके लिए इस बात पर बल दिया गया कि धर्मांतरण ईसाइयत का एक मूल तत्त्व है, मात्र संविधान के अनुच्छेद 25 तथा 26 द्वारा प्रदत्त अधिकार नहीं। चूँकि ईसामसीह ने हर ईसाई को मिशनरी होने का आदेश दिया है, यह प्रत्येक ईसाई का अनिवार्य कर्तव्य है। न्यायपालिका ने उनके इस दावे को बिना मीन-मेख निकाले ऐसे तर्कों पर मान लिया है जिन्हें सही क़रार देना मुश्किल है।[3] फिर, प्रलोभनों के द्वारा धर्मांतरण करवाने के उदाहरण लगातार मिल रहे हैं। मिशनरियों ने सरकार पर धर्मांतरणों की छान-बीन करने का दायित्व सौंपने के सारे प्रयासों को सफलतापूर्वक नाकाम कर दिया है। याद करें, बल, छल तथा प्रलोभन द्वारा किए जा रहे धर्मांतरण पर जनता सरकार द्वारा रोक लगाने के प्रयासों के विरुद्ध उन्होंने कैसी प्रतिक्रिया व्यक्त की थी। यह भी याद रखने की बात है कि वे दो शताब्दियों तक जाति-प्रथा को लेकर हिंदू धर्म की निंदा करते रहे और ईसाइयत को इस आधार पर समतामूलक बताते रहे कि वहाँ जाति-प्रथा नहीं है, लेकिन यही मिशनरी आज इस अभियान की अगली पंक्ति में हैं कि सेवाओं में आरक्षण के लाभ ईसाई अनुसूचित जातियों एवं जनजातियों को भी दिए जाएँ! मिशनरियों, राजनेताओं तथा न्यायपालिका की यह

माँग अब सरकार के कार्यकारी आदेश तथा सर्वोच्च न्यायालय के हाल के निर्णयों के द्वारा स्वीकार कर ली गई है। और अंतिम बात यह है कि हालाँकि वे सरकार को जनजातीय क्षेत्रों में चिकित्सा, शिक्षा तथा अन्य सुविधाएँ उपलब्ध कराने से नहीं रोक पाए हैं, जो लोग मिशनरियों के दृष्टिकोण को धार दे रहे हैं, वे धर्मांतरण में बाधा डालने वाले सरकारी अभिकरणों के इन क्षेत्रों में ऐसे प्रयासों को बदनाम करने की चेष्टा में लगे हैं।

एक अन्य समायोजन मुल्क के लिए और इससे भड़की प्रतिक्रिया के कारण स्वयं चर्च के लिए ज़्यादा नुकसानदेह है। हम देख चुके हैं कि किस प्रकार चर्च एक सौ साल से अधिक समय तक हुकूमत की छत्रछाया में रहा, किस प्रकार यह प्रशासनिक अधिकारियों के साथ मिलकर काम करता रहा। निश्चय ही, 1947 के बाद यह उस तरह की सुरक्षा एवं सहयोग की उम्मीद नहीं कर सकता था। इसलिए, इसने अपने लक्ष्य एवं रणनीतिक युक्तियों को बदली स्थिति के अनुरूप ढालने का काम किया।

अब से चर्च के एक प्रभावशाली अंश का लक्ष्य वैसे राज्यों, अथवा राज्य के भीतर क्षेत्रों, का निर्माण करना हो गया जहाँ ईसाई लोग अल्पसंख्यक स्थिति में हों, अथवा कम-से-कम जिस क्षेत्र में सरकारी लोग चर्च के प्रभाव में रह सकें। यह प्रयास उत्तर-पूर्व में व्यापक रूप से प्रभावी रहा है और गुप्तचर तथा प्रतिरक्षा विभागों के लिए सिरदर्द बन गया है।

भारत सरकार द्वारा गुप्तचर विभाग से प्राप्त सूचना से इस बात की पुष्टि होती है कि मिशनरियों के ख़ास-ख़ास समुदाय नागालैंड तथा मणिपुर में पृथकूतावादी समुदायों को सहायता एवं नेतृत्व प्रदान कर रहे हैं। स्पष्ट सूचना है कि ए.जेड. फ़िज़ो की पुत्री एड्रिनो फ़िज़ो के नेतृत्व वाले नागा नेशनल कौंसिल (ए) तथा नेशनल सोशलिस्ट कौंसिल ऑफ़ नागालैंड (आई) जैसे विद्रोही समूहों से इनकी साँठ-गाँठ है। इन संगठनों के नेताओं का मिशनरियों के साथ गहरे ताल्लुकात, चर्च समूहों द्वारा संबद्ध संगठनों को अंतर्राष्ट्रीय बैठकों में अलहदगी की वकालत में दिया गया समर्थन, विदेश में होने वाली बैठकों में एन.एस.सी.एन. (आई) जैसे संगठनों के 'विकास कार्यक्रमों' के लिए कोष-संग्रह का निर्णय--इन सारी बातों की स्पष्ट सूचना सरकार को है। अलगाववादी समूहों को इस तरह की सर्वाधिक सहायता नागालैंड में मिल रही है। दूसरा स्थान मणिपुर का है। मिजोरम में चर्च खुले तौर पर राजनीतिक गतिविधियों में लिप्त हैं। 1988 में घटित दो भिन्न घटनाओं में डेंगटॉल मिशन तथा साराबिल सेंटर के फ़ादरों की संलिप्तता उनके बोडो क्रिया-कलापों के साथ तालमेल के स्पष्ट संकेत देती हैं। वे नागा विजिल ऑर्गेनाइज़ेशन के माध्यम से एक पृथकू नागामुल्क की वकालत कर रहे थे और विद्रोही नागा नेशनल कौंसिल (ए) से सक्रिय समर्थन

पा रहे थे।

चर्च के एक हिस्से के भी ऐसे रुझान और क्रियाकलाप गंभीर ख़तरे पैदा करते हैं, क्योंकि इन क्षेत्रों में चर्च का ज़बर्दस्त प्रभाव है। नागालैंड में 80 प्रतिशत तथा मेघालय में 50 प्रतिशत लोग पहले ही धर्मांतरित हो चुके हैं। सरकारी सूचना के अनुसार धर्मांतरण के पुराने तरीक़े अभी भी काम में लाए जा रहे हैं, मसलन—संपर्क साधने के लिए पारिश्रमिक पा रहे अभिकर्त्ताओं का इस्तेमाल, ग़रीबों एवं अशिक्षितों का दिल जीतने के लिए 'उपहारों' का वितरण, संभावित धर्मांतरितों का तराइयों में पहुँचने पर उनके लिए भोजन एवं आवासीय व्यवस्था, धर्मांतरण की व्यवस्था करने वालों को कीमत की अदायगी, ग्राम-प्रधानों को धर्मांतरण को प्रोत्साहित करने के लिए 'खरीद लेने' का कार्य, इत्यादि। बड़ी संख्या में सामूहिक रूप से धर्मांतरित होने वाले लोगों ने बतलाया है कि धर्मांतरण में किसी व्यक्ति के द्वारा इस बोध से कोई मतलब नहीं है कि सत्य ईसाइयत में ही निवास करता है। बपतिस्मा समारोहों में एक साथ बड़ी संख्या में—गुप्त सूचना के आधार पर कभी-कभी एक समारोह में 350 तक की संख्या पहुँच जाती है—धर्मांतरण से भी यही संकेत मिलता है।

गुप्तचर विभाग के प्रतिवेदनों के अनुसार दूसरे राज्यों में अपनी स्थिति को मज़बूत कर मिशनरी अपने प्रयास सामरिक महत्त्व के अरुणाचल प्रदेश में केंद्रित कर रहे हैं। 1971 में इस क्षेत्र में 0.8 प्रतिशत से भी कम आबादी ईसाई थी, आज आबादी का आठवाँ हिस्सा धर्मांतरित हो चुका है।

गुप्तचर विभाग ने चिंता के साथ रिपोर्ट भेजी है कि इन धर्मांतरणों के कारण सामाजिक तनाव पैदा हुए हैं, धर्मांतरितों तथा अन्य लोगों के बीच मुठभेड़ की स्थिति बन गई है। इन तनावों और मुठभेड़ों ने राष्ट्रविरोधी ताक़तों को अपने सहयोगी एवं समर्थक जुटाने में मदद की है।

और अब गुप्तचर विभाग के द्वारा सरकार को दी गई जानकारी से पता चलता है कि पृथक्‌तावादी एन.एस.सी.एन. (के) म्याँमार के आसपास के क्षेत्रों में ट्राइबल बैपटिस्ट मिशन से साँठ-गाँठ कर रहा है। प्रतिवेदन एन.एस.सी.एन. (के) और एक विशेष चर्च संगठन के बीच 'उदार वित्तीय सहायता' की भी चर्चा करता है।

चतुर्मुखी सहायता

इन राजनीतिक उद्देश्यों तथा अन्य कार्यों—धर्मांतरण से लेकर लोक हितैषी संस्थाओं के परिचालन तक—के लिए चर्च चतुर्विध सहायता का आह्‌वान करने में सफल रहा है।

इनमें प्रथम तो वही है जिसे भारतीय मानकों के अनुसार विदेशी कोषों का अक्षयस्रोत कहा जा सकता है। निश्चय ही चर्च को अपने कार्य के लिए भारी विदेशी सहायता मिली है। इन कोषों की प्राप्ति और उनके उपयोग को युक्तिसंगत बनाते हुए कहा गया है कि ईसाइयत, ख़ासकर चर्च, एक विश्वजनीन धर्म है। यह कुछ वैसा ही विवेकीकरण है जैसाकि साम्यवादियों ने अपने उद्देश्य की प्राप्ति के लिए अपने मत का किया था और आज जिसे इस्लामी समूह कर रहे हैं।

कोषों के अतिरिक्त तथा कई दृष्टियों से उससे भी ज़्यादा प्रभावी है मीडिया का विशाल तंत्र। अपने अंतर्राष्ट्रीय संबंधों के कारण भारत में चर्च की इन तक आसान पहुँच है। इनके द्वारा चर्च ने मिशनरियों के कार्यों की हलकी-फुलकी समीक्षा और उन्हें नियंत्रित करने के छोटे-मोटे प्रयासों को भी विफल करने में सफलता पाई है। 'द क्रिश्चियन मिशनरी एक्टिविटीज़ इन्क्वायरी कमिटी' द्वारा प्रस्तुत एक विशेष उदाहरण इस संबंध में प्रासंगिक है। एक मिशनरी दो बार चावल की तस्करी का दोषी पाया गया। इस पर उसने अधिकारियों के विरुद्ध गंभीर आरोप लगाए जो जाँच के उपरांत झूठे साबित हुए। लेकिन, अचानक दिल्ली के प्रेस में इस आशय के अभियान का विस्फोट हुआ कि भारत में, ख़ासकर मध्यप्रदेश में, मिशनरियों को निशाना बनाकर सताया जा रहा है।[4]

भारत में पचास के दशक से बरता जा रहा 'धर्मनिरपेक्षवाद' ने मिशनरियों को एक और मज़बूत छत्र प्रदान किया है। इस धर्मनिरपेक्षवाद के दोहरे मानक रहे हैं। यह कभी मामलों के विस्तार में जाना नहीं चाहता। उन्मुक्ति का यह कितना प्रभावी स्रोत रहा है, यह मेरे द्वारा आरंभ में दिए गए एक हलके मुलाहजे से ज़ाहिर हो जाएगा। सरकारी पदाधिकारियों, मिशनरियों तथा विद्वानों के पारस्परिक सहयोगपूर्ण रुझानों के संबंध में ऊपर में दी गई सामग्रियों को पढ़कर हममें से अधिकांश को आश्चर्य हो सकता है। जब पहली बार मैंने इनका अवलोकन किया तो मुझे भी आश्चर्य हुआ। फिर भी, ये सामग्रियाँ भारी मात्रा में और आसानी से उपलब्ध हैं। ऐसा क्यों है कि इन्हें हमारे छात्रों के सामने कभी नहीं प्रस्तुत किया जाता?

जिन तथ्यों पर अभी हम विचार कर रहे हैं उनसे यह और भी ज़्यादा खुलासा होता है। ऐसा क्यों है कि जब गुप्तचर एजेंसियाँ उत्तर-पूर्व में कुछ मिशनरी समूहों द्वारा अलगाववाद को बढ़ावा दिए जाने के बारे में सरकार को लिखित सूचनाएँ दे रही हैं, तो इन तत्त्वों की गतिविधियों पर रोक लगाने की कौन कहे, सरकार सार्वजनिक तौर पर इनके ख़तरों को स्वीकार तक नहीं करती?

राज्य की दुर्बल स्थिति ने इन्हें सबसे ज़्यादा मदद की है। सरकार को पक्की ख़बर है कि कुछ मिशनरी संगठन पृथकृतावादी समूहों को आर्थिक मदद कर रहे

हैं, ठीक वैसे ही जैसे कि सरकार को बंगलादेश के घुसपैठियों की ख़बर रही है। लेकिन, जैसे इन घुसपैठियों को रोकने के क़ानून लागू करने की हिम्मत सरकार नहीं जुटा पाई है, ठीक वैसे ही इन मिशनरियों के विरुद्ध क़ानून को सख़्ती से लागू करने का साहस उसमें नहीं है।

नागा नेशनल कौंसिल तथा नेशनल सोशलिस्ट कौंसिल ऑफ़ नागालैंड जैसे पृथक्तावादी समूहों को समर्थन देना निश्चय ही एक अपराध है, लेकिन इसे रोकने के लिए शायद ही कुछ किया गया हो। इसी तरह अरुणाचल प्रदेश में मिशनरी मौजूदा क़ानूनों का खुल्लम-खुल्ला उल्लंघन कर रहे हैं, लेकिन सरकार चैन की नींद ले रही है। प्रदेश में मिशनरी क्रियाकलापों के आक्रामक विस्तार से उत्पन्न तनावों और मुठभेड़ों के मद्देनज़र 1978 में 'द अरुणाचल प्रदेश फ्रीडम ऑफ़ रिलिजन एक्ट' पारित हुआ जिसके द्वारा 'बल-प्रयोग, प्रलोभन अथवा किसी भी कपटपूर्ण तरीक़े से' धर्मांतरण पर रोक लगा दी गई। इसका उल्लंघन करने पर दो वर्षों तक का कारावास और 10,000 रु. तक के दंड का प्रावधान किया गया। यह भी प्रावधान किया गया कि देशी धर्म के भवनों को छोड़कर किसी भी धार्मिक भवन का निर्माण बिना अरुणाचल प्रदेश सरकार के स्पष्ट अनुमोदन के नहीं किया जा सकता। इसके अतिरिक्त 'इनर लाइन रेग्युलेशंस' के तहत किसी भी व्यक्ति, जिसके प्रवेश से जनजातीय इलाक़ों में उपद्रव फैलता हो अथवा शांति और व्यवस्था की समस्या पैदा होती हो, को इस संवेदनशील क्षेत्र में प्रवेश की अनुमति नहीं मिल सकती।

यह तो क़ानून की बात है। वास्तविक स्थिति क्या है? हाल के उच्चस्तरीय गुप्तचर प्रतिवेदन के अनुसार, ''मिशनरियों के क्रियाकलाप ने अरुणाचल प्रदेश फ्रीडम ऑफ़ रिलिजन एक्ट को मखौल बना दिया है।''

अपनी ही सूचना एजेंसियों के द्वारा ऐसी फटकार के बावजूद सरकार अपने क़ानूनों को लागू करने की दिशा में गतिशील नहीं हुई है। दूसरी ओर, उसी गुप्तचर रिपोर्ट के अनुसार मिशनरी कानून के विरुद्ध अभियान छेड़े हुए हैं और इनर लाइन रेग्युलेशंस में ढील देने की माँग कर रहे हैं!

इस तरह राज्य की ओर से चर्च की सहायता फिर से जारी है। यह दीगर बात है कि इस बार इस सहायता का स्वरूप भिन्न है, और इस बार तो यह सहायता चर्च के उन हिस्सों को दी जा रही है जिनसे देश को ज़्यादा नुकसान की आशंका है।

संदर्भ

1. पूर्व-चर्चित रिपोर्ट ऑफ़ द क्रिश्चियन मिशनरी एक्टिविटीज़ इन्क्वायरी कमिटी, खंड I, पृ. 8-9
2. कैलेक्टेड वर्क्स, खंड 60, पृ. 76
3. देखें, सेक्यूलर एजेंडा, ए एस ए पब्लिकेशंस, दिल्ली, 1993, पृ. 57-78
4. तुलना करें, पूर्व-चर्चित रिपोर्ट ऑफ़ द क्रिश्चियन मिशनरी एक्टिविटीज़ इन्क्वायरी कमिटी, खंड I, पृ. 19-22

11
परिवर्तन को पूर्णता तक

अंगरेज़ी शासन की समाप्ति, अर्थात् राजनीतिक सत्ता का वैसे लोगों को हस्तांतरण जिन पर ढाल के रूप में भरोसा नहीं किया जा सकता था, के बाद चर्च को यह बात समझ में आई कि पुराने तौर-तरीक़ों से अब काम चलने वाला नहीं है। इसलिए उन्होंने बदली परिस्थितियों के साथ अनेक समझौते किए। भारत में राजनीतिक प्रभुत्व के नुकसान के अतिरिक्त विदेशों में होने वाले परिवर्तनों से भी इस देश में चर्च को धक्का लगा।

खुद उनके घर यानी यूरोप और अमेरिका में बुद्धिवाद के उत्थान तथा विज्ञान की प्रगति के कारण रूढ़िवादी मत को तीव्र झटके लगे। विश्व के विकास एवं उसकी आयु के संबंध में नई जानकारी, डार्विन द्वारा प्रस्तुत मनुष्य के विकास एवं उसकी प्रक्रिया में लगने वाले समय के विवरण ने बाइबिल में जेनिसिस के विवरण के लिए कोई गुंजाइश नहीं रखी। अब यदि इसका एक अंग संदेह के घेरे में था, तो इसके ईश्वर की उद्भासित वाणी का दावा, 'शाब्दिक निर्भ्रांतता' का दावा कैसे कमज़ोर नहीं पड़ता?

बाइबिल की व्याख्याओं का भी यही हश्र हुआ। उसके विवरण इतने असंभाव्य एवं असंगत थे कि टॉमस पेन से लेकर हैंस कुंग और शिलेबीक्स तक के विद्वानों के अध्ययन-अन्वेषण के बाद कोई भी समझ-बूझ वाला व्यक्ति बाइबिल की निर्भ्रांतता का दावा नहीं कर सकता था। उस उदाहरण को याद करें जो मिशनरी क्रियाकलाप के केंद्र में है और जिसकी चर्चा हम पूर्व में कर चुके हैं; वे शब्द जो ईसामसीह के पुनरुत्थान के बाद कहे बताए जाते हैं, जिनके द्वारा उन्होंने सभी मुल्कों में अपना अनुयायी बनाने के लिए ईसाइयों को उत्प्रेरित किया था, जिन्हें मिशनरी कार्यों के लिए आदेशस्वरूप माना गया था, जिन्हें ईसाइयत के मूल तत्त्व के रूप में प्रचारित

किया गया था, उन्हें विद्वानों ने बाइबिल में बाद में जोड़े गए क्षेपक बतलाए। एक गॉस्पेल के आरंभिक अनुवाद में ये शब्द तो थे, किंतु बाद के अनुवादों की पाद-टिप्पणियों के अनुसार उनमें नहीं थे!

पोपों के तथा उनके वास्तविक आचरण के इतिहास ने इस विश्वास का आधार ही नष्ट कर दिया था कि वे पृथ्वी पर ईश्वर के प्रति निधि के रूप में पापातीत हैं। रोम का क्षीण होता हुआ अधिकार और औपनिवेशिक ईसाई हुकूमतों का सिकुड़ता दायरा इस विश्वास से होने वाले लाभ पर प्रश्न-चिह्न लगाने लगे।

इसलिए न तो मूलग्रंथ और न चर्च मिशनरी कार्यों के लिए किए जा रहे दावों को सहारा दे सकता था। ग़ैर-ईसाइयों में राष्ट्रीय भावना का उदय, सामान्य बुद्धि, और बुद्ध से लेकर गांधीजी तक भिन्न परंपराओं के उपदेशकों एवं मनीषियों ने इस विश्वास की जड़ें हिला दीं कि चर्च से बाहर मुक्ति नहीं मिल सकती और ये सारे लोग नरक के भागीदार हैं क्योंकि ये ईसा में विश्वास को चर्च के सामने क़बूल नहीं कर सके हैं।

इस अँधेरे अभेद्य दुर्ग में रोशनी की हल्की किरण का विवर इस प्रतिज्ञप्ति के द्वारा खोला गया कि बुद्ध जैसे संत और उत्तम कोटि के लोग ईसामसीह की करुणा से भूतलक्षी प्रभाव से मुक्ति पा गए थे, जैसे कि उनके बाद आने वाले ईसाइयों के पाप उनकी मुक्ति के द्वारा भविष्यलक्षी प्रभाव से नष्ट हो गए थे। अगले क़दम के तौर पर सहिष्णुता के घेरे को थोड़ा और विस्तार देते हुए माना गया कि दूसरे धर्मों में भी कुछ अच्छाइयाँ हैं। लेकिन, जैसाकि हमने मैक्समूलर तथा दूसरों के संबंध में देखा है, यह रियायत भी शीघ्र ही शब्दों के जाल में उलझकर रह गई।

दूसरे धर्मों में जो भी सार्थक था, आख़िर वह क्या था? वह जोकि ईसाइयत के सत्यों के अनुरूप था, अथवा वह जिसका गहन चिंतन-मनन उन सत्यों तक ले जाता था जिनकी सर्वोत्तम अभिव्यक्ति एवं अनुभूति ईसाइयत में हुई थी?

इस तरह, दूसरे धर्मों को गाहे-बगाहे ईसाइयत के सत्यों की झलक पालने वालों की हैसियत दी गई। इन्हें ये सत्य या तो संयोगवश उपलब्ध हुए हैं अथवा आंशिक दर्शन के द्वारा। दूसरे धर्मों में विश्वास अथवा ये धर्म स्वयं ईसाइयत तक ले जाने के सोपान हैं। कुछ इसी तरह की बात इस्लाम ने रसूलों के रसूल मोहम्मद के पूर्ववर्त्ती रसूलों के बारे में कही थी।

लेकिन, बुद्धिवाद, विज्ञान, बाइबिल की व्याख्याएँ, चर्च का आचरण—द्वितीय विश्वयुद्ध में वैटिकन से लेकर अमेरिकन सुसमाचारकों के शरारत भरे कारनामों तक—तथा ग़ैर-ईसाई परंपराओं द्वारा प्राप्त अंतर्सूझों का फैलता ज्ञान ऐसे कारक थे जिनका क्षयकारी प्रभाव चर्च तथा मिशनरी गतिविधियों पर पड़ना ही था। यही वजह

है कि अब वैटिकन द्वारा प्रत्येक धर्म में मुक्ति की संभावना को स्वीकार कर लिया गया है।

जैसाकि हम पूर्व में मिशनरियों के साथ प्रतीकात्मक वार्त्ताओं में देख चुके हैं, यह स्थिति ठीक वही है जिसकी वकालत गांधीजी कर रहे थे। इसलिए, एक अर्थ में परंपरागत हिंदू दृष्टिकोण और चर्च के दृष्टिकोण में निकटता आई है।

गांधी के निकट, चर्च से दूर?

लेकिन यही परिवर्तन चर्च के अनेक कार्यों को व्यर्थ सिद्ध कर देता है। सबसे पहला सवाल जो मानस-पटल पर उभरता है, यह है : यदि मुक्ति प्रत्येक धर्म में संभव है तो फिर धर्मांतरण क्यों?

इसलिए यह बदलाव भारत में चर्च के लिए सर्वाधिक अशांति का सबब बन गया है। यह पुणे समीक्षा के लिए तैयार किए गए सचिव के प्रतिवेदन तथा पृष्ठभूमिक आलेख दोनों से स्पष्ट होता है।

सचिव अपने प्रतिवेदन में 1971-91 की अवधि में धर्मांतरणों तथा बपतिस्मों की संख्या में लगातार कमी की चर्चा करते हुए कूटनीतिक भाषा का प्रयोग करते हुए कहते हैं : "यह घटना (एवमेव) वैटिकन II की उदार मिशनरी चेतना, ऑल इंडिया सेमिनार ऑन चर्च इन इंडिया (1969), नागपुर के मिशन सेमिनार (1971), पटना कंसल्टेशन (1973) और बाद के परिणामों से मेल खाती है"—ये ही वे क्रमिक चरण हैं, जिनसे चर्च ने अधिक उदार, गांधीवादी स्थिति ग्रहण कर ली।

प्रतिवेदन पूछता है, पूरे भारत में करिश्माई आंदोलन क्यों इतना महत्त्वपूर्ण एवं प्रभावी है? ऐसा क्यों है कि हज़ारों-हज़ार पुरोहित एवं जनसाधारण तथा दूसरे धर्मों के लोग करिश्माई साधनाओं एवं प्रार्थनाओं में बरबस खिंचे चले आते हैं? उत्तर उसी के शब्दों में : "इसका एक संभावित कारण तो यह है कि उत्तर-वैटिकन II काल के उदारवाद तथा बुद्धिवाद ने जनसमूह की धार्मिक आकांक्षाओं को संतुष्ट नहीं किया है। फिर यह भी है कि अनेक मिशनरी सघन सामाजिक कार्य करने के पश्चात् एक ख़ास क़िस्म की निरर्थकता एवं रिक्तता के अहसास से ग्रस्त हो जाते हैं। प्रत्याशित मुक्ति और सामाजिक कायापलट जैसी कोई चीज़ नहीं हो पाई है...।"

"प्रत्येक धर्म में मुक्ति के ईशशास्त्र होने के कारण मिशन का प्रबलतम पारंपरिक प्रयोजन—एक आत्मा की भी मुक्ति—कमज़ोर पड़ गया है।"

प्रतिवेदन के अनुसार मिशन के पुराने ईशशास्त्र तथा नए ईशशास्त्र के बीच ज़बरदस्त तनाव परिलक्षित होते हैं। यह बिशप तथा मिशनरियों में, पुराने पुजारियों

तथा नए पुजारियों में, रोम तथा स्थानीय चर्च में व्यक्तिगत संघर्षों का एक प्रधान कारण है।

प्रतिवेदन आगे कहता है : "मिशन ईशशास्त्र और मिशन के तरीक़ों के बीच गंभीर मतभेदों के कारण पनपे कुछ बिशपों और मिशनरियों के बीच दीर्घकालिक तनावों और संघर्षों के चलते 10 से 15 प्रतिशत पादरी एवं सिस्टर्स कुछ धर्म-प्रदेशों में अपनी पुरोहिताई तथा अपना धार्मिक जीवन छोड़ चुके हैं (निश्चय ही यह एकमात्र कारण नहीं रहा होगा)।"

पुणे का पृष्ठभूमिक आलेख नई स्थिति का अस्थिरकारी प्रभाव उतनी ही प्रखरता से उजागर करता है।

यह वैटिकन II की इस स्वीकृति को दुहराता है कि दूसरे धर्मों के द्वारा भी मुक्ति पाई जा सकती है। पहले जहाँ अन्य धर्मावलंबियों को यातना झेल रहे काफ़िर समझा जाता था, वहाँ अब कहा जाता है कि वे भी ऐसे लोग हैं "जिनमें पवित्र आत्मा ने चमत्कार ला दिया है।" पुराने तरीक़ों से चिपके लोगों के बारे में पहले माना जाता था कि ईश्वर ने उन्हें इसलिए संस्कारहीन बनाया है ताकि प्रत्येक ईसाई उन्हें ईसाइयत में लाने का अपना दायित्व पूरा कर सके। किंतु, अब यह कहा जाता है कि ईश्वर का तरीक़ा रहस्यमय है और हम इसके बारे में कुछ नहीं जानते, वह अपनी इच्छा अपने ढंग से पूरी करता है। आज हमारे सामने चुनौती सिर्फ यह नहीं है कि उन्हें धर्मांतरित कर मुक्ति दिलाई जाए; आज हमें यह भी समझना है कि पुराने धर्मों में उनकी आस्था बनी रहने के पीछे ईश्वर का क्या उद्देश्य है और उन्हीं आस्थाओं के द्वारा उन्हें समय-समय पर मुक्ति दिलानी है।

पुणे समीक्षा के लिए सी.बी.सी.आई. के कार्यदल द्वारा प्रस्तुत आलेख में इस बात की स्पष्ट झलक मिलती है कि वैटिकन II में जो कुछ स्वीकृत हुआ उसी के आलोक में भारतीय चर्च ने यह स्थिति अपनाई है। लेकिन यह स्वीकृति कितनी गंभीर है और इसने कितनी बेचैनी पैदा की है, इसका नज़ारा लगातार देखने को मिल रहा है।

इससे चर्च के सामने साँप-छछूंदर की स्थिति पैदा हो गई है। उक्त आलेख के अनुसार अब चर्च को 'दो बुनियादी सत्यों के बीच गहरे मतभेद' का सामना करना पड़ रहा है। रोम के निर्णय का कर्तव्य-भाव से हवाला देते हुए आलेख कहता है कि एक तरफ़ तो यह स्वीकृति है कि ईश्वर का प्यार सब को सुलभ है, "उसकी मुक्तिदायिनी कृपा के हक़दार सभी लोग हैं," तो दूसरी तरफ़ यह घोषित करना भी आवश्यक है कि "ईसामसीह ही वह मार्ग, सत्य तथा जीवन है जिसमें धार्मिक जीवन का चरमोत्कर्ष हुआ है और जिनमें ईश्वर ने अपने प्रति सारी आवश्यक बातों की

अनुशंसा की है।" इस एक ही स्रोत की दो परस्पर भिन्न बातों में तालमेल कैसे बैठाया जाए?

इसलिए, यह संभावना कि दूसरे लोग अपने धर्म के द्वारा मुक्ति पा सकते हैं, बड़े भारी मन से स्वीकार की जाती है। आलेख उच्चस्थ अधिकारियों द्वारा प्रयुक्त शब्दों को उद्धृत करते हुए कहता है : वे लोग भी स्थायी मुक्ति पा सकते हैं जो 'बिना किसी अपनी ग़लती के' ईसामसीह के गॉस्पेल तथा उसके चर्च को नहीं जानते, किंतु ईमानदारी से ईश्वर की चाहत रखते हैं, और उसकी कृपा से 'अपने अंतःकरण के आदेशों के द्वारा ज्ञात उसकी इच्छा' का अनुकरण करने का प्रयास करते हैं।

ऊपर से देखने पर इस कसौटी पर बुद्ध मुक्ति के हक़दार बनते दीख पड़ते हैं, क्योंकि वे ईसामसीह के कई सौ वर्ष पहले गुजर जाने के कारण बिना किसी अपनी ग़लती के उनके गॉस्पेल से अनभिज्ञ रह गए, किंतु थोड़ी गहराई से देखने पर यह बात खंडित हो जाती है, क्योंकि बुद्ध इस रियायत के दूसरे अंश पर खरे नहीं उतरते। उनके मतों के आधार पर यह नहीं माना जा सकता कि वे उन लोगों में शामिल हैं जो "ईमानदारी से ईश्वर की चाहत रखते हैं... ।" दूसरी तरफ़, गांधीजी इस रियायत के दूसरे हिस्से के लिए अर्हता रखते हैं क्योंकि वे निश्चय ही "ईमानदारी से ईश्वर की चाहत रखते हैं और उसकी कृपा से प्रेरित होकर अपने अंतःकरण के आदेशों द्वारा उसकी इच्छा को जानकर उसके अनुसार आचरण करने का प्रयास करते हैं।" लेकिन उनके बारे में हरगिज़ नहीं कहा जा सकता कि वे 'ईसामसीह के गॉस्पेल और उनके चर्च को' 'बिना किसी अपनी ग़लती के' नहीं जानते थे। पचास वर्षों के दरम्यान गॉस्पेल असंख्य बार गांधीजी के सामने रखा गया और उन्होंने अपनी ग़लती के कारण न तो उसे आत्मसात किया और न चर्च को!

इस तरह बुद्ध और गांधी दोनों मुक्ति से वंचित रह गए!

ध्यान देने की बात है जो कुछ बुद्ध और गांधी के लिए दुर्भाग्यपूर्ण है, अगर उसका सख़्ती से अनुसरण किया जाए तो चर्च बिल्कुल जड़ हो जाएगा। निश्चय ही, नए मत का व्यवहार में कठोरता से पालन नहीं किया जा रहा है, अन्यथा जिस उत्साह के साथ और जिन साधनों के द्वारा उत्तर-पूर्व में धर्मांतरण कराया जा रहा है उसकी व्याख्या करना असंभव हो जाएगा। लेकिन एक वैचारिक स्तर पर भी, एक संभावना मात्र की दृष्टि से भी यह मत कि मुक्ति चर्च से बाहर संभव है, चर्च को डाँवाडोल कर देने के लिए काफी है।

चूँकि अपने पुराने विश्वासों से चिपके रहने वाले दूसरे लोगों में भी पवित्र आत्मा चमत्कार करती है, क्योंकि कल तक उपहास के पात्र रहे इन पुराने विश्वासों में भी कुछ मूल्यवान चीजें हैं, इसलिए अब यह चर्च की ज़िम्मेदारी बनती है कि वह उन्हें

समझने और उनके साथ संवाद स्थापित करने की चेष्टा करे। पुणे समीक्षा स्वयं इस बात का साक्ष्य थी कि चर्च के कुछ हिस्से इस नए मत के अनुसार चलने की ईमानदार कोशिश करते हुए उन दूसरों के पास पहुँचने और उनसे वार्त्ता करने के प्रयास कर रहे हैं।

लेकिन ऐसा प्रतीत होता है कि चर्च इस संभावना को शहादत के भाव से देख रहा है। चिंता एवं आशंका से यह बुरी तरह ग्रस्त जान पड़ता है। सी.बी.सी. आई. का कार्यदल जब दूसरे धर्मों से संवाद की सिफ़ारिश करता है तो उसकी नज़र के सामने सलीब पर लटके ईसामसीह की तस्वीर होती है। इसके द्वारा प्रयुक्त शब्दों पर दया आती है।

> *संवाद :* ईसामसीह सूली पर पिता (ईश्वर) के प्रति शर्तहीन समर्पण में अपने को पूर्णतः रिक्त कर हमें संवाद के लिए साहस प्रदान करते हैं। अपने हृदय को उस घटना पर केंद्रित करने और साथ ही भिन्न-भिन्न आस्था वाले अपने बहनों एवं भाइयों की धार्मिक अनुभूतियों में विद्यमान ईश्वर की अपार एवं अवर्णनीय माया के प्रति हमें अपने दिमाग़ को खुला रखने से ईसाइयत का यही नज़रिया बनता है कि वह दूसरे की बातें ग़ौर से सुने और उसके साथ भागीदारी करे...।

इस बदलाव पर ग़ौर करें : पचास के दशक के मध्य तक हिंदू देवी-देवताओं का मज़ाक़ उड़ाया जा रहा था और चर्च की अपनी डाँवाडोल स्थिति को देखें : अन्य धर्मों से संवाद करने में उसे लगता है कि ईसा के क्रूसारोपण की स्थिति में पहुँच गया है, अथवा कम-से-कम उसे ऐसा मानना चाहिए और विश्वास करना चाहिए कि ईश्वर की अपार माया का भी एक उद्देश्य होता है। इन आशंकाओं के मद्देनज़र सी.बी.सी.आई. के कार्यदल द्वारा बतलाए जा रहे एकता विषयक मत के परिणामों पर शायद ही किसी को आश्चर्य हो।

वैटिकन II द्वारा प्रेरित चर्च के नए खुलेपन के बारे में कार्यदल कहता है कि "आरंभ में बड़े उत्साह एवं आशाभरी उत्सुकता के साथ इसका स्वागत किया गया। नई घोषणाओं ने एक नए चिंतन, नए अभिक्रमों को जन्म दिया। मिशनरी कार्यों का 'प्रासंगिकीकरण' किया गया, स्थानीय तरीक़े अपनाए गए और आम जनता के संघर्षों में चर्च की भागीदारी बढ़ी। लेकिन इससे कुछ उलझनें भी पैदा हुईं। नए और पुराने के बीच एक ध्रुवीकरण की-सी स्थिति बन गई। कुछ तो अतीत की इस धारणा से जुड़े रहे कि मुक्ति चर्च के द्वारा ही संभव है। ऐसे लोग इस धारणा के अनुरूप बनाई गई रणनीतियों के पक्षधर बने रहे। उनका कहना था कि नए मत को अपना

लेने से धर्मांतरितों की संख्या में कमी आ गई है। ऐसे लोगों की विषय-सूची में सुसमाचार-प्रचार के लिए प्रभावी संस्थाओं की मौजूदगी अभी भी प्रमुख स्थान रखती है। नई राह पर जाने वाले मिशनरियों के बारे में उनका कहना है कि उन्होंने चर्च के वास्तविक मिशन का परित्याग कर ईसामसीह और चर्च के अनूठेपन के संबंध में समझौतापरक दृष्टि अपना ली है। कुछ लोग इस नज़रिए को रूढ़िवादी और आक्रामक मानते हैं। दूसरी ओर यह भी सच है कि ढेर-सारे मिशनरियों ने भावशून्यता एवं उदासीनता की हालत में मिशन की अनिवार्यता का भाव ही खो दिया है जिसका एक आंशिक कारण असुरक्षा की वर्तमान अनिश्चयात्मक स्थिति है।

आलेख आगे कहता है : "निष्कर्ष के रूप में हम कह सकते हैं कि उत्साह की कमी का एकमात्र कारण यह दुविधाजनक ईशशास्त्र नहीं है। दोषपूर्ण नियोजन तथा त्रुटिपूर्ण प्रशिक्षण इस स्थिति के लिए ज़्यादा ज़िम्मेदार हैं। इसी के फलस्वरूप कुछ पुरोहितों में आस्था एवं प्रतिबद्धता की भारी कमी पाई जाती है। ये पुरोहित अपनी उच्चतर सामाजिक हैसियत के कारण उपभोक्ता-संस्कृति की सुख-सुविधाओं का लोभ संवरण नहीं कर पाते। अनेक पुरोहित संपन्न देशों में जाना अथवा अच्छा-ख़ासा बैंक-बैलेंस बनाना चाहते हैं। ईशशास्त्रीय समस्याओं की अपेक्षा ईसामसीह के प्रति सच्चे प्रेम की कमी मिशनरी चेतना के लिए ज़्यादा नुकसानदेह है।

लेकिन ये लेखांश तथा अगले ही कॉलम में प्रयोग किए गए शब्द यह संकेत देते हैं कि भारत में चर्च इन बदलावों को किस दृष्टि से देखता है। इसके अनुसार, "हमारी इस दुविधाजनक ईशशास्त्रीय, आध्यात्मिक तथा पुरोहिताई स्थिति ने भारत में चर्च के भविष्य के लिए नई राहों की जारी तलाश के कार्य को दुष्प्रभावित किया है। नई राहों की तलाश में हम ईसाई आस्था एवं जीवन के बुनियादी मुद्दों से रू-ब-रू हैं। वैटिकन II चर्च का अन्य धर्मों के साथ संबंध की दृष्टि से एक निर्णायक मोड़ है। वैटिकन की समझदारी दो केंद्रीय बिंदुओं के गिर्द विकसित हुई है—सुसमाचार प्रचार की आवश्यकता तथा अन्य धर्मों के प्रति बढ़ती क़दरदानी। लेकिन, इन दो केंद्रीय बिंदुओं के अंतःसंबंध अभी भी एक निश्चित रूप लेने की प्रक्रिया में हैं।

पुनश्च; "दूसरे धर्मों के प्रति निषेधात्मक दृष्टिकोण रखने के बजाय चर्च अब मानता है कि ईश्वर की मुक्तिदायिनी कृपा के हक़दार सारे लोग हैं (एन.ए. 1), तथा सारे धर्म ईश्वर के भक्तों के हित के लिए हैं (एलजी 16-21)। इसलिए कैथोलिक चर्च अन्य धर्मों की सच्ची एवं पवित्र बातों का खंडन नहीं करता (एन.ए. 2)। इसके बावजूद, सुसमाचार प्रचार तथा दूसरे धर्मों के प्रति आदर-भाव के बीच के संबंध के निहितार्थों को बिना स्पष्ट किए ईसामसीह के नाम पर चर्च के मिशनरी आदेश की शाश्वत वैधता को प्रखरता के साथ दुहराते जाने का काम जारी है।"

फिर भी, "बाद में जाकर सुसमाचार प्रचार और संवाद के निहितार्थों का तो विस्तार से वर्णन हुआ है, लेकिन दोनों के पारस्परिक संबंध के निर्णायक मुद्दे की कोई चर्चा नहीं हुई है।" आलेख आधिकारिक निर्णयों का हवाला देता है : "इस ख़याल से अनेक जटिल प्रश्न पैदा होते हैं जिन पर सावधानी से विचार करने की ज़रूरत है। ईशशास्त्रियों को अभी भी इन महत्त्वपूर्ण प्रश्नों का अध्ययन ईसाई परंपराओं तथा मैजिस्टेरियम के आलोक में करना है ताकि नए मार्ग खुल सकें।" स्थितिभ्रम एवं अधैर्य का कितना खुला संकेत है!

यह एक दुविधा है, बल्कि यह कहना बेहतर होगा कि कई दुविधाओं का जनक है। इस स्वीकृति की कि मुक्ति प्रत्येक धर्म में संभव है, उस दावे के साथ किस प्रकार संगति बैठाई जाए कि ईसाइयत एकमात्र धर्म है जो आत्माओं को मुक्ति प्रदान करती है? और इसी दावे पर तो मिशनरियों के क्रियाकलाप पूरी तरह निर्भर करते हैं।

दुविधाएँ और भी हैं

चर्च के 'प्रासंगिकीकरण' तथा 'स्थानीकरण' से कई अन्य दुविधाएँ पैदा हुई हैं। कहने की आवश्यकता नहीं कि इतने विविधतापूर्ण विश्व में, स्वयं भारत जैसे विविधता से भरे देश में, जहाँ अनेक धार्मिक विश्वास पलते हैं, एकल कार्यक्रम वाला कोई एक ही प्रकार का चर्च सबों को अपील नहीं कर सकता। इसलिए, कहा जा सकता है कि देशी होने का प्रयास जारी है; धार्मिक अनुष्ठानों का भी देशीकरण किया जा रहा है। सी.बी.सी.आई. पुनरीक्षण के जिस सत्र में मैं व्याख्यान देने के लिए आमंत्रित किया गया था उसका आरंभ एक भजनगान से हुआ जिसमें सारे बिशप भी शरीक हुए। इसके बाद वृहदारण्य उपनिषद् से उद्‌धृत अंश का पाठ और तब एक बार फिर भजन का समूहगान हुआ। स्थानीय लोगों में से ही पुरोहित-वर्ग का नियोजन तथा उनके उच्च पदों पर प्रोन्नति का प्रावधान किया गया। उदाहरणार्थ, अभी तीन कार्डिनल्स, 17 आर्चबिशप, 107 बिशप, 10 सहायक बिशप—सारे-के-सारे भारतीय हैं। अंतिम ग़ैर-भारतीय बिशप पाँच वर्ष पूर्व ही सेवानिवृत्त हो गए थे। ये सारे पुरोहितगण स्थानीय मुद्दों के पैरोकार हैं। सचिव के प्रतिवेदन के अनुसार, "भारत में मिशनरी जिन सामाजिक प्रवृत्तियों में सहयोग कर रहे हैं उनमें कुछ मुख्य हैं : (क) दलित मुक्ति आंदोलन, (ख) जनजातीय मुक्ति आंदोलन, (ग) नारी मुक्तिआंदोलन, और (घ) पर्यावरण सुरक्षा।"

यहाँ तीन बिंदु विचारणीय हैं : प्रथम, चर्च का यह भारतीयकरण उसके बिल्कुल

विपरीत है जो शाहवलीउल्लाह से लेकर मौलाना मौदूदी तक प्रत्येक इस्लामी नेता और ताबलीग आंदोलन से लेकर आज के कट्टरपंथी तक सिखला और कर रहे हैं। इनमें से प्रत्येक ने मुसलमानों को शेष भारत से अलग करना, सारे समन्वयवादी आचरणों को निरस्त करना और पोशाक से लेकर धार्मिक अनुष्ठानों तक में अपने जैसा बनाना चाहा है।

द्वितीय, अधिक संभावना इस बात की है कि समय बीतने के साथ इस प्रकार का भारतीयकरण चर्च को भारत तथा भारतवासियों की आकांक्षाओं के अनुरूप ढालता जाएगा।

और तीसरा बिंदु यह है कि चर्च इस विषय में अभी भी संक्रमण के दौर में है। अभी तो इस प्रासंगिकीकरण तथा स्थानीकरण ने कई अस्थिरकारी प्रभाव छोड़े हैं, कई दुविधाएँ पैदा की हैं।

ग़ैर-धार्मिक संलिप्तता

चर्च के द्वारा कभी पर्यावरण तो कभी नारी-मुक्ति पर बल देने से ऐसा लगता है कि वह मुद्दों की तलाश में है। यहाँ एक बार फिर कम्युनिस्टों की याद आती है। अपनी बरगदी छायावाली विचारधारा के विफल हो जाने पर ये मुद्दों की तलाश कर रहे हैं और न मिलने पर उनका ईज़ाद कर रहे हैं, ऐसे मुद्दे जो संगठन को ज़िंदा रख सकें और उन्हें शोषित वर्ग के हिमायती सिद्ध कर सकें।

पुराने पास्तरीय कार्य जैसे कि स्कूलों और अस्पतालों के प्रबंधन में चर्च का इतना वक़्त और स्रोत लग गया है कि वह खुद स्वीकार करता है कि उसका मुख्य मिशनरी कार्य उपेक्षित हो गया है। 'प्रासंगिकीकरण' के इस नए तरीक़े से, जनता के संघर्ष में इस निमग्नता से समस्या जटिलतर हो गई है।

सी.बी.सी.आई. के कार्यदल के अनुसार पहली बात तो यह है कि सामाजिक परिवर्तन से ऐसी प्रतिबद्धता संघर्ष को आमंत्रण देती है और इसकी अभिव्यक्ति कभी-कभी हिंसा में होती है। इससे उत्पन्न बहुपक्षी तनावों के स्पष्ट संकेत आलेख में मिलते हैं :

> यह संघर्ष स्वयं ईसाई समुदाय के भीतर हो सकता है, जैसाकि दक्षिण में दलित ईसाई आंदोलनों के मामले में हुआ है, अथवा यह दमनकारी ताक़तों के, चाहे वे जिस धर्म के हों, के विरुद्ध हो सकता है। इसकी परिणति ईसाई समुदाय के भीतर और बाहर विभाजन और ध्रुवीकरण में होती है। धर्म से भिन्न बंधन

स्थापित होते हैं और अन्य समूहों के साथ एकजुटता को बल मिलता है। इससे आम साक्ष्य तथा एकताबद्ध कार्रवाई के मार्ग में ख़तरा पैदा होने की धारणा बनती है। साम्राज्य तथा इसके मूल्यों के प्रति प्रतिबद्धता पर आधारित एकता से ऐसे नए पंक्ति बंधन बनते हैं जिनका सामना करने में भारत का वर्तमान चर्च-तंत्र सक्षम नहीं है।

दूसरी बात यह है कि जब चर्च एक बार इस मार्ग पर चल पड़ता है तो इसके हर मोड़ पर उसे एक प्रश्न का सामना करना पड़ता है : 'जाना कहाँ तक है?' आलेख पूछता है कि क्या इसे अन्याय के विशेष मामलों के विरुद्ध लड़ना चाहिए, अथवा ग़रीबी कम करने या सामाजिक-राजनीतिक व्यवस्था से बने ज़ख़्मों का इलाज करना चाहिए, अथवा फिर चर्च का मिशन "इससे ज्यादा मौलिक है और उसे इस ग़रीबी और अन्याय को जन्म देने वाली संरचनाओं और प्रक्रियाओं को उखाड़ फेंकने का प्रयास करना चाहिए?" इस प्रश्न का कोई उत्तर नहीं मिलता। इसके विपरीत स्पष्ट रूप से दिखलाई पड़ता है कि परिवर्तन से चर्च के भीतर ध्वनि-वैषम्य और तनाव की स्थिति पैदा हो गई है। 'ग़ैर-धार्मिक हक़ीकतों के प्रति चर्च के खुलापन' के परिणामों को सारांशबद्ध करते हुए सी.बी.सी.आई. का आलेख कहता है :

- वैटिकन II में चर्च के मिशन के क्षेत्र में ग़ैर-धार्मिक हक़ीकतों के समावेश से जनहित के लिए सामाजिक एवं विकासात्मक क्रियाकलाप में व्यापक शिरक़त हुई है।
- कुछ क्षेत्र सामाजिक दायित्वों के आह्वान का प्रत्युत्तर देने में शिथिल हैं, क्योंकि इससे जुड़े ख़तरों के प्रति उनके मन में भय है।
- इसके विपरीत, कुछ क्षेत्र ऐसे हैं जो सामाजिक दायित्वों को निभाना ही चर्च के मिशन का प्रधान लक्ष्य मानते हैं और ऐसा कर वे ईसाइयत के मौलिक आध्यात्मिक संदेश की अवहेलना करते हैं।

स्थानीकरण

इस 'प्रासंगिकीकरण', देशी बनाने के प्रयास के साथ एक समस्या भी जुड़ी हुई है। 150 वर्षों तक चर्च ब्रिटिश साम्राज्यवाद के हितों को साधने में तो लगा ही रहा, अपने भारतीय अनुयायियों को भारतीय राष्ट्रवाद से विमुख करने का प्रयत्न भी करता रहा। इसके सारे प्रकाशनों में भारतीय राष्ट्रवाद को 'हिंदू राष्ट्रवाद' की संज्ञा दी जाती रही। हिंदू धर्म ग्रंथों के सर्वमुक्तिवाद, जिस पर गांधीजी तथा अन्य लोग लगातार

बल देते रहे, का वे उपहास करते रहे। ईश्वर एक है, सारे पंथ उसी की ओर ले जाते हैं जैसे आर्षवाक्यों को 'गैर-ईसाइयों की अव्यावहारिक संभावनाएँ' कहकर खारिज़ करते रहे। यह कठिनाई आज भी बदस्तूर है। किसी मिशनरी के लिए विहित कोई अनुलंघ्य कर्तव्य चर्च के संदर्भ में है, न कि उस स्थान या देश के संदर्भ में जहाँ कोई विशेष गिरजाघर अवस्थित है। इसलिए अपनी विचारधारा की दृष्टि से ही चर्च के लिए यह संभव नहीं है–जैसाकि किसी इस्लामी उपदेशक के लिए संभव नहीं है या किसी कम्युनिस्ट के लिए संभव नहीं था–कि वह अपनी 'सर्वजनीन' विशेषता का परित्याग कर दे।

वित्तीय, सैद्धांतिक, अथवा यदि आप चाहें तो इसे 'आध्यात्मिक' भी कह ले सकते हैं, तथा सांगठनिक दृष्टि से भी, भारतीय कार्मिकों को उच्चतर पद पर प्रोन्नत करने के बावजूद, यहाँ का चर्च रोम के चर्च अथवा दूसरी जगहों के चर्च से ही जुड़ा रहा है। जैसाकि हम देख चुके हैं, द्वितीय वैटिकन परिषद् ने भारत में चर्च को उलट कर रख दिया है। लेकिन परिषद् के सूत्र-निर्माणों और निर्णयों में भारतीय चर्च की कोई भूमिका नहीं रही। परिषद् पूरी तरह एक यूरोपीय मामला बना रहा, संयुक्त राज्य अमेरिका तथा लैटिन अमेरिका ने भले ही इसमें थोड़ा-बहुत योगदान किया है। इंडियन चर्च की निर्भरता की चर्चा सचिव के प्रतिवेदन में भी हुई है। पुणे समीक्षा में उनका बयान देखें : "उत्तर-वैटिकन काल के स्थानीय चर्च के नया ईशशास्त्र ने बिशप को अंतिम अधिकारी मान लिया है–वह उद्घोषणा के लिए पूरी तरह उत्तरदायी है। अगर वह अपने कार्य के प्रति गंभीर नहीं है तो भारत में सामान्य दृष्टि और समन्वयकारी अधिकार वाला ऐसा कोई दूसरा व्यक्ति नहीं जो उद्घोषणा को निर्देशित कर सके। प्रोपेगैंडा फिडे की पारंपरिक भूमिका का स्थान भारत में कोई नहीं ले सकता। हम विखंडन की स्थिति में हैं। सी.बी.सी.आई. के कमीशन फ़ॉर प्रोक्लेमेशन को कोई वैधानिक आधार प्राप्त नहीं है। अखिल भारतीय स्तर पर उद्घोषणा के कार्य में समन्वय कौन स्थापित करेगा?

सी.बी.सी.आई. के कार्यदल द्वारा पुणे में समीक्षा हेतु तैयार किया गया आलेख, जो ज्यों-का-त्यों परिशिष्ट II में दिया गया है, कई उदाहरण प्रस्तुत करता है। यह अपने कथन की पुष्टि में इस दस्तावेज़ अथवा रोम द्वारा प्रकाशित दस्तावेज़ से एक-दो वाक्यों का ठीक उसी तरह उद्धरण देने की बाध्यता महसूस करता है जैसाकि कम्युनिस्ट पार्टियाँ अपनी बातों के समर्थन में मास्को और पेकिंग से प्रकाशित ग्रंथों से कुछ वाक्यों का उद्धरण देने की बाध्यता महसूस करती थीं।

जो भी हो, ज़मीनी हक़ीकत कुछ ऐसी थी कि भारत में चर्च के इतिहास के बावजूद, ईसाइयत की सैद्धांतिक तथा आध्यात्मिक अवस्थिति के बावजूद, चर्च के

साथ सतत सांक्रांतिक संबंधों एवं निर्भरता के बावजूद, 'प्रासंगिकीकरण', 'स्थानीकरण' यानी देशी एवं राष्ट्रीय भंगिमा ग्रहण करना चर्च के लिए अनिवार्य हो गया।

लेकिन चर्च क्षेत्रीयता में जितना ही लीन होते जाता है, उतना ही इसका उसमें विलीन होने का ख़तरा बढ़ता जाता है। यह आशंका सचिव के प्रतिवेदन में भी झलकती है। उसके अनुसार, "कार्डिनल जोसेफ़ टॉमको ने रोम में 4-5 अप्रिल, 1991 को कार्डिनलों को संबोधित करते हुए भारत को नए विधर्मों का अभिकेंद्र बन जाने का दोषी ठहराया। भारत में उदीयमान मिशन ईशशास्त्र वहाँ के पुरोहित-वर्ग के कुछ सदस्यों द्वारा भारी संदेह की नज़र से देखा जाता है।" आंचलिकता का भाव बढ़ रहा है। उदाहरण के तौर पर दलित आंदोलन, जनजातीय आंदोलन, धार्मिक कृत्यों में मतभेद इत्यादि लिए जा सकते हैं। प्रतिवेदन आंदोलनों में से कुछ ऐसे नाम गिनाता है जिन्हें इसने पूर्व में 'मिशनरियों द्वारा समर्थित' आंदोलन के रूप में सूचीबद्ध किया था। इसके बाद आलेख दुविधा की ओर संकेत करता है : "मिशन की उदारता एवं विश्वजनीनता एक ख़तरा है।" संभवतः सचिव का अभिप्राय यह था कि चर्च जितना ही अपने को इन आंदोलनों के साथ जोड़ता है, उसी अनुपात में मिशन की उदारता तथा सर्वजनीनता ख़तरे में पड़ती है। दोनों ही स्थितियाँ संकटपूर्ण हैं.

ये दुविधाएँ सी.बी.सी.आई. के कार्यदल द्वारा तैयार पुणे समीक्षा के आलेख में भी बड़ी स्पष्टता से झलकती हैं : "सही मायने में एक स्थानीय चर्च का निर्माण हमारे मिशन की कार्य-सूची में एक अत्यावश्यक एवं प्राथमिक कार्य हो गया है। भारत में चर्च को मौत का आलिंगन कर लेना है ताकि वह आम लोगों के जीवन में अवतरित हो सके, सबों के साथ भाईचारा स्थापित कर सके, अपने विदेशीपन तथा अलगाव का केंचुल उतार सके और 'पार्थक्य के द्वारा पहचान' वाली अपनी पुरानी पहचान को त्यागकर जनसाधारण से एकाकार हो सके...।" चर्च को ईसामसीह के उदाहरण का अनुसरण करना होगा। जिस तरह ईसामसीह ट्रिनिटी (पिता, पुत्र और पवित्र आत्मा) में अवतरित हुए थे, उसी तरह चर्च को भारत के आंचलिक समुदाय में अवतरित होना पड़ेगा। मिशन के मार्गों की तलाश में आंचलिक अनुकूलता को स्वैच्छिक प्रयास के रूप में नहीं, उसके सार तत्त्व के रूप में देखा जाना चाहिए। हम अपने विदेशीपन के विरुद्ध प्रश्न उठाने का कार्य ईसाइयत के विरोधियों पर न छोड़ दें, मिशनरी चर्च को अपने बारे में खुद यह प्रश्न उठाना चाहिए।

ऊपर में प्रयुक्त किए गए शब्द 'आंचलिक पहचान कायम करना', 'भारत में चर्च को मौत का आलिंगन कर लेना', 'एक अत्यावश्यक एवं प्राथमिक कार्य' से ज़ाहिर चर्च की अतिशय बाध्यता ग़ौरतलब है। लेकिन आलेख यह भी कहता है कि चर्च के पुराने और नए मत के बीच सम्यक् संतुलन कैसे स्थापित किया जाए,

यह स्पष्ट नहीं है, और इसीलिए यह एक विवादास्पद मुद्दा बन गया है। आलेख में पूछा गया यह प्रश्न इस कठिनाई को उजागर करता है : "क्या हम आंचलिक अनुकूलन के बग़ैर सुसमाचार प्रचार का कार्य कर सकते हैं?" फिर चर्च के भीतर चल रहे विवादों की एक झलक देते हुए यह चर्च से इस बात का मूल्यांकन करने का अनुरोध करता है कि "क्या आंचलिक अनुकूलन एक रणनीति है अथवा यह चर्च के सुसमाचार प्रचार का एक आवश्यक हिस्सा है?"

लेकिन, स्थानीकरण, आंचलिक अनुकूलन निश्चय ही सुसमाचार प्रचार की विधि है, आख़िर चर्च को स्थानीय सांस्कृतिक मंडली नहीं बन जाना है। मगर इतना मान लेने पर भी यह निश्चित नहीं हो पाता कि व्यवहार में क्या और कितना कुछ किया जाना है और आलेख अंततः कवितापाठ बनकर रह जाता है।

आलेख चर्च में उठे विवाद की ओर इंगित करते हुए पूछता है : सुसमाचार प्रचार और आंचलिक अनुकूलन में किसे प्राथमिकता दी जाए, और अंततः इसी निष्कर्ष पर आता है कि दोनों को साथ-साथ चलना चाहिए।

प्रश्न है, चर्च को किस सीमा तक ईसापूर्व काफ़िरों के तरीक़ों को अपनाना चाहिए? इस पर भारी विवाद है और इसका सीधा संबंध मिशनरियों और हिंदू धर्म के मुख्य दावों से है। आज चर्च के अनेक ऐसे आचरण हैं जिनके लिए अपने भारत में आगमन के समय से ही वह हिंदू धर्म को कोसता रहा है। इसलिए यह प्रश्न गंभीर भी है, महत्त्वपूर्ण भी। लेकिन चर्च के सामने जो दुविधाजनक स्थिति है, उसमें इसका उत्तर आसान नहीं है। वह कहता है : "लोगों के बीच जो कुछ सही अर्थ में मानवीय है, चर्च को उसे स्वीकार करना चाहिए, यहाँ तक कि अपने दुर्गुणों एवं कमज़ोरियों को भी इसलिए मान लेना चाहिए ताकि उन्हें दूर किया जा सके, क्योंकि नीति कहती है कि जब तक किसी चीज़ को मानेंगे नहीं तब तक उसमें सुधार कैसे करेंगे?" लेकिन इससे व्यावहारिक कठिनाइयाँ समाप्त नहीं हो जातीं, क्योंकि तब पूछा जा सकता है कि क्या मूर्त्ति-पूजा, तंत्र अथवा जादू-टोने में विश्वास 'सही अर्थ में जो कुछ मानवीय है' उसका एक हिस्सा है? आलेख के बाद के वाक्य तो और भी उलझन पैदा करने वाले हैं : "यह बिलकुल साफ़ है कि चर्च का आंचलिक अनुकूलन का अर्थ यह नहीं है कि किसी प्रभावशाली संस्कृति के पुराकालीन रीति-रिवाजों को ग्रहण कर लिया जाए।" किंतु इस कथन से मात्र इतना ही स्पष्ट होता है कि इसका इशारा हिंदू धर्म की ओर है। इससे यह कतई स्पष्ट नहीं होता कि चर्च की नज़र में इसमें पुराकालीन क्या है। क्या विष्णु की प्रतिमा पुराकालीन है, किंतु मरियम की नहीं? क्या माला जपना पुराकालीन है, किंतु क्रूस को पकड़ना नहीं? क्या हिंदू जाति-व्यवस्था पुराकालीन है, किंतु चर्च की यह माँग कि आरक्षण की सुविधा ईसाई

अनुसूचित जातियों को भी उपलब्ध कराई जाए पुराकालीन नहीं है? आलेख का निष्कर्ष है : "इसके विपरीत हमारे समाज के हाशिए पर के समुदायों के 'छोटे-मोटे रिवाजों' के मामले में चर्च के आंचलिक अनुकूलन की आवश्यकता अधिक है।" पुनः, आलेख का वास्तविक मकसद क्या है, यह भी साफ़ है। 'छोटी-मोटी परंपराओं' के मामले में 'आंचलिक अनुकूलन' यानी कि जनजातियों के बीच जनजातियों जैसी, हरिजनों के बीच हरिजनों जैसी परंपराओं का अनुसरण करना और 'प्रभावशाली संस्कृति' (यहाँ पर हिंदू धर्म के अर्थ में) को "कमज़ोर करना, उसे घेर लेना और उसे तहस-नहस कर डालना"—यही तो चर्च सैकड़ों साल से कर रहा है। आलेख भी अपने निष्कर्ष में यही मकसद ज़ाहिर करता है। फिर भी, यह स्पष्ट नहीं हो पाता कि किस सीमा तक 'हाशिए पर के समुदायों' के रीति-रिवाजों, 'छोटी-मोटी परंपराओं' को चर्च अपनाए? 'जड़ात्मवाद' को ही वह किस हद तक ग्रहण करे? यदि यह ऊपरी तौर पर इसे अपनाता है तो क्या यह एक वाक्छल नहीं होगा? खुद आलेख के शब्दों में इसे महज़ एक 'रणनीति' नहीं माना जाएगा? इसके विपरीत यदि चर्च सही मायने में जड़वाद को अपना लेता है, तो फिर इसका अपना क्या शेष रह जाएगा?

यह दुविधा अनसुलझी रह जाती है : यदि चर्च महज़ दिखावे के लिए सांस्कृतिक अभिव्यक्तियों के पुराकालीन रूपों को ग्रहण करता है तो यह मात्र उसकी एक युक्ति, एक चाल है, और यदि वह इसे हृदयंगम कर लेता है तो अपने मिशन के दावे को ही तिलांजलि दे देता है!

परिवर्तन को पूर्णता की ओर

इस तरह चर्च में हम निम्नलिखित तीन बदलाव पाते हैं :

- मिथ्यापवाद से समानुभूति की अभिव्यक्ति
- सत्य के एकाधिकार से सभी धर्मों के प्रति समभाव
- एकरूपता से 'प्रासंगिकीकरण'।

इनमें से प्रत्येक का परिणाम अशांतकर है; प्रत्येक ऐसी दुविधाएँ पैदा करता है जिन्हें सुलझाना अभी भी बाकी है।

आखिर हम कब जानेंगे कि ये दुविधाएँ सुलझा ली गई हैं? हम कब जानेंगे कि चर्च ने ईसाइयत की सर्वश्रेष्ठता के बदले सर्वधर्म समभाव का रुख अपना लिया है? इसकी जाँच पाँच चीज़ों से होगी।

प्रथमतः, हम चर्च में सही बदलाव को तभी जानेंगे जबकि यह भारत तथा हिंदू धर्म के ख़िलाफ़ किए गए मिथ्यापवादों का विवरण प्रस्तुत कर उसे प्रसारित

करता है। इस विवरण से मेरा तात्पर्य यह नहीं है कि वह 'सॉरी' कहकर छुट्टी पा ले। विवरण प्रस्तुत करने से मेरा तात्पर्य यह है कि मिथ्यापवादों को सूचीबद्ध करे, उन मिथ्यापवादों के आधार सूचीबद्ध करे और चर्च यह घोषित करे कि आज जो कुछ ज्ञात है उसके आलोक में उन मिथ्यापवादों के आधार उचित थे या नहीं और तब उन मिथ्यापवादों के प्रेरक प्रयोजनों को प्रकाश में लाया जाएगा।

द्वितीयतः, यह देखना होगा कि चर्च किस सीमा तक भारत में ईसाइयों तथा अपने निशाने के दूसरे समुदायों को अपने दो केन्द्रीय बिंदुओं—बाइबिल ईश्वर की उद्भासित वाणी होने के कारण पूर्णतः निर्भ्रांत है, तथा चर्च, विशेषकर पोप, पापातीत हैं—पर विद्वत्तापूर्ण रचनाओं के परिणाम से अवगत कराता है। विद्वत्तापूर्ण रचनाओं ने इन दावों में कीलें ठोंक दी हैं। इनके परिणाम पहले ही धर्मांतरित किए गए लोगों के विश्वास के मूल आधार हैं। फिर, वे ऐसी चीजें हैं जिन्हें उस व्यक्ति को जानना चाहिए जो इस उधेड़-बुन में है कि वह ईसाइयत ग्रहण करे अथवा नहीं। चर्च जिस सीमा तक ऐसी जानकारी देगा उसी सीमा तक उसके नए खुलापन और बदलाव के प्रति ईमानदारी के दावे को स्वीकार किया जाएगा।

तृतीयतः, विभिन्न विज्ञानों की प्रगति ने सृष्टि, विकास, मनुष्य तथा अन्य जीवों के बीच भेद, मन तथा पदार्थ के बीच भेद के संबंध में हमें यह जानकारी प्रदान की है कि क्या मानने लायक है और क्या नहीं। इसलिए भारत में चर्च को अपने समुदायों तथा निशाने पर के समूहों को यह बतलाना होगा कि वैज्ञानिक खोजों ने उसकी बुनियादी मान्यताओं पर क्या असर डाले हैं।

चतुर्थतः, चर्च आज दूसरे धर्मों से संवाद और खुलापन को लेकर जो चिंताएँ ज़ाहिर कर रहा है उनसे उसे मुक्ति पानी होगी। यह तभी होगा जबकि वह सच्चे मन में स्वीकार करेगा कि सत्ता अनेक-स्तरीय है और उसे जानने और मुक्ति पाने के अनेक मार्ग हैं और प्रत्येक व्यक्ति का यह पूर्णतः निजी मामला है कि वह अपने लिए अपनी सुविधा और अपने संस्कार के मुताबिक अपना मार्ग तय करे। इसके लिए "जो बिना किसी अपनी ग़लती के ईसामसीह के गॉस्पेल तथा उनके चर्च को नहीं जानता" जैसी लफ़्फ़ाज़ी को त्यागना होगा।

और अंत में, धर्मांतरण की बात तो रह ही जाती है। अब चर्च की इस घोषणा के आलोक में कि मुक्ति प्रत्येक धर्म में संभव है, लोगों को ईसाइयत में धर्मांतरित करने का क्या आधार रह जाता है—ख़ासकर ऐसे साधनों के द्वारा जिनका प्रयोग हम आज तक उत्तर-पूर्व में देखते हैं? अब तो चर्च को मुक्ति प्रदान करने का पारंपरिक उत्साह अपनी नई स्वीकृति के आलोक में प्रदर्शित करना है।

12

'लेकिन क्या हमें अधिकार नहीं?'

"लेकिन क्या हमें अपनी आस्था के प्रचार का, गॉस्पेल की शिक्षा देने का अधिकार नहीं है? आप इतने बड़े समाचार-पत्र के संपादक हैं। विभिन्न मुद्दों पर आप अपना मत प्रकट करते हैं। क्या हमें भी वह अधिकार नहीं है?"

यह प्रश्न सी.बी.सी.आई. के कमीशन फ़ॉर प्रोक्लेमेशन एंड कम्युनिकेशन के चेयरमैन इंदौर के बिशप जॉर्ज अनाथिल ने पूछा था।

असलियत यह है कि मैं उतने बड़े समाचार-पत्र का संपादक नहीं, बल्कि दो बार का बरख़ास्त संपादक हूँ और मैं प्रत्येक बिशप को अपना मत व्यक्त करने के अधिकार का प्रबल हिमायती हूँ बशर्ते कि वह भी बरख़ास्त किए जाने पर नाक-भौं नहीं सिकोड़ेगा।

जो भी हो, ऐसा सुझाव कोई भी नहीं दे रहा है कि मिशनरियों को अपने सत्य का प्रसार करने का हक़ नहीं है। मैं तो धर्मान्तरण की बात कर रहा था। सिर्फ़ इतना कह रहा था कि चर्च की आज की स्वीकृति से धर्मांतरण मेल नहीं खाता। आज चर्च की स्वीकृति है कि प्रत्येक धर्म में मुक्ति की संभावना है। मेरे कहने का आशय यह भी था कि धर्मांतरण के विरुद्ध जो आक्रोश भड़क रहा है, उस पर ध्यान देने की ज़रूरत है और राज्य तथा न्यायालयों को यह अधिकार मिलना चाहिए कि वे इस बात की जाँच करें कि धर्मांतरण के लिए क्या किसी रूप में बल, छल अथवा प्रलोभन का इस्तेमाल किया गया है।

बिशप अनाथिल ने अभिव्यक्ति की स्वतंत्रता तथा अपने धर्म को मानने एवं प्रचारित करने में जो सादृश्य बतलाया है वह एक सही सादृश्य है। संविधान के अनुच्छेद 25 एवं 26 के द्वारा जो धार्मिक स्वतंत्रता का अधिकार दिया गया है उस पर उन्हीं पाबंदियों की जरूरत है जो अभिव्यक्ति की स्वतंत्रता जैसे ग़ैर-धार्मिक अधिकार के

लिए ज़रूरी हैं। अनुच्छेद 19(2) उन आधारों को सूचीबद्ध करता है जिनके द्वारा अभिव्यक्ति-स्वातंत्र्य को विनियमित किया जा सकता है। वे अनुच्छेद 25 एवं 26 के आधारों से ज़्यादा व्यापक हैं। इसके अतिरिक्त, बतौर एक उदाहरण, न्यायालयों ने माना है कि 'अल्पसंख्यक संस्थाओं' के प्रशासन को अनुच्छेद 29 और 30 के अधीन इस आधार पर विनियमित नहीं किया जा सकता कि यह विनियमन राष्ट्रीय हित में आवश्यक है।

एक धर्म-निरपेक्ष राज्य में धार्मिक मत मानने और उसका प्रचार करने की स्वतंत्रता को कुछ उन्हीं तरह के परिमापों के अधीन क्यों नहीं किया जा सकता जो गैर-धार्मिक अधिकारों पर लागू होते हैं? जिस देश की जीवन-सुरक्षा ही ख़तरे में हो धर्म के नाम पर हिंसक अभियानों के कारण क्षेत्रीय एकता और अखंडता पर ख़तरे हों वहाँ धार्मिक स्वतंत्रता को राज्य की सुरक्षा और राष्ट्रीय हित की ज़रूरतों के मुताबिक क्यों नहीं सीमित किया जाए? इन्हीं कारणों से मैंने अपनी दोनों रचनाओं 'इंडियन कंट्रोवर्सीज़' तथा 'ए सेक्यूलर एजेंडा' में इस बात पर बल दिया है कि धार्मिक स्वतंत्रता, जैसाकि बिशप अनाथिल का सादृश्यानुमान बतलाता है, को क्यों नहीं दूसरे ग़ैर-धार्मिक अधिकारों के ऊपर नहीं तो कम-से-कम समकक्ष रखा जाए?

बनारस के बिशप पैट्रिक डीसूजा के शब्दों में, मैं प्रश्न नहीं उठाता, एक टिप्पणी करता हूँ कि मुझे मालूम है कि गांधीजी ने शिक्षा, चिकित्सा आदि मिशनरी सेवाओं के पीछे निहित प्रयोजनों के संबंध में वे सारी बातें कहीं। लेकिन ईसाई मिशनरियों द्वारा स्थापित स्कूल और अस्पताल सारे देश में हैं। अगर इस मत में थोड़ी भी सच्चाई होती तो संपूर्ण भारत अब तक ईसाई बन गया होता। ऐसा नहीं हुआ है। क्या दोषारोपण स्वयं अभिप्रेरित नहीं हैं?

मेरा अपना अनुभव आपके कथन को सूचित करता है। मैं ईसाई मिशनरियों द्वारा स्थापित एक कॉलेज में पढ़ा। किसी ने मुझे धर्मांतरित करने का प्रयास नहीं किया। लेकिन उसके विरुद्ध और आप जो कहते हैं उसके विरुद्ध मुझे वही कहना है जो गांधीजी से वार्त्ता करने वाले मिशनरियों ने स्वीकार किया। वे मिशनरी भी सच्चे थे और उन्होंने स्पष्ट शब्दों में कहा कि उनका अंतिम प्रयोजन, या प्रेरणा कहें, लोगों को ईसाइयत में धर्मांतरित करना था। इसके अतिरिक्त, मेरी पीढ़ी के लोगों का अनुभव भारत की आज़ादी के बाद का रहा है। आज़ादी के वर्षों बाद तक कोई भी मिशनरी इतना विवेकहीन नहीं हो सकता था कि वह हिंदू धर्म की निंदा ठीक उसी तरह करता जिस तरह मिशनरी लोग दो पीढ़ियाँ पहले अथवा पचास के दशक के मध्य तक किया करते थे; कोई भी मिशनरी संगठन किसी महानगर में कार्यरत रहकर खुलेआम धर्मांतरण करने की जुर्रत नहीं कर सकता था। इस पीढ़ी में भी

कुछ ऐकांतिक भाषणों और संकेतों से काम लिया जाता रहा है। आज के सारे प्रयास छद्म रूप में चल रहे हैं। 19वीं सदी में हुकूमत की छत्रछाया होने के कारण मिशनरी तथा विद्वान अपने वचन और कर्म में ईमानदार थे, लेकिन राजनीतिक सत्ता के हाथ से निकल जाने के कारण अब वह ईमानदारी भी नहीं रही। इसलिए आज जो कुछ चोरी-चुपके कहा और किया जाता है वह उनके इरादों और मंतव्यों का वैसा खुलासा नहीं करता जैसाकि एक सौ वर्ष पूर्व करता था। उनके मौलिक मंत्र ज्यों-के-त्यों हैं—सत्य एक ही है; इसका उद्घाटन सिर्फ एक व्यक्ति, ईश्वर के पुत्र में, हुआ है और इसका उल्लेख सिर्फ एक पुस्तक, बाइबिल, में हुआ है। एक मिशनरी इन बुनियादी आधार-वाक्यों में विश्वास किए बग़ैर नहीं रह सकता और इसके फलस्वरूप उसका एक ही लक्ष्य बन जाता है—आत्माओं को चर्च के अधीन लाकर मुक्ति दिलाना।

मिशनरियों के सारे प्रयासों के बावजूद सारा भारत ईसाइयत नहीं ग्रहण कर सका। धर्मांतरण शासन की प्रत्यक्ष या अप्रत्यक्ष मदद के कारण चलता रहा था और जब तक मिशनरी गतिविधियों ने जोर पकड़ा, हुकूमत बदल चुकी थी।

भारत में इस्लाम के द्रुत प्रसार से यह बात प्रमाणित होती है। उस समय शासन निरंकुश था। ग़ैर-धार्मिक लोग अधिकार से वंचित थे। कल्पना करें, अगर आज के संविधान में एक अनुच्छेद जोड़ दें तो कैसा रहे—संविधान द्वारा प्रदत्त अधिकार सिर्फ हिंदुओं को उपलब्ध होंगे। दो पीढ़ियों में अधिकांश धर्मांतरित हिंदू धर्म में लौट जाएँगे। ढिमियों की ठीक यही स्थिति थी। ग़ैर-मुसलमानों को न के बराबर अधिकार थे; यदि कुछ थे भी तो वे मुस्लिम शासकों या सरदारों की कृपा पर थे। इस तरह अनेक लोग मुसलमान बनाए गए। यह दीगर बात है कि अधिकांश लोग तलवार के बल पर मुसलमान बनाये गए।

लेकिन भारत में मिशनरियों के कार्य में जब तक गति आई, तब तक राज्य के कर्तव्याकर्तव्य के संबंध में धारणाएँ बदल गईं। इंगलैंड में ख़ासकर, ग़ैर-ईसाइयों को ब्रिटिश शासन में मुसलमानों के समय की अपेक्षा अधिक संरक्षण प्राप्त हुआ। फलतः, धर्मांतरण की बाध्यता भी कम हो गई।

इसलिए, बिशप डीसूजा की टिप्पणी को ध्यान में रखते हुए मैं कह सकता हूँ कि यदि संपूर्ण भारत ईसाई नहीं बनाया जा सका तो इसके अन्य कारण भी थे। गुवाहटी के बिशप टॉमस मीनमपाराम्पिल ने कहा : "मैं मानता हूँ कि मिशनरियों ने अतीत में ग़लत बातें कहीं। किंतु उसके लिए हमें हर दिन प्रताड़ित किया जाता है। उदाहरणस्वरूप उत्तर-पूर्व की राजनीतिक अशांति के लिए प्रायः मिशनरियों को दोषी ठहराया जाता है। हक़ीकत यह है कि राजनीतिक गतिविधियों में मुट्ठीभर ईसाई वहाँ सक्रिय हैं, लेकिन दोष मुख्य रूप से ईसाइयों के मत्थे मढ़ा जाता है। इस संबंध

में आपकी क्या राय है?"

पहली बात तो यह है कि गुप्तचर एजेंसियाँ उत्तर-पूर्व में अशांति भड़काने में मिशनरियों की भूमिका की विशेषरूप से चर्चा करती हैं। उदाहरण के तौर पर वे उस क्षेत्र में एन.एस.सी.एन. तथा अन्य अलगाववादी संगठनों को अमेरिकी बैपटिस्ट चर्च द्वारा भड़काने तथा सहायता देने की भूमिका का विशेष उल्लेख करती हैं। मिजोरम में चर्च की भूमिका बिल्कुल प्रत्यक्ष है।

मान लें कि यह अभियोग अनुचित है तो इसके प्रतिकार का सर्वोत्तम तरीक़ा यह है कि उस क्षेत्र में अलगाववाद तथा हिंसा के विरोध में अगली पंक्ति में खड़ा हो जाया जाए। क्या चर्च ऐसा कर रहा है?

आप कह सकते हैं : "उससे कोई फ़ायदा नहीं होगा, क्योंकि लोग समझेंगे कि हम उनको ठगने के लिए ऐसा कर रहे हैं।" लेकिन, ईसामसीह के शिष्यों को तो इस विश्वास के साथ काम करना चाहिए कि एक अभियोग कुछ समय के लिए क़ायम रह सकता है, लेकिन अंततः सत्य का प्रकाश अवश्य फैलेगा।

एक सहभागी ने कहा : "लेकिन उत्तर-पूर्व में लोगों को ईसाइयत में लाने का अवसर मात्र नहीं है; वहाँ तो मानवता अपनी पूर्ण अभिव्यक्ति का मार्ग तलाश रही है। क्या हम उनकी मदद न करें?"

लेकिन यदि हम इंगलैंड और अमेरिका की बात छोड़ भी दें तो क्या दिल्ली में मानवता अपनी पूर्ण अभिव्यक्ति की तलाश में नहीं है? आख़िर आप उत्तर-पूर्व में ही मुक्ति दिलाने हेतु इतने बेचैन क्यों हैं? क्यों चाहते हैं कि वहाँ लोगों को पूर्ण अभिव्यक्ति के अवसर चालू माह में ही दिए जाएँ? और यदि ज़रूरत इतनी सख़्त है तो फिर आपको कम-से-कम इस अभियोग, चाहे वह अनुचित ही हो, को झेलने के लिए तो तैयार ही रहना चाहिए।

मुक्ति के 'ईशशास्त्र' से उत्प्रेरित होकर चर्च तथाकथित दलितों के बीच आंदोलन को बढ़ावा दे रहा है। लेकिन 'दलितों' की सहायता के सिलसिले में जिन नेताओं को आपने संरक्षण प्रदान किया है उनमें से अनेक काफ़ी खरी-खोटी सुनाते हैं। वे घृणा की वकालत करते हैं। वे भिंडरावाले का प्रशस्तिगान कर रहे हैं। अब यदि आप उन्हें संरक्षण प्रदान कर रहे हैं तो इस अभियोग से क्यों भड़कते हैं कि आप ऐसा कर रहे हैं? उनके द्वारा फैलाई जा रही घृणा के परिणामों की जवाबदेही से आप कैसे मुक्त हो सकते हैं? मेरा मतलब यह है कि अगर आप महसूस करते हैं कि आपको उन समुदायों के बीच इसलिए काम करना है क्योंकि ईसाई मिशनरियों के रूप में आपकी यह जवाबदेही है और उनके लिए आपके पास कुछ संदेश हैं तो फिर आप ईसामसीह और गांधी के बताए तरीक़े क्यों नहीं काम में लाते?

'लेकिन क्या हमें अधिकार नहीं?'

एक सहभागी ने कहा : ''लेकिन आपका यह विचार कि धार्मिक बातों की चर्चा सिर्फ़ उन्हीं से करनी चाहिए जो स्वतंत्र रूप से निर्णय लेने में सक्षम हैं, अनुग्रहकारी जान पड़ता है। इसके पीछे यह धारणा निहित है कि जनजातियाँ या अन्य समुदाय इन बातों को समझने के क़ाबिल नहीं हैं। लेकिन उनके बीच काम करते हुए मैंने पाया है कि वे मुख्य बातों को तुरंत समझ जाते हैं।''

क्या आप यही समझदारी उन 'दलितों' में भी पाएँगे जो हिंदू धर्म में 'वापस लौट गए हैं'? क्या आप मानेंगे कि वे भी मुख्य बातों को समझ लेने की क्षमता रखते हैं? अथवा फिर हम यह मानें कि सिर्फ़ ईसाइयत में विश्वास करने वाले लोग ही धार्मिक प्रश्नों का मूल्यांकन करने में सक्षम हैं, अन्य लोग नहीं?

जहाँ तक पूर्वमान्यताओं का प्रश्न है, जनजातीय क्षेत्रों में चर्च की सारी गतिविधियों के मूल में काम कर रही बुनियादी अवधारणा के बारे में सोचें। जनजातियाँ अपने ही धर्म के बल पर पूरी तरह एक सामान्य ज़िंदगी जी रही हैं। है कि नहीं? लेकिन जब आप उन्हें धर्मांतरित करने जाते हैं तो क्या इस पूर्व मान्यता से निर्देशित नहीं हो रहे हैं कि आप और आपका चर्च उनसे बेहतर जानते हैं कि उनके लिए क्या हितकर है?

आर्चबिशप अलफोंसस मैथिअस ने पूछा : ''आपने एक ईसाई कॉलेज में शिक्षा पाई है। ईसामसीह के कौन-से पक्ष आपको आकृष्ट करते हैं?''

यह कि वह इतना कष्ट झेलने को तैयार थे और सत्य की ख़ातिर किसी सीमा तक जा सकते थे। सूली पर टाँगे जाने पर भी उनके मन में कोई कटुता नहीं थी। ग़लती देखने पर बड़ी स्पष्टता से उसके बारे में कह देते थे, जैसाकि मंदिर में फ़ारिसियों को कहा था।

''नहीं, मेरे प्रश्न का अभिप्राय यह है कि ईसाइयों के इस दावे के बारे में आपका क्या मत है कि ईसामसीह शरीरधारी ईश्वर हैं?''

ऐसे दावे पर अपना निर्णय देने की क्षमता मुझमें नहीं है। लेकिन आरंभ में मैं जिनकी चर्चा कर चुका हूँ उन कारणों से मैं ऐसे ईश्वर में, जिसे सर्वशक्तिमान, सर्वज्ञ, सर्वकरुणामय कहा जाता है, विश्वास करने में सक्षम नहीं हूँ। मैं ऐसे ईश्वर के शरीर धारण करने की कल्पना नहीं कर सकता।

एक प्रतिभागी ने कहा : ''अपने हाल के एक लेख में आपने नानोटेक्नॉलॉजी तथा अन्य चीज़ों के बारे में लिखा। आपके ख़याल में आज के युग में धार्मिक संगठनों की क्या भूमिका है?''

हमें यह याद दिलाना, इस बात की सीख देना कि हम अपने अंतरतम में झाँकें। धार्मिक परंपराओं, विशेषकर भारत की धार्मिक परंपराओं ने सहस्राब्दियों में

हमें यही सीख दी है। धार्मिक संगठनों को इसी दिशा में प्रयास करना चाहिए।

प्रश्नों की आग्रहशीलता

विचार-विनिमय निर्धारित समय से ज़्यादा देर तक चला। गांधीजी के साथ मिशनरियों के साथ वार्त्ता से परिचित पाठक यह देखकर चकित होगा कि इन क़ाबिल लोगों के द्वारा कही गई बातें गांधीजी के साठ-सत्तर वर्ष पूर्व पूछे जाने वाले प्रश्नों से किस तरह अक्षरशः मेल खाती थीं। पाठक यह भी देखेगा कि गांधीजी द्वारा इन प्रश्नों के दिए गए उत्तर आज तक कितने समीचीन हैं।

चर्च ने इस बात की चर्चा की कि हरिजनों की धार्मिक आकांक्षाएँ बड़ी तीव्र हैं और इसी कारण वे ईसाइयत ग्रहण कर रहे हैं; "संसार की कोई ताक़त इस प्रवाह को नहीं रोक सकती।" किसी भी स्थिति में चर्च "ऐसे लोगों को ग्रहण करने, चाहे वे जिस किसी धर्म से आवें," के अपने कर्तव्य और अधिकार से मुख नहीं मोड़ सकता।

हरिजनों के संबंध में ऐसे दावों, जो उत्तर-पूर्व के लोगों के बारे में 'मानवता अपनी पूर्ण अभिव्यक्ति की तलाश में' कहकर भी किया गया था, गांधीजी ने टिप्पणी दी : "पुरुष और स्त्रियाँ ईसाई चर्च से साहचर्य नहीं चाहते। ग़रीब हरिजन अन्य लोगों से भिन्न नहीं हैं। मैं चाहता हूँ कि उनमें आध्यात्मिक पिपासा हो। यदि यह पिपासा उनमें है, चाहे वह कितना भी अपरिष्कृत क्यों न हो, तो वे मंदिरों में जाकर इसकी तुष्टि कर लेते हैं। जब दूसरे धर्म का मिशनरी उनके पास जाता है, तो वह किसी अन्य माल-विक्रेता की भाँति जाता है। उसके पास कोई ऐसी आध्यात्मिक खूबी नहीं है जो उसको उनसे पृथक् कर सके जिनके पास वह जाता है। फिर भी उसके पास भौतिक सामान होते हैं जिन्हें देने का वादा वह उन लोगों को करता है जो उसके धर्म में शामिल हो जाते हैं।"

जहाँ तक अधिकार का प्रश्न है, गांधीजी ने कहा : "ध्यान दें, भारत में ईसाई चर्च का कर्तव्य अधिकार में बदल जाता है। अब यदि कोई कर्तव्य अधिकार में बदल जाए तो वह कर्तव्य नहीं रह जाता। आध्यात्मिक संदेश पहुँचाने का कर्तव्य प्रार्थना और उपवास के माध्यम से संदेशवाहक पूरा करता है। लेकिन इसे अधिकार मान लिया जाए तो यह सहज ही अनिच्छुक लोगों पर एक तरह का आरोपण बन जाता है। आध्यात्मिक मामलों में अधिकार जैसी कोई बात नहीं होती।"[1]

एक मिशनरी ने पूछा : "ईसामसीह के संबंध में मेरे जो अनुभव हैं उनसे मुझे अपूर्व शांति मिली है; क्यों नहीं दूसरों को इसमें भागीदार बनाऊँ?" गांधीजी

ने उत्तर दिया : "क्योंकि आप यह दावा नहीं कर सकते कि जो आपके लिए सर्वोत्तम है, वह सबके लिए सर्वोत्तम है। और फिर ऐसा मानना क्या अति-अहंकार नहीं है कि आध्यात्मिक शांति और आनंद की कुंजी सिर्फ़ आपके ही पास है और किसी दूसरे धर्म का अनुयायी अपने धर्मग्रंथों के द्वारा आपकी ही भाँति शांति और आनंद प्राप्त नहीं कर सकता? मैंने जो शांति और समचित्तता पाई है वह मेरे अनेक ईसाई दोस्तों के लिए ईर्ष्या का कारण बन गई है। मैं आपको बतलाऊँ मैंने मुख्य रूप से गीता के अध्ययन से इसे उपलब्ध किया है। आपके साथ मुश्किल यह है कि आप दूसरे धर्मों को मिथ्या मानते हैं अथवा उन्हें शक की निगाह से देखते हैं। दूसरे धर्मों के सत्य के प्रति आप अपनी आँखें मूँद लेते हैं और नहीं जान पाते कि वे अपने अनुयायियों को कैसी शांति एवं हर्ष प्रदान करते हैं।" मिशनरी ने पूछा : "मेरे जैसे लोगों तथा मेरे साथी ईसाइयों के लिए आप क्या संदेश देना चाहेंगे?" गांधीजी का उत्तर कितना सटीक था। उन्होंने कहा : "शैलोपदेश के अंतर्निहित संदेश के योग्य बनो तथा चरखा चलाने वालों की टोली में शामिल हो जाओ।"[2]

थोड़ी देर के बाद एक दूसरे मिशनरी ने पूछा : "हमारे लिए आपका क्या मार्ग-दर्शन है?" गांधीजी ने जवाब दिया : "मैं यही कह सकता हूँ कि आप जो कुछ कहते और करते हो उसमें ईशशास्त्रीय बातें कम और सत्य अधिक हो।" मिशनरी ने पूछा : "क्या आप उसे थोड़ा और समझाकर कहेंगे?" गांधीजी का उत्तर था : "जो बिल्कुल स्पष्ट है, उसकी व्याख्या मैं कैसे करूँ? संसार में जो अनेक प्रकार के असत्य प्रतिपादित किए जाते हैं उनमें ईशशास्त्र सबसे बढ़कर है। मैं यह नहीं कहता कि उसकी माँग नहीं है। संसार में ऐसी अनेक चीज़ों की माँग है, जो संदेहपूर्ण हैं।"[3]

एक मिशनरी ने गांधीजी को कहा कि उसका मिशन ईसामसीह के गॉस्पेल की शिक्षा देनी है। उसे बतलाने का सबसे प्रभावी तरीक़ा क्या है?

गांधीजी ने कहा : "गॉस्पेल के अनुसार जीना सबसे प्रभावी तरीक़ा है। प्रारंभ, मध्य और अंत का यही तरीक़ा है। मात्र उपदेश मुझे खटकता है और उसका मुझ पर कोई प्रभाव नहीं पड़ता। उपदेश देने वाले मिशनरियों के प्रति मैं सशंकित हो जाता हूँ। लेकिन मैं उन्हें प्यार करता हूँ जो उपदेश देने के बदले अपने भीतर के प्रकाश की ज़िंदगी जीते हैं। उनका जीवन मौन किंतु सबसे ज़्यादा प्रभावी साक्ष्य का काम करता है। इसलिए मैं यह नहीं कहता कि क्या उपदेश देना है, लेकिन मैं यह कह सकता हूँ कि सेवा और पूरी सादगी का जीवन सर्वोत्तम उपदेश है। इसलिए, अगर आप सेवा करते हो और लोगों को सेवा करने की प्रेरणा देते हो तो वे आपकी बात समझेंगे। लेकिन ऐसा न कर आप जॉन 3.16 के उद्धरण देते हो और उन्हें

उसमें विश्वास करने के लिए कहते हो।[4] इसका मुझ पर कोई प्रभाव नहीं पड़ता, और मेरा विश्वास है कि लोग इसे नहीं समझेंगे। उपदेश के द्वारा जहाँ भी गॉस्पेल को स्वीकृत मिली है, मेरी शिकायत है कि उसके पीछे अवश्य कोई प्रयोजन रहा है।''

''लेकिन हम भी इसे समझते हैं और इससे बचने की पूरी कोशिश करते हैं,'' मिशनरी ने प्रतिवाद किया। गांधीजी ने कहा : ''लेकिन आप इससे बच नहीं सकते। एक गंदा प्रयोजन सारे उपदेश को दूषित कर देता है। यह ज़हर के एक बूँद की भाँति है जो पूरे भोजन को घातक बना देती है। इसलिए, मुझे उपदेश की आवश्यकता बिल्कुल नहीं है। किसी गुलाब को उपदेश देने की ज़रूरत नहीं पड़ती। यह सिर्फ़ अपनी सुगंध बिखेरता है। इसकी खुशबू ही इसका उपदेश है। अगर गुलाब को मानवीय समझ होती और यह उपदेशकों की एक जमात खड़ी करता, तो वे सारे उपदेशक मिलकर भी उतने गुलाब नहीं बेच पाते जितना कि इसकी खुशबू खुद करती। धार्मिक और आध्यात्मिक जीवन का सौरभ गुलाब की अपेक्षा ज़्यादा बारीक और बेहतर कोटि का है।''

महादेव देसाई लिखते हैं : ''लेकिन गांधीजी की इन बातों का उस मिशनरी सज्जन पर कोई प्रभाव नहीं पड़ा और वह उन्हें कोसते हुए वहाँ से चल दिया... मिस्टर गांधी...शीघ्र ही वह दिन आएगा जब तुम अपनी धर्मपरायणता से नहीं, ईसामसीह की धर्मपरायणता से जाँचे जाओगे।''[5]

लेकिन मिशनरी हमेशा गांधीजी के पास आते और उनसे पूछते रहे कि ईसामसीह के मारे में उनकी राय क्या थी। गांधीजी भी यही उत्तर देते थे कि ईसामसीह संसार के महान शिक्षकों में एक हैं। उनका बलिदान पूरे विश्व के लिए एक उदाहरण है। लेकिन वे सबसे महान थे, ऐसा वे नहीं मानते। उनकी नज़र में ईसामसीह में बुद्ध वाली करुणा नहीं थी।

फिर भी, मिशनरी गांधीजी के पास आते और प्रश्न करते थे कि ईसामसीह का ईश्वर का मूर्त्त रूप, ईश्वर-पुत्र होने के बारे में उनकी क्या राय थी। गांधीजी कहते थे : मैं इन्हें शाब्दिक अर्थ में नहीं लेता। ईसामसीह उसी अर्थ में ईश्वर के पुत्र थे जिस अर्थ में हम सब उसकी संतान हैं। ईश्वर ने हम सबों को वह क्षमता प्रदान की है जिससे हम ईसामसीह की ऊँचाई को छू सकें। सिर्फ इसके लिए हमें ईमानदार कोशिश करने की ज़रूरत है। यह विश्वास कि ईसामसीह ईश्वर के एकमात्र उत्पन्न पुत्र हैं, मुझे बुद्धि के विरुद्ध जान पड़ता है, क्योंकि ईश्वर के लिए ब्याह रचाना और संतान उत्पन्न करना संभव नहीं है। ईसामसीह के निर्मल गर्भागमन के संबंध में लिखे गए छंदों को शाब्दिक अर्थ में लेना मेरे लिए कठिन है और यदि

मैं उन्हें शाब्दिक अर्थ में लूँ भी, तो ऐसी बात नहीं है कि इससे ईसामसीह के प्रति मेरा आदर-भाव अधिक गहरा हो जाएगा। 'पुत्र' शब्द को लाक्षणिक अर्थ में ही लिया जा सकता है। उस अर्थ में जो भी व्यक्ति ईसा-मसीह की स्थिति में आता है, वह ईश्वर का प्रजात पुत्र है। अगर कोई व्यक्ति आध्यात्मिक दृष्टि से हमसे बहुत आगे है तो वह एक विशेष अर्थ में ईश्वर-पुत्र है; वैसे हम सभी ईश्वर की संतान हैं।

इस पर मिशनरी उनसे पूछते थे कि ईसामसीह के चमत्कारों के बारे में वे क्या कहेंगे। गांधीजी का कहना था : "एक शिक्षक के रूप में ईसामसीह की महानता सिद्ध करने के लिए मुझे भविष्यवाणियों अथवा चमत्कारों की ज़रूरत नहीं है। उनके तीन साल की धर्म-सेवा से अधिक चमत्कारिक और कुछ नहीं हो सकता। रोटी के चंद टुकड़ों से एक बड़ी भीड़ का पेट भर देने की कहानी में कोई चमत्कार नहीं है। एक जादूगर ऐसा भ्रम पैदा कर सकता है। लेकिन यह तौबा की बात होगी यदि हम जादूगर को मानव जाति का त्राता मान लें। जहाँ तक मृतकों को ज़िंदा कर देने की बात है, मुझे इसमें संदेह है कि जिन व्यक्तियों को उन्होंने उठाया वे वास्तव में मृत थे। प्रकृति के नियम अपरिवर्तित एवं अपरिवर्त्य हैं और उनमें व्यवधान डालने अथवा उनका अतिक्रमण करने के अर्थ में चमत्कारों का होना संभव नहीं है।"

आज भी ऐसे प्रश्न पूछे जाते हैं और गांधीजी के उत्तर आज भी उतने ही सटीक हैं।

हमारे लिए एक उदाहरण

विचार-विनिमय का समापन करते हुए सत्र के सभापति डॉ. पी. रामचंद्रन, जो पूर्व में टाटा इंस्टीट्यूट से जुड़े रहे थे, ने कहा, "यह हमारे लिए उत्सव जैसा रहा है।" बंगलौर के आर्चबिशप मैथिअस पुणे के बिशप वैलेरियन डीसूजा को और मुझको छेड़ते हुए बोले : "आपके छात्रों की अपेक्षा वह ईसाइयत के बारे में ज़्यादा जानकारी रखता है।" डीसूजा, जो भारत में सर्वोत्तम सेमिनरियों में एक के सर्वेक्षक हैं, ने कहा : "हमारे अधिकांश प्रोफेसरों से वह ईसाइयत के बारे में ज़्यादा जानता है...!"

मेरी स्थापनाओं से वहाँ उपस्थित आर्चबिशप, बिशप तथा विद्वान लोग शायद ही सहमत थे। मेरी बातें उनकी पसंद के लायक तो बिल्कुल नहीं थीं। लेकिन, जैसा कि मैं प्रारंभ में कह चुका हूँ, पूर्ण नीरवता एवं अखंड धैर्य के साथ उन्होंने मेरी बातें सुनीं। उन्होंने स्पष्ट रूप में कहा कि वे मेरी बातों से सहमत नहीं हैं। उनकी कई टिप्पणियों से यह ज़ाहिर हुआ कि वे मेरे व्याख्यान से उद्विग्न हो उठे थे। इन सबके बावजूद उन्होंने मुझ पर कोई प्रच्छन्न प्रयोजन का लेवल नहीं चिपकाया। वे

लगातार सौजन्य, शिष्टाचार एवं शालीनता की प्रतिमूर्ति बने रहे।

सभास्थल से विदा लेते समय मुझे लगा, काश मैं उनके दोस्तों में से एक होता!

कितना अच्छा होता यदि हम उनसे कम-से-कम इस एक चीज को सीख पाते; हम सिर्फ़ यह सीख पाते कि असहमत कैसे हुआ जाता है। और तब हमारा देश आज से कितना भिन्न, कितना बेहतर होता!

संदर्भ

1. कलेक्टेड वर्क्स, खंड 65, पृ. 47-8
2. कलेक्टेड वर्क्स, खंड 71, पृ. 79-80
3. कलेक्टेड वर्क्स, खंड 71, पृ. 328
4. जॉन 3.16 का कथन है, "चूँकि ईश्वर को विश्व से इतना प्यार था कि उसने अपने इकलौते पुत्र को धरती पर भेजा ताकि उसमें विश्वास करने वाले शाश्वत जीवन पा सकें।"
5. कलेक्टेड वर्क्स, खंड 60, पृ. 323

परिशिष्ट
चर्च के द्वारा मूल्यांकन

टिप्पणी : कैथोलिक बिशप्स कॉन्फ्रेंस ऑफ़ इंडिया (सी.बी.सी.आई.) की पुणे समीक्षा में वितरित आलेखों को यहाँ अक्षरशः प्रस्तुत किया जा रहा है ताकि पाठक चर्च की नज़रों से स्थिति को विश्वासपूर्वक देख सकें। आलेखों की विषय-वस्तु एवं भाषा के अध्ययन से पाठकों को उस स्थिति की झाँकी मिलेगी जिसमें चर्च आज अपने को एक संगठन के रूप में पाता है।

I

भारत में सुसमाचार-प्रचार : रुझान और मुद्दे

सी.बी.सी.आई. सर्वेक्षण प्रतिवेदन पर आधारित, आगस्टिन कंजामाला, एस.वी.डी., सी.बी.सी.आई. सचिव

I. संख्यात्मक धर्मांतरणों के रुझान

01. पूरे भारत में संख्यात्मक धर्मांतरण 1961-71 की अवधि तक 100 वर्षों तक नियमित वृद्धि पर था।
02. धर्मांतरण और बपतिस्मा 1971-91 में ह्रासमान रहे।
03. यह घटना-दृश्य वैटिकन II तथा ऑल इंडिया सेमिनार ऑन चर्च इन इंडिया (1969), नागपुर के मिशन सेमिनार (1971), पटना कंसल्टेशन (1973) तथा बाद के परिणामों से मेल खाता है।
04. इसका एकमात्र महत्त्वपूर्ण अपवाद है उत्तर-पूर्व क्षेत्र जहाँ पारंपरिक रुझान जारी है, ख़ासकर अरुणाचल प्रदेश में (विश्व के स्तर पर भी अफ्रीका और दक्षिण कोरिया को छोड़कर यही रुझान परिलक्षित होता है)।
05. सामूहिक धर्मांतरण के पश्चात् दलितों का धर्मांतरण भी ह्रास पर है। दलित कैथोलिकों ने बड़ी संख्या में सामाजिक-आर्थिक लाभों के अतिरिक्त अन्य कई कारणों से चर्च का परित्याग कर दिया है।
06. ईसाइयत 2.6% (कैथोलिक 1.8%) की आबादी वाला अल्पसंख्यक समुदाय है।

II. उद्घोषणा : पद्धति और तरीक़े

01. ईसामसीह और उनके गॉस्पेल पर एक नया ज़ोर। इससे पारंपरिक चर्च

की संस्थाओं और मतों, जैसे करिश्माई समुदायों, पर ज़ोर घटा है।

02. *अंतर्मुखी* : करिश्माई उद्घोषणा, मौन साधना की शुरुआत केरल के पोट्टा में। पिछले दशक में कई लाख लोगों की शिरकत हुई है।

❒ पोट्टा की टीम केरल के बाहर (भारत तथा विदेशों में) भ्रमण कर रही और उपदेश दे रही है।

❒ साक्ष्य, प्रार्थना तथा चिकित्सा के अनेक शक्तिशाली रूप।

❒ अनेक ग़ैर-ईसाई सक्रिय रूप से शरीक होते हैं और साक्ष्य देते हैं। कुछ बपतिस्मा चाहते हैं।

❒ *आलोचना* : कुछ धर्म-प्रदेश इस टीम को प्रवेश की अनुमति नहीं देते। प्रबल भावप्रवणता। क्या यह टिकाऊ होगी? करिश्माई आंदोलन पूरे भारत में बहुत लोकप्रिय एवं प्रभावशील क्यों है? क्यों हज़ारों की संख्या में पुरोहित, धर्मपरायण लोग, जनसाधारण तथा दूसरे धर्मों के अनुयायी करिश्माई साधनाओं तथा प्रार्थनाओं की ओर आकर्षित होते हैं?

: एक संभावित उत्तर यह है; उत्तर-वैटिकन कालीन उदारवाद तथा बुद्धिवाद ने आम जनता की धार्मिक आकांक्षाओं को संतुष्ट नहीं किया है। कुछ मिशनरियों ने भी गहन सामाजिक कार्य करने के बाद किसी अंश में व्यर्थता तथा आध्यात्मिक शून्यता महसूस की है। आसन्न मुक्ति तथा सामाजिक कायान्तरण की अपेक्षाएँ पूरी नहीं हुई हैं। लोग वैसे धार्मिक अनुभव की तलाश में हैं जो करिश्माई समूहों की ख़ास विशेषता है।

: करिश्माई आंदोलन भले ही अल्पकालिक रहा हो, इससे दो स्थायी सीखें मिली हैं : (1) आध्यात्मिकता मिशन के कार्यों की बुनियाद है; (2) मिशन को सामुदायिक अनुभव तथा समुदाय निर्माण पर बल देना ज़रूरी है। व्यक्तिवाद सच्चे मिशन का दुश्मन है। टीम कार्य और समुदाय निर्माण सुसमाचार-प्रचार के लिए अनिवार्य है।

: कुछ स्थानों में जहाँ सुसमाचार-प्रचार की शाखाएँ चलाई जाती हैं; वहाँ घर-घर जाने वाले मिशनरियों के ख़िलाफ़ कुछ हिंदू और मुसलमान तीखी प्रतिक्रिया व्यक्त करते हैं।

03. *बहिर्मुखी :* ईसामसीह और उनके गॉस्पेल की खुली उद्घोषणा में आम अभिरुचि ह्रास पर है (आर.एम. 2)। अनेक धर्म-प्रदेशों में हमारी खोजों से इस बात की पुष्टि होती है।

- ❒ प्रत्येक धर्म में मुक्ति के ईशशास्त्र से मिशन का प्रबलतम पारंपरिक प्रयोजन—एक भी आत्मा की मुक्ति—कमज़ोर पड़ गया है (एलजी. 16; एन.ए.)।
- ❒ संवाद के वैधीकरण और मिशन के संघटक आयामों के रूप में मुक्ति का कार्य के कारण ज़ोर साक्ष्य और उपस्थिति पर चला गया है, विशेषकर ग़रीबों और शोषितों के बीच में।
- ❒ सुसमाचार-प्रचार के तीन आदर्शों (गिरजाघर केंद्रित, ईसामसीह केंद्रित तथा ईश्वर का राज्य केंद्रित) में ईसामसीह केंद्रित मिशनरियों की सबलतम अभिप्रेरणा है। 60-65% के लगभग मिशनरी मानते हैं कि ईसामसीह के संबंध में जानकारी देना उनकी सर्वोच्च प्राथमिकता है।
- ❒ उनकी दूसरी प्राथमिकता है ईश्वर के साम्राज्य के मूल्यों को प्रोत्साहित करना (15-20%)। यह पहली प्राथमिकता नहीं है, जैसाकि कुछ ईशशास्त्री मान लेते हैं।
- ❒ गिरजाघर केंद्रित सिर्फ़ तीसरी प्राथमिकता पाता है। मात्र 10-15% मिशनरी ही इसे अपनी पहली प्राथमिकता मानते हैं।

III. संस्थानीकरण बनाम उद्घोषणा—पास्तरीय कार्य

01. पुराने चर्च अतिव्यस्त हैं। उनके पास प्रशासनिक तथा पास्तरीय कार्यों का बोझ है। लोगों के बीच उद्घोषणा के लिए उन्हें समय नहीं मिलता।

- ❒ पिछले चालीस वर्षों में धर्म-प्रदेशों की संख्या 125 हो गई है (1950 में 56)।
- ❒ औषधालयों तथा अस्पतालों की संख्या में 10 गुना वृद्धि हुई है।
- ❒ माध्यमिक विद्यालय छः गुना बढ़े हैं।
- ❒ कॉलेजों तथा उच्चतर शिक्षा-संस्थाओं में 10 गुना इज़ाफ़ा हुआ है।
- ❒ प्रशासनिक व्यस्तता ईसाई साक्ष्य की गुणवत्ता घटाती है।
- ❒ परिणामतः, अनेक चर्च संस्थाएँ आम लोगों की नज़र में सत्ता, मुद्रा और प्रतिष्ठा के केंद्र बन गई हैं।

02. उत्तर भारत—तथाकथित मिशन क्षेत्र—में ढाँचागत निर्माण की प्रक्रिया जारी है। उदाहरणार्थ, छोटानागपुर में भारत के 9% कैथोलिक रहते हैं, किंतु

वहाँ जनजातियों में उद्घोषणा लगभग नष्ट प्राय है।

03. 60% पुरोहित, 69% सिस्टर्स और 56% ब्रदर्स दक्षिण भारत में जमे हुए हैं जहाँ की आबादी भारत की कुल आबादी का मात्र 25% है। मिशन क्षेत्रों के शेष हिस्सों में कार्मिकों की कमी से बाधा पड़ रही है। पिछले 30 वर्षों में मिशनरियों का एक छोटा प्रतिशत उत्तर भारत में खिसका है। विदेशी मिशनरियों की संख्या तेजी से घट रही है।

04. उत्तर-पूर्व में जनजातियों के बीच धर्मांतरण जारी है। पिछले 30 वर्षों में कैथोलिकों की आबादी नौगुनी बढ़कर 9 लाख हो गई। उनके जीवन और साक्ष्य की गुणवत्ता में सुधार होना बाक़ी है।

05. अरुणाचल प्रदेश में लगभग 10,000 लोग प्रतिवर्ष चर्च में शामिल होते हैं। इनमें आधे कैथोलिक चर्च में आते हैं। यहाँ कोई भी पुजारी या धार्मिक व्यक्ति नहीं रहता। जनसाधारण उद्घोषणा में सक्रिय भागीदारी करते हैं। ऐसा प्रतीत होता है कि जब पुरोहितों की संख्या अधिक होती है, जनसाधारण को उद्घोषणा हेतु कम संगठित अवसर मिलते हैं। नया करिश्माई आंदोलन संस्थानीकरण/पुरोहितीकरण की एक आंशिक प्रतिक्रिया है। संप्रदाय काफ़ी आकर्षक बन रहे हैं, विशेषकर वैसे क्षेत्रों में जहाँ चर्च काफी संगठित है।

गिरजाघर केंद्रित सुसमाचार-प्रचार में ह्रास का अर्थ है चर्च अधिकारियों, जैसे बिशपों, में ह्रास। इस रुझान के विरुद्ध प्रतिक्रियाएँ हो रही हैं।

06. मास मीडिया के द्वारा उद्घोषणा। लगभग 65% संचार-केंद्र और प्रशिक्षित कार्मिक दक्षिण भारत में हैं। उत्तर भारत में इसकी सर्वाधिक ज़रूरत है, लेकिन वहाँ इसे प्रोत्साहन नहीं मिलता। रेडियो वेरिटस और रेडियो श्रीलंका के प्रति अच्छा आकर्षण है। रेडियो वेरिटस के प्रति सी.बी.सी.आई. के अंशदान से मिशन संतुष्ट नहीं है।

07. कैथोलिक सूचना/जाँच केंद्र

कुल 35 केंद्र हैं जिनमें आधे दक्षिण भारत में हैं। उत्तर में इतने कम केंद्र क्यों हैं? 1985 तक प्रतिवर्ष औसतन 40-50 हज़ार पूछताछ इन केंद्रों में की गई। इन समूहों से प्रतिवर्ष औसतन 30 वयस्कों को धर्मांतरित किया गया। हाल के वर्षों में पूछताछ की संख्या नहीं बढ़ी है। 1991 में 43,432 पूछताछ हुई जिसमें 61% दक्षिण भारत और 20.6% हिंदी क्षेत्र (उत्तर) में हुई।

IV. बाहरी क्षेत्रों की समस्याएँ और मुद्दे

01. पिछले 200 वर्षों में भारी संख्या में हिंदू तथा मुसलमानों ने ईसामसीह को 'हाँ' कहा है (नव्य-हिंदूवाद); लेकिन चर्च की प्रकट सदस्यता और समाजशास्त्रीय धर्मांतरण के प्रति निषेधात्मक रुख अपनाया है।
02. आरएसएस/वीएचपी; हिंदू रूढ़िवाद बढ़ रहा है (हिंदुत्व)।
03. हाल में ख़बर मिली है कि हज़ारों जनजातीय धर्मांतरितों ने फिर से हिंदू धर्म ग्रहण कर लिया है (इंडिया टुडे, मई 15)। यह विश्व हिंदू परिषद् का प्रचार-करतब जान पड़ता है। तथापि, मध्यप्रदेश के बिशपों ने इस बात की पुष्टि की है कि लगभग 2000 कैथोलिक हिंदू धर्म में लौट गए हैं, इनमें कुछ भय और कुछ दबाव के कारण। राजस्थान में इस्लाम से हिंदू धर्म में ऐसे ही धर्मांतरणों की ख़बरें हैं (इलस्ट्रेटेड वीकली ऑफ़ इंडिया, मई 9-15, 1992)। कुछ दलित धर्मांतरित इसलिए वापस हो रहे हैं क्योंकि ईसाइयत में रहने से वे अनुसूचित जाति (दलित) को मिलने वाले लाभों से वंचित रह जाएँगे। मात्रात्मक दृष्टि से अन्य अंचलों में छोटे-छोटे लाभ भी उपलब्ध हैं।
04. हाल के दिनों में पनपे धार्मिक कट्टरतावाद तथा संप्रदायवाद के कारण ईसाई मिशनरियों के प्रति विद्वेष का भाव बढ़ा है। 1993 में उड़ीसा, मध्यप्रदेश, उत्तर प्रदेश तथा अन्य जगहों में गिरजाघरों को जलाने, पुजारियों तथा सिस्टरों के साथ मारपीट, ईसाई परिवारों पर हमले की अनेक घटनाएँ हुई हैं।
05. हमारी अनेक प्राथमिक उद्‌घोषणाएँ जनजातियों तथा दलितों के लिए हुई हैं। हिंदू आबादी के 70% लोगों के लिए उद्‌घोषणा की पारंपरिक समस्या भारी चिंता का विषय है।
06. अंतर्धार्मिक संवाद पर भारी मात्रा में साहित्य प्रकाशित हुए हैं। फिर भी, अंतर्धार्मिक संदाद का चलन सिर्फ सुशिक्षित शहरी श्रेष्ठजनों के बीच सी.बी.सी.आई. द्वारा संगठित संवाद सभाओं तथा मिशनरियों के एक छोटे तबक़े के लिए ही महत्त्वपूर्ण है।

V. कुछ बड़ी समस्याएँ

01. कार्डिनल जोसेफ़ टोम्को ने 4-5 अप्रिल, 1991 को रोम में कार्डिनलों को दिए गए भाषण में भारत को नए विधर्मियों का अभिकेंद्र होने का दोषी

ठहराया। भारत का उदीयमान मिशन ईशशास्त्र देश के पुरोहित-तंत्र के कुछ सदस्यों द्वारा भारी संदेह की नज़र से देखा जाता है।

02. करिश्माई आंदोलन पारंपरिक मिशन और उद्घोषणा का ही आवृत्तिमात्र लगता है। क्या यह भारत के वर्तमान संवेदनशील कट्टरवादी लोकाचार को और बढ़ावा देगा?

03. धार्मिक अनुष्ठानों में विरोध बदनामी का एक बड़ा कारण है। यह एकता के बदले विभाजन का चिह्न हो गया है। ईसामसीह की उद्घोषणा चौराहे पर है। अनेक पुजारी और जनसामान्य कुछ बिशपों के नेतृत्व में आस्था खोते जा रहे हैं। विश्वसनीयता की यह कमी धार्मिक अनुष्ठानों में तनावों के फलस्वरूप है (होली फ़ादर के नवंबर, 1993 में लिखे गए भर्त्सना पत्र को देखें)।

04. उत्तर-वैटिकन काल के स्थानीय चर्च के नए ईशशास्त्र के अनुसार बिशप उद्घोषणा के लिए उत्तरदायी अंतिम अधिकारी है। अगर वह अपने कार्य के प्रति गंभीर नहीं है तो उद्घोषणा को निदेशित करने के लिए एक सामान्य दृष्टिवाला कोई दूसरा समन्वयकारी अधिकारी नहीं है। प्रोपेगैंडा फ़िडे की पारंपरिक भूमिका का स्थान भारत में लेने वाला कोई भी नहीं है। हम विखंडित होने की स्थिति में हैं। सी.बी.सी.आई. कमीशन फ़ॉर प्रोक्लेमेशन को कोई वैधानिक अधिकार नहीं है। अखिल भारतीय स्तर पर उद्घोषणा के कार्य में समन्वय कौन स्थापित करेगा?

05. पुराने ईशशास्त्र और नए ईशशास्त्र के बीच भारी तनाव देखने को मिल रहे हैं। यह बिशपों और मिशनरियों के बीच, पुराने और नए पुरोहितों के बीच, रोम और स्थानीय चर्च के बीच संघर्ष का एक प्रधान कारण है।

06. मिशन के ईशशास्त्र तथा मिशन की पद्धतियों में गंभीर मतभेदों के फलस्वरूप कुछ बिशपों और मिशनरियों के बीच विकसित चिरकालिक तनावों के कारण कुछ धर्म-प्रदेशों में पुजारियों तथा सिस्टरों ने अपने कर्तव्य और धार्मिक जीवन का ही परित्याग कर दिया है (यह अलग बात है कि यही एकमात्र कारण नहीं रहा होगा)।

07. एक अच्छी-ख़ासी संख्या में मिशनरी, विशेषकर हिंदी क्षेत्रों में, गॉस्पेल के प्रति निराशाजनक प्रतिक्रिया पाने के कारण हताशा के शिकार हो जाते हैं।

08. वर्तमान मिशन ईशशास्त्र तथा उसके प्रति प्रत्युत्तर के मिलने अथवा न मिलने

के बीच गहरा संबंध देखा जाता है।

09. पास्तरीय कार्य में संलग्न पुजारियों और मिशनरियों को सुसमाचार-प्रचार के लिए फ़ुर्सत नहीं मिलती। अतः आवश्यक है कि कुछ लोग उद्घोषणा के लिए अलग कर लिए जाएँ। सिद्धांत रूप में यह सुनना आकर्षक लगता है कि पूरा चर्च ही मिशनरी है, किंतु व्यावहारिक दृष्टि से यह असंभाव्य प्रतीत होता है। प्राथमिक उद्घोषणा के लिए सबों के पास अपेक्षित करिशमा नहीं होता।

10. यह अच्छी बात है कि प्रत्येक पल्ली तथा प्रत्येक धर्म-प्रदेश सुसमाचार-प्रचार हेतु संकेंद्रित प्रयासों के लिए अपना क्षेत्र अलग कर लेता है। ज़रूरत इस बात की है कि प्रत्येक पल्ली तथा प्रत्येक धर्म-प्रदेश में मिशन के क्षेत्रीय संप्रत्यय को प्रासंगिकीकृत किया जाए।

11. भारत एक बड़ा ही व्यक्ति-अभिमुखी समाज है। सुसमाचार-प्रचार के लिए व्यक्तिगत संपर्क एक महत्त्वपूर्ण तरीक़ा बन जाता है। आधुनिक यातायात की सुविधाओं की उपलब्धता के कारण मिशनरियों तथा लोगों के बीच संपर्क में कमी आई है।

12. गाँवों की सैर करने में सिस्टर्स ज्यादा अभिरुचि ले रही हैं। भविष्य का मिशन अतीत के मिशन की तरह संस्कारोन्मुखी नहीं होगा (उदाहरणार्थ, बिशप, सामूहिक प्रार्थना, पापस्वीकार, इत्यादि)। इस तरह सिस्टर्स तथा ब्रदर्स दोनों को मिशनरी कार्यों के लिए अधिक अवसर हैं।

13. ईश्वर-भक्तों के ईशशास्त्र के बावजूद पुराने चर्चों में चर्च के अधिकार का प्रयोग पूर्व-वैटिकन काल का प्रतीत होता है। अनेक बिशप नौकरशाह की तरह आचरण करते हैं। संबंधों की गुणवत्ता प्रायः नेतृत्व में विश्वास पैदा नहीं करती, न यह समुदायों के निर्माण के अनुकूल है।

14. मिशनरी अपने मिशन के ईशशास्त्र और तौर-तरीक़ों पर सामूहिक विचार-विमर्श करने का समय नहीं निकाल पाते। अधूरे चिंतन से ही अधिकांश कार्य किए जाते हैं।

15. भारत में जिन महत्त्वपूर्ण रुझानों के साथ मिशनरी सहयोग कर रहे हैं उनमें कुछ प्रमुख निम्नलिखित हैं :
    (क) दलित मुक्ति आंदोलन;
    (ख) जनजातीय मुक्ति आंदोलन;
    (ग) नारी मुक्ति;
    (घ) पर्यावरण सुरक्षा।

16. भारत में वर्तमान में सबसे ख़तरनाक सामाजिक एवं राजनीतिक घटनाएँ हैं :
    (क) संप्रदायवाद
    (ख) अपराध और हिंसा
    (ग) भ्रष्टाचार
    (घ) श्रेष्ठजनों एवं नव-धनाढ्यों का उपभोक्तावाद।

    इन स्थितियों में चर्च निष्क्रिय अथवा असहाय प्रतीत होता है।
17. औरतें : धार्मिक/आम महिलाएँ पुजारियों की अपेक्षा मिशन में अधिक निर्णायक भूमिका अदा करेंगी।
18. विदेशी मिशन के लिए जाने वाले भारतीय मिशनरियों की संख्या बढ़ रही है।
19. पाश्चात्य जगत में साम्यवाद/समाजवाद के ह्रास के साथ 1975-1985 की अवधि के मिशन के मौलिक दृष्टिकोण में परिवर्तन हुआ है। संस्थानीकृत मिशन, मसलन, अंगरेज़ी माध्यम वाले और भी स्कूल खोलने, की प्रवृत्ति बढ़ी है। ग़रीब लोगों की दुर्दशा बनी रहेगी।
20. बिशपों के स्थानांतरण से उनकी निष्ठा में कमी आती है। धर्म-प्रदेशों के पुरोहित-वर्ग में यह बात विशेष रूप से देखने को मिलती है।
21. सिस्टरों को एक राज्य से दूसरे राज्य में स्थानांतरित करते रहने से विशेष समुदाय से उनके संबंध और प्रतिबद्धता में कमी आती है। भारतीय समाज बौद्धिक स्तर के बदले भावनात्मक स्तर पर ज़्यादा गतिशील होता है।
22. क्षेत्रवाद/प्रजातीय श्रेष्ठतावाद की भावना बढ़ रही है। दलित आंदोलन, जनजातीय आंदोलन, धार्मिक अनुष्ठानों को लेकर संघर्ष इत्यादि इसके उदाहरण के रूप में लिए जा सकते हैं। मिशन की उदारता एवं सर्वजनीनता ख़तरे में है।
23. 97% भारतीय (एशियाई) अपनी मुक्ति और अपना ईश्वर बग़ैर किसी ईसाई मिशन के साथ सीधा संबंध के ही पा रहे हैं। भारत में मिशन ईशशास्त्र तथा मिशन के तौर-तरीक़ों में आमूल-चूल परिवर्तन आ रहे हैं। यही हमारे मिशनरी चिंतन का असली प्रसंग है।

भारत में सुसमाचार-प्रचार : रुझान और मुद्दे सीबीसीआई सर्वेक्षण प्रतिवेदन पर आधारित

आगस्टिन कंजामाला एसवीडी, सीबीसीआई सचिव

I. संख्यात्मक धर्मांतरणों के रुझान

ईसाइयों की संख्या तथा प्रतिशतता 1951-81

सांस्कृतिक क्षेत्र और राज्य	1951		1961		1971		1981	
	संख्या	%	संख्या	%	संख्या	%	संख्या	%
1. दक्षिणी क्षेत्र								
आंध्र प्रदेश	1232621	[3.96]	1428729	[3.97]	1823436	[4.19]	1433327	[2.67]
कर्नाटक	418453	[2.15]	487587	[2.06]	613026	[02.09]	764449	[2.05]
केरल	2825720	[20.85]	3587365	[21.22]	4494089	[21.05]	5233865	[20.56]
तमिलनाडु	1427382	[4.73]	1762954	[5.22]	2367749	[5.74]	2798048	[5.78]
पांडिचेरी	—	—	33946	[9.19]	41296	[8.75]	49914	[8.25]
लक्षद्वीप	2	[0.01]	56	[0.23]	239	[0.75]	266	[0.66]
देश में क्षेत्र का %	5904178	[70.34]	7300637	[68.08]	9339835	[65.67]	10279869	[60.00]
2. पश्चिमी क्षेत्र								
गोआ, दमन और दीव	233403	[39.15]	227202	[36.25]	272509	[31.76]	318249	[29.28]
गुजरात	78026	[0.48]	91028	[0.44]	109341	[0.41]	132703	[10.38]
महाराष्ट्र	433290	[1.35]	560594	[1.41]	717174	[1.42]	795464	[1.26]
दादर और नागर हवेली	870	[2.09]	799	[1.73]	1918	[2.58]	2025	[1.95]
देश में क्षेत्र का %	745589	[8.88]	879623	[8.20]	1100942	[7.47]	1248441	[7.23]

सांस्कृतिक क्षेत्र और राज्य	1951		1961		1971		1981	
	संख्या	%	संख्या	%	संख्या	%	संख्या	%
3. पूर्वी क्षेत्र								
उड़ीसा	141934	[0.96]	201017	[1.14]	378888	[1.72]	480426	[1.82]
पश्चिम बंगाल	181775	[0.69]	204530	[0.58]	252752	[0.56]	319670	[0.58]
अंडमान निकोबार द्वीप समूह	9494	[30.65]	17973	[28.28]	30342	[26.35]	48274	[25.57]
देश में क्षेत्र का %	333203	[3.96]	423520	[3.95]	661982	[4.65]	848370	[4.92]
4. उत्तरी क्षेत्र (हिंदी प्रदेश, गंगा का समतल मैदान)								
(क) बिहार	415548	[1.07]	502195	[1.08]	658717	[1.16]	740186	[1.05]
मध्य प्रदेश	81004	[0.31]	188314	[0.58]	286072	[0.68]	354972	[0.67]
राजस्थान	11421	[0.07]	22864	[0.11]	30202	[0.11]	39568	[0.11]
उत्तर प्रदेश	123876	[0.19]	101641	[0.13]	131810	[0.14]	162199	[0.14]
देश में क्षेत्र का %	631849	[7.52]	815014	[7.60]	1106801	[7.78]	1296925	[7.52]
(ख) दिल्ली	18685	[1.07]	29269	[1.10]	43720	[1.07]	61609	[0.99]
चंडीगढ़	575	[1.07]	867	[0.72]	2504	[0.97]	4470	[0.98]
हरियाणा	4317	[0.07]	7378	[0.09]	9802	[0.09]	12215	[0.09]
हिमाचल प्रदेश	2171	[0.89]	3274	[0.11]	3556	[0.10]	3954	[0.09]
देश में क्षेत्र का %	25748	[0.31]	40788	[0.38]	59582	[0.42]	82248	[0.47]

सांस्कृतिक क्षेत्र और राज्य	1951		1961		1971		1981	
	संख्या	%	संख्या	%	संख्या	%	संख्या	%
5. सुदूर उत्तर								
जम्मू और कश्मीर	—	—	—	—	—	—	7015	[0.14]
पंजाब	9212	[1.00]	138907	[1.24]	162202	[1.19]	184934	[1.12]
देश में क्षेत्र का %	9212	[0.11]	138907	[1.30]	162202	[1.14]	191949	[3.12]
6. उत्तर-पूर्व								
असम	337953	[4.10]	493641	[4.44]	667151	[4.46]	667151	[4.46]
अरुणाचल प्रदेश	—	—	—	—	364	[0.74]	27306	[4.32]
मणिपुर	63694	[11.84]	152043	[19.49]	279243	[26.03]	421702	[29.67]
मेघालय	149378	[22.66]	270912	[35.21]	475267	[46.97]	702854	[52.61]
मिजोरम	—	—	—	—	—	—	413818	[83.81]
नागालैंड	98068	[46.04]	195588	[52.97]	344798	[66.76]	621590	[80.21]
सिक्किम	—	—	—	—	—	—	7015	[2.21]
त्रिपुरा	5262	[0.82]	10039	[10.87]	15718	[1.01]	24872	[1.21]
देश में क्षेत्र का %	654355	[7.80]	1122223	[10.47]	1782541	[12.53]	2886308	[16.74]
भारत में ईसाइयों की कुल संख्या	8393734	[2.35]	10723560	[2.44]	14223382	[2.60]	17246416	[2.53]
भारत की कुल आबादी	357153382	[100%]	439451489	[100%]	547031272	[100%]	681643043	[100%]

II

भारत में इस समय मिशन की राहें : हमारी सामूहिक खोज

सीबीसीआई कमीशन फ़ॉर प्रोक्लेमेशन
एंड कम्युनिकेशन वर्किंग ग्रुप

* * * * *

पृष्ठभूमिक आलेख

सीबीसीआई की 50वीं सालगिरह (1944-1994) मनाने के लिए तथा ऑल इंडिया कंसल्टेशन ऑन चर्च इन इंडिया टुडे (1969) के 25 साल बाद पुणे के ईशवाणी केंद्र में 4-14 जनवरी, 1994 के सम्मेलन में प्रस्तुत।

* * * * *

यह आलेख ऑल इंडिया कंसल्टेशन ऑन पाथ्स ऑफ़ मिशन इन इंडिया टुडे की प्रस्तावना के रूप में तैयार किया गया है। इसके चार हिस्से हैं :

I. आज के भारत की वास्तविक स्थिति,
II. भारत में कैथोलिक चर्च की मिशन संबंधी हक़ीकतें,
III. उत्तर-वैटिकन कालीन नई स्थितियाँ, और
IV. भविष्य के लिए स्थिति-निर्धारण।

भारत में ईसाई धर्म-प्रचारतंत्र

भाग I : आज के भारत की वास्तविक स्थिति

परिचय

1. हम मिशन की राहों की खोज देश की मौजूदा वास्तविकताओं से शुरू करते हैं, क्योंकि हमारी जनता की चिंताएँ चर्च की चिंताएँ हैं। हम प्रारंभ यह देखने से करें कि जनता कहाँ पर है, न कि हम कहाँ पर हैं। "इस युग के लोगों", ख़ासक़र ग़रीबों या किसी भी रूप में पीड़ित लोगों की खुशियाँ और आशाएँ, कष्ट और चिंताएँ ईसामसीह के अनुयायियों की खुशियाँ और आशाएँ, कष्ट और चिन्ताएँ हैं। (जीएस. संख्या 1)। हम रोशनी और अंधकार ताक़त और दुर्बलताएँ देख रहे हैं। हम विभिन्न जातियों और धर्मों, संस्कृतियों और परंपराओं, आर्थिक, राजनीतिक और सामाजिक ढाँचे वाले एक समृद्ध तथा उलझन भरी विविधताओं वाले राष्ट्र की सम्पूर्ण जीवन-स्थिति का विश्लेषण करना चाहते हैं।
2. हमारा विश्वास है कि "समय की पुकार को सुनकर और गॉस्पेल की रोशनी में उसकी व्याख्या कर" (जीएस. संख्या 4) ही हम अपने लिए ईश्वर की इच्छा जान सकते हैं। हमारा विश्वास है कि ईसामसीह की आत्मा हमें अधिक विश्वसनीय, प्रासंगिक एवं गतिशील मिशन के रूपों की ओर ले जाएगी। जिस मिशन के लिए हम अभिषिक्त किए गए और भेजे गए हैं वह अपनी मातृभूमि की घटनाओं और स्थितियों पर रोशनी डालने का मिशन है, हमारे देश के 890,000,000 लोगों की इच्छाओं और अपेक्षाओं को पूरा करने का मिशन है। हम आश्वस्त हैं कि दूसरे धर्मों तथा विचारधाराओं वाले भाइयों और बहनों के साथ संविधान निर्मात्री सभा द्वारा भारतीय संविधान की प्रस्तावना में व्यक्त किए गए संकल्पों को कार्यान्वित करने के लिए हम सक्रिय भूमिका अदा करेंगे :

   "हम भारत के लोग, भारत को एक संपूर्ण प्रभुत्वसंपन्न समाजवादी, पंथनिरपेक्ष लोकतंत्रात्मक गणराज्य बनाने के लिए तथा उसके समस्त नागरिकों को सामाजिक, आर्थिक और राजनीतिक न्याय, विचार, अभिव्यक्ति, विश्वास, धर्म और उपासना की स्वतंत्रता, प्रतिष्ठा और अवसर की समता प्राप्त कराने के लिए, तथा उन सबमें व्यक्ति की गरिमा और राष्ट्र की एकता और अखंडता सुनिश्चित करने वाली बंधुता बढ़ाने के लिए दृढ़-संकल्प होकर अपनी इस संविधान सभा में आज तारीख़ 26 नवंबर, 1949 ई. को एतद् द्वारा इस संविधान

को अंगीकृत, अधिनियमित और आत्मार्पित करते हैं।"

3. न्याय, स्वतंत्रता, समता और भ्रातृत्व के संकल्प को क्रियान्वित करने का हमारा प्रयास ईश्वर की योजना को पूरा करने का ही एक तरीक़ा है। यह योज़ना सिर्फ ईसाइयों की चिंता नहीं है, यह सबका मिशन है, क्योंकि हम सब मिलकर एक समुदाय बनते हैं; हम सभी उसी प्रेममय ईश्वर की संतान हैं, हमारा उद्गम एक ही है और हम एक ही गंतव्य के पथिक हैं : ईश्वर में पूर्णता का जीवन (एनए I)।
4. अपने लिए, अपने देश तथा संसार के लिए ईश्वर के तरीक़े तलाशने में हम ईसामसीह के गॉस्पेल तथा सर्वजनीन चर्च में विश्वास से प्राप्त अनुभव के द्वारा संचालित होते हैं, "क्योंकि विश्वास सभी चीजों को प्रकाशित करता है और पुरुषों तथा स्त्रियों के लिए ईश्वर द्वारा निर्धारित आदर्श का ज्ञान देता है। इस तरह यह पूर्णतः मानवीय समाधानों की ओर मन को निर्देशित करता है।" (जीएस. 11)
5. हम ईसामसीह के चर्च के सदस्य के रूप में यह तलाश करते हैं। यह सिर्फ़ एक समाजशास्त्रीय घटना नहीं है, बल्कि ईसामसीह के शिष्यों का वह समुदाय है जो उनकी आत्मा से अनुप्राणित होता है और उनके मेल-मिलाप की मुक्तिदायिनी शक्ति तथा प्रत्येक व्यक्ति के लिए उनके करुणापूर्ण प्रेम को मूर्त्तरूप देता है। इसलिए हमारा प्रथम कर्तव्य सिर्फ सामाजिक विश्लेषण करना नहीं है; हम ईसामसीह के उपदेशों तथा विश्व में ईश्वर का शासन स्थापित करने के चर्च के दायित्व के प्रकाश में पूरी विनयशीलता के साथ अपने कर्तव्य का निर्वाह करने के लिए आमंत्रित हैं। हम उन तरीक़ों को स्पष्टता के साथ जानना चाहते हैं जिनके कारण हम आत्मा की प्रेरणाओं के प्रति अधिक अभिमुख होंगे। यह आत्मा हमें मानवजाति के लिए एक सच्चे भविष्य के लिए काम करने की प्रेरणा देती है।

हमारे राष्ट्र की ताक़तें और कमज़ोरियाँ

6. आज़ादी के समय से ही भारत कल्पनाशक्ति और साहस के साथ संविधान में उल्लिखित आदर्शों की ओर अग्रसर हुआ है। इसके साथ ही, हमारी कुछ सीमाएँ और दुर्बलताएँ भी चिंताजनक ढंग से हमारे सामने उजागर हुई हैं। इसी संदर्भ में हम अपने से यह प्रश्न पूछते हैं : चर्च का मिशन क्या है? हमारी वाणी किस प्रकार हमारे गुरु की तरह भविष्य का संकेत

दे सकती है?

7. यह कोई छोटी-मोटी बात नहीं है कि हमारी प्रजातांत्रिक शासन-प्रणाली पिछले पचास वर्षों से क़ायम है। हमारे प्रेस को अविश्वसनीय आज़ादी प्राप्त है और इसने हमारी जनता की चेतना जगाने, सुरक्षा को मज़बूत करने, प्रजातंत्र को बढ़ावा देने तथा हमारी सरकार तथा प्रशासन को अपने कर्तव्य के निष्पादन में महत्त्वपूर्ण भूमिका अदा की है।
8. भारत ने उद्योग-धंधों में काफ़ी प्रगति की है। शायद ही कोई ऐसा उत्पाद है जो हमारे देश में नहीं बनता हो। हमारे वैज्ञानिक अद्वितीय हैं। उनमें से कुछ तो मुल्क से बाहर चले गए हैं, लेकिन दूसरों ने हमारे उद्योग को ऐसी वस्तुओं के उत्पादन में मदद की है जिनकी माँग सारे संसार में है। एक वैज्ञानिक मिज़ाज अभी भी विकसित होना बाकी है। प्रसन्नता की बात है कि भारत विश्व की अर्थव्यवस्था में भागीदार बन गया है, किंतु यह हमारा पैग़ंबरी मिशन है कि हम बहुराष्ट्रीय कंपनियों के फैलते शिकंजे और उनकी माली हवस पर अंकुश लगाएँ। शहरों में बढ़ती बेरोज़गारी की दृष्टि से उद्योगों का विस्तार श्रमिकोन्मुखी होना आवश्यक है।
9. मन में पवित्रता का भाव तथा यथार्थ के प्रति समग्र दृष्टि हमारे देश और हमारे लोगों की बुनियादी ताक़त है। धर्म और संस्कृति में, पवित्र तथा लौकिक में शायद ही कोई भेद किया जाता है। संबंधों में सौहार्दता तथा जीवन और पारस्परिक क्रियाओं में सामुदायिक दृष्टि हमारे देश की जनता की विशेषताएँ हैं। जन्म और परंपरा से हमारे मन में प्रकृति के लिए, हमारा भार ढोने और पालन करने वाली धरती माँ के प्रति, प्यास बुझाने वाली सरिताओं के प्रति और जंगलों, नदियों तथा पर्वतों के प्रति आदर का भाव है। प्रकृति हमें प्रार्थना के लिए समय और स्थान बतलाती है। आवश्यक है कि सभी नागरिकों को पर्यावरण के प्रति जागरूक किया जाए, इस पृथ्वी रूपी उपग्रह को सुरक्षित रखने की शिक्षा दी जाए क्योंकि यहीं हमारा घर है। हमारे सारे क्रियाकलाप की एकमात्र कसौटी आज के और भविष्य के मानव जीवन की गुणवत्ता को बढ़ाने की होनी चाहिए। जनसंख्या के तीव्र विस्फोट, वनों की अंधाधुंध कटाई और गलाघोंट आर्थिक होड़ के कारण हमारी भावी पीढ़ी के सामने ख़तरे पैदा हो गए हैं। हम ऐसे गैर-ज़िम्मेदार परियोजनाओं और उद्योगों को अभी भी प्रश्रय दे रहे हैं जिनसे पर्यावरण बुरी तरह प्रभावित हो रहा

है और जिन्हें संपन्न देश छोड़ चुके हैं।

10. कट्टरपंथी और सांप्रदायिक संगठनों तथा आंदोलनों एवं अतीत तथा वर्तमान में हिंसक विस्फोटों के बावजूद सहिष्णुता हमारे उपमहाद्वीप की ताक़त रही है। विभिन्न जातियों, भाषाओं और धर्मों के स्त्री-पुरुष शांति और सौहार्द के साथ रह रहे हैं। हमने दूसरों को असहमति की अनुमति दी है और संविधान में उल्लिखित आदर्शों एवं निर्देशों के आलोक में हम एक राष्ट्र के रूप में कार्य कर रहे हैं। हाल की सांप्रदायिक घृणा एवं हिंसा के विस्फोटों में भी जनसाधारण ने सही भारतीय प्रकृति एवं आत्मा का अनुकरणीय उदाहरण प्रस्तुत किया है। वचन और कर्म से हम सभी कट्टरपंथी एवं सांप्रदायिक रुझानों का प्रतिरोध करते हैं। हमारी आस्था धर्म-निरपेक्षता में है और हम सभी धर्मों का समान आदर करते हैं। धर्म और जाति के आधार पर किसी के साथ कोई भेद-भाव नहीं किया जाता।

11. हम सभी लोगों के मानवीय अधिकारों का सम्मान करते हैं और उन्हें संविधान में पूरी तरह संरक्षित पाते हैं। राष्ट्रीय एवं अंतर्राष्ट्रीय स्तरों पर हमारी सरकार तथा अनेक स्वयंसेवी संस्थाएँ प्रत्येक तथा सभी के मौलिक अधिकारों को सुरक्षा प्रदान करते हुए अपने खुलापन और सहिष्णुता की विरासत के प्रति न्याय बरतती हैं। फिर भी, हम इस बात से वाकिफ़ हैं कि बहुतों के अधिकारों का उल्लंघन होता है, जैसा कि नारी संगठन, दलित आंदोलन तथा जनजातीय मुक्ति आंदोलन ज़ाहिर करते हैं।

12. भारत अपने समृद्ध सांस्कृतिक विरासत पर गर्व कर सकता है। हाल के एक मानवशास्त्रीय सर्वेक्षण से पता चला है कि देश में 5249 सांस्कृतिक समुदाय हैं। चूँकि धर्म और संस्कृति घनिष्ठ रूप से जुड़े हुए हैं, प्रभावशाली समुदाय अपनी परंपरा और धर्म को एकमात्र सही परंपरा और धर्म मानकर दूसरों पर उन्हें लादने की कोशिश करते हैं और 'छोटी-मोटी परंपराओं' पर दबाव बढ़ जाता है। यह नितांत आवश्यक है कि प्रत्येक समूह, चाहे वह जितना भी छोटा हो, की सांस्कृतिक एवं धार्मिक पहचान क़ायम रखी जाए और यह बतलाया जाए कि किस प्रकार प्रत्येक समूह भारतीय संपदा में वृद्धि लाता है।

हमारी जनता की आवश्यकताएँ

13. अब हम अपने देश की कुछ ज़्यादा गंभीर समस्याओं और अनिवार्य

आवश्यकताओं की समीक्षा करते हैं। ऐसा हम किन्हीं विशेष समूहों या व्यक्तियों को दोष देने के लिए नहीं, बल्कि अपने को, अपने देश और अपने चर्च को संबोधित करने के लिए करते हैं। हम प्रौढ़ नागरिकों की हैसियत से अपनी समस्याओं एवं आवश्यकताओं को सही ढंग से पहचानने, अपनी प्राथमिकताएँ तय करने, उनके मूल कारणों को समझने और यह सुनने के इच्छुक हैं कि आज के संदर्भ में पवित्र आत्मा हमें और हमारे चर्चों को क्या दिशा-निर्देश दे रही है।

14. हमारी जनता का एक बड़ा हिस्सा ग़रीब है। इस वक़्त लगभग 40% आबादी, अर्थात् लगभग 35 करोड़ लोग ग़रीबी रेखा पर अथवा उसके नीचे जी रहे हैं। व्यवहार में, अनुसूचित जातियाँ और अनुसूचित जनजातियाँ अधिकांशतः इस वर्ग में आती हैं। उनमें अधिकांश कुपोषित, पर्याप्त वस्त्र एवं आवास से रहित, भूमिपतियों के बंधुआ मजदूर, महाजनों के कर्जदार, अशिक्षित, बेरोज़गार अथवा अर्द्ध-रोज़गारी और असंगठित हैं। 30-35% आबादी, अर्थात् 25-30 करोड़ लोग निम्न मध्यम वर्ग के हैं। उन्हें दोनों शाम की रोटी जुटाने के लिए बहुत कड़ी मेहनत करनी पड़ती है, लेकिन उनके पास काम भर भोजन, वस्त्र एवं आवासीय सुविधा होती है वे शिक्षित तथा रोज़गारी भी हैं। संगठित श्रमिक, छोटे दुकानदार एवं किसान इस वर्ग में आते हैं। नव-धनाढ्य देश की आबादी के क़रीब 15 प्रतिशत अर्थात् 15 से 20 करोड़ लोग हैं। इस श्रेणी में सफल व्यापारी, बड़े किसान और उच्च सरकारी पदाधिकारी शामिल हैं। लगभग 10% यानी क़रीब 9 करोड़ लोग काफी संपन्न हैं और लगभग बैठे-ठाले सारी चीज़ों का सर्वोत्तम प्राप्त कर लेते हैं।

15. एक ओर ग़रीबों के लिए, जो सूती कपड़े ही ले सकते हैं, 1958-1965 की अपेक्षा 1980-85 की अवधि में वार्षिक ज़रूरत से 26% कम वस्त्र उपलब्ध था, वहीं धनियों के पास आवश्यकता से 200% अधिक सिंथेटिक वस्त्र उपलब्ध थे। वस्त्र उद्योग ग़रीबों के लिए सूती कपड़ा बनाने की अपेक्षा मध्यम तथा उच्च वर्गों के लिए सिंथेटिक कपड़ा बनाने में कहीं ज़्यादा मुनाफ़े की उम्मीद रखता है।

16. यही हाल आवास का भी है। अनुमान है कि आवासीय गृहों की कमी 1988 में 1 करोड़ 88 लाख थी वह नई सहस्राब्दी के प्रारंभ में 3 करोड़ पर चली जाएगी। धनी लोग जहाँ सुसज्जित फ्लैट तथा बंगले एवं विशाल

अहाते बनवाते हैं, ग़रीब लोग एक कोठरी वाले चालों में, नाली-पाइपों में अथवा बड़े शहरों के खड़ंजों पर गुजारा करते हैं। ग़रीब परिवारों में घरों की भारी कमी के कारण जो कष्ट एवं तनाव बने रहते हैं उनका अंदाज़ा लगाना मुश्किल नहीं है। राष्ट्रीय पंचवर्षीय योजनाओं में ग्रामीण और शहरी क्षेत्रों में गृह-निर्माण हेतु आबंटित राशि का 60% से अधिक हिस्सा खर्च नहीं हो पाता। इससे पता चलता है कि ग़रीबों के गृह निर्माण के प्रति सरकार कितनी अकर्मण्य है!

17. स्वास्थ्य एक ऐसा उद्योग बन गया है जो मुख्य रूप से संपन्न वर्ग की ज़रूरतों को ही पूरा करता है। ग़रीब आदमी शायद ही एक निजी अस्पताल अथवा किसी निजी डॉक्टर के पास जाने की हिम्मत कर सकता है। 75% भारतीय गाँवों में रहते हैं, किंतु वहाँ 25 से 30 प्रतिशत चिकित्सा-सुविधा ही उपलब्ध है। ईसाई चिकित्सा सुविधाएँ मात्र 40% ही गाँवों में उपलब्ध हैं। स्वच्छ जल तथा न्यूनतम सफ़ाई सुविधाएँ, जो स्वस्थ रहने के लिए नितांत आवश्यक हैं, बड़े शहरों के सिर्फ सुविधा-संपन्न मुहल्लों में ही उपलब्ध हैं। अनेक ग्रामीण औरतें, विशेषकर गर्मी के दिनों में पानी के लिए मीलों की दूरी तय करती हैं।

18. अनेक साक्षरता अभियानों तथा उनके लिए हज़ारों शिक्षकों तथा विकास के काम में लगे कर्मचारियों को प्रशिक्षण देने के बावजूद निरक्षरों की संख्या लगातार बढ़ती गई है। भारतीय संविधान के द्वारा प्रतिज्ञात 14 वर्ष के बच्चों की अनिवार्य निःशुल्क शिक्षा अधिकांश ग्रामीण बच्चों के लिए अभी भी एक सपना है। यह देखकर कष्ट होता है कि प्राथमिक शिक्षा पर पंचवर्षीय योजनाओं में प्राथमिकता घटती गई है और विश्वविद्यालय शिक्षा के लिए आबंटित राशि बढ़ाई जाती रही है। इस प्रकार, प्रथम पंचवर्षीय योजना में जहाँ शिक्षा बजट का 56% प्राथमिक शिक्षा के लिए था वह छठी पंचवर्षीय योजना में घटकर 36% पर आ गया, जबकि विश्वविद्यालय शिक्षा का बजट 9% से बढ़कर 16% पर चला गया है। 5 वर्ष की आयु से ऊपर आबादी के आधे से अधिक लोग अभी भी निरक्षर हैं।

19. बेरोज़गारों तथा अर्द्ध-रोज़गारियों की फ़ौज लगातार बढ़ रही है। बंधुआ मजदूर ज़मींदारों तथा शोषकों की दया के पात्र बने हुए हैं और बाल-श्रम की प्रथा के कारण बच्चे न तो शिक्षित हो पाते हैं न सही माने में वयस्क। सरकारी आँकड़ों के अनुसार बाल-श्रमिकों की संख्या एक

करोड़, 45 लाख से लेकर एक करोड़ 75 लाख के बीच है।

20. अतीत में ग़रीब लोग अपनी ग़रीबी और मुसीबतों को अपना भाग्य अथवा भगवान की मरज़ी मानकर सब्र कर लेते थे और धनी लोग उनके इस सब्र का इस्तेमाल अपने फ़ायदे के लिए करते थे। इस तरह की व्याख्या हमारे लोगों के सरल विश्वास का अपमान है, जैसाकि पोप जॉन पॉल II ने अलगाडोस (ब्राजील) के झुग्गी-झोंपड़ी निवासियों को बतलाया था।

> ऐसा मत कहो कि यह ईश्वर की इच्छा है कि तुम ग़रीबी, बीमारी, गंदे घर में रहो; मानवीय गरिमा के यह सर्वथा प्रतिकूल है। मत कहो कि "ईश्वर की यही मरजी है।"
>
> आस्था कहती है कि यह ईश्वर की इच्छा नहीं है कि उसकी संतान अमानवीय जीवन जिए। ईश्वर की इच्छा यह है कि प्रत्येक व्यक्ति, जहाँ तक संभव हो, अपना कद ऊँचा उठाए। वह एक दयालु तथा भला पिता है (तुलना करें, मैथ्यू 6.25 और 7.11), अपनी जड़ता एवं निष्क्रियता का बहाना नहीं ढूँढ़ो, साहस के साथ उद्यम करो (ला, ऑसरवाटो रोमानो, अंगरेज़ी संस्करण, 1980, संख्या 27-30)।

एक संघटनकारी सूझ

21. हमारी जनता की आस्था के बुनियादी अनुभवों ने संविधान निर्मात्री सभा के सदस्यों को साहस के साथ राष्ट्र के निर्माण हेतु नीतियाँ बनाने और संविधान की प्रस्तावना में उसे उद्घोषित करने के लिए आवश्यक संघटक तत्त्व प्रदान किए। विभिन्न विचारधाराओं, जैसे जनतांत्रिक समाजवाद, उदार पूँजीवाद, मार्क्सवाद, ने हमारे साथी नागरिकों को इस सपने को साकार करने और संविधान में उल्लिखित आदर्शों को क्रियान्वित करने के लिए रणनीतियाँ बनाने और उन्हें लागू करने के लिए प्रयत्न करने हेतु गतिशील बनाया।

22. लोगों तथा राजनीतिक दलों को प्रभावित करने वाले विभिन्न रुझानों और धाराओं को हम पहचान सकते हैं। इस विशेष घड़ी में अपने देश के इतिहास में दो धाराएँ हमारा ध्यान तीव्रता से आकर्षित करती हैं। वे हैं : धार्मिक कट्टरता और संप्रदायवाद।

23. धार्मिक कट्टरता के लक्षण आज प्रायः सभी धर्मों में पाए जाते हैं। यह

विशेष पवित्र ग्रंथों और/अथवा समादृत परंपराओं की शाब्दिक व्याख्या पर आधारित एक आत्मरक्षात्मक प्रतिक्रिया है। चूँकि विभिन्न धर्मों—हिंदू, इस्लाम, ईसाई, सिख, इत्यादि—के ढेरों लोग आधुनिक युग की जटिलताओं तथा घोर प्रतिस्पर्द्धात्मक विश्व में अपने को उलझा पाते हैं, ये कट्टरपंथी एक उन्मादपूर्ण 'हम-भाव' पैदा कर एक स्पष्ट धार्मिक पहचान प्रदर्शित करते हैं। वे धर्म की अपनी संकीर्ण एवं दकियानूसी व्याख्या जीवन के प्रत्येक क्षेत्र में लादना चाहते हैं।

24. संप्रदायवाद एक ऐसे ख़ास धार्मिक समुदाय के सर्वोत्तम स्वार्थों की सुरक्षा एवं प्रोत्साहन के द्वारा फैलता है जो एक वास्तविक या काल्पनिक दुश्मन से ख़तरा महसूस करता है। यह दूसरे धर्मों अथवा विदेशियों के खिलाफ़ खड़ा होता है और तनाव, संदेह तथा दंगे भड़काता है। यह अपने अनुयायियों के भय का नाजायज़ फ़ायदा उठाता है, अपने स्वार्थों की रक्षा करना, अपने समुदाय को मज़बूत करना सिखाता है। राष्ट्र को एकताबद्ध करने के बजाय यह मातृभूमि को विभाजित करता है, इसे टुकड़ों में बाँट देता है।

25. अपने देश में इस समय दो बड़े सत्ता-संघर्ष हमारे देश की एकता और भारतीय संविधान द्वारा प्रदत्त समता एवं स्वतंत्रता के लिए ख़तरा पैदा कर रहे हैं। वे हैं :
    (क) विभिन्न जातियों/उप-जातियों तथा दलितों/जनजातियों के बीच सामाजिक-आर्थिक संघर्ष; और
    (ख) हिंदू सांप्रदायिक ताक़तों का राजनीतिक सत्ता हथिया लेने तथा अल्पसंख्यकों पर अपने मत एवं रीति-रिवाजों को थोपने की योजना।

26. हमारा कर्तव्य है कि हम अपने संविधान के सपनों को साकार करने तथा इसमें उल्लिखित न्याय, स्वतंत्रता, समता और एकता को लाने के लिए ईमानदारी से प्रयास करें। इस लक्ष्य को ध्यान में रखते हुए हम अपने मिशनरी दायित्वों और उसके ठोस तरीक़ों पर विचार करेंगे।

प्रश्न

I. आज के भारत में जो हालात हैं उनके मद्देनज़र चर्च का भावी मिशन क्या है?

II. गॉस्पेल के मूल्यों तथा संविधान के आदर्शों के आलोक में अपनी

प्राथमिकताएँ तय करो और मिशन के लिए उन प्राथमिकताओं की सूची को प्रमाणित करो।

भाग II : भारत में कैथोलिक चर्च की मिशन संबंधी हक़ीकतें

क्षेत्रीय अथवा अखिल भारतीय दृष्टिकोण

27. अपने देश में चर्च के मिशन पर विचार करने के लिए हमें कैथोलिक समुदायों की वास्तविक स्थिति से आरंभ करना होगा। पिछली सदी में हम अखिल भारतीय चर्च की आवश्यकताओं तथा सामूहिक मिशनरी दायित्वों से अवगत हो चुके हैं। फिर भी भारत विभिन्न जातियों, संस्कृतियों तथा सामाजिक समुदायों की जटिलताओं से भरा एक उपमहाद्वीप है। इसलिए देश के विभिन्न भागों में चर्च के भी अलग-अलग लक्षण हैं। ये भिन्नताएँ उनकी ऐतिहासिक उत्पत्ति, लोगों की जातीय तथा सांस्कृतिक पृष्ठभूमि, उनकी आर्थिक तथा कार्मिक आत्म-निर्भरता से जुड़ी हुई हैं।
28. इसलिए हम चार बड़े गिरजाघरों, जो मिलकर भारत में चर्च का निर्माण करते हैं, की बारी-बारी से चर्चा करना पंसद करते हैं :
    (क) साइरो-मालाबार तथा साइरो-मालांकार अनुष्ठानों वाला केरल में सीरियाई ईसाई समुदाय;
    (ख) पैड्रोआडो चर्च जो केरल से चलकर संपूर्ण भारत में फैल गया और जो लैटिन राइट धर्म-प्रदेशों में मूर्त्त हुआ है;
    (ग) मध्य भारत तथा उत्तर-पूर्व में जनजातीय चर्च;
    (घ) दलित चर्च जिनका उद्गम पैड्रोआडो तथा प्रोपेगैंडा फ़िडे अवधि में हुआ है।
29. हम इन चर्चों का खाका खींचने से इसलिए नहीं प्रारंभ कर रहे हैं कि हमें भारत के चर्च में विभेदों पर बल देना है। इसके विपरीत ऐसा करने के पीछे हमारा उद्देश्य यह है कि हम उनकी पैग़ंबरी भूमिका पर विचार करें और देखें कि भारत में चर्च के विकास तथा इसके मिशन में उनके क्या अंशदान रहे हैं। प्रत्येक चर्च ईसामसीह द्वारा उद्घोषित ईश्वर का साम्राज्य स्थापित करने में अपने निजी तौर पर सहयोग करता है। प्रत्येक चर्च को अपने संसाधनों का विकास एवं उपयोग ,अपने प्रतिवेश में ही नहीं करना है, बल्कि भारत में चर्च के सामूहिक मिशन को ध्यान में रखकर भी करना है। प्रत्येक चर्च का यह अधिकार और कर्तव्य है

कि वह 'समुदायों के भाईचारे' के रूप में चर्च के नए सपने को साकार करे (एफएबीसी, बांडुंग प्रकथन, 1990, संख्या 8)।

30. जब हम चर्चों के मतभेदों के साथ-साथ उनके सामूहिक पैग़ंबरी मिशन पर बल देते हैं, तो हम इस बात के प्रति भी सावधान होते हैं कि एक अखिल भारतीय गतिशास्त्र पहले से ही सक्रिय है। हम पाठकों का ध्यान सीबीसीआई के कार्य, इसके सचिवालय तथा विभिन्न सीबीसीआई आयोगों और संस्थाओं के अंशदान की ओर आकृष्ट करते हैं। हम कान्फ्रेंस ऑफ़ रिलिजस ऑफ़ इंडिया (सीआरआई), जो धार्मिक जीवन के सामूहिक सपने और सीबीसीआई के साथ सहयोग के लिए प्रतिबद्ध है, की तरफ़ पाठकों का ध्यान आकृष्ट करते हैं। मिशनरी कार्मिकों की भरती और प्रशिक्षण, उनकी देश के विभिन्न कोनों में नियुक्ति एवं स्थानांतरण के कारण आपसी संबंधों का एक जाल-सा बिछ गया है। फिर भी हम यह स्वीकार करते हैं कि धर्म प्रदेशों के बीच तथा विभिन्न जातीय समुदायों के बीच इन संपर्कों को और ज़्यादा मज़बूत बनाने की ज़रूरत है।

साइरो-मालाबार चर्च तथा केरल के बाहर इसका मिशन

31. भारत का सबसे पुराना चर्च केरल का साइरो-मालाबार चर्च है। लगभग 62% केरल के कैथोलिकों तथा भारत के कैथोलिकों की एक चौथाई से संघटित यह प्रथम चर्च कहा जा सकता है। द्वितीय वैटिकन परिषद् के पूर्व केरल से बाहर इस चर्च का कोई मिशनरी ज़ोर नहीं था। परिषद् के बाद ओरिएंटल चर्चों का उत्तरी भारत में ज़बर्दस्त मिशनरी आंदोलन चला है। साइरो-मालाबार चर्च के आठ धर्म-प्रदेश और एक एपार्की उत्तर भारत में हैं। इस चर्च की अनेक महिला धार्मिक सभाओं ने केरल के बाहर मिशनरी कार्य किया है। विदेशी मिशनों में जाने वाले मिशनरियों की संख्या बढ़ रही है।

32. केरल के अंदर ही धर्मांतर के कुछ उदाहरण, ख़ासकर त्रिवेन्द्रम और चंगनचेरी के महाधर्म प्रदेश में नाडारों का, मिलते हैं। परिवार नवीकरण आंदोलन, बुनियादी ईसाई समुदाय, युवा आंदोलन, प्रार्थना सभाएँ, करिश्माई आंदोलन इत्यादि इसके अन्य रूप हैं। आज के चर्च जीवन में करिश्माई आंदोलन का एक ख़ास महत्त्व है। बड़ी संख्या में ग़ैर-ईसाई भी करिश्माई प्रार्थना सत्रों तथा आध्यात्मिक साधनाओं में भाग ले रहे हैं। कहीं-कहीं

तो इसने धर्मांतरण में भी सहयोग किया है।

33. 1932 में साइरो-मालांकार चर्च की सभा एक ऐतिहासिक घटना थी। संख्या की दृष्टि से तो यह छोटी है (केरल कैथोलिकों का मात्र 6%), लेकिन यह प्राचीन प्राच्य परंपरा का मूर्त्त रूप है।

34. लगभग एक तिहाई कैथोलिक लैटिनराइट के हैं। 16वीं सदी में पुर्तगाली मिशनरियों से सामना होने के पहले वे ओरिएंटल चर्च से जुड़े थे। पारस्परिक तालमेल की ईसाई भावना के कारण ये सारे चर्च हमारे देश में ईसामसीह के एकल मिशन में मिल-जुलकर काम करते हैं।

पैड्रोआडो मिशन

35. पुर्तगाली मिशनरियों के आगमन से 16वीं सदी के प्रारंभ में द्वितीय चर्च का प्रादुर्भाव हुआ। उनके मिशनरी क्रियाकलाप औपनिवेशिक सत्ता के संरक्षक पैड्रोआडो पद्धति के तहत संचालित होते थे। संपूर्ण पश्चिमी तथा पूर्वी तट–गोआ, बेसीन, कोरोमंडल तथा मालाबार तट–पर इन मिशनरियों ने उच्च वर्ण, विशेषकर गोआ में तथा मछुआरों में बड़ी संख्या में धर्मांतरण का काम किया। गोआ की आबादी का 40% धर्मांतरित किया गया। लेकिन 1560 और 1652 के बीच में राजनीतिक हिंसा तथा अन्य प्रलोभनों का इस्तेमाल इस कार्य के लिए हुआ। 1951 में गोआ की आबादी का 36% कैथोलिक था, लेकिन प्रव्रजन और आप्रवासन के कारण यह 1991 में घटकर 30% हो गया।

36. पुर्तगाली उद्‌गम के कारण गोआ, बंबई, मंगलोर तथा दूसरे क्षेत्रों के चर्च, जहाँ लगभग 10% कैथोलिक हैं, के लक्षण ही भिन्न हो गए हैं। अपने मिशनरियों (बिशपों, पुजारियों, सिस्टर्स तथा ब्रदर्स) के माध्यम से इसने भारत के अनेक धर्म-प्रदेशों पर अपना प्रभाव छोड़ा है। उत्तर-वैटिकन काल के अनेक नेता इस चर्च से आए हैं। प्रथम और तृतीय चर्चों के सदस्य धीरे-धीरे अखिल भारतीय दायित्वों का निर्वाह कर रहे हैं। पिछले दशकों में द्वितीय चर्च से बुलाहटें घटी हैं जबकि प्रथम तथा तृतीय चर्चों से बुलावे में वृद्धि हुई है।

37. तथापि, द्वितीय चर्च में मिशनरी से अभी भी लपटें उठ रही हैं। 'द सोसायटी ऑफ पिलर' एक देशज मिशनरी सभा है जो देश में तथा देश के बाहर ज़रूरतमंद चर्चों को सहायता करती है। गोआ के धर्म-प्रदेशों के अनेक पुजारी मिशनरी के रूप में दक्षिण अमेरिका भेजे गए हैं। मंगलोर के

धर्म-प्रदेश ने हैदराबाद धर्म-प्रदेश में बिदार मिशन को अपना लिया है, जबकि बंबई के महाधर्म प्रदेश ने पंजाब को अपनी मिशनरी सेवा उपलब्ध कराई है। इन उत्साहवर्द्धक प्रयत्नों के आलोक में दक्षिण के अधिक मज़बूत धर्म-प्रदेश उत्तर के नए चर्चों को सहायता देने के लिए प्रेरित किए जा सकते हैं। प्रत्येक बिशप तथा हरेक धर्म-प्रदेश के द्वारा जरूरतमंद चर्चों की सहायता के लिए तत्परता से ज़ाहिर होता है कि सारी निजी विशेषताओं के बावजूद भारत में सिर्फ एक चर्च है और हम एक ही विश्वजनीन चर्च के साथ जुड़े हैं।

आदिवासी/जनजातीय मिशन

38. भारत में तीसरा चर्च युवा है। इसका जन्म 19वीं सदी के मध्य के मिशनरी उद्यमों से हुआ था। यह छोटानागपुर के विशाल आदिवासी चर्च, उत्तर-पूर्व के जनजातीय मिशन और राजस्थान, मध्यप्रदेश, गुजरात, महाराष्ट्र और कुछ अन्य अंचलों के छोटे-छोटे जनजातीय ईसाई समुदायों से मिलकर बना है।

39. आदिवासी चर्च : एक सदी के अधिक पहले, जब छोटानागपुर आदिवासी क्षेत्र में मिशनरी कार्य शुरू हुए, उस समय 50 से भी कम कैथोलिक वहाँ थे। बेलजियम के जेसुइट मिशनरियों के द्वारा इस क्षेत्र के शोषित-पीड़ित आदिवासियों के बीच सामूहिक धर्मांतरण अभियान छेड़ा गया। सात वर्षों की अल्पावधि में 70,000 आदिवासी ईसाई बन गए। पिछले सौ वर्षों में छोटानागपुर में मिशनरी कार्य से उस क्षेत्र में एक अति जीवंत तथा आत्म-निर्भर चर्च का विकास हुआ है। वहाँ भारत के कुल कैथोलिकों में 9% रहते हैं। बारह आदिवासी बिशपों, बड़ी संख्या में पुजारियों तथा सिस्टर्स वहाँ चर्च के उन्नतिशील रूप को ज़ाहिर करते हैं। आने वाले वर्षों में पुरोहिताई तथा धार्मिक जीवन के लिए इस चर्च से बड़ी संख्या में मिशनरी बुलाए जाएँगे।

40. छोटानागपुर में मिशन का इतिहास आम आदमी के जीवन तथा सामाजिक संरचना दोनों में गॉस्पेल के सुधारने की शक्ति को प्रमाणित करता है। इसके अतिरिक्त, परंपराओं तथा संस्कृतियों को अक्षुण्ण रखा गया और पाश्चात्य सभ्यता और संस्कृति का प्रभाव बहुत कम था। तथापि, आस्थावान ईसाईयों तक पास्तरीय चिंता को सीमित रखने के कारण मिशनरी आंदोलन प्रभावित हुआ है। आज़ादी के पूर्व ऐसा ज़्यादा देखने

में आता था। अधिकांश ऐसा महसूस करते हैं कि उद्घोषणा स्थानीय चर्च की प्राथमिकता नहीं प्रतीत होती। इसके बदले पास्तरीय क्रियाकलाप के माध्यम से चर्च का निर्माण इसकी प्रमुख विशेषता है।

41. उत्तर-पूर्व का जनजातीय चर्च : कुल मिलाकर उत्तर-पूर्व के लोगों ने ईसाइयत का स्वागत दिल खोलकर किया है। आज सात राज्यों में तीन में ईसाई बहुसंख्यक हैं : मिजोरम (83%), नागालैंड (80%), मेघालय (52%)। उत्तर-पूर्व में 70% ईसाई या तो प्रेज़्विटेरियन अथवा बैपटिस्ट हैं। यहाँ कैथोलिक क्षेत्र की ईसाई आबादी का चौथा हिस्सा हैं, और पूरे भारत की ईसाई आबादी के 5.6%। आज़ादी के समय कैथोलिकों की आबादी 60,000 थी, वह 1990 में बढ़कर 7.1 लाख हो गई। यह सालेसियनों के मिशनरी उत्साह के कारण हुआ है। क्षेत्र में मिशनरी आंदोलन बिल्कुल ज़िंदा है। अरुणाचल प्रदेश में सरकारी विरोध तथा निवासी मिशनरियों की कमी के बावजूद लगभग दस हज़ार लोग प्रतिवर्ष ईसाइयत ग्रहण करते हैं। जनसाधारण का गतिशील नेतृत्व इसमें प्रशंसनीय भूमिका अदा करता है।

42. इस क्षेत्र के अधिकांश मिशनरी अभी भी भारत के दूसरे भागों से आते हैं। फिर भी, पुरोहिताई तथा धार्मिक जीवन के लिए बुलावा पहले की अपेक्षा ज़्यादा हो रहा है। 1990 में इस क्षेत्र में प्रथम देशी बिशप हुआ। कैथोलिक तथा प्रोटेस्टैंट दोनों प्रकार के मिशनरी उद्घोषणा में प्रत्यक्ष रूप से लगे हुए हैं और इस क्षेत्र में चर्च का निर्माण करना बहुत महत्त्वपूर्ण कार्य समझा जाता है क्योंकि जनजातियाँ ईसाइयत को आधुनिक जगत की चुनौतियों का मुक़ाबला करने में सक्षम पाती हैं। इसलिए, वे अपने मुख्य धर्म को त्यागने के लिए तत्पर रहती हैं और पुराना धर्म जीवन के प्रत्येक क्षेत्र में आधुनिकीकरण के कारण इस क्षेत्र में तथा अन्यत्र भी तेजी से लुप्त हो रहा है।

दलित चर्च

43. पीड़ित अनुसूचित जाति का ईसाइयत में सामूहिक धर्मांतरण का प्रथम दौर 16वीं सदी में तब शुरू हुआ जबकि पुर्तगाली अधिकारियों तथा मिशनरियों ने तमिलनाडु के कोरोमंडल तट पर दलित पारावारों तथा केरल के तट पर मुखुवारों को संरक्षण देना आरंभ किया। बाद की सदी में पांडिचेरी तथा तमिलनाडु में विभिन्न समुदायों में यह कार्य चलता रहा।

44. 16वीं सदी से दक्षिण भारत में भारतीय समाज के हाशिए पर के लोगों के सामूहिक धर्मांतरण ने नई मिशनरी समस्याएँ खड़ी कर दीं। सख़्त जातीय विभेद से दो भिन्न तौर-तरीक़े वाले दो वर्ग के मिशनरी बन गए। हिंदू जाति की संवेदनशीलताओं के अनुरूप प्रतिक्रिया दिखलाते हुए 17वीं सदी से डीनोबिली, डी ब्रिटो, बेस्ची, डोनार्ड तथा कुछ अन्य उत्साही मिशनरियों ने पोशाक, भोजन, प्रार्थना-स्थल तथा जीवन-शैली में सांस्कृतिक अनुकूलन के नए तरीक़े अपनाए। मिशनरियों तथा संगदिल हिंदुओं के बीच सामाजिक दूरी घटाने तथा तमिलनाडु और आंध्र प्रदेश (कर्नाटिक मिशन) में नया ईसाई समुदाय रचने में उन्हें सीमित सफलता मिली। यह उल्लेख करते कष्ट होता है कि अधिकारियों की विवेकहीनता के कारण (ये अधिकारी स्थानीय स्थिति से अनभिज्ञ इन अगुआइयों की सदिच्छा तथा योग्यता को संदेह की नज़र से देखते थे) इस प्रयोग को बंद कर देने के लिए बाध्य होना पड़ा। एक विधेयात्मक बात, फिर भी, यह रही कि इसने सिद्धांत तथा व्यवहार दोनों में स्थानीय तथा सांस्कृतिक अनुकूलन के तरीक़े अपनाने की आधारशिला रखी।

45. दलितों के सामूहिक धर्मांतरण का दूसरा दौर 19वीं सदी में आंध्र प्रदेश में माला तथा माड़िगा, केरल में पुलाया, महाराष्ट्र में महार तथा मांग, मध्य प्रदेश में भलाई, गुजरात में ढेड़, पंजाब में चूरा तथा यू.पी. और बिहार में चमारों से शुरू हुआ। ये सारी जातियाँ जाति-प्रथा के द्वारा लादी गई सामाजिक-आर्थिक भेद-भावों से आज भी पीड़ित हैं और संविधान तथा समय-समय पर बनने वाले कानूनों से इनकी दशा में शायद ही कोई फ़र्क़ पड़ा है। इसका कारण यह है कि सरकार आधिकारिक तौर पर उन्हें मदद के लिए अर्हतायुक्त नहीं मानती क्योंकि ईसाइयत जात-आधारित भेद-भाव में विश्वास नहीं करता। अतीत में उन्हें बुनियादी आवश्यकताओं—आवास, भूमि, शिक्षा, रोज़गार—उपलब्ध कराकर उनकी दशा को बेहतर बनाने के लिए चर्च के द्वारा किए गए प्रयत्नों ने अधिकांश मामलों में पर-निर्भरता का भाव पैदा कर दिया जिसके फलस्वरूप उनके अंदर मानवीय गरिमा, मौलिक अधिकारों के लिए संघर्ष करने का भाव तथा स्वावलंबी बनने की प्रवृत्ति को और भी धक्का लगा।

46. हमारे देश में कैथोलिकों में आधे दलित हैं जिनके साथ समाज और चर्च दोनों भेद-भाव बरतते हैं। उनकी पहचान के बारे में भ्रम की स्थिति

का पता इसी से चलता है कि उनमें कुछ तो अपने दलितपन को खुलेआम स्वीकार करते हैं किंतु अधिकांश सरकारी लाभ लेने भर ही इसे स्वीकार करते हैं। दलित कैथोलिकों की संख्या घट रही है।

47. तथापि, पिछले कुछ समय से उन दलित ईसाइयों में एक जागरण आया है। इसने उन लोगों के लिए उन चर्चों के सामने, जो "ग़रीबों के लिए शुभ समाचार–बंदियों को स्वतंत्रता–दलितों को मुक्ति–की घोषणा करने" (ल्यूक 4 : 18-9) के लिए भेजे गए हैं। दलित अपने अधिकारों तथा सांस्कृतिक विरासत का दावा ठोकने लगे हैं। क्या हम ईसाई दलितों की इन दूसरे दलितों के साथ एकजुटता में लामबंदी को चर्च तथा समाज में पैग़ंबरी भूमिका का अभ्यास मान सकते हैं?

48. संपूर्ण भारत में कैथोलिकों तथा मिशनरियों का बेहद असमान वितरण भारत में चर्च का एक प्रमुख लक्षण है। उनका सबसे ज्यादा केंद्रीकरण चार दक्षिणी राज्यों में है। वहाँ 68.6% कैथोलिक, 60% पुरोहित, 70% सिस्टर्स तथा 56% सहायक धर्मसंघी हैं। इसके विपरीत हिंदी भाषी क्षेत्रों में यह उपस्थिति बहुत कम है। वहाँ 15% कैथोलिक, 22% पुरोहित, 19% सिस्टर्स तथा 30% सहायक धर्मसंघी हैं। अधिकारी-वर्ग (बिशप, प्रांताधिकारियों), जो मिशनरी कार्मिकों की भरती, गठन, वितरण और नियोजन के लिए जिम्मेदार हैं, को चाहिए कि वे इस असंतुलन को दूर करने के लिए गंभीर और योजनाबद्ध प्रयास करें।

प्रश्न

(i) सुसमाचार प्रचार के वे कौन-से प्रमुख मुद्दे हैं जो क्रमशः प्रथम, द्वितीय, तृतीय और चतुर्थ चर्च में हमारे ध्यान की तीव्र आवश्यकता रखते हैं?

(ii) हम प्रत्येक स्थानीय चर्च की अपनी विशेष जिम्मेदारियों का सम्मान करते हुए पारस्परिक प्रेरणा, तालमेल और प्रोत्साहन को सुदृढ़ किस प्रकार कर सकते हैं और राष्ट्र के कल्याण के लिए हम क्या करें?

(iii) धार्मिक अनेकवाद तथा एक अनूठी आध्यात्मिक विरासत के विशेष अनुभव के साथ हम विश्वजनीन चर्च में कैसे अंशदान कर सकते हैं?

भाग III : वैटिकन II के बाद की स्थितियाँ

घटनाक्रम

उत्तर-वैटिकन II कालीन स्थितियों पर हमारी प्रतिक्रिया

49. *भावात्मक पक्ष :* वैटिकन II द्वारा नवीकरण के आह्वान के बाद स्थितियाँ बदली हैं और इस सिलसिले में हम भी बदले हैं। इसकी प्रतिक्रिया के तौर पर भारत में चर्च ने अपने मिशन के बारे में एक नई सोच, नई जीवंतता विकसित की है। परिषद् द्वारा उद्घाटित चर्च का नया खुलापन और विश्व के साथ संबंध को आरंभ में उत्सुकता भरी उम्मीदों और उत्साह के साथ स्वीकार किया गया। उस समय से हम मिशन की राहों या तरीकों की तलाश में लगे रहे हैं। ऐसा विश्वास बढ़ रहा है कि संदर्भ-विशेष से ही मिशन के रास्ते निर्धारित होते हैं। यह तलाश चर्च की बढ़ती परिपक्वता और उसके सही मायने में स्थानीय चर्च का रूप धारण करने के संकल्प का सूचक है।

50. मिशन के प्रासंगिकीकरण की विकास-प्रक्रिया क़े लक्षण 1961 के भारत में चर्च पर संगोष्ठी में भी पाए जाते हैं। बहुतों ने मिशन के कार्यों को नए ढंग से लेना शुरू कर दिया है। मानवीय गरिमा की रक्षा के लिए जनता की लड़ाई में भागीदारी तथा न्याय के लिए संघर्ष में शिरकत मिशन के तर्कसंगत रूप हैं। ऐसे प्रयासों में आम लोगों की सहभागिता चर्च के मिशन की जीवंतता का सूचक है। इसने जीवंत धर्मों के इस देश में दूसरों के साथ संवाद स्थापित करने का प्रयास किया है।

51. भारत की स्थानीय संस्कृतियों में पूरी दिलचस्पी रखने वाले सही अर्थ में स्थानीय चर्चों—ऐसे चर्च जो भारतीय भी हों और ईसाई भी—का निर्माण भी संपूर्ण चर्च की मिशन, कार्य-सूची और आचरण की एक प्रमुख चिंता है। संक्षेप में, भारत में चर्च ने सुसमाचार-प्रचार की दिशा में नए क़दम उठाए हैं। उपर्युक्त क्षेत्रों में की गई ठोस पहल और मिशन के लिए अपनाए गए रचनात्मक तरीक़ों से प्रमाणित होता है कि मिशन की राहों की तलाश जारी है।

52. *निषेधात्मक पक्ष* : इन सबके बावजूद उलझनें कम नहीं हैं। हमारे मिशन के ईशशास्त्रीय बुनियादों और उनके फलस्वरूप नए पास्तरीय नज़रिए को लेकर एक ध्रुवीकरण जैसी स्थिति बन गई है। कुछ लोग उस अतीत से जुड़े हुए हैं जब चर्च को मुक्ति की एकमात्र संभावना के रूप में

देखा जाता था। इस चिंतन के अनुरूप उनकी रणनीतियाँ भी पहले जैसी ही हैं। उनके अनुसार नए मत के कारण धर्मांतरितों की संख्या में कमी आई है। इसी के साथ संस्थाएँ तथा श्रद्धालुओं की संख्या की दृष्टि से मिशन की समझदारी जुड़ी हुई है। उनके मिशन की कार्यसूची में सुसमाचार-प्रचार के लिए कारगर संस्थाओं की मौजूदगी भी महत्त्वपूर्ण स्थान रखती है। मिशन की नई राहों की तलाश करने वालों को वे इस बात के लिए दोषी ठहराते हैं कि उन्होंने चर्च के सही मिशन का परित्याग कर दिया है और ईसामसीह तथा चर्च के अनूठेपन के संबंध में समझौतापरक रुख अपना लिया है। कभी-कभी इस दृष्टिकोण का संबंध कट्टरपंथी ईशशास्त्र तथा आक्रामक पास्तरीय नज़रिए से भी देखा जाता है। दूसरी ओर, यह भी एक सच्चाई है कि अनेक मिशनरियों ने असुरक्षा संबंधी मौजूदा अनिश्चित स्थिति के फलस्वरूप जनमी उदासीनता और भावशून्यता की स्थिति में मिशन की अनिवार्यता का अहसास खो दिया है।

53. फिर भी, उत्साह की कमी का एकमात्र कारण अनिश्चित ईशशास्त्र ही नहीं है। इसकी जड़ें दोषपूर्ण भरती तथा संघटन की ख़ामियों में मिलती हैं जिनके कारण कुछ पुरोहितों में निष्ठा एवं प्रतिबद्धता की भारी कमी पाई जाती है। वे उपभोक्तावादी संस्कृति के प्रलोभनों, जो उनके पद-प्रतिष्ठा के ख़याल से सहज ही उपलब्ध हैं, से अपने को मुक्त नहीं कर सकते। अनेक पुरोहित या तो संपन्न देशों में जाना चाहते हैं अथवा यहीं पर भारी बैंक-बैलेंस बनाना चाहते हैं। ईसामसीह के प्रति सच्चे प्रेम का अभाव मिशनरी भावना के लिए ईशशास्त्रीय समस्याओं से ज़्यादा हानिकर है।

54. अभी हम जिस अनिश्चित ईशशास्त्रीय, आध्यात्मिक और पास्तरीय स्थिति में हैं उससे हमारे देश में चर्च के भविष्य के लिए निर्णायक नहीं राहों की जारी तलाश प्रभावित हुई है। इस तलाश में हमें ईसाई आस्था तथा जीवन के बुनियादी मुद्दे का सामना करना पड़ता है। आवश्यकता इस बात की है कि भारत में हमारा मिशन जिस संदर्भ में काम कर रहा है उसकी वास्तविकता को ध्यान में रखें और ईसामसीह के प्रति निष्ठा रखते हुए शुभ समाचार की उद्घोषणा संबंधी चर्च के कार्य भी करें। अभी चर्च को दो ऐसे लक्षणों से साबका पड़ रहा है जो इसे हर स्तर पर गहरे रूप से प्रभावित कर रहे हैं। ये हैं; एक, धर्मों की बहुलता,

तथा दो, व्यापक ग़रीबी और अमानवीयकरण की अन्यायपूर्ण सामाजिक स्थिति।

धर्मों की बहुलता

(क) मैजिस्टेरियम का दृष्टिकोण

55. वैटिकन II चर्च का अन्य धर्मों के साथ संबंध में एक नया मोड़ है। वैटिकन II में मिशन की समझदारी दो केन्द्रीय बिंदुओं के गिर्द विकसित हुई है : सुसमाचार-प्रचार की आवश्यकता, तथा अन्य धर्मों के प्रति बढ़ता सम्मान का भाव। फिर भी, इन दो नाभि-केंद्रों के अंतस्संबंध का खुलासा अभी भी बाक़ी है।

56. अन्य धर्मों के प्रति पूर्णतः निषेधात्मक दृष्टिकोण रखने की बजाय चर्च अब मानता है कि ईश्वर की मुक्तिदायिनी कृपा मानव-मात्र को सुलभ है (एनए 1), तथा सारे धर्म ईश्वर-भक्तों से जुड़े हैं (एलजी 16-21)। परिणामतः, इन धर्मों में जो कुछ पवित्र और सत्य है, कैथोलिक चर्च उनको अस्वीकार नहीं करता (एनए 2), फिर भी, ईसामसीह को उद्घोषित करने के लिए चर्च के मिशनरी आदेश की शाश्वत वैधता बड़े प्रबल ढंग से, सुसमाचार-प्रचार और दूसरे धर्मों के प्रति आदर-भाव के बीच के संबंध के निहितार्थों को स्पष्ट किए बग़ैर, दुहराई जाती है।

57. बाद में सुसमाचार-प्रचार तथा संवाद दोनों के निहितार्थों का खुलासा तो किया गया है, लेकिन दोनों के संबंध का निर्णायक विषय अछूता रह गया है : "इस विचार से अनेक जटिल प्रश्न पैदा होते हैं जो पूरी सावधानी के साथ सुलझाए जाने चाहिए। ईशशास्त्रियों को अभी भी ईसाई परंपरा तथा मैजिस्टेरियम के आलोक में इन महत्त्वपूर्ण प्रश्नों का अध्ययन करना है ताकि नई राहें खुल सकें" (ईएन 53)। कोई भी समाधान, जो ईसामसीह की मध्यस्थता को कमज़ोर करता है अथवा ऐसे साम्राज्य की उद्घोषणा करता है जिसमें ईसामसीह का स्थान नहीं है, मान्य नहीं है।

(ख) एशियन के चर्च के दस्तावेज

58. एफएबीसी दस्तावेज़ों का परिदृश्य एशिया में एक नए संसार के जन्म की कल्पना रहा है। सारे प्रकथनों का ज़ोर मिशनरी संवाद, एशिया की

वास्तविकताओं के संदर्भ में, इसके इतिहास, धर्म, संस्कृति, परंपरा तथा सबसे बढ़कर इसकी ग़रीब जनता के संदर्भ में गॉस्पेल की वाणी को मूर्त्त रूप देने पर रहा है।

नए एशियाई संदर्भ में मिशन त्रिविध संवादों द्वारा क्रियान्वित किया जाता है : (क) एशियाई लोगों की महान धार्मिक परंपराओं के साथ संवाद; (ख) ग़रीब, वंचित तथा उत्पीड़ित लोगों के साथ संवाद; (ग) जिन लोगों के बीच हम सेवा-कार्य करते हैं, उनकी जीवंत परंपराओं, संस्कृतियों, तथा जीवन के यथार्थों के साथ संवाद (एफएबीसी, तैपेह, 1974, संख्या 9-24)।

(ग) भारतीय चर्च का दृष्टिकोण

59. भारत में चर्च के संबंध में हमारा दृष्टिकोण भिन्न-भिन्न महत्त्व की बातों पर ज़ोर देना रहा है : धर्मों के प्रति दृष्टिकोण में परिवर्तन, जिससे ईशशास्त्रीय निरूपण की तलाश को बल मिलता है (देखें, ऑल इंडिया सेमिनार—चर्च इन इंडिया टुडे, बंगलोर (1969, पृष्ठ 243-44), तथा पारस्परिक सम्मान एवं गुण-दोष विवेचन और जीवन, दोनों के संवाद की आवश्यकता (देखें, द इंटरनेशनल थिओलॉजिकल कान्फ्रेंस ऑन इवान्जेलाइज़ेशन एंड डायलॉग, नागपुर, 1971, संख्या 23-29)।

प्रश्न : हम भारतीय ईसाई किस प्रकार ज़िंदा रहें और ईसामसीह के प्रति प्रतिबद्धता और अन्य धर्मों के भाई-बहनों के प्रति हमारा आदर-भाव, दोनों के प्रति निष्ठा बरतते हुए ईशशास्त्रीय दृष्टि से अपने मिशन का खुलासा करें?

(घ) हमारे सामने इस क्षेत्र में उपस्थित मुद्दे

60. [I] विभिन्न रूपों में अनेकता तथा विविधता भारतीय परिदृश्य की स्थायी विशेषताएँ रही हैं। हम भारतीय ईसाइयों के लिए यह आयाम एक अस्तित्व-संबंधी स्थायी चुनौती प्रस्तुत करता है। अतीत में भारत के बहुधर्मी संदर्भ में ईसाइयों का अस्तित्व बहिष्करण और अलगाव की दास्तान रहा है, लेकिन अब व्यावहारिक दृष्टि से यह असंभव है कि हम अपने समक्ष उठे प्रश्नों तथा दूसरे धर्मों के अनुयायियों, जिनके साथ हमारी ज़िंदगी और नियति जुड़ी हुई है, के दावों को नज़रअंदाज

कर हम समकालीन ईसाई बने रहें। समय का तक़ाज़ा है कि हम नया नज़रिया रखें और एकांतिक अंतर्मुखता को त्यागकर दूसरों के भिन्न अस्तित्व को स्वीकार करें और उनके साथ संबंधों में खुली दृष्टि रखने का साहस दिखला सकें।

61. [II] *हमारे धर्म का ईशशास्त्रीय खुलासापन* : हमारी ईशशास्त्रीय भाषा पर आवश्यक रूप से अतीत की परंपरा और विरासत का प्रभाव है। लेकिन हमें यह सुनिश्चित करना चाहिए कि हमारी वाणी से दूसरों के आत्म-सम्मान और स्व-विवेक को ठेस नहीं लगती। ईशशास्त्रीय दृष्टि से हमारी भाषा स्पष्ट तो हो, लेकिन अन्य धर्म के लोगों के प्रति सम्मानजनक भी होनी चाहिए। इसे संशोधित किया जाना आवश्यक है। संभव है, संवाद में प्रगति के क्रम में एक ऐसी भाषा पनपे जिसके माध्यम से हम सभी, विभिन्न धार्मिक परंपराओं के लोग, अपनी पहचान पा लेने में समर्थ हो सकें।

62. हमारी ईसाई आस्था ईसामसीह के व्यक्तित्व पर केंद्रित है। उन्हीं के माध्यम से हम ईश्वर की संतान हैं, मानव परिवार के भाई और बहन हैं। ईसाई के रूप में हम उनके मिशन और व्यक्तित्व के विश्वजनीन महत्त्व के क़ायल हैं। यह हमारे ईशशास्त्रीय चिंतन का एक अंग होना चाहिए कि ईसामसीह में हमारी आस्था दूसरे धर्म के अनुयायियों से हमें अलग नहीं करती, बल्कि उनके साथ एक नए रूप में जोड़ती है। ईसामसीह के द्वारा हम उन लोगों के ईश्वर तथा विश्व संबंधी बोध को अधिक गहराई से समझते हैं और साथ ही, वे भी हमें ईसामसीह के व्यक्तित्व और मिशन के रहस्यों में अधिक गहरी अंतर्दृष्टि प्रदान करते हैं।

63. [III] *संवाद* : क्रूस पर लटके ईसामसीह पिता (ईश्वर) के प्रति शर्तहीन समर्पण में अपने को रिक्त कर हमें संवाद का साहस प्रदान करते हैं। उस घटना पर अपने हृदय को केंद्रित कर तथा दूसरे धर्मों के बहनों और भाइयों के आस्था-अनुभव में विद्यमान ईश्वर के व्यापक एवं अवर्णनीय रहस्य के प्रति अपने मन को खुला रखकर हमारा ईसाई नज़रिया हमें दूसरों के साथ विचारों के आदान-प्रदान की सीख देता है। इससे हमारा कायान्तरण होता है; हम अपने धर्म के गहरे रहस्य के भीतर प्रवेश करते हैं; हम यह यात्रा अन्य धर्मों के भाई-बहनों के साथ मिलकर करते हैं। आवश्यक है कि हम दूसरे धर्म वालों के साथ संवाद स्थापित करें, एक-दूसरे के धार्मिक अनुभव में हिस्सा बँटावें तथा संवाद और

कर्म के बीच एकरूपता क़ायम कर सकें (डी.पी. 1991, संख्या 42)।

64. संवाद एक जीवनचर्या भी है और अस्तित्व की एक विधि भी। यह एक भागीदारी और आपसी संपन्नीकरण की प्रक्रिया है; यह कठमुल्लापन तथा खुलापन के बीच विरोधाभास है; अपने आदर्शों के प्रति प्रतिबद्धता और दूसरों की सच्ची स्वीकृति है। इसमें सीमाएँ भी हैं, पूर्णता भी, हर्ष भी है, शोक भी; यह दूसरों को ध्यान से सुनने और उन्हें पा लेने की प्रक्रिया है; उन दूसरों में भी पवित्र आत्मा ने चमत्कार किया है।

मुक्ति और मानवीकरण का प्रश्न

65 (क) *परिषद् तथा धर्मसभा* : वैटिकन II विश्व में व्याप्त अन्याय के बावजूद सभी मनुष्यों की समानता में विश्वास करता है और सामाजिक न्याय का प्रबल पक्षधर है (जीएस 29, 66)। बाद में मुक्ति को इससे जोड़ दिया गया है (ईएन 32-36), इस तरह से कि बिशपों की धर्मसभा ने इसका समर्थन करते हुए कहा : "न्याय के लिए किया जाने वाला प्रयास तथा विश्व की काया-पलट में भागीदारी गॉस्पेल के उपदेश का ही संघटक तत्त्व प्रतीत होता है, अर्थात् चर्च का मिशन है मानव जाति का उद्धार करना और उसे हरेक दमनात्मक स्थिति से मुक्त करना" (बिशपों की सभा, ऑन जस्टिस इन द वर्ल्ड, 1971, संख्या 6)।

(ख) *भारत में चर्च द्वारा अपनाया गया दृष्टिकोण*

66. भारतीय चर्च वैटिकन II को प्रतिध्वनित करता है और ऐसे बुनियादी सामाजिक परिवर्तन का आह्वान करता है जो ग़रीबों और पददलितों को न्याय दे सके। इसके लिए मौजूदा सामाजिक व्यवस्था में आमूल-चूल परिवर्तन की ज़रूरत है ताकि विकास के लाभ सबको मिल सकें (देखें, द ऑल इंडिया सेमिनार—चर्च इन इंडिया टुडे, बंगलोर, 1969, पृष्ठ 244-45)। यह विकास समग्र तथा मानवीय होना चाहिए (देखें, द इंटरनेशनल थियोलॉजिकल कान्फ्रेंस ऑन इवान्जेलाइज़ेशन एंड डायलॉग, नागपुर, 1971, संख्या 30-37)। एक ऐसे पैग़ंबरी चर्च की ज़रूरत है जो अपने को गरीबों से एकाकार कर सके (देखें, ऑल इंडिया कंसल्टेशन ऑन इवान्जेलाइज़ेशन, पटना, 1973, पृष्ठ 370-372)।

सीबीसीआई की आमसभा की बैठक (पुणे, 1992) ने दलितों, स्त्रियों तथा असंगठित श्रमिकों के विशेष मुद्दों पर चर्चा की।

(ग) *इस क्षेत्र में हमारे सामने उपस्थित मुद्दे*

67. हमारे देश में, जहाँ ढाँचागत सामाजिक-राजनीतिक विषमता, अन्याय एवं उत्पीड़न चारों तरफ व्याप्त हैं, मुक्ति मात्र आध्यात्मिक अर्थ में संभव नहीं है, बल्कि इसके निहितार्थ अनिवार्य रूप से सामाजिक-आर्थिक हैं। हमें लगातार अन्यायपूर्ण स्थितियाँ देखने को मिलती हैं जहाँ बड़ी संख्या में लोग घोर मुसीबत में जी रहे हैं। लेकिन चर्च का मिशन मुख्य रूप से ग़रीबी को कम करने तथा किए गए घावों को भरने से पूरा हो जाता है अथवा फिर इसका मिशन कुछ ज़्यादा बुनियादी है और इसे उन संरचनाओं तथा प्रक्रियाओं को उखाड़ फेंकने में अपनी भूमिका अदा करनी चाहिए जो इस ग़रीबी और अन्याय के कारक हैं?

[i] *दलित*

68. सामाजिक भेदभाव का सबसे खराब रूप है जाति प्रथा पर आधारित अस्पृश्यता का रिवाज। तथापि, अभूतपूर्व ढंग से दलितों में जागरण आया है और वे अपने अधिकारों की माँग करने लगे हैं। ऐसे अनेक उदाहरण हैं, जिसमें इस प्रक्रिया में तनाव, प्रतिरोध और हिंसा की घटनाएँ हुई हैं। इन समुदायों की माँगों और प्रतिक्रियाओं का प्रतिकार छल-कपट, धूर्तता और उनके साथ अन्य अपराधिक कार्रवाइयों से किया जाता है।

[ii] *जनजातियाँ*

69. जनजातीय समूह, जो आज़ादी के पहले आश्रय-रक्षित थे और बड़े अंश में स्वायत्तता तथा सुरक्षा का उपभोग करते थे, आज़ादी के बाद नई स्थितियों का मुक़ाबला हिंसा से कर रहे हैं। वे ऐसा महसूस करते हैं कि उनकी आज़ादी में भारी कटौती हो गई है और उनके प्राकृतिक संसाधनों में हिस्सेदारी के लिए उनके सामने बड़ी-बड़ी माँगें रखी जाती हैं। उनके यहाँ घुसपैठिए इन संसाधनों को अपने कब्ज़े में ले लेने के प्रयास में न सिर्फ़ अनेकों तरह से शोषण कर रहे हैं बल्कि उनकी पारंपरिक पहचान, उनके सामाजिक ढाँचे, उनकी जीवन-शैली के लिए ख़तरे पैदा कर रहे हैं। और तो और, उन्हें उनके मौलिक अधिकारों से भी वंचित कर देने के प्रयास जारी हैं।

[iii] *स्त्रियाँ*

70. भारतीय धर्म में नारियों को सामान्यतः द्वितीय दर्जे के नागरिक माना गया है। जाति-प्रथा ने उनकी विषमतापूर्ण स्थिति को और भी गहरा रंग दिया है। बचपन से ही उनका इस ढंग से समाजीकरण किया जाता है कि वे पत्नी और माँ बन सकें। स्त्रियों का श्रम, उनकी लैंगिकता और उनकी प्रजनन-क्षमता का व्यापक शोषण किया गया है। एक प्रतियोगी तथा लाभोन्मुखी अर्थव्यवस्था के आगमन से उनकी स्थिति और बदतर हुई है। न सिर्फ़ उत्पीड़न के पारंपरिक तरीक़ों, जैसे, शैशव-हत्या, शिक्षा पर रोक, दहेज हत्या, में बढ़ोतरी हुई है, बल्कि उत्पीड़न के नए तरीक़े, जैसे कन्या-भ्रूण गर्भपात तथा व्यापारिक मीडिया के द्वारा उनका शोषण, भी काम में लाए जा रहे हैं। चर्च में भी, नारियों को हर क्षेत्र में दोयम दर्जे पर रखा जा रहा है और उन्हें अधिकार संपन्न करने के लिए बहुत-कुछ किए जाने की ज़रूरत है।

71. धार्मिक तथा आम नारियों में यह चिंता बढ़ रही है कि चर्च और समाज में अन्याय और उत्पीड़न आधारित ढाँचे से उनके पूर्ण विकास एवं मुक्ति में बाधा पड़ रही है। इसकी अभिव्यक्ति परिवर्तन हेतु शक्ति प्रदान करने के प्रतिबद्ध कार्यों में होने लगी है।

(मुक्ति और मिशन से जुड़ी समस्याएँ)

72. अगर चर्च का मिशन सिर्फ दानशीलता के कार्य तथा लोगों की ग़रीबी कम करने के प्रयास तक सीमित नहीं है बल्कि समाज की अन्यायपूर्ण स्थितियों को जन्म देने वाली सामाजिक संरचनाओं और प्रक्रियाओं को बदल देने का प्रयास करना है तो हमें सही ईसाई शिक्षा को अधिक व्यापक, अधिक संजीदा बनाना पड़ेगा। अधिकांश पारंपरिक ईसाई विशुद्ध धार्मिक संकेतों—प्रार्थना, पूजा, उपदेश—के साथ ईसाई जीवन को जोड़कर देखने के आदी हैं। पोप पॉल VI ने नया क्षितिज खोल दिया है। वे अपने सार्वभौम पत्र 'एवान्जेलाई ननशिएंडी' में दृढ़ता के साथ कहते हैं : इसके पूर्व की सुसमाचार-प्रचार पर हुई सभा में "विशेषकर तीसरी दुनिया के बिशपों ने एक ऐसी पास्तरीय लहज़े में चर्च के उन लाखों-लाख पुत्रों और पुत्रियों, जो मिलकर इसके अंग बनते हैं, की गूँजती वाणी में कहा...ये लोग अपनी पूरी शक्ति के साथ इस बात के लिए संघर्षशील और प्रयासरत हैं कि जो भी उन्हें जीवन के

हाशिए पर लाकर खड़ा करता है उस पर विजय प्राप्त की जा सके। अकाल, पुरानी बीमारियाँ, अशिक्षा, ग़रीबी, अंतर्राष्ट्रीय संबंधों में अन्याय—ये ही तो वे बुराइयाँ हैं जिनसे ये लोग पीड़ित हैं। जैसाकि बिशपों ने दुहराया, चर्च का यह कर्तव्य है कि वह लाखों-करोड़ों मानव-प्राणियों की मुक्ति की घोषणा करे। इनमें से अधिकांश तो उसी की संतान हैं। उसका कर्तव्य है कि मुक्ति के जन्म में सहायता प्रदान करे और उसे पूर्णता तक ले जाए। यह मुक्ति की अवधारणा के अनुकूल ही है" (ईएन. 30)।

73. ईसाई अंतर्दृष्टि के इस कार्य को ग़ैर-धार्मिक, सामाजिक क्षेत्र तक ले जाने और सुधार की अविलंब ज़रूरत को पूरा करने के कार्य को धर्म की संदिग्ध भूमिका ने कठिनतर बना दिया है। धार्मिक ग्रंथों का इस्तेमाल प्रायः सामाजिक विषमताओं और भेद-भावों को वैधता प्रदान करने के लिए किया गया है। हिंदू धर्मग्रंथ जाति-प्रथा को मान्यता प्रदान करते हैं; बाइबिल का हवाला औरतों को सामाजिक क्षेत्र में पराश्रितता के लिए दिया जाता है। अगर हमारे ईसाई संदेश को आधुनिक भारत के लिए प्रासंगिक होना है तो हमारी ईसाई आस्था और समाज के सभी क्षेत्रों पर उसके प्रभाव को पूरी समझदारी के साथ ग्रहण करना होगा।

74. सामाजिक परिवर्तन के प्रति हमारी प्रतिबद्धता का एक और पक्ष समस्याएँ खड़ी करेगा। इसमें संघर्ष की संभावना है। कभी-कभी यह संघर्ष हिंसक रूप धारण कर लेता है। यह संघर्ष स्वयं ईसाई समुदाय के भीतर हो सकता है, जैसाकि दक्षिण में दलित ईसाई आंदोलन के मामले में हुआ, अथवा यह दमनकारी ताकतों, चाहे वे जिस धर्म के हों, के साथ हो सकता है। इसकी परिणति ईसाई समुदाय के भीतर और बाहर विभाजन और ध्रुवीकरण में होती है। धर्म से भिन्न दूसरे गहरे बंधन स्थापित किए जाते हैं और दूसरे समूहों के साथ एकजुटता को मज़बूत किया जाता है। इससे एकताबद्ध कार्य और सामूहिक साक्ष्य ख़तरे में पड़ जाते हैं। साम्राज्य तथा इसके मूल्यों के प्रति प्रतिबद्धता पर आधारित एकता से नए पंक्तिबंध बनते हैं और ऐसे समुदाय पैदा होते हैं जिनसे निबटना भारत के वर्तमान चर्च-तंत्र के लिए मुश्किल है।

स्थानीय चर्च का सांस्कृतिक अनुकूलन : संस्कृतियों का सुसमाचार-प्रचार

75. एक सही मायने में स्थानीय चर्च का निर्माण हमारे मिशन की कार्य-सूची का एक नितांत आवश्यक एवं प्राथमिक काम हो गया है। भारत में

चर्च को मर जाना है, ताकि वह लोगों के जीवन में अवतरित हो सके और सबों के साथ अपने को संपृक्त कर सके, विदेशीपन और अलगाव के लक्षणों को त्याग सके और अतीत की अपनी उस पहचान को तिलांजलि दे सके जो 'अलगाव के द्वारा पहचान' थी। यह विश्वास बढ़ रहा है कि जब चर्च का रहस्य भारत की संस्कृतियों में घुल-मिल जाएगा तभी वह ईसामसीह के शुभ समाचार तथा गॉस्पेल को आत्मसात कर सकेगा। इस प्रक्रिया में चर्च को ईसामसीह के द्वारा देह-धारण के आदर्श का ही अनुसरण करना होगा। चर्च को भारत के लोगों में जो भी सही मायने में मानवीय है उसको समझना और उसमें हिस्सा बँटाना होगा, यहाँ तक कि इसकी संस्कृति में निहित ख़ामियों तथा दुर्बलताओं को भी स्वीकार करना होगा, ताकि उन्हें दूर किया जा सके क्योंकि जब तक हम किसी चीज़ को स्वीकार नहीं करते, उसका सुधार कैसे करेंगे? स्पष्ट ही इसका अर्थ यह नहीं कि किसी प्रभावशाली संस्कृति की अभिव्यक्तियों के पुराकालिक रूपों को ग्रहण कर लिया जाए। इसके विपरीत, आवश्यकता इस बात की है कि समाज के हाशिए पर के समुदायों की 'छोटी-मोटी परंपराओं' के प्रति चर्च सांस्कृतिक अनुकूलन कर सके।

76. इसके अतिरिक्त, सांस्कृतिक अनुकूलन से लोगों को यह अनुभव होना चाहिए कि यह उनके उद्धार में सहायक होगा। वे ऐसा समझें कि सुसमाचार-प्रचार और यह सांस्कृतिक अनुकूलन साथ-साथ चलने वाली चीज़ें हैं। हम मिशन के लिए ऐसी नीति का अनुसरण नहीं कर सकते कि सुसमाचार-प्रचार पहले है और सांस्कृतिक अनुकूलन का स्थान उसके बाद है। दोनों को साथ-साथ चलना है।

77. मिशन के राहों की तलाश में सांस्कृतिक अनुकूलन को एक स्वैच्छिक व्यवहार के रूप में नहीं, बल्कि मिशन के एक आवश्यक तत्त्व के रूप में देखा जाना चाहिए। हमारी पहचान के साथ जो विदेशीपन जुड़ा हुआ है उसके संबंध में सवाल उठाने का काम ईसाइयत के विरोधियों के लिए नहीं छोड़ दिया जाए, बल्कि मिशनरी चर्च खुद इसे उठावे : क्या हम सांस्कृतिक अनुकूलन के बग़ैर सुसमाचार-प्रचार का कार्य कर सकते हैं? क्या सांस्कृतिक अनुकूलन मात्र एक रणनीति है अथवा यह चर्च के सुसमाचार-प्रचार सेवा कार्य के केंद्र में है?

सृष्टि की अखंडता

78. गॉस्पेल के मूल्यों के द्वारा विश्व को बदल देने का चर्च का मिशन सर्व-व्यापी चेतना से मेल खाना चाहिए; वह सर्वव्यापी चेतना है भारत की संस्कृति, आध्यात्मिकता तथा जीवन-शैली में निहित प्रकृति के प्रति समादर-भाव। भारत की धार्मिक परंपराओं ने हमेशा प्रकृति को पवित्र माना है। प्रकृति के साथ मैत्रीभाव में उन्हें ब्रह्मांडीय आध्यात्मिकता की अनुभूति होती है। इस संबंध में चर्च को खुद धरती माँ के प्रति गहरा आदर-भाव प्रकट करना चाहिए और साहस के साथ उन लोगों की भूल को दिखलाना चाहिए जो अपने स्वार्थपूर्ण उद्देश्यों के लिए ब्रह्मांडीय सामंजस्य की क़ीमत पर और दूसरों के हित को नुकसान पहुँचाते हुए प्रकृति का दोहन करते हैं। अगर हम मानव-जाति तथा धरती के अस्तित्व एवं संतुलन को गंभीर ख़तरा पैदा करने वाले कुछ लोगों द्वारा प्रकृति की लूटपाट के कार्य को चलने देते हैं तो हम प्रकृति और मानवता के प्रति अपने दायित्वों से मुँह मोड़ रहे हैं। यह चर्च के सुसमाचार-प्रचार मिशन का ही एक हिस्सा है कि सामंजस्य एवं संतुलन का अधिक गहरा बोध, प्रकृति के साथ सहयोग का भाव, एक व्यवस्थापकीय दृष्टिकोण को विकसित किया जाए और धरती के लाभोन्मुखी शोषण एवं शासन की भर्त्सना की जाए। भारतीय लोकाचार की विशेषता के अनुरूप एक समग्र दृष्टि को विकसित तथा प्रोत्साहित करना, प्रकृति के साथ आध्यात्मिक संबंध स्थापित करना तथा ईश्वर की सामंजस्यकारी योजना में विश्वास करना—भारत में चर्च के मिशन की कार्य-सूची के आवश्यक कार्य प्रतीत होते हैं। सृष्टि की अखंडता को सुरक्षित रखना और उसे प्रोत्साहित करना चर्च का अपनी आस्था के अनुसार जीवन जीने का ही एक हिस्सा है।

79. इसी से विकास का एक और मुद्दा जुड़ा हुआ है जिसका समर्थन किया जाना चाहिए। वह है पारिस्थितिकी संतुलन के प्रति प्रतिबद्धता। हमें एक ऐसा ईशशास्त्र, जीवन-शैली एवं आचरण-संहिता चाहिए जो यह मानकर चले कि धरती हमारी सामान्य विरासत है, इसके फल सबों के उपभोग के लिए हैं और हम व्यक्तिगत तथा सामूहिक लोभ पर नियंत्रण रखें जिसके कारण मानव-परिवार और पारिस्थितिकी संतुलन को ख़तरा पैदा हो जाता है। अनियंत्रित उपभोग और उड़ाऊ जीवन-शैली का खुलकर विरोध करना और उसको रोकना होगा ताकि धरती पर सबों को न्याय मिल सके।

स्थानीय चर्च पर मिशन की पूरी जवाबदेही

80. सुसमाचार-प्रचार संपूर्ण चर्च का, श्रद्धालुओं के संपूर्ण समुदाय का सामूहिक दायित्व है। यह समुदाय अनिवार्यतः मिशनरी है। चर्च के मिशन में श्रद्धालु संप्रदाय के प्रत्येक सदस्य की संलिप्तता परिपक्व चर्च की ख़ास विशेषता है। इसलिए जनसाधारण को चर्च के मिशन के प्रति जाग्रत करना आने वाले वर्षों में एक अत्यावश्यक कर्तव्य हो जाता है। जनसाधारण में करिश्मा के विकास के लिए आवश्यक परिस्थितियाँ बनानी होंगी ताकि वे मिशन की ज़रूरतों को पूरा कर सकें। चर्च के भीतर और बाहर जनसाधारण के करिश्मे को समुचित महत्त्व दिए बग़ैर संसार की काया पलट में उनकी भूमिका को दुहराते जाना पुरोहितीय चर्च के यथास्थितिवाद को बनाए रखना होगा। चर्च के मिशन की पूर्ति के लिए जनसाधारण में रचनात्मक धर्म-सेवा का भाव जगाए बग़ैर हम यह नहीं दर्शा सकेंगे कि संपूर्ण चर्च मिशन का विषय है। इसकी सर्वोत्तम अभिव्यक्ति बुनियादी अथवा छोटे ईसाई समुदायों में हुई है।

81. जब हम जनता की सेवा के लिए पवित्र आत्मा के उपहारों के प्रति सचेत छोटे ईसाई समुदायों का प्रभावी गठन कर लेंगे तभी हम आस्था एवं साक्ष्य वाले समुदायों के महासंघ के रूप में चर्च की अंतर्सूझ को अभिव्यक्ति दे सकेंगे।

82. आज के चर्च में प्रतिष्ठित जीवन के अनेक रूप हैं : "धार्मिक स्थिति चर्च के युगांत-विषयक लक्षण का साक्ष्य प्रस्तुत करती है" (सीआई. 55)। नए चर्चों के निर्माण और ईसाई आस्था के प्रसार में धार्मिक समाजों के द्वारा की गई उत्कृष्ट सेवाओं के उदाहरण इतिहास में बिखरे पड़े हैं... आवश्यक है कि चर्च गॉस्पेल के मूल्यों से लोगों को अवगत कराए... इन मूल्यों का साक्ष्य उन लोगों से ज़्यादा प्रभावी तरीक़े से और कोई नहीं दे सकता जो पवित्रता, ग़रीबी और आज्ञापालन में प्रतिष्ठित जीवन जीने का दावा ईसामसीह के दृष्टांत का अनुसरण करते हुए मनुष्य और समाज की सेवा में पूरी तत्परता के आधार पर करते हैं।

तलाश के क्षेत्र

83. भारत में मिशन दृश्य के इन मुख्य मुद्दों के साथ-साथ इनसे जुड़े तलाश एवं तनाव के कुछ ख़ास क्षेत्रों की चर्चा बिना विस्तार में गए होनी चाहिए। वे आज की भारतीय स्थिति की जटिलता के सूचक हैं।

(क) *चर्च का संस्थागत जीवन*

- चर्च के संस्थागत—पास्तरीय, शैक्षिक, चिकित्सीय, सामाजिक-विकास में हम बेहद वृद्धि देखते हैं। यह चर्च की जीवंतता तो सूचित करता है, लेकिन जनता की संलिप्तता और व्यक्तिगत विकास में कमी लाने का ख़तरा भी पैदा करता है और ईसाई समुदाय को बहुत ज़्यादा सांगठनिक बना देता है।
- इसके साथ-साथ हमें अनेक ग़ैर-सांस्थानिक धर्म-सेवा संगठनों के विकास को देखकर खुशी होती है। इससे आम ईसाई तथा पुरोहित-वर्ग, दोनों की रचनात्मक पहलों का संकेत मिलता है।
- संस्थाओं में वृद्धि के साथ चर्च के पुरोहितीय लक्षण की लगातार प्रधानता भी जुड़ी हुई है। चर्च के जीवन तथा निर्णय में जनसाधारण की भागीदारी बहुत क्षीण है। उनका आध्यात्मिक और ईशशास्त्रीय संगठन अपर्याप्त है। चर्च के मिशन और जीवन के प्रति उनका दायित्व-बोध क़मजोर पड़ गया है।
- ख़ासकर, स्त्रियों, आम लोगों तथा धर्मपरायण व्यक्तियों को सामुदायिक जीवन में पर्याप्त स्थान नहीं दिया गया है। उनके धर्म-प्रचार और मिशनरी संभावनाओं को पूरी तरह क्रियाशील और विकसित नहीं किया गया है।
- भारतीय चर्च में तीन धार्मिक अनुष्ठानों (जन्म, शादी तथा मौत से संबंधित) के सह-अस्तित्व और सहयोग में कठिनाई महसूस की जाती है। स्थायी तनावों और आपसी अलगाव से एक चर्च की छवि धूमिल होती है और पार्थक्य तथा प्रतिद्वंद्विता को बढ़ावा मिलता है। भारत में तीन अनुष्ठानों के दुहरे अर्थ हैं (जैसाकि कैथोलिक चर्च में सभी अनुष्ठानों के हैं) : प्रथम, ईसामसीह में उद्‌घाटित दैवी रहस्य की प्रचुरता को अभिव्यक्त करना, तथा द्वितीय, एक नए भारत के लिए सभी ईसाइयों के विश्वास, साक्ष्य तथा कार्य में एकता लाना।

(ख) *प्रजातीय और भाषायी बहुलवाद*

84. ❐ भारत में ईसाई जीवन का सांस्कृतिक अनुकूलन बहुत धीमा रहा है। यह वहीं पर ज़्यादा सफल हुआ है जहाँ प्रजातीय एवं भाषायी समूहों के स्थानीय संदर्भ में अपनाया गया है।

- दक्षिण से आने वाले पुरोहितों तथा धार्मिकों की बड़ी संख्या ने उत्तरी क्षेत्रों

में ईसाई जीवन के विकास में भारी मदद की है। तनाव पूरी तरह से तो दूर नहीं किए जा सकते, किंतु जहाँ मिशन के लक्ष्य—स्थानीय चर्च का विकास—को पूरी स्पष्टता के साथ ध्यान में रखा जाता है, वहाँ इसे कम अवश्य किया जा सकता है।

(ग) *लौकिक यथार्थों के प्रति चर्च का खुलापन*

85. ❐ वैटिकन II में चर्च के मिशन की सूची में लौकिक यथार्थों के समावेश से जनहित के सामाजिक और विकास-संबंधी कार्यों में व्यापक पैमाने पर शिरकत हुई है। लेकिन, इससे कई स्तरों पर तनाव और संघर्ष भी पैदा हुए हैं।

❐ इसमें निहित जोख़िमों के भय से कुछ धर्म सामाजिक दायित्व के आह्वान के प्रति अनुकूल प्रतिक्रिया दिखलाने में शिथिल रहे हैं।

❐ इसके विपरीत कुछ दूसरे धर्म सामाजिक संलिप्तता को ही चर्च के मिशन का प्राथमिक लक्ष्य मानकर चलते हैं और ईसाई संदेश के व्यापक क्षेत्र तथा आध्यात्मिक मर्म की क़ीमत पर इसे विकसित करने में लगे रहते हैं।

(घ) *ईशशास्त्रीय तथा पूजन-पद्धति विषयक ध्रुवीकरण*

86. परिषद् में नए ईशशास्त्रीय परिदृश्यों के खुलने तथा इसके साथ जुड़े विवादों से न सिर्फ भारत में चर्च की एकता बाधित हुई है, अपितु रोम से भी एक अलगाव जैसा हो गया है। अधिकांश लोग ऐसा महसूस करते हैं कि रोमन अधिकारी भारत की हक़ीकतों तथा समस्याओं से पूरी तरह वाक़िफ नहीं हैं। बेहतर सूचना तथा आपसी संवाद के लिए तत्परता वांछनीय प्रतीत होती है।

87. पूजा-पद्धति विषयक प्रवृत्तियों और आचरणों में ध्रुवीकरण, विशेषकर साइरो-मालाबार अनुष्ठानों में, से श्रद्धालुओं में उलझन पैदा हुई है। पूजा-पद्धति विषयक नियमों को स्पष्ट होना चाहिए। साथ ही, उन्हें अनुष्ठाताओं तथा श्रद्धालुओं के लिए रचनात्मक अभिव्यक्ति की गुंजाइश देनी चाहिए। चूँकि वे श्रद्धालु समुदाय के लिए हैं, इसलिए उन्हें बदलते समय में लोगों की वास्तविक ज़रूरतों को संतुष्ट करने योग्य होना चाहिए।

प्रश्न : भारत में चर्च की बहुपक्षीय तस्वीर तथा विभिन्न, प्रायः परस्पर

विरोधी, रुझानों की पृष्ठभूमि में हम ये प्रश्न पूछ सकते हैं :

(1) रचनात्मक दृष्टि से हमारा प्रश्न है : इन रुझानों में हमारे मिशनरी दिशा-निर्धारण में क्या स्वास्थ्यकर, संभवतः अनिवार्य है? ख़तरनाक क्या है?

(2) (क) पास्तरीय तथा मिशनरी कार्य को पूरा करने हेतु पुजारियों तथा धार्मिकों के चयन में, तथा (ख) आमजनों, युवकों तथा वयस्कों को ईसाई शिक्षा प्रदान करने में हमारे लक्ष्य क्या हों?

भाग IV : भविष्य के लिए दिशा-निर्धारण

भारत में चर्च की वास्तविक स्थिति तथा अपने चिंतन तथा वास्तविक कार्य में प्रायः परस्पर विरोधी रुझानों की पृष्ठभूमि में हम अपने सामूहिक दायित्व को पूरा करने के लिए आवश्यक दिशा-निर्धारण को स्पष्ट रूप से प्रस्तुत करने का प्रयास करते हैं।

(क) *एक सच्चे ईसाई की पहचान*

88. भारत में चर्च--बल्कि विश्वस्तर पर चर्च–की बुनियादी आवश्यकता से हम अवगत हैं। यह है, ईसाई के रूप में अपनी पहचान को क़ायम करना, ईसामसीह में हमारी निष्ठा होना। मिशन इस निष्ठा की एक कसौटी है। अन्य धर्मों के लोगों के बीच ईसाइयों के एक निकाय के रूप में हमारी सामुदायिक पहचान है। इसमें हमें संगठित चर्च--धर्म-प्रदेशों, पल्लियों, शिक्षण-संस्थाओं, इत्यादि–की संस्थागत पहचान से भी मदद मिलती है। लेकिन क्या हम ईसामसीह में अपनी निष्ठा की संपन्नता तथा गहराई के प्रति जागरूक हैं? हम एक संपन्न आध्यात्मिक परंपराओं वाले देश के लोग हैं, धर्म के लौकिकीकरण तथा राजनीतिक दुरुपयोग के बावजूद हम ज़िंदा हैं; हमारे पूर्वजों को ईश्वर के संबंध में ऐसा ज्ञान था जो उन्हें जीवन की आनुषंगिकताओं से ऊपर ले जाता था; आत्मा को जानने का अर्थ सब कुछ जान लेना है–अन्य सारा ज्ञान वस्तुओं की सतह तक ही सीमित रहता है, आत्मज्ञानी भय से मुक्त होता है। हमारे देश के साथ पोप की पहली भेंट में ही पॉल VI ने भारत के विभिन्न धर्मों के प्रतिनिधियों को संबोधित करते हुए कहा था : "आपका देश प्राचीन संस्कृति का देश है; यह महान धर्मों का पालना है। यह

एक घर जैसा है जिसमें गहरी समाधि और मौन में, भक्तिपूर्ण प्रार्थना में ईश्वर की तलाश लगातार जारी रहती है। ईश्वर के धरती पर आगमन को शायद ही अन्यत्र कहीं ऐसी अभिव्यक्ति दी गई है जैसी कि ईसामसीह के सदियों पूर्व आपके पवित्र ग्रंथों की वाणी में है : "असतो मा सद्गमय तमसो मा ज्योतिर्गमय मृत्योर्माऽमृतं गमय" (एनडी 1031)।

89. अगर हम चाहते हैं कि ईसाई संदेश भारत के हृदय में प्रतिध्वनित हो तो हमारे हृदय को हमारी आस्था से ईसामसीह को प्रदत्त ईश्वर के अकथनीय रहस्य की गहराई से परिपूरित होना चाहिए। ईश्वर ने उनमें मानवीय अस्तित्व का अर्थ, मानवीय जीवन की अनूठी प्रतिष्ठा भी हमें दिखलाई है। अगर हम पाप और कष्ट में हैं तो उनकी कल्याणकारी शक्ति से हम जीवन की पूर्णता और पारस्परिक आदर और एकजुटता में भाईचारा का भाव प्राप्त कर सकते हैं। जब तक हम ईसामसीह के प्रति एक श्रद्धालु की हैसियत से अपनी आध्यात्मिक पहचान नहीं बनाते, तब तक हम अपने पड़ोसियों के साथ न तो सही संबंध स्थापित कर सकते हैं, न अपने समाज के लिए कोई संदेश छोड़ सकते हैं। ईसामसीह में पूर्ण आस्था के अतिरिक्त अपने राष्ट्र के निर्माण में और कुछ सहयोग नहीं करना है। इसके बिना हमारा कार्य सतह-स्पर्शी होगा। यह एक ख़तरनाक स्थिति है कि हमारा चर्च अति संस्थागत, घोर सक्रिय और परिणामोन्मुखी हो गया है। लोग एक ज़िंदा ईश्वर की तलाश करते हैं। प्राचीन ज़ेकारिया की अंतर्सूझ आज भी सच है : "प्रत्येक जुबान वाले क़ौम से दस व्यक्ति एक यहूदी का वस्त्र ग्रहण करेंगे और कहेंगे : हम तुम्हारे साथ चलेंगे, क्योंकि हमने सुना है कि ईश्वर तुम्हारे पास है" (ज़ेक 8, 23)।

ईसाई साक्ष्य

90. वैटिकन II के समय से ही, जीवन की भाषा, ईसाई साक्ष्य को ईसाई संदेश की सूचना में प्रथम स्थान दिया गया है (एजी 11 और 12)। यह वहाँ भी बोल सकता है जहाँ वास्तविक उद्घोषणा संभव नहीं है। यह वहाँ के लिए और भी ज़्यादा आवश्यक है जहाँ चर्च एक संस्था के रूप में मौजूद है और गॉस्पेल की शिक्षा दी जाती है क्योंकि ईसाई आस्था एक विचारधारा, एक नैतिक आदर्शों वाली सैद्धांतिक पद्धति नहीं है; यह एक जीवन-पद्धति है, चाहे वह व्यक्तिगत हो या सामुदायिक। इस

सामुदायिक जीवन के द्वारा ही ईसाई संदेश की समृद्धि और शक्ति अधिक ठोस और आकर्षक बन जाती है।

91. इसलिए चर्च के मिशनरी दिशा-निर्देश में यह आवश्यक है कि ईसाई समुदायों, चाहे वे बिशप, पुरोहित और धर्मसंघी हों, अथवा श्रद्धालुओं का समुदाय, की छवि की चिंता की जाए। 'छवि' का अर्थ मुखौटा अथवा अपनी दुर्बलताओं को ढँकना नहीं है, अपितु इसका अर्थ है ईसाई जीवन की सच्ची अभिव्यक्ति।

92. इसमें शक नहीं कि कैथोलिक चर्च, इसके अधिकारी और इसकी संस्थाएँ अपनी कुशल सेवा के लिए अपने देश में बड़े सम्मान की नज़र से देखी जाती हैं; लेकिन हमारे विरुद्ध, हमारी जीवन-पद्धति के विरुद्ध, चर्च में राजनीति के विरुद्ध, राष्ट्रीय जीवन-धारा से नहीं जुड़े रहने के विरुद्ध जो निषेधात्मक टिप्पणियाँ की जाती हैं, हम उनसे उदासीन नहीं रह सकते। चूँकि चर्च ईसामसीह का शरीर है, हमारे संसार और समाज में उनकी उपस्थिति का सूचक है, इसलिए अपने विरुद्ध किए जा रहे आक्षेपों, ईसामसीह के व्यक्तित्व तथा ईसाई चर्च में प्रकट विरोध के प्रति संवेदनशील होना चाहिए।

93. विश्वजनीन चर्च (यूनिवर्सल चर्च) में केंद्रीकृत नियंत्रण तथा दमनात्मक कार्रवाइयों ने कैथोलिक चर्च में आक्रोश पैदा किया है और इससे आपसी एकता में बाधा पड़ी है। स्थानीय पैमाने पर भी सामुदायिक जीवन में याजकीय प्रभुत्व का लगातार बने रहना भारी कठिनाई पैदा करता है। इसे उपयुक्त पास्तरीय उपायों तथा शिक्षार्थियों को वैटिकन II के दिशा-निर्देश के अनुरूप ढालकर दूर किया जा सकता है। ऐसा प्रतीत होता है कि युवा ईसाई समुदाय जनसाधारण को सामुदायिक कार्य में लगाने तथा नीति-निर्धारण प्रक्रिया में ज़्यादा आगे हैं। ख़ासकर चर्च के जीवन में औरतों की भूमिका को स्वीकार किया जाना चाहिए और चर्च के मिशन, प्रचार-कार्य तथा नीति-निर्धारण में उन्हें उचित स्थान मिलना चाहिए।

94. ईश्वर के समक्ष, और इसीलिए ईसामसीह के शिष्यों के समुदाय में, सभी लोगों की समान प्रतिष्ठा ईश्वर के शासन का मूल-मंत्र है। शताब्दियों तक चर्च ने ईसाई जीवन के आचरण में भाईचारा/बहनापा स्थापित करने हेतु संघर्ष किया है और प्रायः असफलता पाई है। भारतीय चर्च के लिए यह एक कलंक की बात है कि जाति-विभेद तथा प्रतिद्वंद्विता

अभी भी क़ायम हैं और कभी-कभी अधिक तीव्र हो उठती हैं। विशेष तौर से विभिन्न क्षेत्रों में दलितों के विरुद्ध भेद-भाव और उसके फलस्वरूप ईसाई समुदायों में उत्पन्न अनबन को मिटाने की ज़रूरत है अन्यथा हमारे संदेश की विश्वसनीयता नष्ट हो जाएगी।

उद्‌घोषणा की भाषा

95. अपने मिशन की पूर्ति के लिए हमारी आस्था की समुचित अभिव्यक्ति अत्यावश्यक है। पारंपरिक भाषा की ज़रूरत तो प्रकट है : हमारी आस्था ईसाई समुदायों में मूर्त्त होती है; इसकी पहचान और निरंतरता इसकी भाषायी अभिव्यक्ति में भी होनी चाहिए। फिर भी, भाषा व्यक्तिगत संवाद का माध्यम होती है। यह कोई सूचना प्रेषित करने वाला गुमनाम टेप नहीं है; यह वक्ता के आंतरिक विचार को प्रकट करती है और इसकी प्रतिध्वनि श्रोता के मन में गूँजनी चाहिए। पोप जॉन XXIII की उत्कट अभिलाषा थी कि परिषद् को सिर्फ मतों की शुद्धता तक ही अपने को सीमित न रखकर आज के विश्व में अपनी आस्था को सार्थक एवं उत्प्रेरक अभिव्यक्ति देनी चाहिए। "आस्था की धरोहर के रूप में पुराने मत का सारतत्त्व एक बात है और इसे प्रस्तुत करने का तरीक़ा बिल्कुल दूसरी बात। इस दूसरी बात पर ही ख़ासतौर से ध्यान दिया जाना चाहिए" (परिषद् के समक्ष एस.अबोट के द्वारा दिया गया आरंभिक भाषण, पृष्ठ 715)। इस आकांक्षा की पूर्ति प्रत्येक देश में हमेशा नए तरीक़े से की जानी चाहिए। इस तरह की भाषा की तलाश मुश्किल, ख़तरनाक भी, हो सकती है, लेकिन यह नितांत आवश्यक है। शास्त्रीयता संबंधी भाषा और उद्‌घोषणा की भाषा में फ़र्क़ है। क्या हमारे पास ऐसी पुस्तकें हैं जिन्हें हम विश्वासपूर्वक उस सम्राट के हाथ में दे सकें जो इस रूप में प्रस्तुत हमारी आस्था एवं संदेश को जानना चाहता है जो भारत के संदर्भ में हमारे आज के संसार के लिए अर्थपूर्ण हो? भारत में, जहाँ लोगों के दिल में ईसामसीह के प्रति अपार श्रद्धा है, उद्‌घोषणा की भाषा कारगर मिशनरी कार्य में प्रायः बाधक बन जाती है।

96. शुभ समाचार में भाग लेने में दैवी शिक्षाशास्त्र, जिसे हम मुक्ति के पूरे इतिहास में और विशेषकर ईसामसीह के मिशन में पाते हैं, का भी हमें अनुसरण करना होगा : "ईश्वर कर्म और वचन में प्रकट होता है"

(डीवी 2)। ये दोनों समानांतर धाराएँ नहीं हैं बल्कि ईश्वर सृष्टि और मुक्ति के कार्य में अपने को अभिव्यक्त करता है जिसकी व्याख्या करने की जरूरत है ताकि हमारी आस्था दृढ़ हो सके। वह कभी भी सैद्धांतिक प्रकथनों से आरंभ नहीं करता, लेकिन शब्दों का अभिप्राय "कार्यों को उद्घोषित करने और अपने अंदर छिपे रहस्य को प्रकाश में लाना होता है" (वही)।

97. आधुनिक समय में हमारे विश्वास की उद्घोषणा को कभी भी मताग्रह से नहीं प्रारंभ करना चाहिए। वे एक प्रक्रिया के, ईसामसीह के रहस्य की बढ़ती समझ, के अंतिम परिणाम हैं। ईसामसीह नाज़रेथ के मौन से आए। उनका मिशन रब्बी (यहूदी गुरु) के रूप में धर्म-सेवा से प्रकट होता है जिसकी परिणति उनकी मौत में हुई। धीरे-धीरे शिष्यों को बात समझ में आई। आगे का मार्ग पुनर्जीवित प्रभु (राइज़ेन लॉर्ड) से मिलन के द्वारा खुला। अंतिम गॉस्पेल में श्रद्धापूर्ण स्वीकृति के उद्गार मिलते हैं : "मेरे प्रभु और मेरे ईश्वर।" सारी प्रक्रिया पवित्र आत्मा द्वारा निर्देशित होती है। आज के युग में लोग ईसामसीह के दर्शन बाइबिल के विवरण में और सबसे बढ़कर जीवंत ईसाई समुदाय में ही कर सकते हैं। इसी मिलन में आस्था पनप सकती है। आस्था की शिक्षा नहीं दी जा सकती। पवित्र आत्मा के द्वारा ही इसे जाग्रत किया जा सकता है। हमारा मिशन लोगों को 'ईसाई बनाने' में नहीं लोगों को ईसामसीह के दर्शन करने में मदद देने में निहित है। मिशन की राहों की तलाश में हमें यह पूछना चाहिए कि हम किस प्रकार ईसामसीह के साथ मिलन में लोगों की मदद कर सकते हैं।

उद्घोषणा और संवाद

98. उद्घोषणा और संवाद के आपसी संबंध में स्पष्टता की कमी की चर्चा पहले की जा चुकी है। सार्वभौम पत्र 'रिडेम्पटोरिस मिसियो' के अनुसार "ईसा-मसीह को उद्घोषित करने और अंतर-धार्मिक संवाद चलाने में कोई विरोध नहीं है," फिर भी, दोनों को "अपनी विशिष्टता क़ायम रखनी चाहिए" तथा "एक को दूसरे से उलझाना अथवा चालाकी से काम लेना या समरूप मानकर परस्पर विनिमेय नहीं मानना चाहिए" (आरएम 55)।

99. उद्घोषणा लोगों तक शुभ समाचार का संप्रेषण है। इसका सुनिश्चित

अभिप्राय है लोगों को ईसामसीह में आस्था की स्वीकृति के लिए आमंत्रित करना और दृश्य चर्च की सदस्यता ग्रहण करना। बपतिस्मा हमारे सामूहिक शिष्यत्व की पहचान और मुहर है जिससे ईसामसीह और चर्च के साथ घनिष्ठ संबंध का बोध होता है। यह गॉस्पेल के मूल्यों के अनुसार जीने और धरती पर ईश्वर का साम्राज्य स्थापित करने हेतु कार्य करने की खुलेआम शपथ है।

100. संवाद का अर्थ है "पारस्परिक मेल-मिलाप एवं संवर्धन के उद्देश्य से दूसरे धर्म के व्यक्तियों और समुदायों के साथ सारे विधायक एवं रचनात्मक अंतर-धार्मिक संबंधों की स्थापना" (डीएम 3)। यह धार्मिक विषयों पर दिशाहीन संलाप नहीं है, बल्कि मानव समाज की बेहतरी के लिए एकता और सहयोग को प्रोत्साहित करने का प्रयास है। आधुनिक जीवन के सभी क्षेत्रों में यह आवश्यक है : "साथ-साथ जीने के लिए, मनुष्य के उन्नयन के लिए और सबसे बढ़कर शांति के तकाज़े को पूरा करने के लिए समाज के सभी वर्गों में बढ़ती अंतर्निर्भरता ने आज के युग में संवाद को अपरिहार्य बना दिया है" (डीएम 21)। एक ईसाई के लिए संवाद उसकी इस आस्था की अभिव्यक्ति है कि "वह पिता के द्वारा सृष्टि एवं इतिहास में गोपन ढंग से रखी गई पूर्णता एवं समृद्धि की तलाश कर उसे प्रकाश में लाएगा...पिता के उपहार को पूरी मानव जाति तक पहुँचाएगा" (डीएम 22)। इस तरह एक ईसाई अपने संवाद में हमेशा अपनी आस्था का साक्ष्य प्रस्तुत करेगा, और "सामान्यतः अपने हृदय में अन्य धर्म के भाइयों के साथ ईसामसीह के अनुभव में भागीदारी की आकांक्षा पालेगा" (डीएम 40)।

101. आज चर्च के मिशन में संवाद और मिशन अवियोज्य हो गए हैं। तथापि, इस मिशन का वास्तविक रूप हमारे उप-महादेश के विभिन्न क्षेत्रों में अलग-अलग प्रकार की सांस्कृतिक और सामाजिक स्थितियों पर निर्भर करेगा। जनजातीय क्षेत्र, महानगरों के शहरी प्रतिवेश अथवा विश्वविद्यालय के स्तर पर चर्च को अपना मिशन अलग-अलग ढंग से पूरा करना है।

102. हमें अपने आसपास के राजनीतिक और सांप्रदायिक माहौल के प्रति सचेत रहना होगा। चर्च के सारे क्रियाकलापों, चाहे वे धार्मिक हों या सामाजिक, को धर्म-परिवर्तन के प्रयास के रूप में शक की निगाह से देखा जाता है। हमारी चेष्टाओं पर सतर्क निगाह रखने वालों से हमें भयभीत होने की ज़रूरत नहीं है, किंतु ईसाई संदेश के विरुद्ध लोगों के दिमाग़ में

पैदा की जा रही अड़चनों से हमें सावधान रहना है। स्पष्ट मानक प्रस्तुत करना प्रायः कठिन होगा : उदाहरणार्थ, एक ईसाई अपने कार्यालय में अपनी ईमानदारी, विश्वसनीयता, एकजुटता और सहायता भावना के लिए जाना जाता/जानी जाती है; वह एक ईसाई के रूप में जाना और आदर किया जाता/जानी और आदर की जाती है। क्या उसे इस 'उद्घोषणा' के काम में लगना और साथियों तथा प्रबंधन को विरोधी बनाना चाहिए? हिंदुओं और मुसलमानों में पड़ोस के धर्म-प्रचार का भारी महत्त्व है। इसमें 'ईसाई उपस्थिति में आदर, चिंता, सहायता, खुशियों और ग़मों में हिस्सेदारी जैसी बातें शामिल हैं। अपनी समृद्ध आस्था से परिपूर्ण ईसाई, बिना बाधक बने, ईसामसीह की शक्ति और शांति का किसी अंश में दूसरों के साथ हिस्सेदारी करने के अवसर पाएँगे। आस्था की स्वीकृति, साक्ष्य, उद्घोषणा और संवाद के बीच कहाँ पर पंक्ति खींची हुई है?

103. ऐसा प्रतीत होता है कि चर्च के मिशन में और ज़्यादा शिरकत के लिए हमारे समुदायों के निर्माण का प्रधान लक्ष्य अपनी आस्था को और सुदृढ़ करना होगा। हमारे आधुनिक समाज में ईसामसीह को अधिक प्रभावी ढंग से उद्घोषित करने में घटते उत्साह को लेकर पोप जॉन पॉल II (रिडेम्पटोरिस मिसिओ) की भाँति अनेक लोग चिंतित हैं। फिर भी, इस चिंता का परिणाम यह नहीं होना चाहिए कि हम अपने मिशन में मुख्य रूप से संगठित अभियानों (जैसे, द्वार-द्वार घूमना, जैसाकि संप्रदाय करते हैं) पर विशेष बल दें। यह हमारी भारी भूल होगी। स्वयं ईसाई समुदाय को ईश्वर के मुक्तिदायी प्रेम की प्रभावकारी उद्घोषणा बनना होगा। हमारे समुदायों को यह बोध होना चाहिए कि "हम अंधकार से ईश्वर के चमत्कारी प्रकाश में आहूत किए गए हैं" (1 पीटर 2, 9)। चर्च के मिशन का भविष्य सामान्य ईसाइयों पर, उन पुरुषों और स्त्रियों पर निर्भर करता है जो हमारे लौकिक समाज के हिस्से हैं और हमारे राष्ट्र के कार्य और संघर्ष में हिस्सा लेते हैं। गॉस्पेल उनके हृदय में अंकित और उनके जीवन में उद्घाटित है। यह आदर्शों एवं मूल्यों की एक व्यवस्था नहीं है, बल्कि यह ईसामसीह का उनके भीतर निवास और उनकी सारी क्रियाओं को अर्थवत्ता तथा दिशा-निर्देश देने में निहित है। परिषद् ने समुदाय की मिशनरी विशेषता पर बल दिया : उत्तम उदाहरण प्रस्तुत करना पर्याप्त नहीं है। ईसाई लोग "ईसामसीह की

सीख को अपने ग़ैर-ईसाई बंधुओं के बीच अपने वचन और कर्म के द्वारा प्रचारित करने तथा ईसामसीह के हार्दिक स्वागत में उनकी मदद करने के उद्देश्य से संगठित और उपस्थित हैं" (एजी 15)।

104. उद्घोषणा के अनुसार जीवन जीना शैक्षिक, चिकित्सीय, सामाजिक संस्थाओं के लिए भी काम की चीज़ है। इन संस्थाओं में पिछले दशकों में बेतहाशा वृद्धि हुई है और हमारे कर्मियों, पुरोहितों और धर्म-संघियों का एक बड़ा हिस्सा इनमें चला गया है। इतना ही पर्याप्त नहीं है कि वे ईसाई के रूप में पंजीबद्ध हों; हमें 'ईसाई संस्था' के विशिष्ट लक्षणों के बारे में गंभीरतापूर्वक सोचना होगा। इसे गॉस्पेल के मूल्यों से संचालित होना होगा, न कि अधिकार, द्रव्य, सामाजिक हैसियत और कार्यकुशलता की आकांक्षाओं से। इसे कठोर परिश्रम और कार्य-कौशल से समझौता किए बग़ैर ईमानदारी, न्याय, दूसरों के लिए सम्मान तथा विनम्र सेवा के 'ईसाई वायुमंडल' में साँस लेनी चाहिए।

105. मिशनरी को अपने कर्म में मननशील होना चाहिए। जब तक वह ऐसा नहीं होगा, वह ईसामसीह को विश्वसनीय ढंग से उद्घोषित नहीं कर सकेगा (आरएम 91)। भारतीय धार्मिक परंपरा की मुख्य विशेषताएँ रही हैं, मौन व्रत, आंतरिकता, तपश्चर्या और प्रार्थना। भारतीय चर्च में इस चिंतनपरक बोध को बढ़ावा देने के लिए धार्मिक समुदायों को आश्रम-जीवन की चेतना से लैस किया जा सकता है। भारत में चर्च के मिशन में आश्रम-जीवन का एक ख़ास महत्त्व है।

लौकिक संलिप्तता

106. वैटिकन II में चर्च ने अपने को संसार तथा लौकिक यथार्थों के समक्ष खुले रूप में प्रस्तुत किया है। अपने इतिहास के आरंभिक काल में सांस्कृतिक और सामाजिक जीवन के अनेक पक्षों को इसने नियंत्रित किया था। चर्च के संरक्षण से इन पक्षों को मुक्ति दिलाना एक कष्टदायक अनुभव था। फिर भी, परिषद् में, चर्च ने साहस के साथ इस नियंत्रण का परित्याग कर दिया और विज्ञान तथा संस्कृति की सापेक्ष स्वायत्तता को स्वीकृति प्रदान की। ऐसा उसने शुद्ध रूप से किसी आध्यात्मिक शरण-स्थली में चले जाने के लिए नहीं किया, बल्कि एक ऐसे नए पथ पर जाने के लिए किया जो "मानवजाति और उसके इतिहास से घनिष्ठ रूप से संबद्ध था।" उसने "इस परिवार के साथ इसकी समस्याओं

के बारे में संवाद स्थापित कर इसके प्रति अपना प्रेम और आदर के भाव प्रदर्शित किये'' (जीएस. 1 और 3)।

107. भारत में भी चर्च के मिशन का क्षेत्र बढ़ा है। सामाजिक समस्याओं के लिए चिंता, अन्यायपूर्ण संरचनाओं से मुक्ति की चिंता इसके मिशन का अंग बन गयी है। निश्चय ही लौकिक यथार्थ के प्रति इस खुलेपन से समस्याएँ खड़ी हुई हैं, तनाव पैदा हुए हैं। हमें उनका सामना करना है। लेकिन हमें लौकिक और धार्मिक के द्विभागीकरण में नहीं लौटना है। चर्च के आध्यात्मिक मिशन का बिलगाव नहीं किया जाना चाहिए; जीवन और समाज के साथ वास्तविक संपर्क और शिरकत से उसे अछूता नहीं रखा जाना चाहिए। दूसरी ओर, लौकिक संलिप्तता को सामाजिक या राजनीतिक कार्यक्रमों के स्तर पर नहीं ला देना है। ईसाई मिशन 'पूरी मानव जाति और संपूर्ण समाज' से संबद्ध है। व्यक्तिगत जीवन में आध्यात्मिक और लौकिक की अभिन्नता को अनुभूत करना और अपने समाज के लिए इसे प्रेरणादायक बनाना ही चर्च का प्रधान कार्य है।

108. चर्च के मिशन की व्यापकता ईसाई संदेश के वास्तविक सांस्कृतिक अनुकूलन को एक आवश्यक कारक के रूप में प्रस्तुत करती है। सांस्कृतिक अनुकूलन को अक्सरहाँ लोगों की जीवन-शैली के लिए कुछ आवश्यक तत्त्वों के अंगीकरण के रूप में लिया जाता है; बहुधा इसे पूजा-पद्धति तक सीमित कर दिया जाता है। मिशन इसे जीवन-प्रवाह में जान डालने वाली चर्च की उपस्थिति के रूप में, मूर्त्त समुदायों की ज़रूरतों और संघर्षों तथा राष्ट्र की जीवन-धारा से जोड़कर देखता है : ''ईसाइयों को सांस्कृतिक और सामाजिक जीवन में भागीदारी करने दो...उन्हें उनके राष्ट्रीय और धार्मिक परंपराओं से परिचित होने दो'' (एजी 11)। ''चर्च प्रत्येक स्थिति के लोगों, लेकिन ख़ासकर ग़रीबों एवं पीड़ितों के साथ एक है...वह उनकी खुशियों और ग़मों का हिस्सेदार है, उनकी आकांक्षाओं और समस्याओं से परिचित है, मृत्यु के मुख में पड़े लोगों के साथ व्यथाग्रस्त है। जो लोग शांति की तलाश में हैं उनके साथ अनुकूल संवाद चाहता है और उन्हें गॉस्पेल की शांति और रोशनी प्रदान करता है'' (एजी 12)।

109. जन-संचार ने संसार को एक 'वैश्विक गाँव' के रूप में एकताबद्ध कर दिया है और भारत में इसके प्रभाव से सहसा एक नई संस्कृति का

सूत्रपात हुआ है। विशेषकर युवा पीढ़ी मास मीडिया से गहरे रूप से प्रभावित वातावरण में पल रही है। महानगरों में इसका प्रभाव ज़्यादा है। मिशनरियों को चाहिए कि वे मीडिया का इस्तेमाल गॉस्पेल की उद्‌घोषणा में करें। आधुनिक संस्कृति के सुसमाचार-प्रचार का तक़ाज़ा है कि चर्च आधुनिक संचार माध्यमों की नई भाषा, नई तकनीक और नया मनोविज्ञान के द्वारा सर्जित 'नई संस्कृति' के आलोक में ईसाई संदेश की व्याख्या करे।

मिशन के ईशशास्त्र के विषय में

110. आज के मिशन ईशशास्त्र को आधुनिक ईशशास्त्रों तथा पास्तरीय आचरणों के विभिन्न, परस्पर विरोधी दीख पड़ने वाले रुझानों को ध्यान में रखना और चर्च के मिशन की तर्क-सम्मत समझदारी में उनके रचनात्मक अंशदान का मूल्यांकन करना होगा। इसे दो बातों का सामना करना पड़ेगा : प्रथम, दो बुनियादी सत्यों के बीच की ध्रुवता : ईश्वर का सर्व-समावेशी मुक्तिदायी प्यार, "उसकी मुक्तिदायिनी कृपा के हक़दार सभी लोग हैं" (एनए 1), तथा द्वितीय, "इस बात की उद्‌घोषणा करना कि ईसामसीह ही वह मार्ग, वह सत्य और जीवन है जिसमें मनुष्य धार्मिक जीवन की पूर्णता प्राप्त करता है और जिसमें ईश्वर ने अपने लिए सारी चीज़ों की संस्तुति की है" (एनए 2)।

111. दूसरे धर्मों के प्रति चर्च के दृष्टिकोण पर परिषद् की घोषणा एक नई पहल थी। चर्च के इतिहास में यह पहला मौक़ा था जब एक आधिकारिक दस्तावेज़ ने ऐसा दृष्टिकोण अपने पक्ष की सफ़ाई अथवा सुसमाचार-प्रचार के ख़याल की बजाय सह-अस्तित्व के विवेक और मानव-परिवार की तलाशों और व्यथाओं को ध्यान में रखते हुए उसकी सेवा करने के लिए रचनात्मक सहयोग की ज़रूरत के ख़याल से प्रस्तुत किया था। यह दस्तावेज़ बड़ा ही विवादास्पद था, लेकिन इसके मुख्य बिंदुओं का पूर्वानुमान परिषद् के अन्य ग्रंथों में किया जा चुका था। डी. वर्बम ने सभी लोगों के लिए प्रारंभ से ही ईश्वर के रहस्योद्‌घाटन की चर्चा की थी (डीवी 2) और चर्च के संविधान में ईसामसीह और चर्च के संपूर्ण रहस्य को आरंभ से ही "मनुष्य को उसके अपने दिव्य जीवन में भागीदारी के द्वारा प्रतिष्ठा देने" की दैवी योजना के त्रयवादी संदर्भ में देखा गया था (एलजी 2)। परिणामतः मुक्ति सबों को प्रदान की जाती है (एलजी 16)।

112. इस तरह, यह विश्व अपनी संपूर्णता में, आरंभ से ही ईश्वर की मुक्तिदायिनी कृपा के लिए अंगीकृत है, ऐसी दृष्टि नए मिशन ईशशास्त्र का एक अभिन्न अंग है। ईसामसीह तथा उनके चर्च को कभी भी मानवता की मुख्यधारा से अलग कर नहीं देखना चाहिए, यह मानव इतिहास में बाद का विचार है। परिषद् में आरंभिक ईसाई समुदायों की अंतर्दृष्टि को पुनर्जीवित किया गया। पुराने देवताओं के पुजारियों से उन्हें चुनौती मिली कि उनका धर्म अभी कल ही का है। उनका उत्तर "अबेल से चर्च" (इक्लेसिया एब अबेल) का अंतर्दृष्टि था, ईसामसीह और उनके चर्च में विश्वास करने वाला यह समुदाय, जो ईश्वर की वाणी का हिमायती था, एक ठोस सामाजिक निकाय बन गया। इस प्रकार, ईसामसीह मौलिक रूप से एक नए इतिहास का आरंभ नहीं है, बल्कि, ईश्वर ने आरंभ से ही सभी लोगों को जो कुछ प्रदान किया–ईश्वर में मानवीय अस्तित्व की चरम नियति और सार्थकता–वह ऐतिहासिक दृष्टि से ईसामसीह में मूर्त्तिमान हो गया। इस तरह, आरंभ से ही ईश्वर ने अपने को सभी लोगों के लिए रहस्योद्घाटित किया ताकि वे उसके जीवन का अंश बन सकें और इस प्रकार उनके अपने विवेक, धर्म और संस्कृति के ढाँचे के अंतर्गत ही मुक्ति प्रदान की।

113. ईश्वर के इस रहस्योद्घाटन कें उत्तर में मनुष्य का कर्तव्य है कि वह उस परम और पूर्ण सत्ता के प्रति अपना सर्वतोभावेन समर्पण कर दे। यह समर्पण अस्तित्व की एक कला है जो संपूर्ण मानव जीवन को दिशा-निर्देश देती है। यह विश्व की मानवीय समझदारी के ढाँचे के भीतर ईश्वर के प्रति समर्पण है। अपनी अंतरात्मा का अनुसरण करते हुए हममें से प्रत्येक अपनी समझदारी के अनुसार, और इसकी सीमाओं के भीतर, प्रतिबद्ध रहकर ईश्वर में चरम परितोष प्राप्त कर सकता है : "वे लोग भी स्थायी मुक्ति के हक़दार हैं जो, बिना किसी अपनी ग़लती के, ईसामसीह के गॉस्पेल और उसके चर्च को नहीं जानते, लेकिन ईमानदारी से ईश्वर की तलाश करते हैं, और उसकी कृपा से प्रेरित होकर अपने अंतःकरण के आदेशों के द्वारा ज्ञात उसकी इच्छा के अनुसार चलने का प्रयास करते हैं" (आई.जी. 16)।

114. चर्च के मिशन का लौकिक तथा धार्मिक आयामों में बिलगाव वह दूसरा महत्त्वपूर्ण क्षेत्र है जो मिशन की गतिविधियों के प्रयास को खंडित करता है। चर्च का आध्यात्मिक तथा सामाजिक मिशन दो अलग-अलग कार्य

नहीं हैं, अपितु चर्च को सुपुर्द एक ही मिशन के दो पहलू हैं। पोप पॉल पहले ही मुक्ति अभियान, जिसके प्रति चर्च प्रतिबद्ध है, को 'मात्र लौकिक परियोजना के स्तर तक ला देने के' प्रयास के विरुद्ध चेतावनी दे चुके हैं। उनके अनुसार "यह उसके ईश्वरीय तत्त्व को हर लेगा। मुक्ति, जिसका चर्च संदेशवाहक है, का स्थान भौतिक खुशहाली ले लेगी" (ईएन 32)।

मिशन ईशशास्त्र दोनों आयामों, आध्यात्मिक और सामाजिक, को अपने क्षेत्र में शामिल ही नहीं करेगा, बल्कि उसे दोनों के बीच बुनियादी एकता भी सिद्ध करनी होगी। ईसामसीह ईश्वर द्वारा भेजे गए त्राता हैं और हमारे पार्थिक जीवन एवं संघर्ष में सच्चे बंधु हैं। उनके द्वारा घोषित ईश्वर का शासन हमारे संसार के बाहर नहीं है; यह स्वयं हमारा संसार ही है जो ईश्वर की शक्ति से परिपूर्ण और कायान्तरित है। हमारे वर्तमान विश्व और समाज में इस नवीकरण की अनुभूति की शुरुआत हो चुकी है।

115. इसके साथ-साथ गिरजा-निर्माण विद्या में भी एक नई दृष्टि की ज़रूरत है। परिषद् ने एक विजेता चर्च की छवि से मुख मोड़ लिया है। आधुनिक भावनाएँ ज़्यादा गहरी हैं। सांस्थानिक संरचनाओं तथा प्रतिष्ठानों के विरुद्ध आम प्रतिरोध का भाव है; उनका स्थान एक पैग़ंबरी ऊर्जावाद को ग्रहण करना है। ऐसे रुझान व्यक्तिवाद को जन्म देंगे जो ईसामसीह के संदेश और ईश-भक्तों की बाइबिल की समझ की दृष्टि से पूरी तरह एक पराई चीज़ है। ईसामसीह समुदाय चाहते थे; समुदाय आरंभ से ही ढाँचागत रहा है और हमेशा ही ऐसा रहेगा।

116. फिर भी, मिशनरी गिरजा-निर्माण विद्या को चर्च के भीतर चल रहे वास्तविक संघर्ष को ध्यान में रखना होगा। यह संघर्ष रोम बनाम भारत, याजक तंत्र बनाम समुदाय, पुरोहित वर्ग बनाम जनसाधारण, पुरुष बनाम नारी, दलित बनाम हिंदू जाति, इत्यादि हैं। ये संघर्ष वास्तविक हैं और इनकी उपेक्षा नहीं की जा सकती। इन संघर्षपूर्ण स्थितियों में हमें भाईचारे का सही अर्थ सीखना है। परिषद् ने न सिर्फ़ गिरजा-निर्माण शास्त्रीय नियम सिखलाया है अपितु चर्च में पद और अधिकार के दिशा-निर्देश भी दिए हैं। यह सब लोगों की सेवा के लिए है (एलजी 18)। यह बिशपों और पुजारियों के बीच के संबंध को (पीओ 7) तथा पुजारियों और जनसाधारण के बीच के संबंध को (पीओ 9) रेखांकित करता

है। यह एक संतुलित रूप में मिशनरी स्थिति में बिशप के केंद्रीय महत्त्व का विवरण प्रस्तुत करता है : "धर्म-प्रदेश के धर्म-प्रचार कार्य की एकता के केंद्र तथा शासक के रूप में बिशप की भूमिका मिशनरी क्रियाकलापों को प्रोत्साहित, दिशा-निर्देशित और समन्वित करना है, लेकिन अपना कार्य वह इस रूप में करे कि चर्च के काम में हाथ बँटाने वाले लोगों का पारंपरिक उत्साह क़ायम रहे, बल्कि और बढ़े" (एजी 30)।

117. सबसे ज़्यादा जरूरत एक विस्तृत ख्रीस्तशास्त्र की है। इसकी पारंपरिक प्रस्तुति ऊपर से आरोपित ईशशास्त्र की थी : ईसामसीह वाणी (गॉस्पेल) के मूर्त्त रूप हैं जिन्होंने अपने क्रूस और पुनरुत्थान के द्वारा संसार का उद्धार किया। उनका संदेश अधिकांशतः नैतिक और आध्यात्मिक ईशशास्त्र के लिए ही छोड़ा गया। आधुनिक प्रवृत्तियाँ नीचे से ऊपर जाने की ओर हैं जिसमें ईसामसीह के जीवन और धर्म-सेवा की ऐतिहासिक वास्तविकता, ईश्वरीय शासन की उनकी क्रांतिकारी अंतर्दृष्टि, समता, प्रेम और सेवा पर आधारित समाज की रचना जैसी बातें आती हैं। उनकी दैवी उत्पत्ति, पुनरुत्थान और चर्च में उनकी स्थायी उपस्थिति की बातें हाशिये पर चली गईं। दो दृष्टिकोणों का यह ध्रुवीकरण निश्चय ही अतिसरलीकृत है और इसे दूर करना आवश्यक है। ईसामसीह को उनके जीवन और संदेश, उनके कार्य और संघर्ष, उनकी मृत्यु और पुनरुत्थान के माध्यम से विश्व में ईश्वर का प्रकाशन और उसकी उपस्थिति के रूप में चित्रित किया जाना चाहिए। ईसामसीह का संपूर्ण रहस्य उनके 'शरीर' चर्च में मूर्त्त हुआ है और विश्व में इसकी अनुभूति होनी चाहिए।

118. इस प्रकार ईसामसीह के शरीर का उनके ईश्वर का शासन के संदेश से अलगाव करना दोनों के प्रति हमारी समझ को दूषित करेगा। ईसामसीह एक बेहतर विश्व की कल्पना वाले एक पैग़ंबर मात्र नहीं हैं; वे नए विश्व के मूर्त्त रूप हैं। पुनरुत्थान में वे नई सृष्टि के प्रथम उत्पन्न के रूप में प्रकटित हैं। ईसामसीह के शरीर से अलग हटकर ईश्वर का शासन का संदेश संसार को बेहतर बनाने का मानवीय प्रयास मात्र रह जाएगा। द एन्साइक्लिकल रिडेम्पटोरिस मिशन ने ईसामसीह के शरीर धारण और उनके संदेश की अभिन्नता पर विशेष बल दिया है। ईसामसीह ने ईश्वर और पड़ोसी के प्रति प्रेम के महान परमादेश को अपने संदेश का मूल बतलाया (एमके 12, 28-31); युगों से इसी रूप

में इसकी मान्यता रही है। निश्चय ही इसे लौकिक प्रकृति के अनेक आदर्शों, राजनीतिक, सामाजिक एवं आर्थिक, में ढाले जाने की ज़रूरत है। आधुनिक युग के प्रारंभ में फ्रांसीसी क्रांति भी नई मानवता के लिए गॉस्पेल के महान 'मूल्यों', स्वतंत्रता, समानता और भ्रातृत्व, से कोई बेहतर कार्यक्रम नहीं पा सका। लेकिन यह गॉस्पेल क़ायम नहीं रह पाया बल्कि एक विचारधारा में बदल गया जिसका अंत रक्तपात में हुआ। हम अकेले नए विश्व का निर्माण नहीं कर सकते। हमें विनयशीलता के साथ ईसामसीह की वाणी सुननी होगी : "मेरे बग़ैर तुम कुछ नहीं कर सकते" (आईएन 15.5)। अगर 'साम्राज्य के मूल्यों' की जड़ें ईश्वर में नहीं हों और उन्हें उसके उपहार नहीं माने जाएँ तो परिणाम सिर्फ भ्रांति और बर्बादी होगा।

119. दूसरी ओर, गॉस्पेल (विशेषकर ल्यूक) हमें बतलाता है कि हमारे मानव-संसार की निस्सहायता एवं अधोगति ईश्वर की प्राणदायिनी शक्ति में बाधक नहीं है। मानवजाति के कमज़ोर, पापाचारी तथा परित्यक्त वर्ग ईश्वर के साम्राज्य के विशेष सुविधा-प्राप्त आमंत्रित हैं। यह निश्चयता कि ईश्वर का शासन आ रहा है और इसीलिए हमारे उद्यमों का परिणाम हमारी अपर्याप्तता पर निर्भर नहीं करता और न इसे विरोधी प्रभावों के द्वारा नष्ट किया जा सकता है, ईसाई जीवन और कार्य को सुकून प्रदान करती है। जो लोग एक बेहतर समाज के निर्माण के लिए काम करते हैं, उनमें यह विश्वास निराशा और असफलता के भाव नहीं आने देता। ईसामसीह ने व्यक्तिगत रूप से ऐसे प्रलोभनों का अनुभव किया और उसे नष्ट हुए बीजों की नीति-कथा के माध्यम से व्यक्त किया है। उन नष्ट बीजों के बावजूद फलयुक्त पौधे तैयार हुए, अथवा गेहूँ को दाब देने वाले तृण-पात की चर्चा की, किंतु उसके बावजूद गेहूँ की फसल उगी।

120. ईस्टर का रहस्य, ईसामसीह की मृत्यु और उनका पुनरुत्थान, विस्तृत मिशनरी ख्रीस्तशास्त्र का हमेशा मर्म बना रहेगा। हमारे भारत में अभी भी इस रहस्य की समझदारी विकसित हुई नहीं जान पड़ती। कभी-कभी हमें कहा जाता है कि ईसामसीह का पुनरुत्थान भारत के संदर्भ में कोई ख़ास मायने नहीं रखता। पुनरुत्थित शरीर से हमें कुछ लेना-देना नहीं है; हमारा संबंध तो पार्थिव जीवन से है। फिर, भारत में संतों के बारे में माना जाता है कि स्वर्ग-प्राप्ति के साथ उनके जीवन का अंत हो

जाता है।

ईस्टर के रहस्य को इस तरह के संदर्भ में रखना एक भूल होगी। ईसामसीह की मौत हृदय-विदारक थी। यह संपूर्ण अस्वीकृति और विफलता का परिणाम थी। उनकी मृत्यु 'गैर-यहूदियों के प्रति मूर्खता' (1 कॉर. 1, 23) मानी गई है। यह एक शांतिपूर्ण समाधि नहीं है; यह ईश्वर के गूढ़ रहस्य के प्रति समर्पण है। अपनी मृत्यु में ईसामसीह अपने को हमारे संसार की हताशा-निराशा, पीड़ा, अन्याय, निर्दयता से जोड़कर देखते हैं। कोरी सिद्धांतवादिता का खोखलापन ईसामसीह के क्रूस के सामने विखंडित हो जाता है; छिछले नारों से इसका प्रायश्चित्त नहीं किया जा सकता। लेकिन जिस ईसामसीह का जीवन हमने पूरी तरह नष्ट कर दिया है, वे ही उठ खड़े हुए। इस पुनरुत्थित प्रभु से मिलन, एक मानवीय जीवन, जो पूरी तरह कुचल दिया गया प्रतीत हुआ, को ईश्वर की शक्ति और प्रेम से प्रकट होते हुए देखने का अनुभव भावाभिभूत कर देने वाला है। यह मानवीय निराशा के प्रति ईश्वर का उत्तर है। ऐसा कुछ नहीं है कि ईश्वर हस्तक्षेप करेगा, वह हमारी मदद में आएगा और हमारे लिए फ़तहमंद लड़ाई लड़ेगा—ये सब मिथकीय सपने हैं। इसके विपरीत हमारा यही जीवन, दुर्बल और असुरक्षित, पराजित और नष्ट जीवन ही ईश्वर के रहस्यमय तरीक़े में पूर्णकाम बनता है।

121. यही मानवीय जीवन का मर्म है। ईसामसीह के जीवन और संघर्ष का ऐतिहासिक वृत्त फिलिस्तीनी है; वह मध्य-पूर्व के एक छोटे-से भाग से जुड़ा है, किंतु उनकी मृत्यु का रहस्य, जो स्वयं ईश्वर में ही परितुष्ट होता है, सारी सांस्कृतिक सीमाओं का अतिक्रमण कर जाता है। यही हमारी आस्था का सत्व है; इसका महत्त्व सिर्फ़ ईसाइयों के लिए ही नहीं "शुभ संकल्प वाले सभी लोगों के लिए है"। सभी लोग एक ऐसे रूप में "ईसामसीह की मृत्यु और पुनरुत्थान से जुड़े हुए हैं" (जीएस 22) जिसे हम नहीं जान सकते। सभी लोगों के लिए ईसामसीह का यही महत्त्व है। इसकी व्याख्या नहीं की जा सकती। कलाकारों ने इसे गहराई से महसूस कर अपनी कला के माध्यम से अभिव्यक्त किया है। हमारा उद्देश्य इसे संप्रेषित करना है, लेकिन ईसामसीह में आस्था ही ईश्वर का एकमात्र उपहार है।

122. चर्च के आरंभिक काल से ही यूकॅरिस्ट (परम प्रसाद) में ईस्टर के रहस्य

का उत्सव ईसाई आराधना का केंद्र रहा है। यह ईसामसीह के मृत्यु और पुनरुत्थान का 'स्मारक' है। यह अतीत-कालीन घटनाओं का कोई गृह-विरही स्मरण नहीं है, बल्कि यह ईसामसीह के मृत्यु और पुनरुत्थान की अनुभूति और उसमें सहभागिता है। इस उत्सव में आस्था-संपन्न लोग ईसा-मसीह की मृत्यु-पर्यंत आज्ञाकारिता में अपनी आत्मा को ईश्वर के उपहार के साथ जोड़ देते हैं। उनका प्रेम बाँटते हुए और उनके मिशन के प्रति निष्ठा रखते हुए वे उनके साथ ईश्वर के जीवन में अंतर्विष्ट हो जाते हैं। चर्च का मिशन यूकॅरिस्ट के बग़ैर अपनी आत्मा ही खो देगा। यह मानवीय व्यापार का एक रोबोट की क्रिया द्वारा प्रतिस्थापन जैसा हो जाएगा, वह रोबोट जो ज़्यादा कार्यकुशल भी हो सकता है, किंतु जो निष्प्राण होता है। नवीकृत ईसाई आस्था, जो मानव-जीवन की कायापलट कर देती है और आस्थावानों का समुदाय जिसका गुणगान करता है, चर्च के नवीकृत मिशन का जीवन स्रोत है। यह इसका लक्ष्य—ईश्वर के प्यार के प्रीतिभोज में आस्थावानों के समुदाय को एकताबद्ध करना—भी है। यह ईश्वर के साम्राज्य में युगांतशास्त्रीय जीवन, प्रेम और प्रकाश की पूर्णता का संस्कार भी है।

●●●